香港文化眾聲道——第二冊

盧瑋鑾　熊志琴
編著

JPC HK

目錄

前言

這一系列訪談緣起於「口述歷史：香港文學及文化」研究計劃。此計劃從二〇〇二年開始，是當時剛剛成立的香港中文大學香港文學研究中心的主要工作項目。及後我們先後放下中心的實際職務，但計劃並沒有因此結束，我們繼續進行訪談、整理記錄，至今已逾十五年。

以口述史的方式紀錄前輩對香港文學發展的種種回憶，意義不僅在於提供歷史事實，更在於呈現歷史參與者的個人理解及感受，重新喚起被遺忘的人物及細節，從而開啟不同面向的研究角度、引發深入的專題研究。我們立意借鑑口述歷史的研究方法，期望在採集史料的同時，也獲得某種研究成果。可是正統的口述歷史研究，需要投入龐大的人力物力，美國哥倫比亞大學、台灣中央研究院都以特定部門和專業團隊進行工作，我們的能力自然無法比擬。不過，儘管力量微薄，但因著其他史料整理工作的經驗，以及對受訪前輩的尊敬，我們從未敢對訪問工作掉以輕心。

許多香港作家長期以來發表作品眾多，但結集出版成書的甚少，甚至未曾結集出版，因此也從未進入研究者的視野，作品的內涵被忽略，而文學寄生於報刊所揭示的作家與文壇、社會的互動關係也被遺忘——這些在一般論述所錯失的人與事，正是我們所要尋訪的。

訪談之前的準備工作，大多從翻檢昔日報刊開始，我們盡量搜集和了解與受訪者相關的材料，然後擬定訪談大綱。部份受訪者並不以「寫作」作為文學實踐，而以編輯、文化機構負責人、政策執行者等身份在文化界發揮影響力，為訪談而準備的材料搜集範圍更廣，搜集起來也更不容易，但我們也希望通過訪談，呈現他們在香港文學發展歷程中較隱性而卻極重要的位置。至於訪談名單的擬定，受訪者的重要性固然是前提，但絕非唯一的考慮，實際訪談名單的敲定還牽涉時機、地域、人脈等因素。因此，並未在本系列出現的前輩，絕不代表地位「次要」，他們與部份截至出版而訪談記錄仍未能達成授權共識的受訪者，我們都期待將來續有訪問和跟進出版的機會。

認真而嚴肅的口述歷史訪談，往往都不能限於一、兩次會面，礙於種種條件限制，我們無法對每一位受訪者都進行多次漫長訪問，但都盡可能因應不同情況作面談或書面的追問、續訪。訪談整理成文字稿，從初稿到定稿的審訂過程中，受訪者或直接以文字補充，或提供口頭、文獻資料作參考佐證，充實訪談內容，凡受訪者所補充的按語，均以（）標示。另一方面，我們也向相關人士查詢，翻查報刊、書信、文件、檔案等文獻資料，所得資料以附注形式作補充或以〔〕標示。報刊或機構簡稱首次出現也以〔〕交代全名，以後從略，每篇均獨立處理。訪談定稿得到受訪者授權始公開發表，出版前更添上人物小傳，增加「本冊相關報刊資料」及「人名索引」等附錄，輔助闡釋之外，更期望可藉此呈現較廣闊的歷史圖景。出版因篇幅所限，受訪者一些與文學、文化工作不直接相關的經歷不得不省略，內容過於重複之處也有所刪節，但為求盡量保留訪談原貌，文稿一般不會按訪談內容重組。一切改動，均在已得到授權的定稿上編輯。

無疑，口述歷史作為研究方法，取得豐碩成果的同時，也備受質疑。口述歷史的可靠性，無可否認也不能避免因受訪者的年紀、身體狀況、記憶力、情緒、個人主觀等等因素影響，也受訪問者與受訪者關係、說話時機是否適合等客觀條件左右。訪談準備再充分、資料查證再嚴謹，似乎都無法彌補口述歷史的某些先天缺陷。然而，受訪者如何理解、選擇、詮釋、以至「改編」歷史記憶，其實正好呈現了歷史事件中「個人」的角度，填補了客觀資料之不足。口述歷史的主觀性最受詰難，但這也正是口述歷史最精彩可貴之處。何況每一種研究方法、每一種材料都有本身的限制，能否發揮口述歷史的長處，關鍵還是在於讀者、研究者的閱讀角度與研究態度。

訪談計劃開展以來得到不少前輩及同道支持，首先感謝多位受訪者付出心力、時間和信任，其中好幾位在接受訪談後離世，未能讓他們及見訪談出版，我們至為歉疚。多位受訪者在接受訪問之外，還授權讓所負責之刊物全文上網，並捐贈大批珍貴書刊以及富歷史價值之手稿、信件、相片等文獻資料，讓後學得以從這些第一手資料認識歷史，所有捐贈均已移送香港中文大學大學圖書館系統。此外，訪談工作得以開展，不同機關和朋友都在行政上、經濟上提供了支援，謹此鳴謝（名單詳見書末）。

唐德剛教授曾經指出，哥倫比亞大學的中國口述歷史學部「譽滿全球，而謗亦隨之」，十多年來真正完成的只有一部中英雙語的《李宗仁回憶錄》和只有英語的《顧維鈞回憶錄》，其餘多位民國要人的口述歷史雖「工作經年，最後都是半途而廢」，可見口述歷史工作之困難（參唐德剛〈張學良自述的是是非非〉）。我們的研究規模與實力自不可與「哥大」同日而語，但勉力為之，也悉力以赴，訪談未及盡善之處，敬請各方指正。文學的歷史本身已比一般歷史更富詮釋空間，口述歷史突出的主觀性也許更添爭議，然而眾「說」紛紜，互相比對參照下所呈現的複雜性，亦也許更貼近文學歷史的本質。追尋歷史的結果，每每都指向當下眼前，這一系列的訪談，期望在來未的歷史裡更見意義。

盧瑋鑾、熊志琴

二〇一四年五月初稿

二〇一七年一月修訂

羊城

（一九四一——　）

本名楊熾均，字慕白，另有筆名天粟、帳輝、穗城、惠禾、墨城等。

原籍廣東南海，在佛山、廣州長大，一九五四年移居香港，先後就讀於廣僑小學、培正中學，後赴台升學。初中時期即開始投稿，作品見於《香港時報．淺水灣》、《華僑日報．學生園地》、《文壇》、《中國學生周報》等報刊。一九六〇年代初期一度擔任《中國學生周報．詩之頁》編輯，並在其中撰寫專欄「帳煇詩話」。曾與友人合組阡陌文社，出版《阡陌》月刊及同人文集《綠夢》，在台期間又與友人合組縱橫詩社，出版《縱橫詩刊》、縱橫詩叢。後專注兒童文學創作，任教於香港中文大學教育學院，現已退休。著有詩集《玲瓏的佇望》。

日期｜二〇〇二年六月十九日

地點｜香港中文大學

訪問者｜盧瑋鑾、熊志琴、郭詩詠

羊—羊城　盧—盧瑋鑾　熊—熊志琴　郭—郭詩詠

郭　楊先生，請問您甚麼時候開始創作呢？在《周報》〔《中國學生周報》〕第一次看到您的稿該是您十六歲、唸中三時的作品，您是不是第一次投稿便投到《周報》，抑或在其他刊物？

羊　如果說寫作投稿，我應該在小學時候開始。當時有《麗的呼聲日報》，我們便開始在那裏寫稿，那時大概是初一、初二，後來結識了一些文友，便開始看《周報》。中學時候看《周報》，然後慢慢在〈快活谷〉、〈種籽〉版上寫點東西。我比較喜歡寫新詩，我在〈詩之頁〉的第一篇詩應該是〈思鄉〉。[1] 其他報紙，譬如說《香港時報．淺水灣》，或《華僑日報．學生園地》，以及當時盧森所辦的《文壇》，我也有投稿。

郭　主要是詩，抑或有不同的體裁？

羊　小說、散文、詩都有，但我比較喜歡寫詩。很奇怪，當時我唸培正中學，同級或相若級別都有很多同學喜歡寫作，他們也喜歡寫詩。馬角〔馬覺〕跟我同班……

盧　他現在在哪裏？

羊　我們現在也找不到他，他行蹤不定。[2] 蔡炎培也是

思鄉

掃正 羊城

我常駕一葉輕舟，
在夜夜的夢中
漂泊在故鄉碧綠的小河，
與鱗浪層層的微波逐遊。

羊城〈思鄉〉。（1957 年《中國學生周報》第 244 期）

日記

·羊城·

几上的白蘭印下幾叢日影
醒來時　和朝陰碰了個滿懷

慣於往氤氳的蜜蜂區採集寂寞去
我是一隻孤獨的帆　慣於漂泊
且不管昨天的鳥囀是否眞實
　　昨天的陽光值不値得去回憶

香片茶　斟滿滿的一杯
卻斟不出一個溫馨的假期
這漫長的日子　就只是讓我迷結
讓我坐在陰暗裏
細細品味一壺反芻過的寂聊

吐一口煙圈　像吐走一串自囿的歲月
甚至擯棄記憶　像擯棄一截揑熄的煙蒂
揉紅的眼睛
每日沉滯地啄食如許密麻的稗子
　　　啄食如許年輕的荒涼

潮退後的海灘　竟也是收穫季
我遺落一個長長的呵欠
卻收割滿腔的落寞與空虛

以後　便把影子舖置在灼熱的地上　舉腳踏瘦
燈下　把昨天的日記重抄一遍
也就是今天最眞確的果實

也不知明天几上的白蘭會不會謝落
也不知明天該播種些什麼　收割些什麼

羊城〈日記〉。（1963 年《中國學生周報》第 580 期）

「培正」出身，「培正」很多人寫詩，譬如淮遠。我就在這個時候開始寫《周報》，寫了一段時間，尤其在〈詩之頁〉，結識的筆友比較多，大家都是寫詩的朋友，譬如西西、馬覺、童常、子燕等等，這一群人常常寫。我們領稿費，幾塊錢已經很高興，高興到不得了。大家的詩刊登了出來，相約上《周報》領稿費，領過稿費後去喝點東西、聊聊天。這群人成為後來《阡陌》月刊的成員，我們辦了阡陌文社。當年中學生對《周報》出版的那天總是很期待的，看完了這一期，又期待下一期，望穿秋水才再有下一期出來。時常到《周報》報社去，跟那些編輯、社長都很熟，《周報》那處有張沙發……

郭 即彌敦道六六六號？[3]

羊 是，近門口左邊有沙發和茶几，我們上去，編輯、社長有時候會出來跟我們打招呼、聊幾句才再去工作。我們感覺那裏的確是「學生之家」，很親切，上《周報》好像成為了生活一部份，跟寫作一樣。《周報》大約在一九六〇年左右有寫作講座，讓我們這些初學寫作的人參加，名額二十人左右，請一些知名作家主講，他們都是我們心儀的學習對象，例如黃思騁、秋貞理、李輝英等南來作家，有時候作家甚至比聽講的人還多，很熱鬧，也很開放、自由，講完還有討論。我們這群人，譬如西西、馬覺、我、童常、野望等曾經參加。後來覺得如果就這樣解散了很可惜，於是想到搞份通訊，結果搞了阡陌文社。阡陌文社也辦了幾年才出版刊物，協助《周報》辦講座，做了很多聯絡學生、新秀作家之類的工作。我整個中學時代，以至後來入了大學，跟《周報》的關係可以說那緣份一直在，連繫非常好，我相信小思也是一樣，無法忘懷這一段日子……我後來到台灣師範大學讀書，畢業回來時，文社和《周報》還在，吳平已加入了《周報》做事。吳平也是那寫作講座培養出來的，是阡陌文社的創始人之一，後來《周報》需要人，吳平便去了。有一段時間，《周報》找作者幫忙審稿，可能人手不夠，或者希望與作者的聯繫多一點，於是找一些常常在《周報》寫東西的作者幫忙審稿，編一、兩版，工作量不太重，例如〈詩之頁〉一個月才出版一次。當時西西幫忙編〈詩之頁〉，後來她因為忙，興趣可能又轉到電影方面去，〈詩之頁〉便不

阡陌第一屆徵文賽

七月十五截件

阡陌月刊經已出版

（本報訊）「阡陌文社」爲提高青年及學生寫作興趣與水準，舉辦第一次公開徵文比賽。

參加辦法：一、資格：青年及學生均可參加（阡陌工作人員不准參加）。二、題目與體裁：不拘。三、字數：四千字以內。四、日期：即日起至七月十五日止（以郵戳爲憑。）五、投寄：九龍彌敦道六六六號五樓，上寫「阡陌徵文」字樣。（需退稿請附回郵）。

獎品：第一名，二十元。第二名，十五元。第三名，十元正。另設優勝獎若干名（不限名額）

評判：胡菊人先生、林悅恆先生、陳虹先生、徐速先生和會憲權同學。

頒獎：七月廿九（星期六）「阡陌創刊二週年紀念聯歡晚會」上揭曉後頒發獎品。（入選之文，版權歸阡陌）

又：「阡陌」第八期經已出版，要目有社論：「文藝的價值問題」，黃崖先生的書簡：「給青年朋友」等文章。歡迎函索，請附郵票一角，寄九龍彌敦道六六六號五樓阡陌文社。

阡陌文社第一屆徵文比賽。（1961 年《中國學生周報》第 463 期）

編了。接編的是杜紅，即是蔡炎培，他編了一段時間。他太「新潮」了，用馬評的術語來評詩，老總很不高興，覺得這樣太放任了，不合風格。杜紅後來跟隨簡老八（簡而清）寫馬經，好像是這樣。他太「新潮」，他們於是想換人，我當時在新界元朗教書，吳平來找我說，不如你編吧！我說好，一個月一期，這樣我便接手編〈詩之頁〉。

我編〈詩之頁〉有個想法，希望多鼓勵中學生寫詩，所以特設「小詩試寫」一欄，讓中學生來寫。稍有經驗的作者、詩人的詩作，安排在上面的大版面，下面的「小詩試寫」全是中學生的詩作，我替他們略為修改一下。其實修改不多，盡量選一些較好的、「原汁原味」刊登出來。吳平說：不如你寫一點指導他們寫詩的文章，顯淺一點的，於是我便開設了詩話式的專欄，就所收到的學生作品，選詩的時候想到甚麼，把一些簡單的、入門性質的、又不會跟傳統脫節的寫詩觀念放進去，用淺白的文字介紹詩的創作是怎樣的，將我個人的經驗說出來，也評一下他們的詩，那些好，那些不好，這就是「根煇詩話」。[4]

我只編了六、七期左右，《周報》有大轉變，我就不編了。我們不是直接參與的人，從外面的角度看《周報》的轉變，不知道是好是壞，好與壞可能是相對的，有好也有壞。《周報》的變，第一是羅卡、陸離入了《周報》後，增加了很多跟電影有關的內容，由一版擴展至兩版，甚至三版，佔了很大篇幅。第二，他們的想法可能是覺得《周報》的電影版太老套，或者編輯的形式太舊，他們年青的吸收西洋知識比較多，剛巧又遇上電影浪潮的衝擊，於是便瘋狂地喜愛電影，等於哲學思潮來到，他們便瘋狂地喜愛存在主義一樣。那時就是兩種東西，一種是新式的電影，另一種是新的思想，對當時中學、大學的文藝青年有很大衝擊。我知道譬如蔡炎培，後來的李天命、西西等，他們對存在主義十分著迷，恐怕是受胡菊人影響，胡菊人是當時學生青年的文人偶像。

由於新電影的衝擊，於是大家也追求新電影的知識，甚至有一群人，包括黃志、石琪，他們去拍實驗電影，自己拿著拍攝機器便拍了。這是一種年輕人的衝勁和愛好，他們把自己拍好的放映出來，電

1967 年第一篇「桭熚詩話」（左下）。（1967《中國學生周報》第 768 期）

影版搞杜魯福〔François Truffaut〕、《八部半》〔*Otto e Mezzo*〕，據說他們自己也看不懂，只是借重翻譯，寫一點別人的意見。這樣的情況下，在藝術的某一層次上是提高了，但相對來說，卻脫離了早期《周報》創辦的原意。這無疑將《周報》提高到大學生的知識水平，但對中學生來說卻增加了距離。當時「友聯」也出版《大學生活》，但《大學生活》受歡迎的程度遠不及以中學生為對象的《周報》，可能中學生的人數較多。《周報》這一提升造成脫節，初期可能吸引了一部份大學生去看，但中學生，特別是初中生，便可能接受不了，因為根本看不懂。我教中學的時候叫中學生看，高中生還有點興趣，低年級的便看不懂，他們根本不知道甚麼《八部半》、「蒙太奇」。文藝作品的份量也變相減少了，這也可能因為好的稿件不是太多。以往從台灣吸收些好作品，「場面」是很好的，譬如〈穗華〉版有朱西甯的作品、司馬中原的作品，大家看起來很高興，也有郭衣洞，即柏楊的作品，大家很喜歡。但突然這些這麼好的作品沒有了，香港作家撐不起那場面。〈詩之頁〉也一樣，早期影響香港寫詩朋友最大的，譬如現代詩派或藍星詩派的詩人，余光中、瘂弦、周夢蝶等等，都是一流的詩人，他們帶起了寫詩的風氣。無論我，還是西西、子燕，這群年輕的寫詩朋友都模仿他們，或多或少有一點。好像張愛倫，即西西，寫〈垂垂的草〉，[5] 整首詩是瘂弦風格。子燕的一些詩作也完全是學瘂弦的表達方式，有些則學周夢蝶，有些學余光中或吳望堯。這就是說，從模仿開始，愛寫詩的年輕朋友從而摸索出路向，或學習一些新的技法，畢竟台灣的詩風影響很大。在香港詩壇，《周報．詩之頁》當時是很有名的，另一很有影響力的是《香港時報．淺水灣》，水準也很高，但那不是專為中學生而設的園地。

《周報》後來有段時間——大概是一九六九、一九七〇年左右，吳平有一天約我到廣華醫院附近，即後來《周報》新的社址聚會，[6] 談《周報》改變風格的問題。他提到要走社會的路線，在《周報》安排一些版面向青年——不僅面向學生，更是面向社會的青年，想辦青年版。當時我激烈反對，因為《周報》向來以學生為對象，對象不集中便可能有危險，轉向青年的話，構思是希望吸收社會青年，但

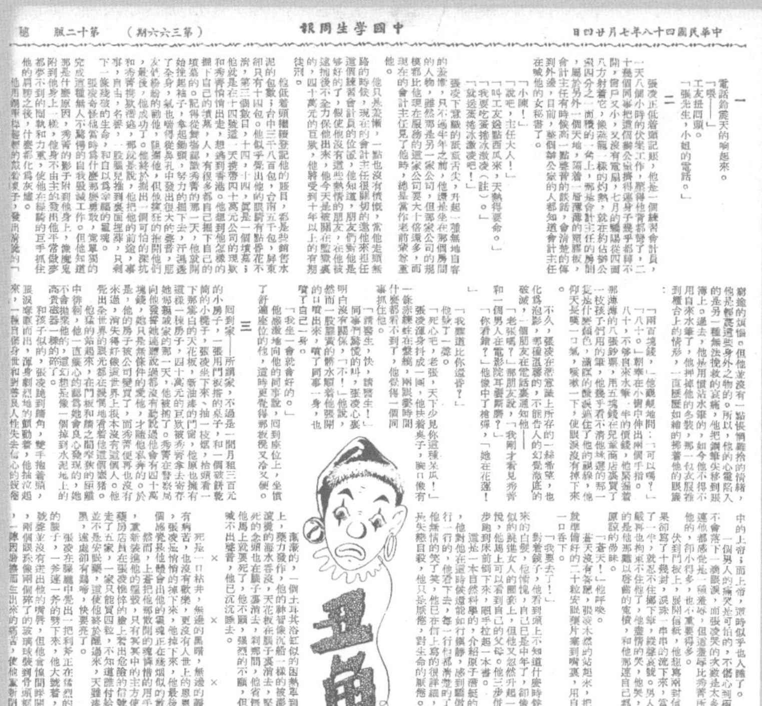
中華民國四十八年七月廿四日　中國學生周報　（第三六六期）第十二版　穗
丑角　郭衣洞
穗華

郭衣洞〈丑角〉。（1959 年《中國學生周報》第 366 期）

實際上能否如此理想，這要考慮清楚。《周報》以中學生為對象，其實範圍已經相當闊，一旦偏離了，走向另一面，很可能會不驢不馬。因為受到另一些刊物的衝擊，譬如說《青年樂園》之類，那些刊物走大眾路線，走職業青年那一路多一點，他們擔心無法抵禦這種衝擊，所以想安排青年版；也因為香港社會有所轉變，可以說，六七暴動那段時間，《周報》的編輯包括羅卡、陸離、吳平等，他們都不想光留在學校裏面，應該關注社會，所以《周報》有這樣的改變，好與壞很難斷定。

事實上這段時間《周報》的讀者愈來愈少，中學生的訂戶也減少了，直到停辦通訊員，影響力便減低了。《周報》強大的其中一個重要因素是搞活動，通訊員活動。他們組織通訊員興趣小組，有很多不同組別，學術組、話劇、合唱團，體育組裏有籃球隊、足球隊、乒乓球隊等，培養了不同的人材，體育活動的小組也培養了人材，譬如足球隊培養出後來加入甲組的龍門張劍思。籃球隊更厲害，培養了「腸仔」，即黃國揚，他是世界球壇薄有名氣的球員，後來代表中華民國隊打世界賽，超卓的球技是美國人也佩服的，他是很出色的籃球員，也是《周報》籃球隊出身的。那時的《周報》找一些專職的人，熱心栽培和訓練學生，「學生之家」之名，名不虛傳。

《周報》興旺的時候，是有學校通訊員的年代，後來取消了通訊員活動，《周報》便漸漸衰沉，箇中當然還有很多因素，包括它辦報的取向和出現經濟問題。很多人以為《周報》主要因為經濟有問題而停辦，其實不然，我所知道《周報》巔峰時期可以銷好幾萬份，經濟上完全可以自給自足，有些消息甚至說它可以在金錢上幫助「友聯」。《兒童樂園》也是自給自足有餘，《大學生活》可能差一點，但如果說經濟因素促使《周報》停辦，這可能性不大。

《周報》中有一個人，很多人似乎都沒怎麼提到，很奇怪，那就是**黃崖**先生。《周報》的文藝版辦得這麼好，〈詩之頁〉這麼出色，我想黃崖是很重要的人物。他很喜歡寫詩，出版過《敲醒千萬年的夢》。當時很多台灣詩人的作品來到香港發表，提高了香港作者寫詩的水準，也是黃崖聯絡他們、邀請他們的。黃崖當總編輯時，可以說是《周報》文藝版最好的時候，這是我個人的看法。黃崖後來去了星馬辦《蕉風》，辦得很出色，香港和台灣也有很多作者的作品跟著黃崖走，在《蕉風》發表。黃崖的影響力很大，那是李金曄、胡菊人主持《周報》的年代。[8] 台灣那些作家，好像郭衣洞、司馬中原、朱西甯等人，他們的小說投來《周報》，也是黃崖的關係，黃崖走後，文藝版便沒有人辦得好了。《周報》後來轉到以電影、音樂為主，轉到比較前衛的藝術方面，通訊部辦得不好，這是衰落的其中一個因素。其他人不知道有何看法，我感覺是這樣。黃崖走後，我們上去的次數減少了，他在的時候，或李金曄、胡菊人在的時候，我們經常上去，秋貞理也常上去，跟他下圍棋，向他請教。那時編輯對作者，特別對我們年輕一輩全無架子，和我們談天、下棋、喝茶等，我們真的把那地方當成家一樣，感到自由自在。這是很難得的。

盧 盛紫娟是不是接黃崖手？

羊 她跟黃崖同時期，盛紫娟是編輯，她主要編文藝部份，黃崖是總編輯。

盧 你覺得總編輯的凝聚力能影響讀者和作者？

黃崖

筆名葉逢生、陸星、莊重等。一九五〇年來港，曾參與《大學生活》及《中國學生周報》編輯工作。一九五九年轉赴馬來亞任《蕉風》及《學生周報》編輯，及後主持新綠出版社及《星報》，並協助《新潮》、《荒原》、《海天》等刊物出版。一九九二年於泰國曼谷逝世。作品包括《一顆星的殞落》、《聖潔門》、《烈火》等。

黃崖《敲醒千萬年的夢》，1959 年由香港國際圖書公司出版。

羊　很重要。總編輯決定編輯的方向，譬如羅卡當了總編輯，他走電影那邊的路線，文藝那邊比較忽略，他不太搞文藝的東西，雖然他偶然也寫一、兩篇，但主要在電影方面。《周報》曾發展至三版談電影，以往不會這樣的，後來陳任更轉向流行音樂，這些與總編輯的傾向很有關係。

盧　從投稿到成為編輯，以至後來沒有了〈詩之頁〉，你都一直寫詩，過程中你的詩觀有沒有變化？還有，一九六〇年代後期，你認為《周報》有沒有所謂「本土化」的現象出現？

羊　早期我們寫詩只受兩個人影響，一個是**力匡**，另一個是夏侯無忌，麥席珍的影響或許也有一些，但主要還是受力匡影響。那時有所謂「力匡體」，有一點西方十四行詩體的形格，十幾行的詩句，押韻，比較多白描，意象不是很濃，濃縮度不夠，跳躍性也較少，含蓄方面較弱。

後來引入台灣現代詩派、藍星詩派的作品，我們便覺得頗有傳統的風格，特別是瘂弦的詩，他從元曲抽取傳統營養，取元曲的韻味入現代詩。他的詩歌像令曲，有複沓的味道，節奏很特別。我們都很喜歡瘂弦的詩，例如〈雨傘〉，他很多詩在《周報》刊出，大家都很喜歡，經常討論，馬覺後來更分析了他的詩，然後去學、去模仿。

我們開始感覺到力匡的詩形式太固定，詩的味道不夠濃、用字不夠精煉、意象不夠好，轉向台灣現代詩派學習，這提升了我們寫詩的功力，我們懂得了捕捉節奏、精煉意象，從而慢慢知道怎樣去寫一首詩。接觸過台灣現代詩派的作品以後，藍星詩派的詩刊、現代詩社出版的刊物，我們都大量找來看，特別是我到台灣讀書後，接觸更多。溫健騮從台灣

力匡

本名鄭力匡、鄭健柏，另有筆名百木等。一九五〇年代在港擔任《人人文學》、《海瀾》編輯，經常在不同報刊發表作品。一九五八年轉赴新加坡，一九九一年於當地逝世。出版作品包括《燕語》、《高原的牧鈴》、《北窗集》等。

回來，對他們的詩比較熟悉，多有評介。西西在這邊也說，你在那邊有甚麼詩，都給我買回來，我寄錢給你。她當時寄美金，美金十元已經能買很多詩集。交流其實很方便，吸收寫作經驗不是難事，香港某個時期的詩人，與台灣詩壇的接觸很多。

至於「本土化」，香港有一段時間……譬如蔡炎培的詩很「新潮」。他是我的學長，主張詩要本地化、口語化，口語至可以用俗語入詩，有詩的質素便行，甚至用粗俗點的話也不要緊。這是蔡炎培對詩的看法，他有他的風格，用廣東口語、俗語入詩，但一定要保持詩味和詩質。他評詩說甚麼「質素甚高」，馬評術語也搬進去。他提倡詩有香港的特色，也有人支持這種看法的。

戴天在台灣大學畢業以後來了香港。他的詩有一種古雅凝煉的味道，他最初走現代西洋詩派的路，後來風格回轉，用字用句、節奏押韻都中國味較濃，他後來的詩有近乎文言的色彩，很有趣。他與葉維廉不同，葉維廉比較接近西方。戴天的詩寫得很好，要數香港比較出色的詩人，戴天是其中一個，我們都很喜歡他的詩。

傘

·瘂弦·

雨傘和我
和心臟病
和秋天

我擎着我的房子走路
雨們，說一些風涼話
嬉戲在圓圓的屋脊上

沒有什麼歌子可唱
即使是秋天
即使是心臟病
也沒有什麼歌子可唱

兩隻青蛙
夾在我的破鞋子裏
我走一步，牠們唱一下
即使是牠們唱一下
我也沒有什麼可唱

我和雨傘
和心臟病
和秋天
和沒有什麼歌子可唱

瘂弦〈傘〉。（1958 年《中國學生周報》第 311 期）

所謂「本土化」，還有紅葉的詩，專寫低下階層、小販、與時事有關的題材，很有香港色彩。

郭　楊先生的印象中，是否在台灣的影響下，《周報》前期的詩歌表現較傾向於台灣格調，後期台灣的作者減少了，某些編輯離開了《周報》，本土編者編的〈詩之頁〉便有無以為繼的感覺？

羊　作者也幫手編輯，西西只編了幾期，但她也做了很多工夫，在〈詩之頁〉寫了許多評介文字。她後來不編了，然後蔡炎培來編，一、兩期後又換了我，後來又轉由也斯來編。編輯的取向不同也有好處，但壞處是不能長時間保持風格。

熊　剛才提到，您負責編輯的〈詩之頁〉大概只有六、七期，除了因為《周報》轉型，還有沒有其他原因？

羊　這一方面是因為《周報》的轉型，不想再搞〈詩之頁〉之類的文藝版；還有就是當時的人手不夠，只有吳平和陸離，他們編不了這麼多，稿也愈來愈少，於是有暫停〈詩之頁〉的想法，先累積多點稿再說。

郭　《周報》在第八一六期（一九六八年三月八日）之後便沒有了〈詩之頁〉，直至第一一一二期（一九七三年十一月二十日）才再出現，那時已經轉由也斯編輯？

羊　是的，後來由也斯編，我之後〈詩之頁〉停了一段時間。《周報》讀者已經愈來愈少，陸離走了，吳平也離開，後來陳任加入。陸離說她離開以後也不再看《周報》了，她感覺到很失落和失望。

盧　你由中學時代寫詩、投稿，後來辦阡陌文社，一直到今天，您怎樣回顧自己寫詩的歷程？

羊　回看自己的創作自覺沒有甚麼創新的東西，便覺得應該先停下來。「阡陌」一班朋友也有這樣的看法，寫來寫去重重複複，某一類的詩無甚突破，不如先停下來，讓自己再思考、醞釀。所以在《周報》之後，我至少有五、六年，甚至七、八年完全沒有寫詩。後來有些朋友邀稿，偶然會寫一、兩篇，其實偶然還是有寫的。我後來寫詩是寫了便放下，不一定馬上拿去發表，然後一再重讀修改。我第一本詩集在大學畢業那年出版，當時是余光中推薦給僑委會免費出版的，距離現在差不多四十年了，我還沒有出版第二本詩集。朋友老問我為甚麼還不出版詩集，我說待我累積夠一定的份量，挑選過後，便會出版，甚麼時候呢？我退休後便會考慮。我比較低調，不是太多人認識我、知道我有創作，其實我一直有寫作，譬如《大公報》文學版的編輯馬文通，我早年認識他，他叫我幫忙寫點東西，又找來余光中、周夢蝶他們幫他寫。他編的文學版在香港算是質素很高的，這便引起了我的興趣，我幫他寫了一段時間的專欄，也寫了一些詩。這些詩跟以前的寫法不一樣，用一些新的形式去表達，風格與以往不同。我不是不停地寫，複印自己，很多人的創作是這樣，寫的詩、出版的詩集很多，但只是不停地重複自己，這樣沒意思。西西也說過，如果沒有新的表達方式、沒有合適的方式去表達情思，她便不寫，所以西西寫的小說往往有不同的形式，我也有這種想法，有好的表達方式才寫，希望突破自己，這樣便不能寫太多。

熊　所以楊先生的個人詩集只有《玲瓏的佇望》？[9] 另外只有和阡陌文社一些朋友合作出版的《綠夢》？[10] 可否談談阡陌文社？

羊　對。阡陌文社大約在一九六〇年開始。剛才說《周報》在一九五八、一九五九年辦了一些寫作講座，名為「寫作問題講座」，這是《周報》最活躍、最興盛的時候，培養了好些新的寫作人才。當時報名參加講座的人很多，但他們大約只選二十名與《周報》有關係的、有寫作習慣的年輕作者參加，然後請一些著名作家來跟他們談文說藝，希望藉此培養他們成長。其中部份參加者在《周報》寫作時已經認識，講座結束後便想到辦文社，主要目的是互相聯繫，談論一下詩文。當時趙聰說「阡陌」好，於是文社便叫「阡陌」，刊物上的題字也是出自趙聰手筆，很好看。我們成員大約共有十人，除了我，還有西西、馬覺、童常、子燕……

盧　子燕即是？

羊　子燕是馮國樑，他的詩很好，後來去了美國，當時唸拔萃男書院。還有野望，野望即是譚其學，還有後來入讀「中大」（香港中文大學）的鄺慶歡、吳平、馬建廷（羊按：馬建廷後來也到了美國）、曾偉權。曾偉權和馬建廷後來當了社長，加上鄺慶歡、吳平，四人主要負責會務活動，其他經常寫作的幾個負責編輯，阡陌文社後來出版《阡陌》月刊，最初是油印的。阡陌文社、《阡陌》月刊都辦了四、五年，在香港算是生存了頗長時間的文社，很難得，《阡陌》月刊甚至發行到東南亞，緬甸、美國也有讀者來稿。

「阡陌」的朋友寫詩的風格各有不同。西西其實很喜歡兒童文學，她讀了很多，她的文筆很多時候帶小孩子的語調，風格很特別，寫詩亦然，可以說有點童真，詩句接近兒童口吻。馬覺較喜歡西洋詩，例如波特萊爾〔Charles Pierre Baudelaire〕，喜歡現代詩派那些前衛一點的作品，才氣很高，在「培正」作文比賽拿過第一名，我比不上他。子燕較喜歡台灣現代派的詩，詩寫得很好。我則較受傳統詩影響。幾個人走在一起，早期都受力匡體影響，其他對我們有影響的是燕歸來、夏侯無忌等，但主要還是力匡，引入台灣詩之後，瘂弦、吳望堯、余光中等人的詩影響也很大。有一段時間我們寫詩的取材、角度、筆法都比較接近，主要是共同受某些影響。台灣詩退出後，香港很多詩社、文社成立，我們亦各自發展自己的寫作路向、摸索自己寫詩的格局。

「阡陌」後來加入的人不走文藝路線，而走上思想

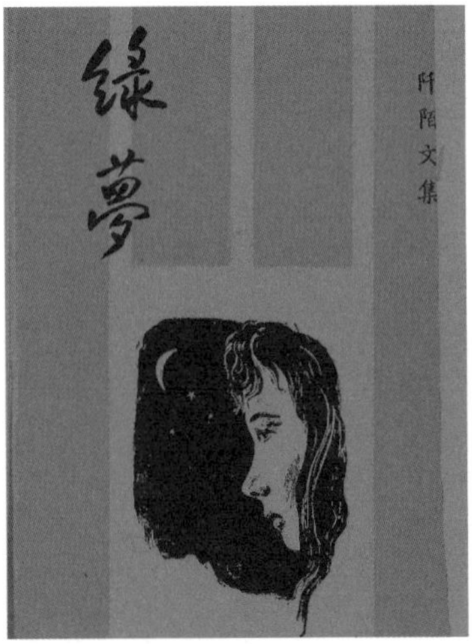

阡陌文集《綠夢》，封面由趙聰題字，1963 年由阡陌文社出版。

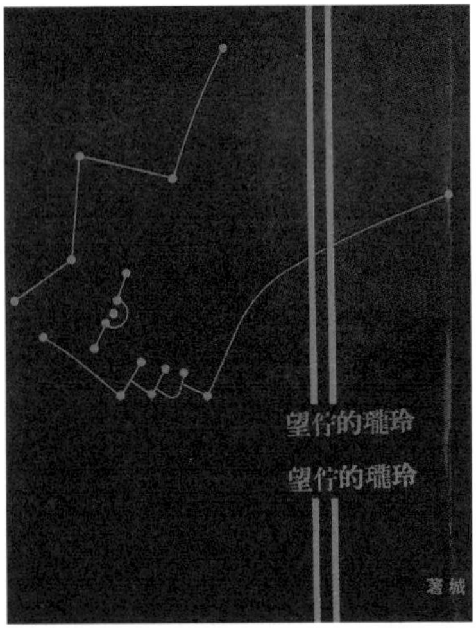

羊城《玲瓏的佇望》，1964 年由台北縱橫詩社出版。

方面的路，可能受學運影響，與社會接觸較多，我們喜歡文學的一群便與他們出現隔膜。後來我去了台灣讀書，西西、馬覺、子燕乾脆跳出來，不再參加編務，轉而加入青楓詩社，與「阡陌」疏遠了。

其實我們的文社是寄生在《周報》的。《周報》培養了文社，維繫了這群人，甚至在報社的一個角落給我們一張桌子放東西、放油印機，我們便印《阡陌》月刊。後來有一件不太愉快的事發生，子燕發現了《周報》報社內，有些人下班後在編輯室聚賭、玩撲克。年輕人很有正義感，黃崖當時已經去了新加坡，他寫信給黃崖告發此事。黃崖很重視，於是寫信回來給「友聯」社長，要求調查並遏止這種歪風。他們後來知道是子燕說出去的，便請「阡陌」離開。我們沒有了聚腳的地方，漸漸便解散了。子燕後來去了美國，西西當小學教師，馬覺也去了教書，各有工作以後便各奔東西，我則去了台灣讀書，大家只能通信，不容易聚集在一起了。

盧 我問一個幾乎所有談及《周報》的人都會提及的問題，就是說《周報》是美元文化的產物，是反共的，你作為《周報》的讀者、作者，又曾經是編者，你怎麼看？

羊 「友聯」是很特別的機構，外人甚至說「友聯」是第三勢力，即香港在共產黨、國民黨以外另起爐灶的機構，所以兩邊都不受歡迎，台灣也不歡迎「友聯」。後來又說「友聯」是有背景的，譬如說是接受美國資助或日本資助等等。這些恐怕都是傳言，我覺得並不真實。原因是「友聯」初成立時，我所接觸的秋貞理、胡菊人、黃崖等等，我們時常傾談，提到為甚麼會有「友聯」、為甚麼會辦《周報》、《兒童樂園》等等，都感受到他們的文化使命感很強，這是最重要的。他們認為，香港學生在殖民地教育下若不保存民族的意識、傳統文化的使命感，這是很糟的，所以他們在民族情感與文化使命的驅使下辦刊物，一份是以大學生為對象的《大學生活》，一份是以中學生為對象的《中國學生周報》，還有一份是以《兒童樂園》，以小朋友為對象，這些我們一直都知道。至於是否反共，我想早期是的，譬如會提及雙十國慶、會用中華民國年號等等，但後來有所轉變。胡菊人、戴天和陸離等在太子道合租一處地方，[11] 除夕我們幾乎都到他們處過年，大家談談天、懷念以往日子，唱歌便唱《義勇軍進行曲》，意識形態有所改變。[12] 當時胡菊人與《周報》還有點關係，沒有完全脫離。

至於是否受美國資助，我所知友聯研究所有一個部門是有一些基金支持的，據說「研究所」裏幾乎大陸任何一省的報紙都有，翻查和複印材料都是收費的，以美金計算，「研究所」靠這些收入維持，也聽說有一些美國基金支持。但《兒童樂園》與《周報》在經濟上絕對沒問題，可以自給自足，不需要「友聯」在經濟上支援。

熊 除了「羊城」，楊先生還有甚麼筆名？

羊 通常會用不同的筆名。我用「羊城」其實有一段淵源，中學讀書時與馬覺同班，馬覺很頑皮，老師常說馬覺像脫韁的馬，我比較純，像羊，我們是很好的朋友，根據神話天雨粟馬生角，他叫「馬角」，我便叫「天粟」。我小時候在廣州長大，很懷念這地方，初寫作時便多用「天粟」或「羊城」作筆名，後來「羊城」專用來寫詩，「天粟」用來寫雜文，其後一直沿用。「羊城」有些人叫「穗城」，「穗」是禾穗的意思，於是我有時也叫「穗城」，或將「穗」字拆開，叫「惠禾」之類。有很多筆名，因為創作慾很強，希望有較多的發表機會，《華僑日報》、《香港時報．淺水灣》等地方都投稿，在《周報》也會用不同筆名，大家都是這樣，好像張愛倫有時用「西西」，有時用「藍子」。

熊 「根輝」的筆名主要用於詩話？

羊 是的。另外「墨城」也用過，廣州也叫「墨城」，變來變去，意思都差不多。

熊 發表的地方呢？除了《周報》、《大公報》、《麗的呼聲日報》、《華僑日報》、《香港時報．淺水灣》，還有其他地方嗎？

羊 還有《蕉風》，台灣也有。我在台灣讀書的時候辦過縱橫詩社，和一些從香港、越南、新加坡、馬來亞到台灣讀書的文學愛好者，特別是喜歡寫詩的文友，組織縱橫詩社，出版《縱橫詩刊》，主要讓大專僑生互相聯絡，同時推動文學。

郭 您參加過阡陌文社、縱橫詩社，編輯過《周報》，有沒有保存當時出版的刊物？

羊 《周報》和《文壇》我一直保存得很好，直至有一年搬家，母親以為那些只是普通報紙便沒有帶走，我回去再找時已丟棄了，很可惜。我特別心痛的是幾年下來的《阡陌》月刊，從第一期開始保存下來，但這也沒有了。

注釋

1 羊城：〈思鄉〉，《中國學生周報》，一九五七年三月二十二日，第二四四期。

2 馬覺於二〇一五年出版詩集《義裏渾沌暗雷開》，收入一九六七年《馬覺詩選》的修訂作品及新作兩首。

3 據《中國學生周報》出版資料欄，該報自一九五五年五月二十七日第一四九期，至一九六四年五月一日第六一五期，登記地址為香港九龍彌敦道六六六號五樓。

4 《中國學生周報》「棖煇詩話」包括（一）〈棖煇詩話〉，一九六七年四月七日，第七六八期；（二）〈棖煇詩話：「新詩改罷自長吟」〉，一九六七年五月五日，第七七二期；（三）〈棖煇詩話：白開水與檸檬可樂〉，一九六七年六月九日，第七七七期；（四）〈棖煇詩話：作詩必此詩〉，一九六八年三月八日，第八一六期。

5 張愛倫：〈垂垂的草〉，《中國學生周報》，一九六〇年十二月三十日，第四四一期。

6 指九龍登打士街九十一號翠園大樓七樓第四號。據《中國學生周報》出版資料欄，上址為該報一九六四年五月八日第六一六期至一九六八年九月十三日第八四三期社址。此處所指的「後來」，是指一九五五年五月二十七日第一四九期至一九六四年五月一日第六一五期的社址，香港九龍彌敦道六六六號五樓。

7 黃崖：《敲醒千萬年的夢》，香港：國際圖書公司，一九五九年七月。

8 據《中國學生周報》出版資料欄，李金暉擔任督印人的時間是一九五九年九月十一日第三七三期，至一九六〇年六月二十四日第四一四期；胡菊人擔任督印人的時間由一九六〇年七月一日第四一五期，至一九六三年十一月十五日第五九一期。按：一九六三年三月一日第五五四期起，出版資料中的「督印人」改稱「社長」。《周報》的督印人、社長和總編輯，有時由同一人擔任，有時並不，從版面資料無法得知。

9 羊城：《玲瓏的佇望》，台北：縱橫詩社，一九六四年六月。

10 羊城等：《綠夢》，香港：阡陌文社，一九六三年。

11 戴天、胡菊人、陸離一九六〇年代合租太子道二三〇號愛華大廈六C，並將此處命名為「愛華居」。

12 按：陸離印象中愛華居團年、拜年等聚會中沒聽過唱《義勇軍進行曲》。那時常在愛華居出入的古兆申則憶述，愛華居的朋友都以心靈開放的自由主義者自居，偶然唱起此曲亦有可能，因為《義勇軍進行曲》乃抗日名曲。後來部份同人對中國政治或會重新思考，但唱的多是革命民歌或革命歌曲，目的主要是自娛，不會以唱國歌來表達政治立場。（二〇一五年七月二十七日補）

羅卡

（一九四〇——　）

本名劉耀權，另有筆名火光、芝子、祖沖、異客、仰山等。

原籍廣東中山，澳門出生，一九五七年六月來港，後入讀崇基學院數學系，因投稿《大學生活》而認識刊物負責人林悅恆，由此參與刊物活動。一九六一年畢業後加入《中國學生周報》參與編輯工作，初期負責科學版、〈讀書研究〉版等，一九六二年中主持電影版，對西方電影多所引介，配合《大學生活》電影會的活動，吸引大批影癡讀者。一九六七年，香港社會動盪不安，時任《中國學生周報》總編輯的羅卡於年底離職，赴歐洲學習電影知識，一九七三年回港後一直從事電影、電視工作，一九九〇至二〇〇五年先後任職香港電影節、香港電影資料館，專責策劃回顧香港電影，現已退休。著有《電影之旅》、《香港電影點與線》、《60風尚：中國學生周報影評十年》（主編）等。

日期｜二〇〇五年三月九日（第一次訪問）

地點｜香港電影資料館

訪問者｜盧瑋鑾、熊志琴

羅—羅卡　盧—盧瑋鑾　熊—熊志琴

〔按：本訪問部份照片來自羅卡主編《60風尚：中國學生周報影評十年》一書，經編者同意使用，謹此鳴謝。〕

熊　十分感謝劉先生接受訪問。我們都知道劉先生曾經參加《中國學生周報》的編輯工作，最初您是怎樣加入《周報》〔《中國學生周報》〕的呢？

羅　加入《周報》是頗偶然的，我大約在一九六一年八月加入，之前甚少看《周報》，跟《周報》的聯繫是通過林悅恆先生。我在「崇基」〔崇基學院〕唸第三、四年的時候開始看《大學生活》，那是林先生主編的。我很喜歡《大學生活》裏面一些談西方學術、思想和一些談藝術的內容，自己也嘗試翻譯一篇關於哲學和數學的文章投稿。林先生寫信很婉轉地告訴我文章還未可以用，但如果有興趣，很歡迎來參加活動或者來談談。我因此拜訪林先生，知道他們經常有一些類似讀書會的活動。讀書會說出來好像是左派的東西，但「友聯」的活動一定不是左派的。那讀書會大約一個月一次，會請一些對某學科有興趣的人來聚會，文史哲都有，有時也會請一、兩位學者或甚麼人來講一下，有時自己談談，或讀完一些書，回來向大家作一點口頭報告之類，屬非正式聚會，那當然是合法的，沒怎麼談政治，我一九六一年畢業之前參加了兩、三次，因此認識了林悅恆和**黃展驥**、羅業宏等幾位，都是和林先生一起在台灣唸大學的。他們研究西方的社會學、哲學，都受**殷海光**先生的影響，即主張要用於社會，對現行政權、文化有所批判，不是讀了、有學問便算。

我一九六一年畢業，之後要找工作，很徬徨，曾經以為有機會教書，突然那機會又沒有了。八月去找林先生，林先生就說：「不如你加入《周報》工作啦！先做著吧！」那我就加入了《周報》當助理編輯，其實那時也沒有甚麼職銜。林悅恆當時是《大學生活》的社長兼總編輯，他介紹我見胡菊人，在這樣的機緣下，我便當了助理編輯和記者。

羅　加入之前沒看《周報》？

熊　沒有啊！只看《大學生活》，間中會看一、兩期《祖國》，加入之前，我對《周報》完全沒有概念，加入之後很快便認識了張浚華和陸離，還有一些在《周報》兼職的人，他們編〈讀書研究〉版，編一些比較學術性的版面，例如〈藝叢〉。有一位姓楊的，他也幫《大學生活》的忙，當時唸「新亞」（新亞書院），不知道是不是唸研究所，他不是每天都上班

黃展驥

曾就讀香港華仁書院，後赴台入讀國立台灣大學哲學系，師從殷海光。回港後先後任教聯合書院、崇基學院。著作包括《謬誤與詭辯》、《思想的方法》、《思考的藝術》、《自由之真義》、《中庸與詭論》等。一九八〇年代起，先後在內地多所大學任教，並從事學術交流。二〇一四年十二月十九日於深圳病逝。

殷海光

先後就讀國立西南聯合大學哲學系、清華大學哲學研究所，畢業後一度加入青年軍。一九四九年赴台，任國立台灣大學講師，兼任《自由中國》編輯，勇於批判時政，被譽為台灣自由主義代表人物。一九六〇年代開始不斷受政府壓逼，國家長期發展科學補助金停止發放、作品被查禁（版稅收入因此中斷）、被迫離開台灣大學教職、生活起居受監視。一九六九年罹患胃癌鬱鬱而終，同年其學生林悅恆、何友暉、黃展驥、羅業宏合編的《殷海光近作選》於香港出版，台大出版中心於二〇〇九年開始出版《殷海光全集》，至今共出二十一冊。

的。至於張浚華，她跟我差不多同期加入。陸離也不是每天上班的，但過了幾個月，陸離也成為全職員工了。我、張浚華和陸離是同一屆畢業的，不過這個不重要吧！那時上面是胡菊人，差不多每星期的編輯會議都由秋貞理先生主持，即**司馬長風**，他是「友聯」中一個很重要的人，領導者之一。另外還有一位總編輯，應該是黃碩儒先生，胡菊人是社長，胡菊人每期寫「大孩子信箱」，又寫類似社論的東西。

我初時沒有自己主編一版，只是將一些版面改一下、剪裁一下，加一點花絮，排成一版便寄給新馬那邊的《學生周報》。那時我主要負責科學版，好像是〈科學世界〉。讓我編科學版，可能因為我是唸數理的，那其實是科學常識和一些科學趣味新知，不是甚麼科學理論。那時改裝一下就成為新馬版的其中一版，還有幾版也是這樣，根據香港版改成。另外還有採訪，每隔兩星期寫一篇採訪稿放在頭版。那時候有幾個人採訪，有些稿是自己寫的，不是每篇都是外訪，而是在編輯室找一些資料來寫，談談現在的形勢之類。這樣過了大約大半年，黃碩儒先生移民美國，我們還歡送他。他移民之後，應該是胡菊人兼任總編輯，因為基本上少了一名編輯，那便開始讓我負責一些版面。

黃碩儒先生本來是編電影版的，那時的電影版主要刊登「國泰」（國泰機構（香港）有限公司）、「電懋」（國際電影懋業有限公司）、「邵氏」（邵氏兄弟（香港）有限公司）等一些比較新聞性的東西，「乾淨」一點的新聞，沒那麼多「花邊」的。另外

司馬長風

本名胡若谷，又名胡永祥、胡靈雨、胡越、胡欣平，另有筆名秋貞理、曾雍也、范澎濤、林吟、羅晴、高節、嚴靜文等。東北出生，畢業於國立西北大學，抗戰勝利後曾任國大代表。一九四〇年代後期來港，曾為民主中國青年大同盟成員。及後與友人合辦友聯社，曾參與多種刊物出版工作，後在樹仁學院、香港浸會學院任教。一九八〇年於美國紐約病逝。著有《中國新文學史》、《鄉愁集》等。

左起：岑逸飛、胡菊人、羅卡。（1969 年石琪、陸離婚宴；羅卡提供）

總編輯黃碩儒移民，編輯部同人送行。左起：張浚華、陸離、盛紫娟、黃碩儒、楊啟樵、羅卡。（1963 年 2 月 2 日；羅卡提供）

Mingguan Penuntut

學生周報

一九五九年十一月二十七日出版 （星期五） 每份售價叻幣二角

第二屆助學金徵文揭曉

給落選的同學

高中組冠亞季軍

初中組冠亞季軍

Student Weekly

175

新馬《學生周報》。（1959 年第 175 期；楊善才提供）

中國學生周報

富貴滿華堂

但尼

1962 年《中國學生周報》第 500 期，仰山、芝子及但尼文章同刊於〈電影圈〉(仰山、芝子均為羅卡筆名)。

還會請例如**汪榴照**、蕭銅等電影編劇寫文章，汪榴照署名「但尼」，寫影話影評，這是每期都刊出的，黃碩儒先生主編時已經約了他寫。其餘還有些零星的，關於明星、新片的新聞，即不是很……關於西片的報導是很少的。我加入大半年之後，便叫我嘗試編電影版。

那段時期一起工作的還有盛紫娟，三版文藝版都是她編的，陸離編英文版，還有就是張浚華編的〈快活谷〉、〈讀書研究〉，大概這樣吧！我不 exactly〔確切地〕記得有多少人工作了，有些是全工，有些是半工，除了胡菊人，我想全工只有三名左右，總共編十四版。

最初的印象是彼此很和洽、很「文化」，不像商業機構那樣一層一層壓著，也不需要不停請示，沒有互相爭鬥、爭「上位」，大家會一起討論一些當前問題、文化問題，例如台灣的文化論戰，例如李敖、徐復觀和胡秋原等人的論戰，大家朋友般一起工作。

熊　那理念方面呢？有甚麼機會讓您知道他們的理念？

羅　初加入的時候完全不知道是怎樣一回事，對「友聯」的認識也很膚淺，只知道有《大學生活》，有那樣的一班人……這裏要說一下，因為這跟「友聯」和為甚麼我會做下去有關。

林悅恆認識一群「台大」〔國立台灣大學〕的朋友，他們與殷海光有關，即曾受業於他或受他的啟發。這些人對「新亞」的一群學者都有認識，例如唐、牟〔唐君毅、牟宗三〕，甚至錢穆先生或其他。他們基本上覺得舊的傳統，無論是哲學還是新儒家等等，都需要作一些調整、改變，都要參考西方，因此經常開讀書會。

我記得他們很推崇**陳伯莊**先生，他辦了《現代學術

汪榴照　本名汪兆炎，另有筆名但尼、季年等。一九五〇年代在台灣任電影編導，並撰寫影評，一九五八年來港任編劇、導演，一九六〇年代初經常在於《中國學生周報》撰寫影評。編劇作品包括《長腿姐姐》、《體育皇后》等。

季刊》，是直排的——中文字直排，但有很多公式和邏輯符號——有點傻，因為要把它倒過來看，那些內容根本不可以直排，但他們堅持以中學為本，要用直排。陳伯莊先生自資辦了這樣一份季刊，把很多社會學新觀念、哲學新觀念放進去，是頗論文式的，但有些內容入門者也可以看懂。他們，特別是羅業宏和黃展驥，都對這些很有興趣，常常介紹我看。在我還沒有加入「友聯」或《周報》前已經看過、和他們談過這些問題，又拜訪過陳伯莊先生、他的同輩和徒弟之類，印象中曾經這樣見面。這些東西對我有頗大吸引力，我在大學裏唸的是數學物理，慢慢卻鑽了牛角尖，喜歡這些數理哲學和解析哲學的東西，正業不務。

加入《周報》之後我仍然有參加這些讀書會，這些老朋友也會介紹書給我讀。這一派人認為中國哲學太「玄學」，即只在觀念上空談，作為一種學問，不夠紮實。他們認為學習西方作為基礎，然後對應中國情況來看，這樣才能找到中國哲學、人文科學的弱點在哪裏，而這些弱點正是令中國一直以來如此不振的原因之一——無科學精神，加上無民主、

陳伯莊

本名陳延壽，字伯莊，廣州出生，祖籍浙江山陰。十七歲考取留美官費，入讀哥倫比亞大學選修化學工程，一九一七年回國後，歷任國民政府財政部、鐵道部要職，並曾任教於中國政治大學、交通大學。國內易幟後來港，任教於新亞書院，出版《現代學術季刊》。一九六〇年九月五日在港逝世。

現代學術季刊
第一卷 第一期
民國四十五年十一月
目次
發刊詞
心理學及社會科學
邏輯經驗論導釋
自然主義的人道主義
附人道主義者宣言
如何閱讀及了解歷史
社威論歷史判斷
歷史解析的邏輯
行動論幾個基本類目
關於政治學方法論及其有關著作的一個概識
政治鬥爭在馬來亞
LIBRARY

1956年《現代學術季刊》創刊號。

自由，這些可能是政治問題，不是學術問題。他們認為爭拗其實出於字眼和觀念的不清楚，所以得學習西方的數理、邏輯等觀念，西方這方面是很清楚的，當然他們沒有直接批評唐、牟一派，兩方面都看。我覺得這問題很有意思，這並不是純粹學術的討論，我們還沒到那層次，但覺得要用於世、要把觀念搞清楚，就是所謂的科學精神，這十分重要。

這一派的人，我猜是林悅恆帶入來的，因為胡菊人、秋貞理都不是這一派的，他們不會看數理邏輯和很觀念性的東西。秋貞理很顯然有自己的看法，他當時對政治的興趣大於對文化的興趣，那時候胡菊人可能很受他影響。他們是真正行動的人，有一份使命感，要以香港為基地，提倡文化中國，由基層開始啟發學生。我加入《周報》初期，正是受這幾方面的觀念影響。

熊　主張數理邏輯的朋友也以中國文化為依歸吧？

羅　當然，殷海光也是因為關心中國文化才出事。「友聯」很多人也講民主、自由、科學，任何人都主張這三項，胡適、雷震開始就已經談這個，但問題是甚麼才是真正的科學精神呢？有些觀念因為沒有以科學精神釐清，所以老是兜圈子，甚麼是「本體」？甚麼是「氣」？老是在這些問題上兜圈子、寫文章，沒有甚麼大意義，所以我們比較著重介紹西方的科學精神。我做不了這方面的工作，只在旁邊看這看那。可以這樣說：他們的路即使不同，但都是為中國文化、最後就是為中國的前途打算，做一些正面的事情。

熊　後來您在《周報》負責編一版的時候，內容是不是可以全部由自己決定？

羅　據我所知，任何一版我想都不是由總編輯指示的，除了採訪和頭版他們指定，其他版面都各自處理，之後再請總編輯過目。通常都可以通過，只會作少許更改，很大問題才會要求換上另一篇稿，然後便發排、校對、付印。每星期都會檢討上一期的內容、討論下一期的內容，胡菊人和秋貞理都會在場，會提一些意見，但他們不會直接指令。這也頗民主吧，編輯路線是我們摸索出來的。

熊　很多人都說羅卡先生編的電影版令他們獲益良多，可不可以介紹一下電影版的設計？

羅　我是一九六二年底開始編電影版的吧。我大學時期已經喜歡電影，經常買一張車票到香港看公餘場，下午不用上課也會到外面看電影，回來便跟人討論，剛巧兩位同房和一位表親都很喜歡電影，那時對電影只有純粹的興趣。陸離和張浚華都很喜歡看電影，我們會一起看，然後討論。後來我被安排去編電影版，陸離在黃碩儒離開以後也幫忙編了一段時期，她有一個小專欄叫「觀影隨想錄」。[1] 我喜歡西方一些電影潮流，於是慢慢加入一些自己喜歡的東西。一九六〇年代初，法國新浪潮興起，不論是生活方式，還是藝術表現方式，都令年輕人很興奮，好像藝術世界就是這樣，不一定需要跟隨舊路或跟隨荷里活。我們傾談之間多了這一類話題，但不常寫，因為公映的法國電影很少，只有一、兩齣，甚至一個月也沒有一齣，所以不能經常寫。至於其他內容，我們看雜誌，抽些內容出來，有些改寫一下，有些做專題。

那時候當編輯要經常寫信，讀者也很願意寫信給編者，因為投稿或來函而認識的朋友愈來愈多。最早認識的應該是戴天，戴天那時不特別喜歡電影，比較喜歡法國的事物，我們便找他談談這些，也拉

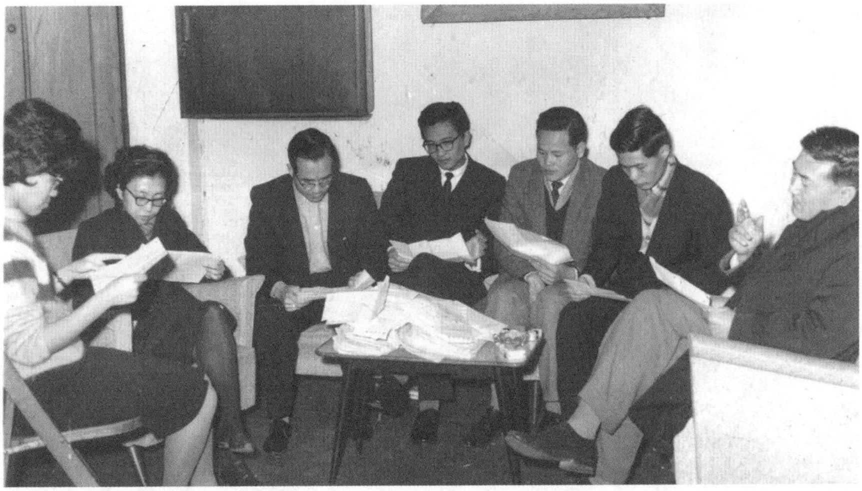

1960 年代初《中國學生周報》編輯會議。左起：張浚華、盛紫娟、黃碩儒、羅卡、彭熾、胡菊人、司馬長風。（照片及說明由羅卡及張浚華提供）

他客串寫影評。戴天從台灣回來，認識林悅恆和台灣的一些大學生，他是來報社而認識的，不是因為寫信。石琪呢，認識時他只有十七歲左右，他投稿來，我們便請他來談談。那時他在上環當學徒，剛剛中學畢業，來稿很有看法，後來也不停寫。他還自學日文，又會畫畫。我覺得他很有才華，慢慢交了朋友。還有舒明，他是聯合書院的，由讀者變成作者。陳任也是因為寫信而認識。還有方圓是營商的，在中環上班，也喜歡電影。後期還有梁濃剛，之前還有金炳興，他也是從台灣回來，由一位台灣朋友介紹認識的，金炳興是電影版的主力。還有西西……很多吧，三數年間便認識了很多人。

我編電影版初期仍然是幾篇大文章、一篇影評，我和戴天輪著寫，還有陸離一個感性的專欄，後來她不寫了。本來只有這些，後來才新增「客座影話」之類。寫的人漸多，每個人都有興趣寫，那便開始需要一些編輯技巧，就是每人寫一點、輪著寫，盡量避免千多二千字的大文章，幾百字吧。這便需要跟作者聯繫，全版我想只能容納三至五千字，每一期可以刊登四至五人的文章，另外還有一些特寫、專題。一九六三、一九六四、一九六五年間，電影版漸漸變成真正公開的園地，有許多基本作者。對了，李英豪也寫，還有幾位現在已經不常寫作，甚至移民了。還有林年同，他常常一寫便千多字，我老是刪短，他看了便很生氣，哈哈！我們盡量做到百花齊放，我想這是能夠造成風氣的其中一點。如果能夠經常給多數人發揮，他們有了信心之後在其他的報章也寫，例如《中報》、《新生晚報》、《香港時報》。

內容方面，簡單地說，初期我們比較崇尚西方電影中的新事物，後來加入一些荷里活經典，也看本地影片。整個版面跟黃碩儒編的時候不一樣，我們不會講那麼多「電懋」的新片，花絮、消息等都沒有了，全都是評論、專論，介紹西方新事物居多，以淺白的文字使入門者或喜歡電影的人都覺得有趣。

一直到大約一九六七年底，記不清楚我在哪個月份離開《周報》，應該是十到十一月之間。離開以後，陸離接編電影版也約我寫稿，我一九七一年去了意大利還有寄稿回來。

一九六二到一九六七年初《周報》電影版如果有甚

麼變化，那就是……最初熱熱鬧鬧的一群年輕人，全都是二十多三十歲，最大也不過三十歲左右，在這裏發表一些看電影之後的心得。他們對西方電影的興趣比華語片大，初期是這樣。發展至一九六五年左右，可以看到他們逐漸也看本地的電影、華語片，特別是粵語片。可能因為我們寫了兩、三年之後引起了業界一些注意，記得有一名叫丁善璽的導演，他當年在台灣是文藝青年，拿過政府頒的文藝獎，寫小說的。他大約在一九六五至一九六六年間加入了「邵氏」，第一個到「邵氏」當編劇。他看了《周報》，說有興趣和我們見面，我們便約他寫一個小專欄。他很熱心、很客氣。

我們慢慢吸收、成熟、多樣化了，第一，《新生晚報》的**方龍驤**請我們寫專欄，我、陸離、戴天和李英豪寫了「四方談」，[2] 胡菊人則自己另有專欄。[3] 他們電影版、娛樂版那邊有一欄影評，以前由張徹、蕭銅寫，他們加入電影界之後很忙，那就找我們寫了，應該是一九六四、一九六五年間吧！我們在《新生晚報》寫影評，又寫專欄，認識的人也漸漸增加了。

同時我們跟台灣也有交流，除了丁善璽替我們寫稿，很重要的是《劇場》季刊。《劇場》季刊在一九六〇年代的台灣是很前衛的，它基本上是由**邱剛健**一人帶起，他從夏威夷大學東西文化中心留學

方龍驤

本名方棠華，另有筆名盧森堡、龍驤、丁辛、常舞天等。曾任《新生晚報》、《天天日報》編輯，作品以偵探奇情小說為主，包括《血手印》、《胭脂奴》、《銀蛇夜》、《情仇記》等等。

邱剛建

筆名戴安平、邱戴安平、秋水長安、耶律楚材等。福建出生，一九四九年移居台灣。一九六四年赴美國夏威夷大學東西文化中心戲劇培訓班研修。一九六三年與友人在台創辦《劇場》季刊，其後於港台兩地擔任導演及編劇，作品《投奔怒海》、《地下情》、《胭脂扣》、《人在紐約》、《阮玲玉》等多次獲獎。

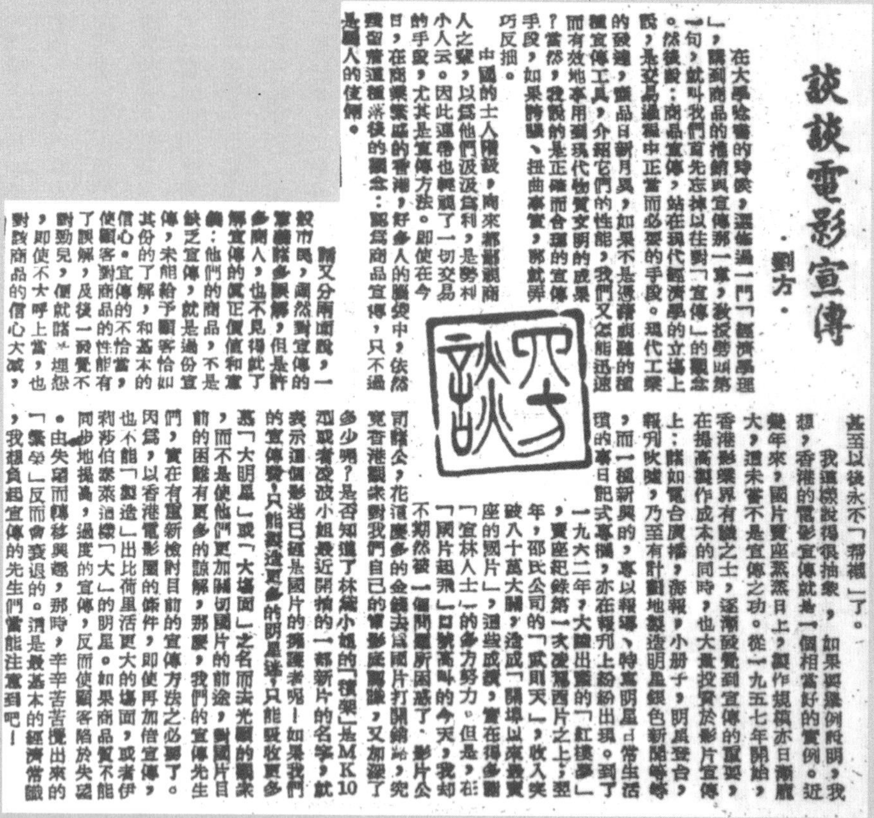

談談電影宣傳

·劉方·

在大學唸書的時候，還唸過一門「經濟學理」，講到商品的推銷與宣傳那一章，教授劈頭第一句，就叫我們首先忘掉以往對「宣傳」的觀念。然後說：商品宣傳，站在現代經濟學的立場上說，是交易過程中正當而必要的手段。現代工業的發達，商品日新月異，如果不是憑藉適當的種種宣傳工具，介紹它們的性能，我們又怎能迅速而有效地享用到現代物質文明的成果？當然，我說的是正確而合理的宣傳手段，如果詐騙、扭曲事實，那就弄巧反拙。

中國的士人階級，向來都鄙視商人之輩，以為他們汲汲為利，是勢利小人云。因此連帶也輕視了一切交易的手段，尤其是宣傳方法。即使在今日，在商業繁盛的香港，好多人的腦袋中，依然殘留着這種落後的觀念：認為商品宣傳，只不過是騙人的伎倆。

這又分兩面說，一般市民，固然對宣傳的意義諸多誤解，但是許多商人，也不見得就了解宣傳的真正價值和意義：他們的商品，不是缺乏宣傳，就是過份宣傳，未能給予顧客恰如其份的了解，和基本的信心。宣傳的不恰當，使顧客對商品的性能有了誤解，及後一發覺不對勁兒，便就諸※埋怨，即使不大呼上當，也對該商品的信心大減，甚至以後永不「幫襯」了。

我這樣說得很抽象，如果要舉例説明，我想，香港的電影宣傳就是一個相當好的實例。近幾年來，國片賣座蒸蒸日上，製作規模亦日漸龐大，這未嘗不是宣傳之功。從一九五七年開始，香港影業界有識之士，逐漸發覺到宣傳的重要，在提高製作成本的同時，也大量投資於影片宣傳上：諸如電台廣播，海報，小冊子，明星登台，報刊吹噓，乃至有計劃地製造明星銀色新聞等等，而一種新興的，專以報導、特寫明星日常生活瑣事的日記式專欄，亦在報刊上紛紛出現。到了一九六二年，大陸出品的「紅樓夢」，賣座紀錄第一次凌駕西片之上；翌年，邵氏公司的「武則天」，收入突破八十萬大關，造成「開埠以來最賣座的國片」，這些成績，實在得多謝「宣傳人士」的多方努力。但是，在「國片起飛」口號高叫的今天，我卻不期然被一個問題所困惑了。影片公司肯花這麼多的金錢去為國片打開銷路，究竟香港觀眾對我們自己的電影底認識，又加深了多少呢？是否知道了林黛小姐的「積架」是MK10型或者波波小姐最近開拍的一部新片的名字，就表示這個影迷已經是國片的擁護者呢！如果我們的宣傳費，只能製造更多的明星迷，只能吸收更多慕「大明星」或「大場面」之名而去光顧的觀眾，而不是使他們更加關切國片的前途，對國片目前的困難有更多的諒解，那麼，我們的宣傳先生們，實在有重新檢討目前的宣傳方法之必要了。因為，以香港電影圈的條件，即使再加倍宣傳，也不能「製造」出比荷里活更大的場面，或者伊莉莎伯泰萊這樣「大」的明星。如果商品質不能同步地提高，過度的宣傳，反而使顧客陷於失望。由失望而轉移興趣，那時，辛辛苦苦攪出來的「繁榮」反而會衰退的。這是最基本的經濟常識，我想負起宣傳的先生們當能注意到吧！

《新生晚報》專欄「四方談」由陸離、戴天、劉方（羅卡）、李英豪合寫，由 1964 年 9 月 5 日開始，至 1965 年 7 月 31 日結束。圖為 1964 年 9 月 9 日「四方談」之〈談談電影宣傳〉。

回來，在台灣找來了許多人，包括陳映真、莊靈、黃華成、劉大任……很多位一起辦這雜誌，談外國現代派的荒謬劇、實驗性的電影。台灣那時候基本上沒法看到歐洲的新電影，由於市場關係，這些電影很少機會可以在那邊公映，只有小型的放映會。而且台灣沒香港那麼開放，我們還可以看到新浪潮的影片，只cut〔刪剪〕了一點，他們很後期才有這些電影放映，所以依靠這份雜誌作為精神食糧。它的文章很多是翻譯的，在外國請人寫，也請我們寫，希望至少在資訊方面開新局面，沒有原片看也可以討論一下，刊登劇本、評論等等，後來又搞實驗電影和展覽之類，台灣實驗電影的潮流也是他們帶動的。我們一直和他們通信、供稿，又發動金炳興、李英豪、陸離、石琪、簡而清等人幫忙寫稿和翻譯，完成了便整批送過去，他們出版以後會寄書過來，由《周報》代賣，我們跟台灣現代派有這樣的交流。

我們也跟外國及本地的電影界交流，記得在一九六五、一九六六年間，龍剛也投稿，講李行的《啞女情深》。[4] 他說戲中的主角是啞女，但常常用「心聲」說話，那就不是「啞女情深」了呀，老是在幕後代講，那技巧很笨拙，應該用動作、眼神襯托心理，而不是老用聲音在後面說話。那時我們根本不認識，因此才通信。後來我們組織「大影會」〔大學生活電影會〕，他也來參觀。他曾經當演員、助導，一九六六年正式執導《播音王子》。

因為認識的人多了，外來因素多了，我們漸漸不再像從前般幼稚，只崇尚西方電影，也會談一下台灣的情況，談一下本地的電影，比較關心香港電影的前景，電影文化方面的討論，豐富了，也紮實了。到一九六七年，又說到林悅恆了，因為《周報》……其實跟林悅恆無關，早在胡菊人時期已經有通訊員活動，但我相信一九六〇年代中期因為取得資助，所以活動擴大了，香港設立了分社搞活動，九龍那邊編輯部也有青年活動，兩邊都有。因為搞活動，來幫忙的人也就多了。吳平甚麼時候加入的呢？最早可能是一九六三年，或者是一九六四年，盛紫娟走了，他便填補了盛紫娟的位置，他也幫忙搞活動，彭熾、黃國超等也幫忙，分社和總社兩邊跑。《周報》的發展那時候算是最興盛了，

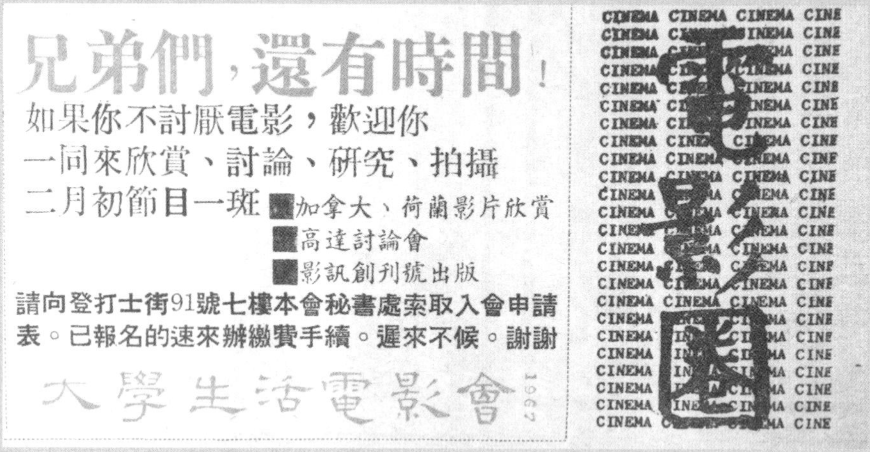

兄弟們，還有時間！
如果你不討厭電影，歡迎你
一同來欣賞、討論、研究、拍攝
二月初節目一斑
加拿大、荷蘭影片欣賞
高達討論會
影訊創刊號出版
請向登打士街91號七樓本會秘書處索取入會申請表。已報名的速來辦繳費手續。遲來不候。謝謝
大學生活電影會 1967
CINEMA CINEMA CINEMA CINE
電影圈

「大影會」招收會員廣告。

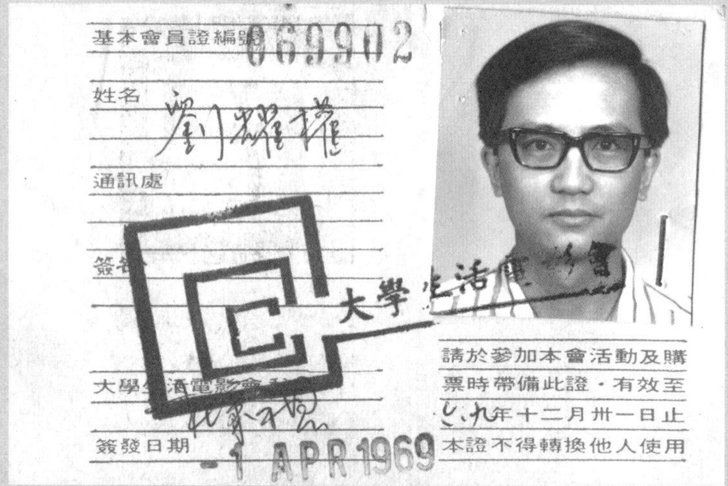

劉耀權大學生活電影會基本會員證，由該會秘書杜秉琪於 1969 年 4 月 1 日簽發。（羅卡提供）

活動搞得最大，銷售情況也以那段時間最理想，即一九六五年左右，「暴動」之前一年。不久，林悅恆便搞了「大影會」，應該是一九六七年開始搞的，一九六八年正式成立，黃維波、杜秉琪和很多《大學生活》、《周報》的職員，編輯、作者和讀者也幫忙，杜杜、西西、梁濃剛、吳昊等，有的當委員，有的從旁協助，有的是基本活動份子，還有陳任等。因為有「大影會」，一九六七年開始，電影版加強了，有整個系列的電影放映，可以看到一些只可以在會中放映的電影，我們因此在欣賞、研究方面也深入了，喜歡電影的人也多了。

熊　電影版愈編愈精彩，內容會不會也愈來愈深呢？和原定對象的距離會不會太遠？

羅　當年來說是的，走得太遠了，我們也受過一些批評，這要談一下。

一九六四年時已經蠻厲害，我們的要求、校對、版面，已經很……那時候還沒有柯式印刷，「執字粒」的兩位仁兄我們看得很緊，有一位叫阿清（李清），陸離跟他很熟。阿清很厲害，還沒有柯式，他已經可以造出一條曲線，像水波紋那樣由上而下，我們做美國專號，他便這樣造美國國旗，我不知道他是怎樣造出來的，整條線都是曲的！另外一位很不滿我們，因為我們經常校對到很晚，陸離又在最後十分鐘還要加字，弄得他很……阿清的確很好，他雙眼視力已經很差，但仍然很落力，工夫做足。很多事情發生呢，排字工友把字粒擲過來也試過：「還來？不用睡覺嗎？你是編輯，我們是『打工仔』而已！」大家都很用心，希望把它搞好，我的作用就是聯絡這一群人，協調、分工，自己也在其中學習、成長。

那種做法，現在看來是太「影癡」的做法，不太照顧一些初入門或水平較低的讀者，譬如說初中生便不一定可以跟我們同步前進。我們可能比較吸引高中生或大學生，甚至畢業了而對電影有興趣的人。初中生不可能像我們那般喜歡電影的，看電影也不會看新浪潮，根本看不懂，你怎樣說他們都不會懂。我們把水準提高了，要求也提高了，「上頭」是有微言的，但那段時間也是「上頭」很混亂的時候，我們便有機會做我們主觀喜歡的東西。雖然有意見，譬如說，秋貞理和胡菊人應該在一九六〇年代中〔一九六二年〕離開了「友聯」，我相信以他們的角度看來會覺得我們太過份，因為《周報》希望以文藝作手段開導香港學生的思想，灌輸國家民族感情和自由民主科學的思想，以作準備，建立新的文化中國。這不是台灣的也不是大陸的，而是新的基地，散播新的中國思想，這是最重要的，而不是要把電影說得「天花龍鳳」，談這些就是走進藝術世界，是逃避，即使走到很深，但不是走到現實世界，不是走到救國救民的路上，所以在他們看來，我們花太多心思搞這些了。但他們離開了，之後的人來一會、暫代一會，再沒時間管我們。

也不光是電影版，《周報》的〈快活谷〉、英文版、〈讀書研究〉、〈藝叢〉都加強了內容，整份《周報》都活潑了、現代化了，加上其他的通訊員活動，那是《周報》最強盛的時期，銷數最高——這便很難轉過來，處劣勢的時候可以要求大改，情況好的話，他們也容許我們這樣做了。可以這樣說，走這樣的路，一條比較現代化的路，而不是傳統那憂國憂民的路，無論如何，讀者是會比較喜歡的，熱鬧、娛樂性的東西比較有趣，比教科書般教他們做事好。《周報》在一九六〇年代中的賣點轉向了輕鬆、熱鬧和趣時的內容，我估計以〈快活谷〉和電影版最賣座，最能吸引學生閱讀。他們是不是能夠看明白呢？〈快活谷〉是小學生也有興趣看的，電影版便可能是高中生才有興趣閱讀。我們所走的路和他們的原意的確不同，他們根本不會想到以〈快活谷〉和電影版吸引讀者，極其量就是加強文藝性、思想性，或者走進學校，多發掘寫作人才，不會想到用搞笑、電影作賣點。所以，我們走了這條路可能是因為他們監管不足，哈哈！但已成事實，也就沒法子了。

熊 剛才說銷量高，記得數字大概有多少？

羅 都是人傳口述，發行數字有沒有根據，真的不知道，有沒有記錄呢？我們沒有看過，但聽到發行部說大概是二萬多，每一期二萬多。

熊 一九六〇年代中期《周報》最盛的時候，每位編輯都有很強的個性反映在版面上，這方面可以談談嗎？

羅 早期，據我了解，有個性的沒多少人，有些加入不久便離開了，甚至社長也是這樣。我和陸離、張浚華、吳平最少幹了幾年，才能把一些東西深化，結果好或不好，我們都投入了個性，其他人根本沒有時間投入個性。例如有兩位，一位蔡廣，一位何法端，他們曾經暫代總編輯和副總編輯，不確定實際的職銜，他們比較保守，對我們的電影版很 critical〔批判〕，很多批評，認為教懂別人看電影又怎樣？又不能救世，哈！他們幾乎想這樣說了。意思那只是消費的東西，花那麼多心思？他是這樣說了，私下這樣說，在編輯會上也這樣說。他們認為文藝比較正路，是載道的，更不滿意〈快活谷〉那些搞笑的內容，說搞笑也要健康。但這很難說，甚麼是健康呢？這很難定義。我們的個性是比較強，有些總編輯也會給予一些意見，但沒多久就離開了。

胡菊人當然很有個性，秋貞理的個性更強，但秋貞理只是間中出現，他要兼顧的東西很多，不可能直接影響整份《周報》。他的太太盛紫娟倒有這方面的能力，因為盛紫娟編了幾年文藝版。他們那時候走的路，可以說是中國大陸的新文藝在台灣的延續。盛紫娟時常和台灣的名作家通信、約稿，包括司馬中原、柏楊和瓊瑤等等，還有郭良蕙，那時候她還沒有成名，仍然要賺取稿費，朱西甯等也幫忙寫稿，還有一些二線作家。他們比較少在香港發掘有潛力的作家，喜歡的是由中國一直延續到台灣的新文藝作家。

吳平接手之後很著重尋找香港本地作家，舒巷城也是這樣找出來的。那時候舒巷城已經成名，還發生過抄襲舒巷城作品參加徵文比賽而贏得第一名的事。[5] 我們比較喜歡有本土色彩的和由本土文化產生的語言技巧來寫的作品，而不是直接繼承中國五四以來新文藝傳統，或從台灣轉移到香港的現代派作品，我們起用一些本土作家，吳平很用心跟作者通信。到了一九六〇年代中後期，幾乎沒用台灣的稿了，其中著名的可以一數，西西、綠騎士、崑南、林琵琶、柯振中，都是一些在香港讀書、成長，用香港的語言、用香港本土感情寫作的作家，可能他們的技巧不很高，不及已經成名的作家，但這樣〔刊登他們的作品〕比用稿費請名作家在香港發表作品更好，對嗎？這些人就是在這裏成長，他們也有別的發表園地，但《周報》至少給了他們鼓勵，特別是西西，她替《周報》寫稿，又編〈詩之頁〉，不能說是我們提攜她，但她在這裏認識朋友、試煉，不斷在這裏寫作，《周報》給了她很大支持。

胡菊人和秋貞理都離開以後便沒有甚麼人長期留任，陳特算是任期較長，但在我印象中他不是全職的，到了林悅恆，他兼任或者專任社長之後，[6]《周報》才再穩定下來了。

編輯方面，陸離不用多說，大家都清楚，她很熱心、很熱情，但十分主觀，你可以看到的，還有……很情緒化吧。我可以多說一點，既然你們已經有「防禦工事」〔指錄音〕便不要緊了，哈！她有時候真的很情緒化，只要是她喜歡的，不管國共內戰她還是要說，哈哈！比方她喜歡《新晚報》某段內容，她便會轉載到《周報》，上頭當然不高興，那是《新晚報》呀！又例如她公開談金庸，讚許他，上頭也不高興，金庸那時替《商報》〔《香港商報》〕、《新晚報》、《大公報》寫稿的嘛，是左派陣營的人，直接讚許他的話是不能在這裏刊登的呀！這些都是小事。她有時候很主觀、很執著，可以說，我離開《周報》的部份原因也是因為陸離，因為我們之間有私人感情，公事上又一起合作，公私難分，有時會有一些很難解的衝突。我離開是一件好事，讓林悅恆較容易處理。

第二，一九六七年的「暴動」對我的衝擊很大，這個問題待會再談。一件事令我跟林悅恆有分歧，就是一九六七年的「大暴動」，這很關鍵，為甚麼我會離開《周報》或者我怎麼看……

當時整個環境，一九六〇年代中後期，香港社會任何方面，你都可以看到年輕人的力量一直向上，工業開始用很多女工、男工，年輕人能夠就業，特別是女性能夠就業的機會大大增加了，家庭的經濟結構不同了。過去父母是一家之主，小孩子要他怎樣就怎樣，我也試過被父親打完還要關了一整天。以前對父母是怕的，不由你的，長大後猶有餘悸。但到了一九六〇年代中，十多歲已經可以在社會上工作了，如果真的虐待他、管束太厲害，他可以出來做事，找人一起合住，不回家去。整個家庭結構、經濟結構不一樣了。另外，一九六六、一九六七年，你看到香港的抗議聲音愈來愈大，人們醒覺了。社會學家也說，人的經濟和思想獨立以後，他

溫健騮談寫作。右起：陳特、羅卡、溫健騮、陸離及參加者。（羅卡提供）

羅卡為青年活動小組的成員談《周報》編輯工作。（羅卡提供）

便不一定跟從以前的看法，加上從外國留學回來的人介紹了許多西方事物、流行文化等等，而中國的文化大革命開始醞釀，整個局面非常緊張，但我們電影版的、《周報》的這些人還在談文說藝，拿著幾塊錢稿費在茶餐廳飲奶茶、聊天，這種生活方式我覺得不能持久，因為世界已經變得很厲害，我們都感覺到。我和陸離看陳寶珠的電影，珠姐出場，嘩！觀眾起立拍掌，就像暴動那樣。那感覺是，年輕人已經有力量站起來，很可怕。那電影已經放映了好幾輪，不是首映啊！年輕人開始有力量了，喜歡甚麼會發聲，不再甘心被家庭壓著。

過了一年，很多年輕人在街上擲石等等，那種 youth power（青年力量）上升得很厲害，加上一九六六年已經有一次「九龍暴動」，一九六七年初便……我們工作的地點正好就在新蒲崗四美街，[7]「人造花廠事件」就在那兒，[8] 整條街道的情況都可以看到，每天看著，每天都有衝擊，我便發覺自己還老在談文說藝看電影，似乎困了在象牙塔內，看法不全面，對社會的認識也不足夠。

「暴動」之前我也有這種感覺。記得和秋貞理開會，那時我還是記者，應該是一九六二年，難民潮湧來香港，「崇基」曾經收容了許多走到新界的難民，替他們理頭髮、改裝束，送他們到市區去找親人。我們全部編輯，包括胡菊人也去了，去梧桐山、沙頭角，帶食物和水給他們，替他們抄下地址、通知親人，我們也寫了一些報導。之前秋貞理和胡菊人著我到澳門採訪，寫一篇談大陸難民逃往澳門的文章。[9] 那時一些經水路從氹仔、灣仔和對面海逃來的難民，澳門收容了他們。我覺得他們逃難根本不是為了自由，而是因為沒有食物，快要餓死，是為麵包，根本沒有甚麼自由民主理念，那些是農民，很窮的。他們在灣仔，跟澳門只隔一條河。我到難民營看他們，他們的待遇很差，我跟他們談，回來之後便寫稿，說他們為的主要是麵包，沒吃的，很慘，聽說澳門這邊的環境比較好便游水過來。秋貞理說一定要加寫他們是為了投奔自由，不可以只為麵包！他說沒理由這樣簡單的。我拗不過他，唯有改。我們有這樣的分歧，我比較 realistic（現實），他堅持裏面一定有這樣（為自由）的成份。

說回一九六七年，我個人有很大的困惑。一方面，

中國學生周報

The Chinese Student Weekly

第四八六期

一水之隔·天堂地獄

訪大陸逃澳難胞

本報記者 劉方

劉方〈一水之隔 · 天堂地獄　訪大陸逃澳難胞〉。(1961 年《中國學生周報》第 486 期)

自己很喜歡藝術世界的事物，在裏面很安樂、很舒服，裏面的人很有趣。另一方面，在現實世界中，即使只是在自己的家庭裏面也是痛苦的，因為父母的家庭教育很傳統，限制這個限制那個，擔心這個擔心那個。我大學時期最後兩年，實在受不了，所以才跑去看電影，又參加了「友聯」的活動，不大理會功課。上課時要在黑板上計數，就像中學生，大學不應該這樣的嘛，我很不喜歡這樣，甚至丟下不管，跑去讀數理哲學，讀不懂也讀，是一種逃避，又或跑去看電影，所以差點不能畢業。那時我很情緒化，幾乎氣得不想考試。

我一九五〇年代在澳門成長，那是新中國最蓬勃的時期，街上有人唱《歌唱祖國》、跳秧歌舞，走過鏡湖醫院可以看到很多工團、工會。一九五〇年代的澳門，社會主義的氣氛很強。我讀的剛好是僑校，即是「青天白日滿地紅」那種，是陳濟棠的嫡系開辦的，德明中學就是陳濟棠轄下的，香港「德明」和澳門「德明」都是。這沒關係，我不會在學校反抗甚麼，兩種思想都感染了我——僑校講三民主義、講國父，把共產黨說成洪水猛獸；另外一種，一九五〇年代初中期應該是新中國最有朝氣的時期，大家都看好，那時還沒到大運動、很多人死的時期，最慘的是韓戰，但也覺得每個人都是有理想的，可以建設中國。澳門也受到感染，整個氣氛是很高揚、很歡樂的，完全不是「文革」那種讓人害怕的氣氛，全都是歌舞昇平、歌舞增產。那時候我常常到八角亭圖書館看報紙、看《鋼鐵是怎樣煉成的》之類的書。八角亭是澳門的商會和機關搞的，書籍主要來自中國大陸，外加一些舊的存書。我來到香港之後亦然，依然時常看《大公報》，也看一些大陸出版的數理書、大陸的雜誌、電影雜誌，經常都看，我覺得兩邊都要了解。在「友聯」的時候，我還一直在看大陸的書。

最初沒有大問題出現，大家便不會有爭論，但到親歷其境，看到罷工等等，我不知道應該怎樣下筆。無疑這是左派有政治目的而鼓動的「大暴動」，但其中也反映了許多人對殖民地的不滿。我覺得背後的問題很多，不能簡化為完全為了政治目的，但是執筆的人可能要站在香港政府的立場，全盤否定事件，認為那是有政治目的的「暴動」，或是要搞亂香港安定繁榮、犧牲香港的資源、犧牲人命、放炸彈等等。這有一部份是對的，但我的意思是，背後的許多因素可不可以拿出來討論呢？他說這些問題以後再說，現在不可以說，說出來就是替左派說話，我們沒有條件討論這些，不可以在《周報》討論這些問題，即不宜討論殖民地教育的問題、殖民地的高壓政策、殖民地產生的社區問題、殖民地中的年輕人反叛問題或人們糊里糊塗的參加「暴動」……他說這些暫時不要說，以後再談，我們現在應該站在政府一邊幫助平息「暴動」，否定它。我雖然是總編輯，我也服從意見，那時也很難跟他爭論，自己對背後的問題也不清楚，沒有觀點跟他對抗，但我開始覺得不妥當。自己的反省就是，至少覺得自己對社會的認識不足。我是一個比較軟弱的文人，只會追尋自己的世界，其實是逃避。社會這樣殘酷，我卻沒有身受過，現在社會發生這樣的大事才明白很多問題，但還是很難找到當中的原因，也不知道應該站在哪邊。這是令我覺得要出來看看世界、做點別的事情的其中一個原因，不能說因為這樣的分歧所以我不再在《周報》工作，沒有這樣偉大，我只是覺得應該出來看看其他東西，不能一輩子在裏面。

還有其他因素的，除了剛才說的是個人因素，還有一個因素，就是《周報》的薪金太少了，繼續做下去的話，沒有積蓄，連結婚、養家也不行。這是文化機構，薪水真的相當低，當了兩、三年總編輯還是六百元，辭職那時還只是六百元多一點。

熊　正式離職是在一九六七年底？

羅　應該是一九六七年底。那時我們已經開始拍所謂的實驗電影，「暴動」之後，突然有這樣的衝動，更要去創作。我跟林悅恆說……也不知道怎樣說，說我要離開，想做一下別的工作，在《周報》已經七年了，還說我希望到外國讀書，但當時沒有條件，因為沒錢；第二，「中大」（香港中文大學）那張是文憑，不是學位，要接軌的話得辦很多手續，也沒心思搞。我也不知道會怎樣，總之以後還是會替《周報》寫稿，但想另外找工作了。就是這樣，完全不是因為鬧意見而離開。

補充一下編輯的個性，吳平也是很特別的。一九六七年之後，他發揮的力量很大，那時蔡廣或何法端還在，他和陸離是舊部，對《周報》最是熟悉。我一九六八、一九六九、一九七〇年還繼續看《周報》，也繼續寫，甚至到了外國那一、兩年他們也把《周報》寄給我看。我看到《周報》愈來愈淑世，參與社會也多了，跟一九六三、一九六四、一九六五年老是談文說藝不同，吳平或推動或編或帶領，《周報》許多時候進入學校報導師生運動、青年運動，中文成為法定語言運動等等，他們都有報導，[10] 一手或二手，包括當時很多大學生去築路、做義工等等，[11]《周報》能很正面地看，不是一味挖瘡疤或一笑而已。這令《周報》的思想性和行動一致，不像從前好像導師指導那般，而是跟你一起幹，把事情反映出來給你看。要改善社會，真要對社會有貢獻，就要真的做點事情對人群有益，不是光說不做，不是老在爭拗示威這麼簡單。我不知道林悅恆是不是在其中也有很大功勞，可能是也說不定，陸離也是，我不可以否定，但她不像吳平那般活躍。吳平是主力，還有其他人，例如黃星文等也有幫忙，在學校或甚麼地方寫即場報導。[12] 整個版面不同了，都是實際地講現在發生的事情，不會說些只會在文藝世界發生的事情、跟社會無關的那些。我覺得吳平的轉變、發展很值得深入問問他。

熊 我們都知道，《周報》曾經接受亞洲基金會的資助，編輯雖然不一定接觸到實際數字，但感覺到他們的資助對報社運作的影響有多大嗎？

教師怒發獅子吼
● 黃星文
← 七月一日，為維護教育尊嚴，反歧視，教師上港督住宅表示意願。

黃星文〈教師怒發獅子吼〉。（1972 年《中國學生周報》第 1051 期）

羅 我也想知道答案，我也想問一下林悅恆，真的不知道。我和陸離也談過這問題，陸離知道的應該比我多，因為她比我早加入，《周報》最前輩的那一群創辦人她都認識，例如燕歸來、奚會暲等等，我加入時，燕歸來離開了，奚會暲也去了美國，偶然會回香港，我只跟他見過幾面。陸離提及過《周報》與美國的基金會有直接關係，這是大家都能觀察到的，不然它怎麼可以做許多青年活動？全都要花錢的。

第二，「上頭」的兩條路線鬥爭問題，我們也談過。秋貞理、胡菊人是一條，以文化理想主導。另外一群則是務實派，我也不知道誰主導，他們希望藉著外國的一些援助，《周報》能夠逐漸自給自足，甚至能夠賺錢、變成企業，所以他們會買廠房、搞排字、印刷，又搞廣告部等等。資助終有一天會停止的，不可能一輩子資助，那甚麼時候能自己站穩呢？但我們下層完全管不了這些，聽也沒聽說過，他們不會拿賬目或銷量給我們看。後來「友聯」幾條路線鬥爭得十分厲害，我聽到一點吧，至於資助的金額多少、甚麼條件等，完全不知道。但我可以說，在編輯上，至少電影版、〈讀書研究〉或甚麼，除了〈生活與思想〉我們沒碰到，我不覺得在編輯上有受到壓力或控制，除了在編輯委員會上，大家談談，有點批評、前輩給點意見，我們都會跟從。第一版和一些重點、大問題，他們會抓緊，其餘講文藝的，他們不會有甚麼特別指示。

熊 《周報》這許多年來不斷有轉變，羅卡先生離開後，《周報》快要結束的一段時間頻頻改版，您有沒有留意《周報》在那段期間的轉變？

羅 我回來才知道，我一九七三年夏季，應該在七月左右回到香港。那時《周報》還繼續出版，當然已經跟以前很不一樣，也看到它的優勢逐漸消失，看到那局面是很勉強支持的。林悅恆有一次跟我談過，問我有沒有興趣再做總編輯，他們也不想在外面找全新的人來。他曾經透露陳任有興趣接手，只是透露一點點，說如果我有興趣，可以跟陳任一起談談。我那時候不想再做《周報》，還有一些小枝節的問題，怕搞不好，我還是在電視、電影界試試好了，《周報》之後的發展我只是從報紙看到，我跟陳任沒有直接談這事，到現在為止也沒有。

我自己的看法是，我那時候已經這樣說了，一九六

○年代中後期《周報》的勢頭這麼強、影響力這麼大，為甚麼總是只有那幾種廣告？墨水筆或原子筆，最厲害就是奧米茄錶、天梭錶，每一期都是天梭錶，抽獎也是天梭錶 sponsor（贊助）的，另外就是打字學習社、補習班之類，沒其他了。青年學生用的東西很多呀，但總是只有那三兩種廣告。我常常跟負責廣告部的「高佬趙」說，老是那幾個廣告，看著也厭了。《周報》在廣告方面開不了路，沒有找專人或懂賺錢的人去做，否則以《周報》兩萬多份的銷售額，在年輕人和學生中如此有影響力，一定可以建立廣告客戶的，沒理由這麼差勁，《年青人周報》後來也能維持多年。

熊　陳任先生主理期間，很多人都有意見，例如陸離女士就對版面的改變十分不滿。羅卡先生在《周報》工作了七年，看到它的版面有這樣的轉變，後來《周報》甚至結束了，當時您有甚麼感受？

羅　我不及陸離長情。第一，當中沒有私人問題，我跟陳任到現在還是朋友。他有一些餘錢，希望搞好《周報》，但找不到一些人才願意花幾年跟他一起熬，可能他自己也摸不到要走的路，所以出來的效果不好。社會的變化是很大的，對吧？坦白說，我和陸離那時候也不是能夠適應社會的人，如果我不是到外國熬了幾年回來，在電視圈又浸淫了幾年，嗅一點市儈味，我現在還是爬格子、憤世嫉俗。人一定要面向大眾和社會，即使不是跟著潮流走也要應變。我覺得《周報》結束在當時是必然的，它適應不了社會環境。第一，經濟上不能自主已經很糟，這不是陳任加入便改變得了的，其實一九六五年就得改善，到了一九七○年代初期，已經沒有了轉圜的空間了，沒有資源，可以怎麼辦？陳任有多少錢投入？我不知道。

第二，那些編輯……我不知道吳平是不是留守到最後（吳平於一九七○至一九七一年間離任），後來也斯、李國威等也有幫忙，還有劉天賜、鄧偉雄等。走甚麼路向也是一個大問題，「友聯」創辦時那種理想，在「後暴動」時期，或者在香港經濟起飛的一九七○年代，是需要大調整的。那時候辦報還繼續宣揚科學民主、自由精神，或者說建立一個新的文化中國，這宗旨還能打動人嗎？能不能實踐也是問題吧？這麼大的理想，很多東西都要改變。

所以我覺得不是誰來負責的問題，是整個機構要調整。

《周報》在「暴動」之後是有作調整的，但我認為「友聯」上層的調整還沒做好，下面的刊物不知道如何貫徹生存和發展之道。香港一九七〇年代已經是經濟掛帥的年代了，也不應該說經濟掛帥，應該說因為「暴動」和中國文化大革命，令香港基本上要自求多福，不能再依靠母體。這段時期香港發展了所謂的本土化，所謂自求多福，是在東西方的兩大勢力之間要強化自己求存，例如搞出口、搞貿易等等。那時候，我個人意見吧，我認為不再是大談理想的時候，除非你有大量資金。那是很實際的時候，講的是生存。一九六〇年代，文化人都很希望在思想上、文化上找到出路，一九七〇年代讓人有機會改善生活、多賺點錢，這是一種轉向。從另一方面看，在這樣的時候更需要這樣的雜誌，這是理想的說法，要是花幾億來搞，肯定能搞好，慢慢一定能發生作用，但「友聯」沒錢嘛！那時候談理想的只是文人吧，勒著肚皮談理想吧！我說的很不客氣呢！

熊 羅卡先生認為《周報》最大的貢獻在哪裏？

羅 我在那裏七年多一點，真的沒有資格談，只能夠談我在那段時期的觀察所得。先談自己吧！我在《周報》學到的東西很多，我在《周報》大約七年，在電視台十至十一年。兩者是剛好相反的，前者磨練我的志氣，以文會友。我從外國回來加入電視台，學的是如何從俗、認識大勢、搞人事關係、保住收視、跟「麗視」（麗的電視廣播有限公司）和「亞視」（亞洲電視有限公司）對抗，做很實際的事，完全沒有前景、沒有意義，只是替老闆賺錢、保住職位，但這也不完全是壞事，否則也不會一幹就十一年了。當中也有很好的經歷，認識了很多朋友，也有志同道合的，許鞍華、徐克、嚴浩、蔡繼光、劉成漢、卓伯棠、譚家明等。但《周報》是提升了我，教我認識文化、認識中國、認識香港、外面的世界。兩者都是磨練，我在《周報》的時候二十多歲，那時候應該多講些理想，那早期階段對我來說是好的。

對大眾來說，它基本上活化了年輕人思想，鼓勵他們思考和參與文藝的活動、想像、創作。《周報》

在思想和文藝方面的開發是頗有影響力的，文藝也包括了電影，思想也不只是〈生活與思想〉，《周報》給予年輕人一些刺激和行動的場地和機會，這在當時是十分難得的，做的是真正的文化工作。

盧　電影版對香港電影和影評的貢獻，人們始終津津樂道，你可以多談談嗎？

羅　我的觀察是，整個一九六〇年代，特別是一九六〇年代前半期的社會是很苦悶的，對年輕人的壓抑很厲害，要「上位」很不容易，因為殖民地是一層一層的壓著，年輕人喜歡談文說藝、講文化，因為這給他一種身份、一種慰藉、一種補償。寫詩、寫影評，甚至拍實驗電影，這令人覺得做人有點意思，能抓住一點東西，這時勢便迫出了《周報》電影版。《周報》那時候起了甚麼作用呢？最主要是提供了一片自由的園地，給予了鼓勵，營造了氣氛。那時候沒有甚麼導師，也沒有很多資源，我們只是互相砥礪。可能我的性格適合把這些人拉在一起，互相磨合，我這種性格可能很適合當編輯而不是著書立說。這樣的環境讓他們慢慢成長，結果不少人以電影為畢生的興趣和職業。除了金炳興，還有吳宇森、梁濃剛，陳任後來去了搞流行音樂，另外還有林年同，他很後期加入，後來繼續唸電影，回來後搞「浸會」（指香港浸會大學傳理學院），又拉吳昊進去，吳昊也是最早期的人物之一，另外還有許多人到了外國。這些人算是在《周報》中成長，《周報》的整體作用其實就是「青年樂園」，哈哈！在其中找到很多樂趣，到我們發現社會殘酷時，那已經是離開《周報》以後的事了。

熊　既然提到《青年樂園》……

羅　哈哈！

熊　很多人認為《青年樂園》是跟《周報》競爭的，您對《青年樂園》有甚麼看法？

羅　那時候對《青年樂園》真的沒有甚麼特別看法，反而很留意後來崑南搞的《香港青年周報》。可能我們是喜歡文藝的人，不太喜歡搞思想的問題，對於那種思想的對抗……可以看到左派一定在他們背後支持，當時我對他們沒甚麼興趣，覺得跟他們競爭沒甚麼意思，他們文藝方面跟《周報》比較，道行差太遠，文字方面等等，名家也少。那時候我個人是看不起它的，不覺得它發揮了甚麼作用，但其實它發揮了作用，在思想疏導方面，還有他們有行動，也搞青年活動。這也沒甚麼好說，當年實在不拿它當一回事。反而那時候崑南搶了些作者，它又以文藝為主，但用更流行、更普及的方式，它真有點威脅性。我對《青年樂園》的印象倒很模糊，雖然我家住駱克道，就在它對面，它的招牌就對著我，但沒有甚麼感覺。

熊　《香港青年周報》對《周報》在銷售數字上已構成威脅嗎？還是看到他們路線……

羅　數字上是否有威脅我不清楚，但看到它針對了《周報》的不足，例如流行的東西我們很少談，只談比較紮實的、已經是經典的、主流的東西，對流行的東西，特別是音樂、流行文化、電影等，他們接著講、大篇幅地講，還培養了人才，披圖梁、樂仕等等，林燕妮也在那裏投稿，李志釗等人也是那裏出來的。他們談的仍然是文藝，但不像我們這般正經，這是崑南的 personality（個性），他能搞出局面，但延續得不好，後來不能把持。我們看到它搞出局面，挑戰了《周報》，補充了《周報》所缺的部份，當然我們不太同意它的路數，但我們對它的留

右起：梁濃剛、羅卡、吳昊（吳振邦）編輯「大影會」月刊《影訊》。（羅卡提供）

意反而比較多。

熊 《香港青年周報》的出現有沒有促使《周報》覺得需要改革？

羅 一點點吧！但改革不多，例如我們也報導披頭四［The Beatles］來港，[13] 有人說很反感，那人現在在美國教書，當年是「新亞」的活躍份子，他說我們把 The Beatles 寫成好像會教壞人、破壞別人家庭一樣。我們是很負面的報導，也不知是誰寫的，哈哈！The Beatles 來港是一九六四年的事，後來我們找梁寶耳談流行音樂，找披圖梁談流行音樂，似乎是與《香港青年周報》競爭。我們也多談了點流行的書，但無論如何不像他們。《周報》要求較嚴謹，說話較謹慎、保守，他們比較放任，但這正合乎青年人的要求。有的地方他們是比較不嚴謹、粗疏，我所謂補足，就是有些《周報》不能吸收的讀者，他們吸收了。

熊 另一份與《周報》同期的報刊——《新生晚報》也有很多年輕作者，當時的編輯方龍驤就曾向你們約寫專欄？[14]

羅 我跟方龍驤不算很熟，但因為《新生晚報》的關係，也跟他交了朋友。我完全不知道《新生晚報》背後的情況，它應該以副刊為賣點，新聞不太受重視，它的副刊有一點特色就是比較多樣化，專欄也經常換作者，可能那邊的稿費低、銷售額也低吧，但它維繫了一群核心讀者，他們愛看十三妹的專欄和胡菊人的遊記。[15] 那時候胡菊人還沒有在《明報》寫專欄，不是 popular［普及流行］的作家。即是說，《新生晚報》除了有一些「不三不四」的小說、雜文和老一派的、海派的雜文外，也有一些比較新的內容，另外還有張徹寫的影評。這些是比較新鮮而在別的地方看不到的內容，所以一些文化界的讀者、「文化」點的讀者會追讀，雖然它不是大報，但也造就成一種風氣，使《新生晚報》有一點地位。

方龍驤作為編輯，他很懂得養生，不動怒，笑口常開，他替你辦事，一定能辦妥。我對他的了解不多，但他是一位很風趣的前輩，做事很有把握，甚麼都能辦妥的那種人。當然，他編副刊，很多專欄已經找老朋友來寫，那些是「職業友」，不會失約，其他的只有兩段左右，我們「四方談」最要他的命，四個人合寫，這個說未有稿，那個又說還在寫，最怕就是「開天窗」。他說不怕，有一篇可支持就行，事先著每人先交一篇，再不行便他來寫一篇，然後署你的名字，你就不交稿吧，哈！試過這樣嗎？

羅熊　我們最後還是有稿可交的，因為那是晚報，副刊應該在前一天編好，真不行了，出版當天的早上才交稿，那還有機會補救。他很老練、很滑頭，他是很行的。那報紙不會賺很多錢，也不會怎麼虧蝕，很穩定，那兩年找我們寫東西，湊湊高興。

我倒覺得應該談一下《中報週刊》（原文口誤作《中報》，以下逕改，不另標出）。《青年樂園》我沒甚麼印象，只覺得「暴動」時期兩者（《周報》及《青年樂園》）的競爭很激烈，兩者的政治立場都很明顯了。以前還有點隱諱，慢慢滲一點出來，那時則十分清楚，一邊是反英反帝反殖，另一邊則講安定繁榮，與香港政府站在同一陣線，看「暴動」是政治陰謀，兩者對抗十分嚴峻，其餘的便不太清楚了。《中報週刊》反而……那負責人叫**李金曄**，《中報週刊》應該是在一九六〇年代後期出版的，是最

李金曄
一九五九年接替楊啟明任《中國學生周報》督印人（一九五九年九月十一日第三七三期至一九六〇年六月二十三日第四一四期），後曾主持《中報周報》、《中流月刊》。

接近《周報》的刊物。我為甚麼對它有印象呢？我不清楚它背後是甚麼勢力、甚麼人支持，印象很模糊，但我記得它的老闆，見過，也認識的。他約我們寫稿，我沒怎麼寫，吳昊、吳昊的哥哥，還有很多人，包括《周報》的作者，他都曾經約稿。他們也有文藝版，也有〈讀書研究〉和思想版。他們也反共，也談自由民主科學，但沒那麼明顯。他們一定有資金支持，才能向那麼多人約稿，他們的稿費不比《周報》低啊！他們還用很大篇幅搞專題、文藝、電影方面的東西。他們知道電影是當時《周報》其中一個賣點，他們也有一些幽默、詼諧、說笑話的版面，可以說是看著《周報》、直接搶《周報》的讀者。其餘的我知道不多，現在只是憑記憶

來講，能看到的只有很少部份。其實同期與《周報》正面競爭的應該是它，在政治上或思想上對抗的是《青年樂園》，但《青年樂園》不會搶走很多《周報》的讀者，《周報》的讀者也不太愛看《青年樂園》，交疊的地方很少，因為是兩個不同的陣營，各自發揮影響力。但《中報週刊》和《香港青年周報》……《香港青年周報》是針對《周報》去不到的地方，然後加一點《周報》的東西；《中報週刊》則依《周報》的型格來搞，不及《周報》成功，但也維持了幾年，特別是它的電影版和文藝版，拉去了很多人，岑逸飛等都替它寫，兩邊很多相同作者。他們的意圖是甚麼、想做甚麼，這便不太知道了。

熊 羅卡先生用過其他的筆名嗎？

羅 在《周報》裏用了幾個，例如改寫資料時多數會用「火光」，寫影評沒用這個，只在改寫、撮寫、翻譯等不是表示自己意見的時候用。另外還有「芝子」，一段時期用來寫大特寫，講明星的專欄，有圖片，然後加三、四百字。還有「祖沖」，中國有位數學家叫「祖沖之」，我唸數學出身，也便改了「祖沖」一名，這筆名比較少用。「火光」用的最多，改寫文章時常常用這筆名。記得的就是這幾個了。

熊 十分感謝羅卡先生接受訪問，剛才所說的還有補充嗎？

羅 有些問題我也想知道。第一，胡菊人和秋貞理離職的關鍵原因何在，我不知道。這麼說吧，當是假設，那是路線鬥爭，但實際上是甚麼人鬥他們呢？有甚麼不滿？為甚麼離職呢？我們當時只知道秋貞理要離開，不久胡菊人也離開。我們只跟他吃吃飯，社方不鼓勵搞歡送活動。

中報
CHUNG PAO
地總與郊區農民卅萬會合
廣州反毛派形成第二個百萬雄師
歷史需要當代青年

《中報週刊》1967 年 9 月 15 日創刊。

後來我跟司馬長風先生一直有聯繫，他離開之後在《明報》寫稿，又寫書等等，我在《知識分子》當編輯的一年多也向他約稿。我為甚麼對他有印象呢？他是很有感染力的人，秋貞理是一個人物，甚至比胡菊人更有感染力，因為他的包容性、他的性格很強。「友聯」之中，我對誰最深印象呢？秋貞理，但最好朋友則是林悅恆，到現在也是。林悅恆幫了我很多，為我引介、輔導我，但認真impress（令我印象深刻）我的是秋貞理，我很難評論他的思想或甚麼，我不完全了解，不能說哪些相信、哪些懷疑，但很想跟他說話，雖然他比我年長十多二十年，他是很有趣的人。胡菊人則很嚴肅，有段時期甚至很憤世嫉俗，說到甚麼他便反駁我，說：「不是這樣的，阿權，不是這樣的！」又或者說：「陳任，你這太離譜了吧！」他是這樣的口吻。秋貞理不會這樣說話，總是笑著跟你談。胡菊人就是這樣，所以跟他反而不太會長談，但我很敬佩他，他是鬥士型，是另一種性格，這不是說誰高誰低，但跟秋貞理一起會受他的人格感染。我很想知道他們離開的原因和對「友聯」的影響。

另外，我個人想知道，為甚麼林悅恆可以幹那麼久，甚至一直工作到現在，林悅恆的作用到底是甚麼呢？哈哈！我不是想知道他的底細或者誰在幕後支持他，但為甚麼所有人都走了，他還能留下來呢？一直到現在，「友聯」差不多以他為最高層。還有，他起的作用很大。他真的是我的導師，很多地方guide（指引）著我，給我很多機會，我十分感激他。到現在，他還常常指示我、寫字給我，非常好的人。他知道「友聯」很多，不說出來而已，哈哈！人太好了，不說的，不想傷害人，可以看到他是很considerate（顧及他人）的人。我們那時候以為自己很了不起，年輕人意氣風發，自以為是，他則很正派、很有修養。他一直做的事，很多是別人看不到的，可能他在幕後處理了、調停了、發揮了作用，林悅恆所做的不很明顯，但很重要。

林悅恒（右）、羅卡（左）與友人攝於 1960 年初北海街。（羅卡提供）

羅卡攝於2013年2月林悅恒書法展。

日期｜二〇一四年一月七日（第二次訪問）

地點｜香港中環某書店咖啡室

訪問者｜盧瑋鑾、熊志琴

列席者｜陳榮照

羅—羅卡　盧—盧瑋鑾　熊—熊志琴

盧　前陣子你跟我說起從讀書到剛踏入社會工作那個階段的一些遭遇，這些在上一次訪問中沒有談到，希望你能補充。

羅　好，我一九六一年在搬到沙田馬料水的「崇基」（崇基學院）讀書，之前在澳門唸中學，沒有經過香港會考，是以自修生名義考進去的，最初唸物理系，二、三年級轉到數學系，也修一些物理科，總之是數理。

第一年唸得好端端的，課程很容易應付，因為我的中學老師很好，早就教了我們大學課程，微積分甚麼的都教了。一年級之後覺得不太愉快，不是因為課程困難，而是跟我的期望很不一樣，覺得那教法跟中學無異。當時「崇基」準備和「新亞」、「聯合」一起升格為大學，要有成績給政府看到，所以甚麼科目都得經常考試、測驗，每個學期都要有成績給出去。我唸數學，本意是學觀念上的東西，那時已經知道數學與西方哲學一些很新的觀念，不是為了學三角幾何、不停運算，但他們的教法很死板，十足中學模式，不停要應付考試，所以第二年便不太愉快。

我住在馬料水的宿舍，經常一下課甚至不上課就跑出去，有時看電影，有時參加文藝活動，因而結識了「友聯」的前輩，包括林悅恆，還有幾位殷海光的弟子，羅業宏、黃展驥等，另外還有一、兩位。他們有一些非正式的讀書會，完全不涉政治的，只是學術討論，大家一起談談讀了甚麼書、有何心得，還有就是拜訪一些從大陸或台灣來港的前輩、教授，以至一些他們認為應該聽聽他說話、值得向他學習的人。我是唸數理的，對哲學很有興趣，他們唸哲學、邏輯、社會科學，也有一點關係，所以我們時常聚在一起，拜訪過陳伯莊先生，他是大陸來的學者，對西方社會學、哲學很有研究，可以說對中西都很有研究，出版了《現代學術季刊》，其中有很多談數理邏輯、哲學、社會學的文章。那套書很特別，直排的，符號、算式都用直排，可以看到他要求保持中國知識分子的「格調」，但同時也要吸收西方思想。林悅恆我不曉得他在「台大」唸社會科學還是哲學（應為哲學系），總之我們這一群都比較崇尚西方新學說、新觀念，算是「友聯」中的西化派。

大家都知道「友聯」很多位都是內戰中的大學生，「解放」前後來港，大家有共同理想，要將中國文化與西方文化結合，在海外的香港推廣，因為大陸根本不接受西方一套，台灣也很封閉，對科學、民主、自由以至西方新學說都很抗拒，所以他們以香港為基地，宣揚中西結合的中國文化。他們的學術來源其實上接五四，創辦人都在國內受教育，受傳統薰陶，與香港這一代在文化上有分別，尤其我們喜歡西方新的學術思想，所以我們可說是「友聯」中的西化派或新派，另外一些跟隨錢穆、唐君毅、牟宗三而來到香港……說遠了，總之這一群是「友聯」中受西學影響較大的，與跟隨錢、唐、「新亞」一群有點不同，但也有相交。

四年級考試很辛苦，勉強要唸那些教科書，那些內容只求死記硬背，是為了應付政府而放進課程裏的，但為了拿那張統一文憑也得唸。考試後，奉家人意願打算去教書。唸理科在香港沒甚麼出路，如果不去留學，現實些就是教中學，於是打算先進「羅師」（羅富國師範學院）拿「檢定資格」，因為這樣薪水會高很多，否則在私校可能得教很多科才能得到比較合理的薪水。五月已經考了統一文憑試，之後考「羅師」，等結果，問過一些同學、老師，都說「崇基」數理系畢業的應該都會錄取，因為人不多，我那一屆只有幾個人畢業，留在香港考「羅師」的只有幾位，他們也放了消息說會取錄，筆試已經過關，應該沒問題的了，只等面試。但八月初還沒有面試，到了八月中、八月底，消息傳來，我落選了。我頓時很徬徨，因為一直都說「崇基」畢業的沒問題，但突然說不行。我跑去問老師，老師替我打聽，然後說我最好去問校長。

那時容啟東是校長，校長竟然肯見我，著我去他辦公室。容啟東當時跟我說，我們談的不要說出去，因為這會影響學校。他說我筆試通過了，你要當檢定教師、要當公務員，政治部對每位教師的背景都得調查，他們查過，認為你有些地方不太……反覆的問，他才說了一點點，最初說政治部不通過，再問，他才透露說：你在外邊可能有些活動香港政府認為不妥當。他沒再說甚麼，只叫我自己想想有沒有一些活動與政治有關。我哪有呢？他只說是政治部不通過。我想來想去，唯一就是跟「友聯」的朋友聚會。政府標籤「友聯」是右派機構——不一定是右派，但是有政治作用的，雖然接受的是美國津貼，總之，不論左或右，只要你有這樣的嫌疑，他就不想你成為政府公務員，不一定認為你會搗亂或顛覆甚麼，只要你跟政治有關，萬一在課堂上說些甚麼，他都不想，當時是很謹慎的。我就想，應該是跟「友聯」朋友聚會有關。這不是容啟東親口說的，他只表示是政治部不通過，著我自己想想在外邊是不是參加了甚麼活動跟政治有關。

當時已接近八月底，中小學都在九月開課，找工作的事情愈來愈緊張，於是四出問朋友，他們都說已經很難找到理想的教職，除非在不同學校兼職，這樣才有空缺，但這樣很辛苦，我也有寄信應徵。後來便找林悅恆，心想就是你們讓我當不了教師——哈哈，心裏這樣想，就是跟他訴訴苦，現在不能教書了，不知怎辦。林先生很好，問我願不願意當記者、見習編輯。一九六一年胡菊人是《周報》社長，當時擴充版面，有所革新，正要增加人手，甚至不只增加一位。林悅恆寫了卡片給我，著我去找胡菊人，只記得他的卡片寫著「秉文兄」（胡菊人本名胡秉文」，介紹我去當見習編輯。我拿著卡片去見胡菊人，他跟我聊了幾句便說沒問題，著我盡快上班。

我再說一點中學的事情，因為有關的人已經離世，不要緊了。中學時期給我最大啟發的是數學、物理老師，姓鄭的。他參加過抗戰，後來我們才慢慢知道，他是國民黨黨員。我在澳門德明中學唸書，「德明」跟陳濟棠一系有關，香港、澳門、廣州都有學校，我在澳門「德明」唸了六年，從初中到高中。鄭先生給我很大啟發，第一他的數學、物理知識很豐富，講書很生動，第二他常常告訴我們外國新知，鼓勵我們。高中三年級，有人替我們在台灣買一些盜版數理書，鄭老師說為了我們到台灣升學後唸得順利些，所以先行用台灣教科書教我們微積分，那我們將來到了台灣便較有優勢。當時我成績不錯，我跟另一位都保送到台灣大學讀數理，但爸爸不喜歡，說不要到台灣了，會打仗！但我要升學，父母沒錢供我到外國，媽媽娘家在香港，外祖父就說讓我到香港讀書吧，可住在這裏，於是我便考「崇基」，由外祖父經濟上幫忙。

後來才發覺，鄭老師根本是替台灣做事的，想要培養我們到台灣繼續深造。他教書很賣力，經常談到抗戰時期打日本的經歷，甚至會提到內戰。他離開內地後一直教書，八十多歲才離世。他對我有點影響，我對數學、物理的興趣，完全由他培養出來的，後來更幾乎去了台灣。高中三年級我們已經在解數學難題，那些其實是世界的難題，我們根本解不了，但覺得很有趣。這讓我讀「崇基」第一年的時候很愉快，但也因此令我後來覺得在「崇基」學的，還不如我中學學的。

我中學唸僑校，習慣看到「青天白日」，對政治的感覺由中學時期在澳門已經開始。我一九四〇年出生，一九四九年前後，澳門四處都在唱扭秧歌、《東方紅》，澳門的工會完全由左派控制，差不多是大陸接收了，鏡湖醫院的人都是他們派來的，那些醫生都很好，我十歲八歲已經對左派有印象，感覺那些人很好，工人、醫生都很好。但同時我爸爸在右派學校教書、謀生，「廣大」、「德明」都是右派學校，但我爸爸不是傾向國民黨。就是說，我自小對左派、右派都有印象。他們唱扭秧歌，晚上有晚會，歌頌新中國成立之類。回到學校，學校在國慶時候是掛「青天白日」旗的，老師、校長又常常提到打仗、內戰。家裏倒是看《大公報》的，當時還沒有《澳門日報》，澳門出版的《華僑報》沒甚麼好看，記得史太林〔Joseph Jughashvili Stalin〕逝世，《大公報》頭版就是史太林像。所以說，我自小就對政治有所感知，不像一般香港學生。

我大學時期常常跑去中環「三聯」、「商務」看書，據說那時進去左派書店也不妥當，哈哈，我常常去看雜誌，數學雜誌、電影雜誌，看一通不用付錢。加入「友聯」後，感覺到的是文化氣氛很濃，不覺得有統戰、政治學習。「友聯」是開明派，不是捧台灣、捧美國，各人都捧讀《文星》雜誌，讀那些筆戰、雷震專號、胡適專號。台灣的事情我們很關心，比大陸的事情更關心，因為當時大陸的情況只能猜想，但台灣的情況可以直接看到，又有人從台灣來。「友聯」裏的氣氛是這樣，沒有明顯叫人反共，沒有要人表明政治立場，最明顯是每星期開編輯會議，司馬長風多數在座，胡菊人也是，他們兩位的政治立場算是比較強硬。胡菊人是「游水」〔偷渡〕來的，司馬長風也是從內地來的，立場很鮮明。司馬長風和胡菊人離開「友聯」後，「友聯」的編輯制度氣氛寬鬆了很多，我們比較放肆，就大量介紹西方的現代文化藝術，好像做甚麼都可以。後來他們派人來看顧大局，**姚天平**即姚拓來了，從新加坡調來，他是創辦人之一。

熊 大概是甚麼時候？

羅 胡菊人應該大概一九六三、一九六四年離開〔應為一九六二至一九六三年〕，他離開後大約一年、幾個月，然後姚天平來。當時先是司馬長風離開，

姚天平
後改名為姚拓，又名姚匡。軍旅出身，曾任少校。一九五〇年來港，當荃灣硫酸工廠工人時認識《兒童樂園》創辦人閻起白，由此加入「友聯」，參與《中國學生周報》、《大學生活》等刊物編輯工作。一九五七年移居新馬，參與當地《學生周報》、《蕉風》等編輯工作。著有《二哥》、《雪泥鴻爪——姚拓說自己》等。

然後胡菊人也走了，過了一陣，姚天平即姚拓來了。他是好好先生，跟我們有說有笑，不是天天上班，有時在這邊有時在那邊。再過一段時間，陳特來了，陳特倒是固定坐在這裏上班，我想那時該是一九六四、一九六五年左右。陳特離開後，我便升任代總編輯，當時應該是一九六五年底、一九六六年，代了一陣，一九六六年正式擔任總編輯。換言之，我加入時總編輯是黃碩儒，然後是胡菊人，再然後是姚拓，他只做了很短時間，很快就調回新馬，之後是陳特，中間應該沒有其他人了。[16]

羅 那你為甚麼離開《周報》？離開之後又有何遭遇呢？

盧 雖然我喜歡電影、文藝，但對中國傳統的認識，是在《周報》耳濡目染得來的。之前第一不會讀舊書、舊學，中學只是唸普通國文、看小說，沒有唸四書五經，在大學也沒有修讀文科科目，只讀理科、社會科學、經濟之類，在「友聯」才接觸東西文化論爭、自由民主科學等西方學說、中國問題，才聽到朋友說這些、看這些書。加入「友聯」後感覺更強，特別是編輯之間，看的稿件都談這些，雖然我編的不是文藝、思想，我最初編〈讀書研究〉、〈科學世界〉。大家都關注中國前途、台灣問題，「友聯」發行公司有很多雜誌，台灣、香港出版的都有，我們可以看到《文星》、《自由中國》、《民主評論》、《人生》之類，和左舜生、張君勱編寫的那些，我們透過讀這些雜誌認識中國問題、時局情況、時局與文化的關係，這些都是幾年間在「友聯」一點一點的浸淫認識。

那時年輕，喜歡比較自由奔放的東西，喜歡藝術，喜歡看電影多於讀書，又遇到志同道合的朋友，

1962年《文星》胡適專號。

這方面「友聯」不會管。記得一九六二年已經接編電影版，那時不用做好版樣給他們通過，你一邊編他一邊看，頂多給一點意見。之前他們會刊登些國語片明星、粵語片明星、片場採訪之類，我們覺得很土，四處的電影雜誌、娛樂版都是這些內容，我們便介紹西片，用文藝筆觸去寫演員，濃縮翻譯西方、日本一些關於電影的稿，加些有趣的小專欄等等，結果成功吸引讀者，很多讀者來信，銷量也比較好，我想是這樣的原因，加上一九六三、一九六四年「上面」(「友聯」高層)較混亂——我猜是這樣，所以沒人管我們。到了一九六四年，《周報》電影版愈來愈厲害，他們便不時有意見，我聽到左派的《青年樂園》、《新晚報》已經注意我們，因為我們有影響力，他們便有些聲音說我們崇洋媚外、不知天高地厚之類，「友聯」也有些人不喜歡，覺得我們太新潮，甚至我們的同事蔡廣——他是從大陸來的，在內地受教育，一九六三、一九六四年左右加入，為人很正直，很喜歡讀書，他就說怎麼電影版那麼崇洋媚外。

盧 正式的說？

羅 私下跟我說，大家是同事，他跟我說：阿卡，你們很熱烈啊！那麼喜歡西方……他覺得是崇洋。一九六四、一九六五年開始很熱烈，不久林悅恆來了，我到今天也不太清楚他的立場，只知道他是好好先生，擋住了很多壓力，但「友聯」很多人、友聯研究所的朋友，甚至羅業宏也批評我，他可是一起學習西方知識的老朋友了，也說我們的價值判斷有問題，那些黑幫片、恐怖片也談、也評。我說那些也是電影，也可以評啊！他就說那是不是研究一個人用刀殺人，連他怎麼殺也得研究？手勢好不好看也得談？評這些有何價值？他認為評一些細節沒意義或者意義負面，覺得我們談太多B級片、黑幫片，他認為無聊，幾乎就要說為甚麼我們不談那些比較有意義的電影。那時根本無從爭辯，「友聯」裏甚至跟我一起有興趣研究西學的朋友，也認為我們過份。當然，我們不是無可批評，有些地方可能的確過頭了，但也因為這樣，凝聚了好些年輕人，他們覺得有趣，覺得有一個想像的共同世界，可以自由自在。

一九六五年《周報》電影版可以說是走到高峰，不久我出任代總編輯，一旦當了代總編輯就不可以只看著自己的版面，得看全局了。這個不妨說出來，陸離跟你我都是好朋友，但我跟她當年的編輯方針的確有分歧，陸離也明白，只是將來讀者看到了，怕會影響她，她是很敏感的人。一九六五年的問題還不大，一九六六年我出任總編輯後便覺得彼此工作方式不同。大家都知道陸離很喜歡文藝、藝術，她當時應該負責編兩至三版，包括英文版，另外還編〈藝叢〉，有一段時期兼編〈快活谷〉。

盧　有一段時間也編〈生活與思想〉。

羅　是，她工作量也重。我那時編〈讀書研究〉和電影版，同時兼顧第一版；吳平照顧所有文藝版；蔡廣負責科學版，間中也編〈生活與思想〉；還有何法端好像也編過文藝版，曾經出任副總編輯，我離開後，他是代總編輯。陸小姐喜歡即興，老是很遲才交稿，總編輯也看不到她寫甚麼，她直接拿去排字房，印出來校對時才看到她寫了甚麼。

盧　有一次就寫「陸離病了」，開天窗！

羅　哈！她這方面是頗為放肆的，這也不要緊，只是工作方式問題，不是政治立場、思想立場的問題。她老是遲交稿，那時《周報》銷量很好，總是很多人寫信來、打電話來，問怎麼還沒出版，總要遲一天半天，就是因為我們付印遲，我們遲因為陸離那幾篇很遲才能交版，校對到很晚，有時甚至早上還在校對，於是出刊就遲了。上頭因此有些微言，發行公司看到銷路好，說應該提前出版才對，怎麼反而遲出，其他同事也在看我怎處理，看我是不是偏袒陸離，怎麼她可以遲交。我很為難，去跟陸小姐說，她不會理我，她說好，但結果還是遲。她的個性如此，總是最後才寫，來稿有問題，她便自己在排字房寫，經常如此。一九六五、一九六六年問題還不算最嚴重，因為編輯還算多。

到了一九六七年，另一種矛盾出現，不是我跟陸離的矛盾，是跟「友聯」的矛盾。一九六六年夏天已發生「九龍暴動」，一九六七年五月是另一場，「友聯」已搬到新蒲崗，我們就在人造花廠附近上班，每天目睹情況，impact（影響）很強，加上其他事情，令人感覺社會有很多問題。「友聯」很強調這是共產黨搞動的，他們的態度是反對這場運動。當時我私下會跟編輯談，這事情是不是可以討論呢？

1960 年代中，《中國學生周報》編者作者座談會。鏡頭方向時鐘右下架眼鏡托臉者為黃維樑，其右邊依次為何法端、羅卡、黃維波、陸離、戴天、林悅恆、胡菊人及青年作者。（羅卡提供）

到邵氏片場探望導演張徹。前排左起：西西、陸離、張徹，後排左起：舒明、羅卡、陳任。（羅卡提供）

不一定要用那麼教條的寫法，我覺得裏面也有香港市民的民意，在徙置區住的很多不是「左仔」，人家擲東西他也擲東西，因為他受氣，很多都是因為不滿現實，有社會因素存在，不是左派煽動就能成事的——這些如果寫出來，「友聯」不同意。道理他們明白，林悅恆也明白，幾位編輯都明白，但說這問題目前不宜討論，當下首要是 pro-government〔支持政府〕，一定要幫政府，事情平定後才討論。這時討論會生枝節，讓人懷疑我們立場，說裏面有民意，即是幫共產黨了，變成跟他們同一鼻孔出氣。那時已經沒空間討論，要趕著發稿了，當時的「友聯」已經不是我唸大學時候的「友聯」，還有那麼多機會討論。我覺得有些事情不能一面倒，這當然是很理想、很知識份子的想法，但「友聯」的立場很強硬，有些地方不能討論了，這是一個問題。

第二是「暴動」期間人們的心情很壞，我當時住在九龍塘，即是《周報》的舊址。《周報》已搬到新蒲崗有幾層的辦公室，印刷廠甚麼都在那兒，但九龍塘這邊還沒賣出去，我就住在裏面，睡在大櫃上，沒有床鋪，但很舒服，因為沒有人，間中有看更而已。當時沒有公共交通工具，都罷工了，晚上下班後，我得從新蒲崗走到九龍塘，到達後就洗澡睡覺，很累了。那時心情很壞，自覺多少也受過港英的氣，覺得港英很專橫，又看到有些人無辜挨警察打，有冤案甚麼的，我覺得這些都應該提出來，不應該只幫他們說話，總之心情很壞。

第三當時覺得不夠錢用，因為要看電影，後來還跑去拍實驗電影，一卷八米厘菲林，拍攝和沖印，一百呎要一百元，那時我薪金才五百多，離開《周報》時薪水才六百元。一九六六、一九六七年跑去拍實驗電影，拍一卷便用了薪水六分一，但一次不只拍一卷啊，一百呎有甚麼用？一拍便三、五百呎。同學的薪金都一千以上，我還是六百。「暴動」之後覺得自己困在象牙塔，應該要去看看外面，認識社會，種種因素加在一起，加上經濟原因、心情、同事間的相處問題，同事間的相處問題很次要，主要是生活問題和對整個局勢的感受，當時看到社會很多問題，人也變得衝動，覺得自己躲起來，似乎……覺得想要改變一下，出去看看。

一九六七年風風火火的，土製炸彈都出來了，那時已經有黑白電視，可以看到新聞，上班又辛苦，同期《盤古》創刊。這要問問林先生，那時候為甚麼有興趣，又辦《盤古》，又辦「大影會」。「暴動」之前，《盤古》已經在籌備，從創刊詞可以看到他們覺得這時候要爭鳴、要說話，[17]不可以只簡單看問題。難得這份雜誌任你發表意見，我想當時是一個時機。至於「大影會」，《周報》有通訊員活動，戲劇、舞蹈、口琴組等等都有，背後誰人提供資金要再查考，他們完全像是青年中心那樣，《大學生活》找來黃維波辦文藝賞談活動，請作家、編輯、讀者來談文說藝，還有其他活動。《周報》當時很熱鬧，不知道是否林悅恆看到這點，於是將《大學生活》和《周報》的編輯、讀者、作者拉在一起，辦了「大影會」，正式註冊，有會章、委員，legal〔合法〕的，正式招收會員，不只是開開茶會談談天，還經常放電影、討論，是比較大型、持久、有影響力的活動。我記得「暴動」前已在商討，「暴動」稍為平靜時，「大影會」已經組成，黃維波來幫忙，還有幾個大學生、我……

盧 誰請黃維波來幫忙的？

羅 他一直跟隨林悅恆，唸香港大學時已經幫他忙，主要辦活動，雜誌有沒有幫忙便不清楚了，黃國超倒有幫忙雜誌校對、執行編輯，是正職。

以前老在講電影，其實很難得才看到影片，第一映室放的電影由外國人選出來、入會才看到，「大影會」標榜是中國人自己辦的，關懷香港中國青年，即是除了介紹外國電影，我們也關注香港電影、從中國人的角度看電影。同時出版月刊，有放映、有座談，一九六六年又開始拍八米厘。一九六七年只是在自己刊物上談，一九六八年初正式成立、公開招收會員。其實我一九六七年十一月已經辭職，但仍然繼續義務幫忙「大影會」，因為喜歡電影。林悅恆是會長，我不曉得算是副會長還是甚麼，也花很多心思去辦活動。

我一九六七年辭職後怎樣呢？這得說回頭，一九六五年「邵氏」〔邵氏兄弟（香港）有限公司〕《香港影畫》那一筆。朱旭華人稱朱伯伯，他替邵逸夫先生想了個點子，就是辦一份比較高格調的電影畫報《香港影畫》。「邵氏」在一九六〇年代中期可以說十分厲害，打敗了所有對手，但一般人還是

會員作品發表會

時間：二月十日晚七時半至十時
地點：九龍塘浸會書院

是晚節目

最先是三套邀請作品。

一、現代青年（林樂培編導，電視訪問紀錄片。黑白，有聲，十六糎）。
二、學校生活（盧景文編導。彩色，超八糎）
三、跟蹤鏡頭練習（盧景文編導。彩色，超八糎）

然後是七套會員作品。

一、西西一號（趙德克製編導攝。香希禪主演。黑白，八糎）
二、關於三件事（林年同編導。趙德克、香希禪、林年同主演。石琪攝影。黑白，十六糎）
三、大都市小人物（何藩製編導攝。黎明[illegible]主演。）
四、困獸（陳坤[illegible]製編導攝。趙德克主演。黑白，有聲，八糎）
五、[illegible]影（羅卡[illegible]編導。[illegible]、林年同、羅卡[illegible]主演。石琪攝影。何藩剪接。黑白有聲，十六糎）
六、[illegible]（何藩製編導攝。[illegible]。[illegible]。八[illegible]

1968年2月10日，「大影會」於浸會書院舉辦第一次會員作品發表會，趙德克、林年同、石琪、羅卡、何藩等參與製編導攝演，《大學生活》及《中國學生周報》均有報導。

覺得「邵氏」拍的是行貨、工廠式出品。那時「邵氏」已經打敗「電懋」，朱旭華獻策，主張辦一份能撐起「邵氏」格調的刊物，文化水平較高，但也要好看。本來的《南國電影》在東南亞、香港銷路已經很好，所以想要有另一份較高格調的，維持「邵氏」體面，也吸引中高層觀眾，甚至跟西片競爭，於是辦了《香港影畫》。開始時通過宋淇跟我們接觸，一九六五年「友聯」甚至可以借陸離去為他們編輯，哈哈！朱旭華很聰明，看到《周報》能吸引許多讀者，於是想到借用《周報》的人到「邵氏」去，約《周報》的作者寫稿，西西、石琪，甚至借了陸離去編輯，他們不需要陸離每天上班，「友聯」又容許她去，真奇怪，但做了幾期沒有繼續了。無論如何，因為《香港影畫》、《周報》的讀者、作者多了一個園地，主流媒體也找我們寫稿。所以後來我離開了《周報》，朱旭華著我多替他們寫稿、替他約稿、做專題，他就不當我編輯，但給我開高一點的稿費，因此《香港影畫》有幾欄都是我幫忙策劃編輯的，例如介紹西方電影理論、拍攝過程的幾版，也不光是理論，美工、攝影那些也談，我們綜合外國雜誌作介紹，有插圖，也介紹電影書籍、名導演。那時候這樣替《香港影畫》工作，有點稿費，所以不急於馬上找工作，我同時也替《周報》寫稿，每星期一篇，一九六七、一九六八就是這樣過的。

一九六八年我寄信到出版《亞洲周刊》、《電視周刊》的出版公司應徵成功。《電視周刊》是當年麗的電視的官方刊物，我做的是編輯採訪工作。《亞洲周刊》不是現在那本，英文版是 *Asia Magazine*，逢星期日出版，當年好像是隨《英文虎報》附送，中文版用上英文版的材料翻譯過來，另加一些專題採訪，隨《星島日報》附送。我亦兼為《亞洲周刊》寫些專題採訪。兩份刊物都是現代出版社的，即是我一個職位，同時做這兩項工作。我因此經常出入麗的電視，之後又替林樂培一個節目《大特寫》做資料搜集，就這樣加入了電視圈。《亞洲周刊》是頗大的機構，但這些工作我做了不到一年就離開了，那時候轉來轉去，沒有像《周報》那樣一做就七年，人沒有安定下來，甚麼都想嘗試一下。

一九六九、一九七〇年左右，沒有工作幾個月了，只寫寫稿，某日寫信應徵繆雨的《知識分子》。報社在灣仔，刊物規模很小，只有繆雨一人，他跟戴天是美國新聞處的同事。我去應徵，他覺得很奇怪，「友聯」這麼大的機構我不幹，怎麼會跑去這一人刊物工作？說如果我不介意規模小，整份刊物我可以全權負責，他不管編輯方針，我把它編成綜合性刊物也可以，現在它是政論雜誌，只是因為他沒助手而他又只懂這個。他白天在美國新聞處上班，下班已經很累了，刊物是半月刊，還要跑字房甚麼的，很辛苦，所以想請人當編輯。他每期寫一萬字國情研究，這篇稿日本一個研究所很欣賞。當時正值「文革」，刊物有幾版有關國情研究的，都由他自己負責，其餘由我決定。他還說最好我可以讓刊物能夠自立，因為日本那研究所已經提供印刷費和行政費，即使賣不出去也肯定不會賠本，如果能賺錢當然更好，但能夠讓刊物站得住也不錯。我因此當了《知識分子》的總編輯，一度請蔡炎培、馮元熾幫忙做些校對、設計，繆雨晚上回來打招呼、談兩句，也不用給他看稿。換言之，拐了一圈，又回到國情研究這些跟政治有關的東西。

這裏還可以補充一點，繆雨跟戴天、胡菊人互相認識，跟戴天尤其熟稔。我做了幾個月，覺得半月刊來說也頗吃力，我跟他說想到外國讀書，就是想另謀高就了，當時大概一九七〇年底。他不想我離開，問我是不是想要進入電影界。我說是，之前張徹找過我當助導，但我錯失了機會。他說電影界可是小混混的圈子，我當然聽不進去了。我決定離開，但他不想刊物結束，自己接手又太辛苦，於是提出跟《盤古》胡菊人等談談，看看能否讓兩份刊物合併，他可以把原有的經費撥出來，說我們可以開會討論。他認為他的態度和《盤古》一致，都是言論開放的，他甚至表示不一定要反共，我記得他寫過中國必須經過共產黨階段。

那時候我做過些事情現在想來是頗過份的。我在《知識分子》刊登了一篇文章叫〈香港必須自治〉，[18] 假如現在刊登這樣的文章便不得了。那文章題目 exactly〔確切地〕就叫〈香港必須自治〉，那時憎恨殖民地，繆雨說寫甚麼都可以，言之成理就可以，不一定要反共，不一定要跟隨美國、日本的看法，我那時年少氣盛，就刊登這樣的文章試試

1970年《知識分子》第44期革新號。

看。文章刊出了，某天他笑著跟我說：「阿卡，你真厲害啊！弄這麼一篇文章出來，政治部找我去談呢！」他是督印人。

另一件事更麻煩，就是我找了蘇守忠幫忙。某天我在路上碰見蘇先生，從前《周報》刊登過他的文章。[19]他一九六八年被囚禁了好一段時間，我在《知識分子》時是一九七〇年，即是他剛出來不久，在路上碰見，他請我到他家看他的畫、牆上的壁畫，又喝工夫茶甚麼的，他之後不時來看我、找我談天。一次他說我這工作有意思，可以自由發表意見，主動提出幫我採訪。我說他們才剛夠付我薪水，沒有錢請人幫忙呢！他說不要緊，給他稿費就可以。他常常來報社，說可以訪問誰誰誰。他可有辦法，竟然能訪問姬達（Jack Cater）！[20]那時港督之下就是姬達，他是政務司，是政府裏的第二把交椅。蘇守忠先訪問他的女兒，通過他女兒再訪問他。訪問出來後，繆雨也說厲害，我說是蘇先生的稿。他說他不反對我請蘇先生幫忙，但著我要小心、要多加注意，因為蘇先生是香港政府黑名單上的頭號人物，他說政治部找他談時知道。隨後發覺

人物訪談
新一代香港英國人
凱達小姐看香港中國人

蘇守忠訪問〈新一代香港英國人凱達小姐看香港中國人〉。（1970年《知識分子》第57期）

自由論壇
香港必須自治

胡虎生〈香港必須自治〉。（1970年《知識分子》第44期）

我們的電話經常被 tapping〔竊聽〕，繆雨跟我說要注意，政治部看得很緊。

盧　你知道被竊聽？

羅　是，聽到的。那時我又替《70 年代》寫稿，吳仲賢他們有時來看我，這還不夠麻煩？幾個都是反帝反殖的人物，那時我還自覺又不是要搞甚麼，只是寫寫文章，不知天高地厚。跟蘇守忠有關的一段就說到這裏了。

那時年少氣盛，沒想通透便和政治抗爭沾上了關係，跟《70 年代》一起去示威，一次是抗議越戰升級，跑去美國領事館前靜坐，吳仲賢等《70 年代》的朋友一起去靜坐，另一次廿幾人在天星碼頭靜坐，保釣時候也去拍攝。那兩次靜坐沒甚麼，沒有警察打人抓人，保釣那次便抓人了。

熊　剛才說《知識分子》刊登了〈香港必須自治〉，政治部找了繆先生去談，這事情可有下文？

羅　沒有。對，剛才還沒說完，繆雨說找胡菊人等談談跟《盤古》合併，總比結束刊物好。

盧　他有正式說《知識分子》是誰提供經費嗎？

羅　他說是日本一個研究所提供一些經費，是一個研究中國問題的研究所。

熊　知道研究所的名字嗎？

羅　不知道，他只說對方每期付錢買幾千份，刊物因此可以支持。他只說是日本的研究所，跟美國無關，不知道是真是假，總之他這樣說。他提出跟《盤古》合併，也真的談了，約了胡菊人、包錯石幾位，好像沒有林悅恆、戴天，結果談不攏。

我一九七一年離開《知識分子》，一九七二年轉到恆星戲院宣傳部工作，七月申請出國到了意大利流浪。我跟《周報》一直藕斷絲連，他們其中一

《70 年代》雙周刊，1970 年 1 月 1 日創刊。

位高層何振亞對我很好，彼此很談得來，他說：阿卡你做甚麼呢？你又不落水——意思是我沒有加入「邵氏」，又不留在《周報》，你想怎樣呢？只寫寫稿有甚麼意思？要不下定決心在電影界發展，要不就繼續當編輯。

如果我一九六四年肯回「中大」多讀一年便可以得到學位，但我沒有，沒有學位很難申請到外國讀書。意大利的藝術學校不管學位，誰都可以報名，掛了名拿了學生證便能夠到canteen（飯堂）吃飯、買車票又能用學生價錢，我上課也上了一年，學一下舞台設計、繪畫素描之類。當時在等羅馬電影學院開課，但他們一直罷課，於是只能讀些短期課程，唸了幾個月、參與拍一部紀錄片，後來羅馬藝術學院沒有繼續讀了，那些課程其實不適合自己。

熊　剛才好幾次說到政治部無孔不入，羅卡先生後來再有類似的經驗嗎？

羅　應該沒有，可能有我也不知道，因為我沒有做政府工作，但一九九〇年能夠參與香港電影節，我也頗意外，竟然沒翻出我的舊帳。

熊　一九九〇年仍然有可能有問題？

羅　我不知道，一九九〇年可能已經準備回歸，是後過渡期，可能因此政治審查上比較寬鬆了。

日期｜二〇一四年六月八日（第三次訪問）

地點｜劉宅

訪問者｜盧瑋鑾、熊志琴

列席者｜汪海珊、陳榮照

羅—羅卡　盧—盧瑋鑾　熊—熊志琴

熊　《探索者》是一九七一年出版的，當時羅卡先生已經離開《知識分子》了，為甚麼會跟這些朋友一起辦《探索者》呢？

羅　一九七〇年底至一九七一年初左右我離開《知識分子》，在裏面工作的時候認識了張少石先生，即是這裏〔《探索者》編委名單〕掛名那位，主編江楓即是他，他是主編，也是編委。

他是「文革」期間「游水」〔偷渡〕來港的，本身是高幹子弟，他說自己曾經留學波蘭，很厲害的。他說可以替《知識分子》寫稿，很喜歡跟我們編輯、寫稿的混在一起，他在《知識分子》認識了其他作者，蘇守忠等等。一九七〇年底我離開《知識分子》，不久加入了莫玄熹的恆星戲院。他們甚麼電影都放一點，有些是莫玄熹自己發行的，他會買些《八部半》〔*Otto e Mezzo*〕、杜魯福〔François Truffaut〕的電影，一些很多戲院不敢上映的電影，排在早場、特別場，他認識「大影會」後又通過「大影會」放映，他收一點租。我們已經認識了幾年，一九七〇年底他跟一些人租了新世紀戲院的原址，自己排片上映，找了我幫忙，在鐵皮屋裏當宣傳主任，發廣告稿、宣傳字句之類。記得放映《砂丘之女》是最賺錢的了，其餘大多都賠本，還有歐洲的藝術片、杜魯福電影之類，同時也恆常地放映一些商業片，當時我也找來張少石幫忙。其實我也不太清楚張少石是何許人，很傳奇，一直在香港寫稿賺錢。

熊　羅卡先生跟他認識時，他大概甚麼年紀？

羅　比我大幾歲，我剛三十左右，他三十多吧。他很有派頭、很懂吹噓，是很會交際應酬的人，認識了我們之後也認識了一些文化人，包括阮兆輝、林年同、胡菊人等等，也認識了《70年代》的一群人，他本身文學修養一般。一九七〇年底他跟我在「恆星」做事，我當時打算到羅馬，保釣運動之後，香港政府都盯著我們，於是想到外國找出路，當時很多人到美國讀書、到歐洲流浪、拜訪無政府主義者等等。我到羅馬不久就聽到他說想要辦雜誌，以我所知，他女朋友的父親很富有，住在廣播道，他女朋友資助他辦雜誌。他已經找了胡菊人、輝仔（阮兆輝）掛名，叫我寄稿支持等等，林年同、攝影師徐家因也在刊物掛名編輯，鄭宇煌我不認識，伍偉傑當時是跟我一起住的，是設計師。編委其實都是掛名的多，我供稿給他，介紹些朋友替他寫稿，沒負責甚麼編輯工作。這基本上是同人雜誌，賺不了錢，不知道他為甚麼要辦，一九七〇年代很多人都喜歡辦雜誌。

熊　《探索者》很多內容都是談電影、話劇等等表演藝術的，這是出於張少石的個人興趣？

汪　我想不是，是找到甚麼人寫便寫甚麼，他個人應該對政治、國情更感興趣。

熊　總共只辦了三期？

羅　是。他也不是不學無術，這本《中共電影藝術史》是他寫的，[21] 說得頭頭是道。他在大陸曾經參加文工團，據他自己說，他還在波蘭學過舞台劇。不過他說的，我都半信半疑。

最後一期〈編者夜記〉說轉為不定期刊物，[22] 其實只是不想說是停刊而已，後來已經沒有再出版。那時出版要申請牌照，最初幾期可以一邊出版一邊申請，但後來我想是登記不成，所以沒有繼續出版。他那時跟蘇守忠、吳仲賢等等混在一起，當然不讓他出版了。

熊　編委的成員，羅卡先生都認識嗎？

羅　孫家雯我認識……有些不認識。崔綺雲是在新華社工作過的。有些編委可能只是跟他說了一句，張少石就把名字掛上去了。很難說清楚張少石的立場，以我所知，他是逃避共產黨而來，但開放改革後他倒回去做生意，可見他也不是堅持甚麼，所以刊物裏左右的人都有。編委每期都有改變，我當時身在外國，根本不清楚情況，只是幫過一點忙，所以名字就在上面，但其他人是否同意掛名在上面呢？很難說。

《探索者》，1971年11月21日創刊。

注釋

1 《中國學生周報》專欄「觀影隨想錄」，署名「小離」，於一九六二年二月二十三日第五〇一期至一九六四年六月十二日第六二一期間不定期刊出。

2 陸離、戴天、劉方、李英豪《新生晚報》專欄「四方談」，由一九六四年九月五日開始，至一九六五年七月三十一日結束。

3 胡菊人《新生晚報》專欄「旅遊閑筆」，由一九六三年十二月十四日開始，至一九六四年七月三十一日結束；專欄「讀書閑筆」由一九六四年八月一日開始，至一九六五年八月十五日結束。

4 大眼仔：〈彈——啞女情深〉，《中國學生周報》，一九六六年十月二十八日，第七四五期。

5 黃柳芳以〈梁大貴〉一文獲當年《中國學生周報》徵文比賽青年組第一名，作品刊於該刊一九六五年五月二十八日第六七一期，但該刊於一九六五年六月四日第六七二期隨即刊登〈重要啟事〉，聲明「上期本版刊出本屆青年組徵文第一名作品『梁大貴』後，即獲多位讀者來函揭發該文係抄襲本港作家舒巷城先生所著小說『鯉魚門的霧』，現經查明屬實，除依例登報取銷該作者獲獎資格，並向原作者、讀者致歉。又第一名空缺依例由第二名補上，其他名次均按序遞升一級。」

6 據《中國學生周報》出版資料欄，陳特擔任督印人的時間由一九六四年五月八日第六一六期，至一九六六年三月十一日第七一二期；林悅恆擔任督印人的時間由一九六六年三月十八日第七一三期，至一九七四年三月五日第一一九期。按：《周報》的督印人、社長和總編輯，有時由同一人擔任，有時並不，從版面資料無法得知，下同不贅。

7 據《中國學生周報》出版資料欄，該報編輯部地址及友聯印刷廠地址，從一九六七年五月十二日第七七三期起為九龍新蒲崗四美街二三號利森工業大廈九樓，直至該報於一九七四年七月二十日第一一二八期停刊。

8 一九六七年四月十三日，香港人造花廠公布十項新規例，部份工人不滿，引發連串勞資糾紛，至五月六日發生「大有街事件」，警方出動防暴隊，將大有街附近的爵祿街、三祝街、七寶街、雙喜街等街道封閉，事件中多人受傷。詳參張家偉：〈新蒲崗香港人造花廠事件：六七暴動的導火線〉，《六七暴動——香港戰後歷史的分水嶺》，香港：香港大學出版社，二〇一二年，頁三九—六七。

9 劉方：〈一水之隔・天堂地獄　訪大陸逃澳難胞〉，《中國學生周報》，一九六二年十一月十日，第四八六期。

10 例如行客：〈中文合法化運動　在慕光英文書院〉，《中國學生周報》，一九七〇年十月三十日，第九五四期。

11 例如：〈香港大學學生會社會服務團簡介〉，《中國學生周報》，一九六八年四月五日，第八二〇期；關慧萍〈我參加了社會工作〉，《中國學生周報》，一九六九年七月十八日，第八八七期。

12 例如：黃星文〈教師怒發獅子吼〉，《中國學生周報》，一九七二年九月八日，第一〇五一期；黃星文〈所謂「輿論」！所謂「公平」！——文憑教師事件的近月發展〉，《中國學生周報》，一九七三年三月二十三日，第一〇七九期。

13 《中國學生周報》「狂人問題專號」，一九六四年六月五日，第六二〇期。頁一、二、三、十、十二。

14 參注2。

15 十三妹《新生晚報》專欄「冬日隨想錄」刊於〈新趣〉版，由一九五八年十一月一日開始，後改名為「迎福揮春集」、「我愛夏日長」、「一葉集」、「冬之隨想」，最後定名為「十三妹專欄」，就目前資料所見，該欄最後一篇刊於一九六四年七月十九日。十三妹於《新生晚報・新趣》版以外尚有其他專欄，此處不贅。另，胡菊人《新生晚報》專欄資料參注3。

16 據《中國學生周報》出版資料欄，胡菊人擔任督印人的時間由一九六〇年七月一日第四一五期，至一九六三年十一月十五日第五九一期。按：一九六三年三月一日第五五四期起，出版資料中的「督印人」改稱「社長」。其後戚鈞傑接任，復稱「督印人」，戚任期由一九六三年十一月二十二日第五九二期，至一九六四年五月一日第六一五期。又，據《中國學生周報》出版資料欄，陳特擔任督印人的時間由一九六四年五月八日第六一六期，至一九六六年三月十一日第七一二期。然而陳特在二〇〇二年五月二十八日訪問中表示，他在一九六三年加入《周報》擔任社長，一九六五年七月離開赴美讀書，出版資料所記與實際情況有所出入。（按：陳特訪問未能取得授權刊出，此注僅交代至此。）

17 黃維邦、黃濟泓、四馬、吳震鳴、藍山居、中沚、張量、游之夏、陳炳藻、喬休思、吳昊、溫健騮、林亙、陸離、藍子、羅卡、金炳興、李縱橫、烱煒、梁寶耳、胡菊人和戴天：〈人與盤古精神（代發刊詞）〉，《盤古》，一九六七年三月第一期，頁二—五。

18 胡虎生：〈香港必須自治〉，《知識分子》，一九七〇年一月一日第四四期，頁一三—一四。

19 蘇守忠發表於《中國學生周報》作品包括：（一）〈It was June; and June it was with my mood......〉，一九六六年九月十六日第七三九期；（二）〈X＋Y〉，一九六七年四月二十一日第七七〇期；（三）〈A GAME with THE COPS — Police Interrogation turns into Buddhist Philosophy Discussion〉，一九七一年六月四日第九八五期。

20 蘇守忠：〈新一代香港英國人　凱達小姐看香港中國人〉，《知識分子》，一九七〇年七月十六日第五七期，頁二一—四。

21 張少石：《中共電影藝術史》，香港：探索者出版社，一九七一年。此書未見實物，以上資料參《探索者》廣告。

22 〈編者夜記〉：「我們力求使刊物企業化、合法化，但許多客觀因素造成一些阻力，例如我們的刊物有些大學教師、電影導演願意替我們刊物擔保，也曾送上登記表給民政司，但兩次都退回來，不知是甚麼原因？政治上的懷疑嗎？我們刊物是藝術性質，或者因為我們太窮了，缺少一萬元港幣，但窮非罪啊，所以，在沒有籌到這批款之時，《探索者》只好宣佈不是月刊，作為不定期刊物出現在讀者面前，切望讀者見諒。」《探索者》，（缺出版日期，該刊第二期於一九七一年一月二十七日出版）第三期，頁五五。

吳平

（一九四一——　）

筆名畢靈、阿蒙等。

原籍廣東潮州，在家鄉出生，七歲來港定居，曾就讀紅磡工業專科學校、德明書院中文系。一九六〇年代初參加《中國學生周報》活動及徵文比賽，獲當時社長胡菊人邀請參加編輯工作。吳平主理《中國學生周報》各文藝版面（〈詩之頁〉除外）期間，大量採用本地年輕作者稿件，開展《中國學生周報》「本土化」重要一頁。一九六〇年代後期，香港社會急劇變化，刊物銷量日漸下降，留守該刊的編輯一度只有吳平與陸離，吳平最終於一九七〇至一九七一年間離任。離開《中國學生周報》後，吳平曾任電視編劇、廣告撰稿、報章編輯及專欄作者，一九九〇年代移居美國。

日期｜二〇〇二年五月十日

地點｜香港華美酒店

訪問者｜盧瑋鑾、郭詩詠

列席者｜何杏楓、張詠梅

吳—吳平　盧—盧瑋鑾　郭—郭詩詠　何—何杏楓　張—張詠梅

吳　大概在一九九三年移民到美國後，我便轉行做生意了。初時學電腦組裝，做技工，一年後跟合夥人合資開了一間小型電腦公司，我負責推銷、賣東西。其實現在我跟文藝、編輯工作完全脫節，以前的事都忘記了，連怎麼寫中文也未必記得呢。

盧　有些人一口咬定《周報》〔《中國學生周報》〕是美元文化，宣傳抗共，甚至說他們是收了錢才這樣做。但《周報》遷入新蒲崗之後，[1] 變化很大，跟從前秋貞理〔司馬長風〕等人主持的風格很不同。

吳　若果談到這些尖銳的關節，我所知不多。我最初去《周報》是參加他們的活動，也就是那些興趣小組。我想《周報》是最早辦這些興趣小組的機構。

盧　甚麼時候呢？

吳　大概一九六三、一九六四。

盧　那就是我讀大學三、四年級的時候，即陸離進去《周報》工作的時候。

吳　她比我早加入《周報》工作。其實我記得不太清楚，我最初是在那兒參加興趣班學國語的，莫名其妙地也參加了《周報》的創作比賽，那時社長是胡菊人。[2] 我得了獎，他看我對寫作有興趣，於是叫我到編輯部幫忙。我想最初是幫忙看稿子，那時投稿的人很多，有興趣寫作的中學生真的不少，我每星期經常要看三、四百篇稿，沒有誇張。

《周報》文藝版是很有系統的，由〈拓墾〉到〈穗華〉，即使程度很低，它都讓你有發表的機會。我想它最大的作用，是大大提高了當時中學生對中文的興趣，沒興趣培養出興趣，有興趣的就讓他發揮。你要想想，香港是殖民地社會，是以英文為主要語言的地方。

「友聯」和《周報》的背景我開始時不清楚，後來也沒有積極查問，但我做編輯的時候，編輯的自主權是很大很大的。

盧　蓬草現在在法國，她在訪問裏特別強調，在她學習寫作的過程中，吳平對她的影響很大。

吳　我不知道讓他們走上寫作這條路，他們有沒有後悔？

盧　她說投稿的時候，你每次回信都把她的稿子的優點和缺點講出來。

吳　我有這麼多時間這樣做嗎？那時我每期要看幾百篇稿呢。

盧　不是對每個作者都寫信吧？

左起：羅卡、吳平、不詳、盛紫娟、張浚華、黃碩儒、胡菊人。（張浚華提供）

吳 沒可能，大多是寫給我很佩服的投稿者。那時真的很奇怪，收到投稿，看到是中學生，怎會寫得這麼好呢？於是怕起來，懷疑是不是抄回來的。其實當時有點懷疑，於是寫信去，看看他的反應，看看他的回信是否真的寫得好。

盧 這倒是個好方法。

吳 很怕，因為有一年鬧了很大的笑話。那時每年都有徵文比賽，很多人投稿。有一年選了一篇作品出來，我覺得很像舒巷城，他是當時鮮有具有香港色彩的作家，後來揭發了，那篇文章原來真是抄襲舒巷城的。[3] 這還不止，那篇作品原來已經是第三次被人抄襲，每次抄這篇去參加比賽都能得獎，地址可能是那個人〔抄襲者〕的地址，他自己去拿獎金。

郭 西西本來是第二名，後來第一名讓人揭發抄襲，被取消了獎項，於是西西補上，得到第一名。[4]

吳 對。

盧 你記得〈新蒲崗人生觀〉嗎？[5] 這篇很特別。《周報》給人的印象原則上是很「純」的文學創作環境，在那個時代好像與社會有些脫節，但當《周報》搬進新蒲崗後，你整個編輯方法或是關懷方向都改變了，這篇文章是很有標誌性的，可以談談嗎？

吳 我想這是很個人的。我比較喜歡寫報導性的東西，即有些事實基礎的東西，可能我想像力不太好，或是其他原因。我一直都沒有編過〈詩之頁〉，一來《周報》人材很多，也可以找詩人客串，〈詩之頁〉一個月出版一次，有人願意做客串編輯，可以減輕我的負擔。我自己寫報導性的東西比較多，比較闊一點。

你開始時提出的那個針對性問題——即《周報》到底是否右派活動，究竟它真正的背景是甚麼，我真的無從得知。我覺得，在當時的環境，《周報》所發揮的作用是令年輕一代對中國的文字、文化有所銜接，這已經很重要了，它已經發揮了作用，真的發揮了這種作用。你們要想想，那時處於一個斷層，包括我在內，我們都沒接觸到五四、一九三〇、一九四〇年代的文學和文化，因為那時香港學校不會教這些，只有靠自己。小時候，我第一次看到一本一九四〇年代大陸作家的小說——那是在天台，別人搬屋丟掉的書堆中找到的——才發現用中文寫的小說也可以寫得這樣驚心動魄。這本小

中華民國五十四年六月四日　中國學生周報　（第六七二期）　第六版

青年組徵文第一名

瑪利亞

姓名：張愛倫
職業：教師
年齡：廿七歲

評判的話

能用這樣一個題材，其人物和地點完全不爲作者所知，是一個很大膽的嘗試。敍述的方法也合乎短篇小說的需要。報紙式的報導稍嫌多一點。

——林以亮

根據報紙上的材料以及個人的靈感而組織了題材，是作者大膽嘗試下的小小成功。技巧熟練，想像力豐富。

——李輝英

1965 年第 671 期《中國學生周報》徵文比賽青年組「原」第一名作品〈梁大貴〉，作者署名黃柳芳。作品於第 671 期刊出後被揭發抄襲，《周報》第 672 期即刊登相關啟事，宣布黃柳芳獎項取消，第一名由張愛倫〈瑪利亞〉補上。

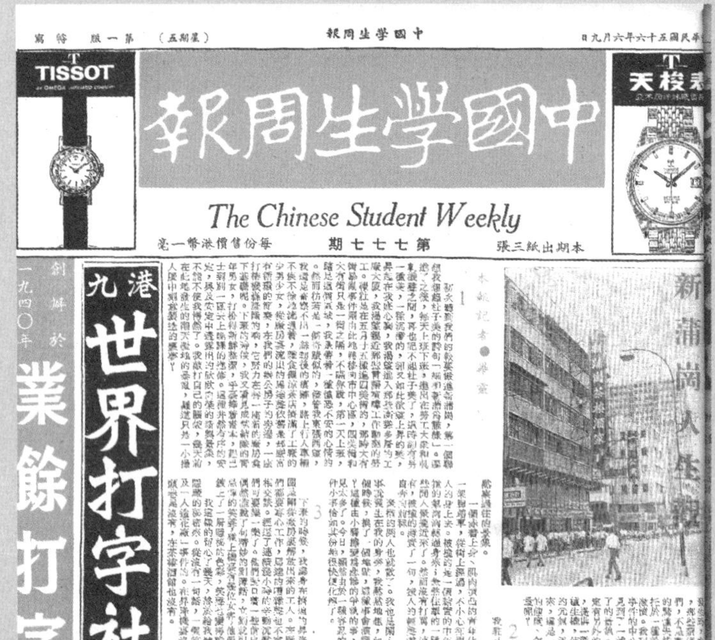
中華民國五十六年六月九日　　中國學生周報　　（星期五）　第一版　特寫

中國學生周報

The Chinese Student Weekly

本期出紙三張　第七七七期　每份售價港幣一毫

新蒲崗人生觀

港九世界打字社招生

香港銅鑼灣軒尼詩道五三四號二樓電話764621

九龍旺角彌敦道六五四號利威大廈金葡園四樓

九龍分校電話：八五二七四零

倫敦必文證書考試歡迎港九各學校學生參加

創辦於一九四〇年 業餘打字學社

編輯部新址電話

畢靈〈新蒲崗人生觀〉。（1967 年《中國學生周報》第 777 期）

說寫陝西山區在土改過程中，各種勢力如何鬥爭。那時我才十多歲，這本書讓我開了眼界，知道中文小說可以如此令人手不釋卷。後來有段時期我們常常做一九三〇、一九四〇年代的介紹特輯，將比較新的文學——相對於中學教科書裏的舊文章，介紹給中學生。當時覺得有這個需要，《周報》做了這件事，而且做得不錯。當時由一九三〇、一九四〇年代文學開始做，一九三〇、一九四〇年代的文學就是左派和右派文學兩者的激烈鬥爭，那時中文運動，大學裏出現了一群由關心文學到關心政治的人，他們投來的稿提出應該怎樣鬥爭。

那時《周報》已經開始有些down（走下坡），電影、音樂成為了年輕人主要的焦點，因為影像和音樂容易引起年輕人的興趣。《周報》在電影方面可一直維持前進，但音樂方面還是傾向「正統」，而非pop music（流行音樂），所以讀者逐漸少了。我不太清楚這些傾向，這要找陸離來談。那時對中文寫作感興趣的學生也少了，可能社會已經比較開放，年輕人比較容易接觸資訊，不只《周報》會報導他們不知道的東西。

《周報》那時只剩下陸離和我，工作已經很辛苦，我要編〈生活和思想〉版，這不是我的專長，但我盡量做到開放。那時選登了富爭論性的「文革」文章，作者是香港大學的毛國昆兄弟，後來我才知道他們「醒目」，用了筆名。那篇文章的主旨是希望大家開放些去看文化大革命，開放些去看中國的社會問題。那時負責發行工作和派報紙的老伯，大多是從大陸逃難出來的老兵。我配了好幾張《人民畫報》登過的圖片，用來配合文章的內容。可能我這個做法不對，不過我也沒有其他一手資料。那些圖片在《人民畫報》登出來，《人民畫報》是官方宣傳，是黨的東西，你把黨的東西登在這裏，又毛澤東又甚麼的，《周報》以前從來沒有這樣的事情，從大陸走難來的人看見便氣憤，於是罷工不發行、不派報紙。這件事是他們這樣做，不是上層壓下來說不可以登這些東西。我負責文藝版，從來沒牽涉高層的事，不知道他們的背景，傻傻的，那次才發現如果走得太遠，當時社會有……但我了解的是，事件的起因是由於有一群工人不喜歡我們這樣做，而不是高層壓下來，所以我並沒有感受上層有甚麼壓力給我們。除此以外，就是看稿看得我支持不住，哈！卻又看到很多很有天份的人，自己一面做一面學。我想我要談的，主要就是這兩件事情。

盧 剛才你說明了一件事，就是沒有由上而下的干預，你說明了那時是由於發行的人不肯派報紙，我想這是證據。

張 那時《周報》只剩下兩個人，經濟環境怎樣？剛才提到「友聯」的背景，那當時是否已經沒有支持（亞洲基金會提供的經濟資助）？

吳 那時《周報》還屬於「友聯」名下，應該還有經濟支持。

張 相較於初期是否減少了資助？會不會有變化？

吳 因為《周報》的銷量，廣告有一筆收入，當時廣告部可聘請兩至三人。後來銷量下跌，我想是受市場影響大於資助減少。《周報》一直都屬於「友聯」，從未脫離過「友聯」，直到最後的兩年陳任來接手（一九七三年），我想他們經濟上要負擔一部份。陳任接手《周報》的那段時期，我已經離開了，所以不太清楚。陳任加入的時候，好像已經在說：如果你們辦不好報紙，廣告沒有增加，銷量沒有增加，賠了又要如何如何之類。

張 其實那時銷量已經在下跌了？

吳 是的，是下跌了。

何 那你們有沒有想過做點宣傳之類的？

吳 沒有，那時我們完全不懂做生意。

盧 陸離那時在大叫大嚷，有讀者自己印了些小海報在街頭周圍張貼。

吳 好像有這件事。

盧 我保存了這張海報。讀者的反應是想「救亡」——那時陸離稱為「救亡」，但不知道怎麼救。

吳 你們怎樣看呢？你們覺得《周報》為何會慢慢地走下

畢靈〈香港是一條船　青年們能做些什麼？〉。（1968 年《中國學生周報》第 855 期）

中國學生周報
The Chinese Students Weekly
教育
阿偉
旅行
學校
新聞
大孩子
詩之頁
豐子愷漫畫選
中國現代學人介紹
讀者之頁
青年問題
翻譯作品
讀書
生活
思想
每周專題
新思潮專欄
學壇

《中國學生周報》「救亡海報」。

坡？我當時是局內人，後來離開了，轉到另一個工作環境，都脫節了，陳任編的時候我已經很脫節了。

盧　陳任的時候你已經離開了吧？

吳　是的，我已經離開了，轉了去電視台工作。

張　當時離開的原因是甚麼呢？

吳　覺得沒辦法將報紙辦好，怎樣試都不行，在我的能力範圍以內做不到甚麼。

我是這樣想的，沒甚麼調查或根據。《周報》興起的時候，社會沒有這種東西，但當時社會是很需要這種東西的。當然，如果沒人去做，繼續封閉下去，繼續停在那個階段也可以。不過既然有人這樣做了，那就刺激起當時年輕人對於中國文化、文學的興趣。不過一九七〇年代之後，社會已經開放了很多，很容易做到類似的工作。我們又不長進啦，不懂得認識多一點東西，當時應該要有人去做。噢，不過這該是社長的工作，哈哈！

盧　你讀完書，別人叫你加入《周報》你就加入了？

吳　不，我去參加他們的活動。

盧　那時你讀完中學沒有？

吳　讀完了，正在私立大專就讀。其實我沒有正式中學畢業，都是在夜校、專科學校就讀，然後在私立大專讀中文。

盧　有人質疑，當時除了《周報》外，還有《青年樂園》、《青年知識》，為甚麼我們統統不談，只談《周報》。

吳　這也對啊，為甚麼不談呢？但說到影響力……那你就以子之矛反攻，《青年樂園》同樣是有背景的，要看當時哪份刊物的影響力較大。不知何故，現在回想起來，當時比較有聰明才智的人——我不知道該怎樣說，大多是看《周報》的，以至後來搞學生運動、中文運動的人，都是從《周報》出來的人比較多，對社會的影響也比較大，我想可以從這個角度看。如果這件事會有些價值的話，我想就在這裏。

郭　您編《周報》的時候，會不會看看當時其他文藝雜誌，試圖為自己的文藝版尋找一些特色？

吳　我沒有怎樣比較過，我想這與編輯的趣味有關。我接手的時候，上一任編輯是**盛紫娟**女士，女士的年紀一向是秘密，我不知道她年紀多大，她本身也寫小說。她的小說與中國一九三〇、一九四〇、一九五〇年代的小說有些銜接的地方，都是那一類風格。我想她不像我們香港長大的一群人，中間有個斷層，跟中國的文化、文學脫節，與一九四〇、一九五〇年代和一九三〇、一九四〇年代脫節。至於選稿的方針，她看不起香港「番書仔」寫出來的東西，直接向台灣名作家約稿，她很厲害，真的全約到。她就這樣寫信過去，很勤力，真的很厲害。當時台灣很出色的作家都會投稿到這兒來，因為這裏的稿費比台灣高，所以吸引了一些出色的作家。到我接手的時候，台灣的稿源少了，可能是因為我不夠勤力寫信邀請他們寫稿吧。一來稿源少了，我要繼續開拓稿源；二來我也在本地投稿中發現愈來愈多人寫得不錯。譬如一個月四期〈穗華〉中，三篇是台灣成名作家的稿，另一篇是香港年輕作者所寫的。坦白說，那時是收成了，《周報》到我的時候已經出版了很多年，一些看《周報》、在《周報》投稿的人已經開始成熟。我接手的時候，何國道〔杜杜〕是中三，稍後的李金鳳是中二，學魯迅文章已經很似。其實我不過是收成，可能那時學校已經有像小思老師般在培養同學寫作，《周報》也在培養。稿費也很重要的，這些作家常常回憶說，因為收到稿費刺激感大，於是繼續努力寫。

盛紫娟
本名王篆雅。香港聯合書院中文系肄業，一九五九至一九六四年任《中國學生周報》文藝版（例如〈穗華〉）編輯，期間較多刊登瓊瑤、段彩華、朱西甯、司馬中原、郭衣洞（柏楊）等台灣作家作品。一九六四年與司馬長風結婚，一九七九年與子女移居美國。

郭 您由甚麼時候開始編〈穗華〉版？

吳 登亦舒的稿子的時候，我已經開始編。亦舒第一篇稿[6]……不記得了，要想想。啊，我真的很早，一九六五年朱韻成〈河豚〉也是我發的。[7]

盧 朱韻成由中學一直投稿，投到他到成功大學。

吳 〈河豚〉刊登的時候他已經在台灣讀大學了。我想我大約在一九六四年開始編〈拓墾〉，到一九六四年末盛紫娟辭職，於是我接手開始編，大約是這個時候。

張　〈穗華〉的版頭是否編的人畫的？

吳　這是蔡浩泉畫的，他替我們設計。啊，林琵琶現在在哪兒？

盧　聽說在香港。

郭　那時是否所有文藝版都是您編的？收到稿子然後再分類，初級的就放在〈拓墾〉……

吳　除了〈詩之頁〉。我一直都沒有編過〈詩之頁〉。

郭　那您編到甚麼時候？是否離開《周報》的時候就不編了？

吳　一直都在編，直至我離開。那時我跟陸離每人分一半，我編文藝版、報導、〈生活與思想〉，陸離則編電影、英文版。為甚麼完全沒有提過英文版呢？如果沒有好東西，她寧願選外國著名的作品；如果有好東西，例如本地學生英文寫得好，也會登出來。寫英文不是太難吧。

盧　你在《周報》工作有沒有十年？

吳　一九六二、一九六四只是參加活動，應該是一九七〇、一九七一左右離去。最初參加活動，參加他們的徵文比賽，拿了獎。胡菊人問我，可能那時盛紫娟要離開，於是問我有沒有興趣幫手。

何國道〈小巷〉。（1965 年《中國學生周報》第 683 期）

李金鳳〈公園中的哭聲〉。（1971 年《中國學生周報》第 991 期）

盧 那時你有沒有編輯經驗？只是參加了徵文比賽……

吳 可能我參加他們的活動時，他們覺得我很能幹。因為那時要籌備一個籌款演出，我負責幫他們做幾樣事情，第一是把門票推銷出去，第二是替他們籌辦一個大型的朗誦劇，用詩劇的方式、配音等等，賣票籌到很多錢，不記得多少錢了，那個朗誦劇出來……我想他覺得我可以做點事情，又可以寫文章。他沒找錯人，我真的很勤力，不過不太知道周圍的事情，呆呆笨笨的。

盧 編《周報》多年，你自覺有甚麼成功的地方？失敗或不好的地方你已經說了，就是不開拓，不去外邊看看。那成功地方在哪裏？

吳 成功的地方是可以滿足自己對文學寫作的興趣，那時是收成的時期，想不到來稿有那麼多寫得好的文章。我跟綠騎士見面，她說：「如果沒有你，我可能不會寫作。」我很莫名其妙，我說：「如果你不是寫得那麼好，我也可能做不成一個好編輯。」不過那天她趕著離去，沒有機會詳細再談。我喜歡文學和寫作，那時有這麼一份工作給我，對我來說是一邊做一邊累積經驗，滿足感很大，一頭栽進去以後就不太知道四周的事情，不知道宏觀地看事情。後來由於沒有人手，我得編〈生活與思想〉版，但我不是好的〈生活與思想〉版編輯，談思想不行，有生活但沒有思想。到了最後，《周報》只可以維持兩個編輯，我跟陸離肯堅持下去，他們〔「友聯」〕那時曾經想過不做〔指停刊〕的。兩個傻人堅持下去，繼續編下去。當時有個筆名叫「華蓋」的，即是蔡廣，編科學版的，兼編〈生活與思想〉版，我覺得他的思想能力很強。何法端也是編〈生活與思

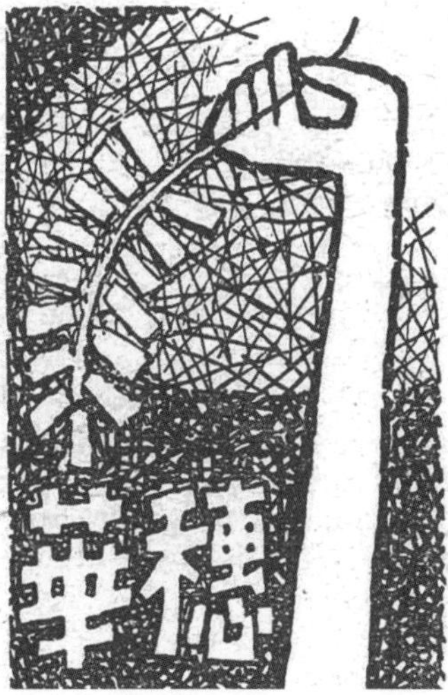

1965年〈穗華〉版頭，蔡浩泉設計。

想〉版的，兩人都是思想能力很強的人。你別看蔡廣一個「肥仔」，後來他客串寫一篇特稿，他的文筆文采很厲害。這些人後來可能有自己的發展，都離開了，我們迫著上陣。我在說自己的局限，對我來說，文學方面較適合我的興趣，在那裏一邊做一邊學，多些機會看書，沒甚麼步驟。

盧 除了蓬草，綠騎士也這樣說，我想也可以談談我的經驗。你編文藝版的時候，有一個專欄，每期有一個主題，有一次的題目是「樓」，我投了稿，結果你詳細地批了一遍，說這處不好那處不好，最後沒有用上。

吳 有這樣的事嗎？我會嗎？

盧 會！我記得那篇近乎歷史小品，我最初看到何其芳一篇名為〈樓〉的作品，學了一點，結果你指出這脫離了我自己的經驗，遺憾的是那篇稿已經遺失了。

吳 我在那篇稿上這樣寫的嗎？

盧 你打電話告訴我的。

吳 為何我會有你電話？

盧 我們常常通電話甚麼的。

吳 這已經很後期的了，很熟了。

盧 但說明了那時《周報》的編輯是從甚麼角度帶引作者寫作。唉，這樣就幾十年了。我由初中一開始看《周報》，大學一年級開始在《周報》投稿，我的專欄基本上都在《周報》。我寫過〈生活與思想〉版，陳特「捉」我來教訓，說這處那處寫得不對，這實在是很好的。現在編輯如果這樣教訓人，別人立即不投稿了。

吳 小思，我覺得《周報》在那個階段發揮了一些作用，我同意你們將它存起來作資料，但不用覺得一定要達到甚麼程度甚麼目的，因為它本身發揮的作用已經過去了。

注釋

1 據《中國學生周報》出版資料欄，該報從一九六七年五月十二日第七七三期始，編輯部由九龍九龍塘多實街十四號，遷往九龍新蒲崗四美街二十三號利森工業大廈九樓，友聯印刷廠也由九龍新山道三十一號八樓遷到新蒲崗上址。

2 據《中國學生周報》出版資料欄，胡菊人擔任督印人的時間是一九六〇年七月一日第四一五期，至一九六三年十一月十五日第五九一期。按：一九六三年三月一日第五五四期起，出版資料中的「督印人」改稱「社長」。《周報》的督印人、社長和總編輯，有時由同一人擔任，有時並不，從版面資料無法得知。

3 一九六五年五月二十八日第六七一期《中國學生周報》刊登徵文比賽青年組第一名作品〈梁大貴〉，作者署名黃柳芳。一九六五年六月四日第六七二期該報即刊登〈重要啟事〉，聲明「上期本版刊出本屆青年組徵文第一名作品『梁大貴』後，即獲多位讀者來函揭發該文係抄襲本港作家舒巷城先生所著小說『鯉魚門的霧』，現經查明屬實，除依例登報取銷該作者獲獎資格，並向原作者、讀者致歉。又第一名空缺依例由第二名補上，其他名次均按序遞升一級。」

4 西西得獎作品〈瑪利亞〉，署名「張愛倫」，《中國學生周報》，一九六五年六月四日，第六七二期。

5 畢靈：〈新蒲崗人生觀〉，《中國學生周報》，一九六七年六月九日，第七七七期。

6 亦舒首篇發表在《中國學生周報．穗華》的作品為〈鳶子〉，一九六五年十二月十七日，第七〇〇期。

7 朱韻成：〈河豚〉，《中國學生周報》，一九六五年一月八日，第六五一期。

陸離

（一九三八——　）

本名陸慶珍，另有筆名小離、小慶、文妤、陸蠻、綠離、施也可、房素娃、方斯華、范淑雅、沙茲堡等。

祖籍廣東高要，在家鄉出生，滿月後即因逃避戰亂來港，一九五八年入讀新亞書院中文系，得孫述宇引介加入《中國學生周報》兼職，畢業後轉為全職，初期負責英文版，後兼編〈快活谷〉、〈藝叢〉、電影等版面。一九六〇年代後期，香港社會急劇變化，刊物銷量日漸下降，留守該刊的編輯一度只有陸離與吳平，陸離最終於一九七二年離任。《中國學生周報》之外，陸離曾參與《香港影畫》、《文林月刊》、純一出版社等的編輯工作，一九八二年春辭任《香港時報》文藝版編輯後，沒有再擔任全職工作。陸離先後於《快報》、《星島日報》、《香港時報》、《蘋果日報》等撰寫專欄，文章從未結集出版。

日期｜二〇〇三年十月八日（第一次訪問）

地點｜香港中華文化促進中心　訪問者｜盧瑋鑾、熊志琴　列席者｜古兆申

陸—陸離　古—古兆申　盧—盧瑋鑾　熊—熊志琴

熊　陸女士很早就加入《周報》〔《中國學生周報》〕了，可不可以說說加入的經過？

陸　其實很早的意思該是在我而言很早，不是在《周報》本身而言很早。《周報》是一九五二年創刊吧，首十年是前輩的前輩在做，當時國家民族內容佔的比重較大。當然後期也講國家民族，例如〈生活與思想〉版那些，不過前期更厲害。後來十多年那種愈來愈瘋狂的內容是之前沒有的，如果你現在上網看《周報》，就會知道當時早期是很嚴肅的。我們是愈來愈沒有那麼嚴肅，不是不正經，只是不那麼嚴肅。

我是一九五八年下學期加入的，正式應該是一九五九，我那時唸「新亞」〔新亞書院〕一年級，被問到要不要做一份刊物英文版的編輯工作，是 par-time〔兼職〕，不用天天上班。我因為還在唸書，一星期只是工作一次，那我就去了。如果現在問我當然不去，怎麼敢？那時真的不知天高地厚，而且需要一份工作，所以就去了。

熊　那時候是哪位接觸陸女士的？

陸　正式問的是孫述宇先生，但裏面其他不少人我都認

識。因為我唸聖保羅男女中學時曾投稿到《人人文學》，那是另外一個故事，與《周報》無關，但後來《周報》徵文我也參加，好像得第十三名，1 由古梅女士頒獎，我要走上台領獎的。

古 那時誰是社長？

陸 不記得，因為很多人都曾經是社長，差不多幾年就換一位。2

因為一年級下學期已經去兼職，感覺上是做了四年，到了畢業後才轉為全職。我不會寫求職信，又不敢到外面見其他人，反正我已經在那兒做了四年，就問一些相熟的人會不會聘請我當全職，他們說會，於是我便去做了。所以我未試過正式求職，我想這影響了我一直都覺得自己很邊緣，不知道社會究竟是怎樣的。不知道這是好還是不好，有好處也有壞處吧！

熊 未轉為全職之前一直都只負責編英文版嗎？

陸 對啊！其實這麼答很難為情，我根本不可能編英文版。其實那是英文版的學生園地，就像中文版……不應該說中文版，中文的版面有〈拓墾〉、〈新苗〉、〈穗華〉等，英文版算是〈拓墾〉、〈新苗〉的

陸離於「第六屆港澳區徵文比賽」中得高中組第十三名，消息刊於 1955 年 7 月 15 日第 156 期《中國學生周報》。

程度吧。同學們投稿來，我稍為修改，以我的能力只能修改文法，不可能替他們潤飾，就像是學生園地吧。那時有點被寵壞了，現在回想起來根本不是那回事，那時他們覺得我的英文好像不壞。我想作為中學生，剛剛中學畢業唸大學一年級，表現的程度可能真的不太差，但如果說要做編輯，那根本是不可能的。

熊　剛剛加入時，您覺得《周報》是怎麼樣的？為甚麼願意進去工作？

陸　之前我不是整份《周報》都看的，很懶惰，《人人文學》我也不會由頭看到尾，喜歡的才看。那時是想試試寫東西，後來才知道自己不太會寫……

盧　甚麼時候知道？哈哈！

古　哈哈！

陸　舉例說你參加徵文，你以為可以一試，但只得到第十三名，那便已經知道不是太好了。後來寫一些特殊點的文章，例如有事情要報導，或是表達一些感想，譬如說傅聰來香港，你有些感想……但傅聰來港那一篇，[3]現在重讀覺得很難看，那時編輯部說寫得好，我竟然相信！

古　你現在是幾十年後，用現在的眼光來看自己學生時代的文章呀！

1983年7月，陸離（中）與小思（左）到台北素書樓探望錢穆老師。（盧瑋鑾提供）

陸　等於編英文版那樣，我想你們也記得唸「新亞」的時候……不是傳聞，錢先生〔錢穆〕在台上……唉，暫停一下，我不知道會……哭也不要緊。

古　哭一點點不要緊，但如果真的說不下去了，就刪掉它吧！

陸　剛剛說到那次「新亞」月會，當時我一年級，要參加開學禮之類，錢先生說很高興有學生誰誰誰〔指陸離〕中英文都好。事實上那只是就中學畢業、大學一年級的程度而言，中英文都不錯，但客觀來說，那程度不可能是好的。

讀書時編了四年，之後也繼續編，英文版一直存在。後來編輯只剩我和吳平的那兩、三年，約束沒那麼緊，我認為是放肆的時期。那時如果覺得某些內容很重要就會多佔幾版，一版不夠便兩版，兩版也不夠便三版，有時可能會霸佔了英文版的篇幅。編著編著，對我來說英文版沒有其他要編的東西那麼重要，但英文版一直存在了很久。倒是科學版後來真的停了，我們兼編科學版真的力有未逮。其實編學生報紙就好像是你學到甚麼有用的、覺得是好的，那就放進報紙裏給讀者看，編輯就像橋樑而已，不過那時編科學版對我來說，真是不可能的。

古　那會不會是他們的一些策略？譬如說找一些比較優秀的在學的……

陸　跟讀者接近一點？

古　是的，接近一點，第一是理解能力接近讀者對象。另外，那份報紙事實上是學生園地，通過年輕的編輯發掘適當的年輕作者。會不會是這樣的一種策略？當時你有沒有這樣想過？

陸　這我不可以代答。即是說，你覺得除了我之外，其他的編輯都一樣比較年輕？

古　那時你和吳平間中會找我客串，我當時還在唸書。

陸　啊！那跟我們的上司聘請我們不一樣！找你是因為我們太累了，哈哈哈！

古　我記得我代了吳平一個月，也代了你一、兩星期。

陸　金炳興、石琪他們也代編電影版半年。

古　金炳興的情況跟我不一樣，我還在唸書。

陸　這倒也是。

盧　不過我想上一輩的人不會那麼細緻地想到刻意找年輕人吧？可能是想吸納一些新的看法。

陸　不，是我們需要幫忙，因為真的很累。你想想，那時只有吳平和我。

古　《周報》那時沒有專職記者吧？我說的專職記者是專門負責採訪的記者。

陸　記憶中彭熾當採訪主任時，有三個採訪記者，那時我還在「新亞」唸書。

古　你和羅卡、何法端、吳平編的時候已經沒有了？

陸　沒有了，不過當時仍有很多人，特別是通訊部有很多組別。那話劇團很難得，演了《王莽篡漢》、《清宮秘史》等很多歷史劇，所以說《周報》的國家民族意識很重，演戲也是這樣。那時通訊部有很多人，吳平也是從通訊部過來的。當時幾乎一、兩版便有一名編輯，不是後來那樣四名編輯編那麼多版，之後甚至只有三名，羅卡、吳平和我三人。羅卡離開了，便只剩吳平和我兩人，那時候是最辛苦的。之前有社長，又有總編輯，又分開一、兩版一名編輯，要開編輯會等等。之後連編輯會也不用開了，因為只有我和吳平，大家看看就知道了，不用開會。最初開會還要批呢，對每版有甚麼意見要寫出來，後來「文革」，才知道這有點像共產黨，互相批來批去。

熊　兼職編英文版的時候，工作是向誰交代的？

陸　我想是總編輯，應該是黃崖。黃崖是很著名的作家，出版過一些書，後來到了新加坡辦那邊的《周報》。那時每兩、三年或三、四年便換總編輯，後來有黃碩儒。最初進去時應該是黃崖，他會教你怎樣畫版，找一張舊報紙，有東西印在上面的，就這樣畫了，然後再帶去見排字房。

熊　除了教您編輯、畫版之外，有沒有提點甚麼編輯方向之類？

陸　記憶中沒有，因為我編英文版，中文版面可能有很多東西要注重，但英文版只是英文的學生園地，有文章需要改便改。現在回看應該改漏了很多東西，那時收到好的稿很開心，香港大學的同學投稿來我便很開心，因為可以少改一點，甚至不用改，哈！當時很著名的投稿者有阿 Jo、Kathy、Roy 等等，他們寫得很好，有自己的讀者，有讀者來信說很喜歡他們，還有 Charles Bergman，現在還記得呢！

熊　那時對《周報》的看法是……

陸　很難回答，可能那時我對《人人文學》的感情比對

《周報》多。那時候衛挺新先生在聖保羅男女中學教國文，提到這份刊物很好看，我們應該看看，於是我就開始看了，看了之後就投稿。那時年輕，會寫信給很多作者，不像現在懶惰，那時寫給力匡先生、夏侯無忌先生、黃思騁先生等，很直接的就做了，他們也會回信，於是會通信、見面等等。但對《周報》便不是這樣了，那時參加徵文，可能沒有正式投稿，只是徵文，只得十三名，唉！不行，哈哈！

盧 老是記住十三名！

陸 有挫折感啊！

古 張愛玲第一次參加徵文比賽結果也是排名很後的。

陸 是嗎？那不一樣，後來我知道自己不是那種材料。徵文是一個影響，另外就是加入《周報》前後間中也會寫作，有一篇比較有印象的是〈失去了半個父親的孩子〉，[4] 因為我有半個父親、兩個媽媽，我堂兄也只有半個父親，他更慘，他是私生子，所以他爸爸死的時候，我也感同身受。我就以半個父親為題寫了一篇，他們稱讚我，還在結尾寫「這個同學很年輕，你們覺得好不好呢？」之類，[5] 當時我又相信了，但其實是不好的。

盧 你是悔其少作吧？

陸 就是悔其少作呀！也不全是這樣，仍有一、兩篇現在重看……不是小說，也不是正式創作，現在看也覺得還可以，因為能說出一些東西。小說創作不一樣，我想我不太適合小說創作，比較適合遇到有事想說便說出來。小說創作隔了一層，必須先想好、設計好怎麼說。我不是拐彎抹角的人，有些人寫小說、寫文章是這樣，說了一大堆最後才告訴你原來是這樣的，這樣我不太習慣，所以我更不適合寫偵探小說。

真謝謝你們替我找回那篇〈小戈巴赴宴記〉，[6] 我想你們也感覺到我那篇小小說有很多話想說。那時報紙編輯四處找人寫小小說，打電話來叫我試寫一篇，七百多字的小小說，我從未寫過這麼短的，唯有試一試吧！於是便將所有想過的東西都寫進去，當然那些黑洞之類的沒有寫，因為不夠篇幅，但關於示威、吃哪些肉之類的問題都寫了，寫完之後刪成七百五十字，給他們登了出來。那次沒有人讚好。在《周報》登出來會說你這裏好、那裏好，幸好登在《明報》或其他報紙便不會這樣。這篇我倒覺得可以再讀，但我知道這不是正式的小說。因為正式小說如果主題先行，肯定不是好小說，除非你很厲害，而我這篇很明顯就是主題先行。我不覺得自己會寫作，不可能像繡花那樣或是像建築那般完全先行構思好，我是傾倒一些東西出來，所以最適宜寫信。

盧　既然你覺得自己不適合寫小說，但你在《周報》這許多年，你寫了很多有話要說的……

陸　是的，有話要說，或者是被迫有話說。

盧　甚麼是被迫有話說？

陸　你的工作要你說話，例如聽了演奏之後要寫，要填滿空白的一版，明天便要交稿。真正的創作像繡花，不一定明早或明晚要交稿嘛，可以寫完慢慢改，改好才拿出去，寫劇本也一樣。

古　我想這在美學上是很複雜的問題。

陸　啊！問題這麼大，不要扯那麼遠。

古　我覺得你是比較特別的作家。你被既有的觀念籠罩了，但你其實完全突破了、在形式上突破了這些觀念。你比較像蘇青，蘇青也是這樣的，嚴格要求的話，她的《結婚十年》其實不是小說。真正的作家不會因為別人這樣寫小說，然後就按照別人的方式去寫，認為這樣才叫小說，你剛好不是這樣，你每寫一篇文章都會想一種自己的方法來寫，你會呼叫或者用口號、短句。我寫作便不會這樣，因為我已經有很多既有的東西，所以很容易就應用了，很自然就進入了那些方式，雖然有時我也未必跟隨那些方式，但你是更加活躍、更加自由的。

熊　會不會是長時間的編輯工作令陸女士覺得自己不是從事創作的人？

陸　不是這個原因，可能是自覺吧，你會看別人作品的啊。雖然我不是看很多，也不是編文藝版，但也會看到有些人真的寫得很好，隨便說說，西西、林琵琶、綠騎士等，你看到了，自己是知道的啊。我不會覺得自己是很好的作者或者一般所謂的作家，但我不會謙虛，我是很好的讀者，真的是很好的讀者，甚至是好的觀眾，這方面比較沒有那麼大挫折感。你看了一部電影覺得好，肯定它是好的。你知道這個人一定會成名，他一定會成名。就像《祖與占》〔*Jules and Jim*〕裏的一句對白，其中一個角色

中國學生周報

中華民國四十四年九月二日

失去了半個父親的孩子

陸離〈失去了半個父親的孩子〉。（1955 年《中國學生周報》第 163 期）

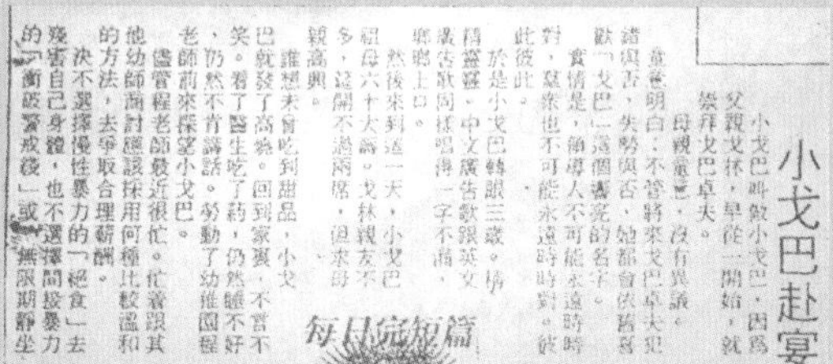
小戈巴赴宴記

• 陸離 •

每日短篇

陸離〈小戈巴赴宴記〉。（1990 年 5 月 7 日《明報》）

開玩笑說他認識一些十年之內一定會成名的朋友，我也可以這樣預言，雖然當時很年輕，但會知道這人一定是好的，一定會成名，後來果然如此。

古 那是眼界，編輯的眼界。

盧 編輯發現人才的眼界。

陸 不過我不是編文藝版，編文藝版的吳平也有這樣的觸覺。但編〈快活谷〉也一樣，這人寫笑話來，你收到稿後很開心便立刻刊登。我想沒甚麼理由不開心，因為整版有一個空位，你在等著放一些東西進去，有人投稿就立即放進去，因為如果你不登就得自己寫了，根本沒那麼多精力。我也寫過幾篇〈快活谷〉，也不錯的啊！哈！

古 事實上，我覺得陸離除了是很有觸覺的編輯之外，你寫的文章，雖然你不拿它當文藝作品來寫，但那仍然有很強的文藝性，因為你的評論本身是很直覺式的評論，你的感情都在裏面，是一種創作性的評論、創作性的敘事或創作性的表達，那是另類的東西。

〔眾笑〕

陸 ok，但有沒有人有心思看？那有時是很嘮叨的。

盧 你的個性可以從那些地方看到。

熊 我們可以再談談關於《周報》編輯的一些問題？《周報》有好些篇幅都是陸女士編輯的，例如英文版、「大孩子信箱」、〈藝叢〉等等，其實怎樣決定哪一版由陸女士編、哪一版由其他人編呢？

陸 最初是上頭決定的，當有人離開，其他人就要多編一版。最初我編英文版，我有四年是 part-time……應該是五年，我還多唸了一年。

盧 「特一制」，「特別一年制」〔羅富國師範學院特別一年制課程〕，但你只唸了半年。

陸 不，我唸完呀！

盧 你不肯實習嘛！

陸 後來回去了，怎可以不去呢？我逃回家之後，柳存仁先生到我家來見我爸爸，十足 delinquent〔犯人〕！

盧 是不是何中中校長〔香港真光中學校長〕也見了你？你不肯實習嘛。

陸 是的，後來當然見了，他們要我上台見全校學生，我怎麼知道要上台？當老師不用上台呀，他們說要我上台，說介紹兩位實習老師，嚇死我了！對著一大群學生，所以立即走了。立即走便立即傾瀉而出

左圖左起：西西、小思、陸離、石琪、古兆申；右圖左起：陸離、石琪、小思、西西，攝於 1968 年 3 月 9 日石琪陸離婚宴。（盧瑋鑾提供）

1968 年 3 月 9 日石琪陸離結婚，老友同賀。前排左起：陸離、石琪；後排左起：吳平、小思、西西、古兆申、黃子程、黃濟泓、岑逸飛。（盧瑋鑾提供）

的寫信給何中中校長，那時寫信很快，不像現在般辛苦，交了信就馬上走了。後來「羅富國」（羅富國師範學院）幾位老師又請我去「飲茶」，所以只好回去了。

說回編輯，我在「羅富國」時仍是兼職，後來才正式工作。正式工作時，張浚華與羅卡來了，那時候精神多了，因為加了兩個生力軍，而且大家想法接近，於是不斷看*Mad*（《瘋狂雜誌》），剛巧那時有很多電影雜誌，因為法國新浪潮剛剛開始，一九五九、一九六〇、一九六一的時候，全世界巧合地出現了很多電影字典、電影雜誌之類，都跟隨著法國新浪潮出現，於是買了很多來看，所以有很多材料。張浚華幹了大約兩年後調到《兒童樂園》，她走了我便兼編〈快活谷〉，總之有人離開我便要兼編，然後是〈藝叢〉……我想那時他們做這工作，說要編就要編的了，因為傳統有這麼多版，他們設計的時候覺得一定要有〈藝叢〉，因為音樂、繪畫是一定要談的，最好有〈快活谷〉，輕鬆一點，這些是早就定下來的。還有電影版，早期電影版與羅卡編的電影版很不一樣，雖然早期有汪榴照先生寫影評，用「但尼」筆名。其實那時的電影版有很多明星，雖然不像現在的娛樂版，但是有明星、抽獎之類，之後羅卡編的電影版便不一樣。

巧合地，一九六二年第一映室剛剛創辦，很多東西剛好碰在一起，就像注定的一樣，有了第一映室Studio One之後便可以看很多電影，否則根本沒機會看。一九五九年的法國新浪潮就像火山爆發一樣，不過火山爆發的不只是新浪潮，費里尼（Federico Fellini）、安東尼奧尼（Michelangelo Antonioni）的電影差不多全都在那時出來，例如費里尼早期的《大路》（*La Strada*），他太太演的，那是新寫實主義，仍是主題先行，當然也是好電影。你可以看到，全都在那時出現，《周報》剛好巧合地配合了這時間，外國出版了很多電影雜誌，於是我們便推出新的電影版，又巧合地大會堂剛好在一九六二年建成，很多演奏與音樂表演，很多因素加起來，所以便有很多題材了。那時有些讀者說買不到「雛鳳鳴」的票，很慘，我們就把這件事登了出來，陳達文先生（當時大會堂副經理）便寫信來說可以送兩張票出來。現在回想仍然覺得很有趣，

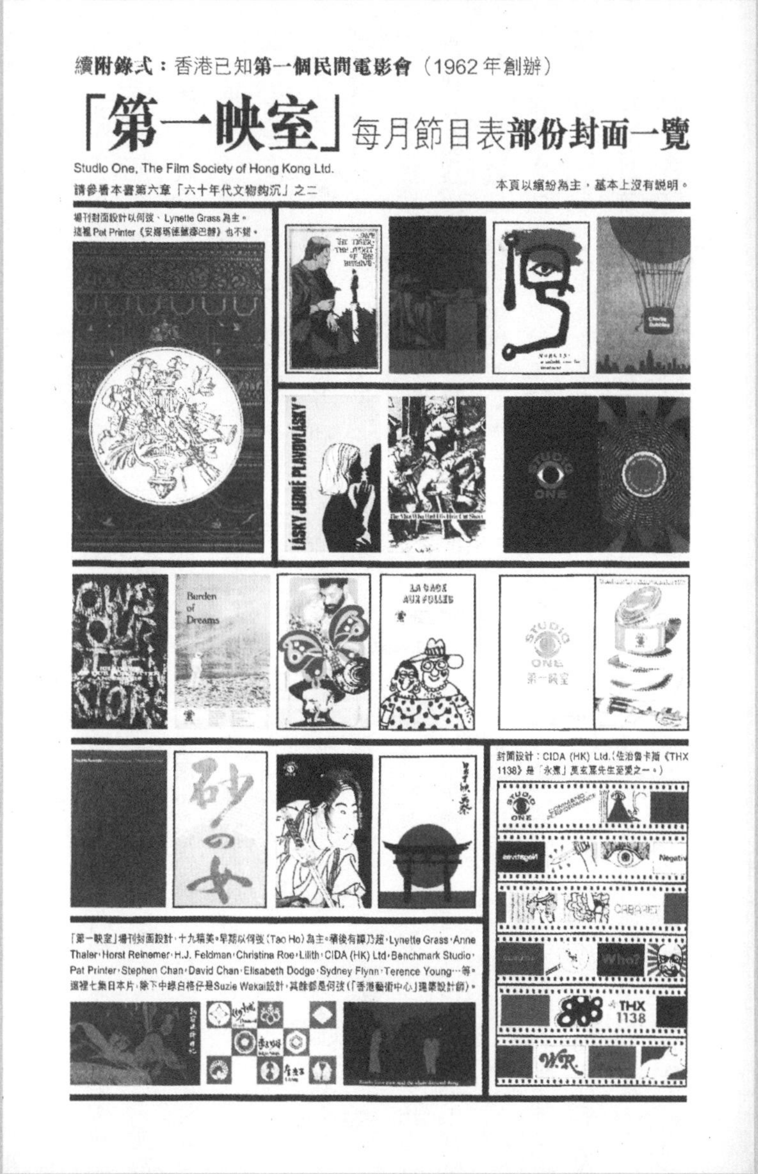

續附錄弍：香港已知第一個民間電影會（1962 年創辦）

「第一映室」每月節目表部份封面一覽

Studio One, The Film Society of Hong Kong Ltd.

請參看本書第六章「六十年代文物鉤沉」之二

本頁以繽紛為主，基本上沒有說明。

場刊封面設計以何弢、Lynette Grass 為主。這幅 Pat Printer《安娜瑪德蓮娜巴赫》也不錯。

封面設計：CIDA (HK) Ltd.（佐治魯卡斯《THX 1138》是「永熾」莫玄熹先生至愛之一。）

「第一映室」場刊封面設計，十九精美。早期以何弢（Tao Ho）為主。稍後有譚乃超，Lynette Grass，Anne Thaler，Horst Reinemer，H.J. Feldman，Christina Roe，Lilith，CIDA (HK) Ltd，Benchmark Studio，Pat Printer，Stephen Chan，David Chan，Elisabeth Dodge，Sydney Flynn，Terence Young⋯等。這裡七集日本片，除下中綠白格仔是Suzie Wakai設計，其餘都是何弢（「香港藝術中心」建築設計師）。

第一映室場刊封面。（翻拍自梁良、陳柏生主編《永恆的杜魯福：杜魯福逝世 20 週年紀念專集》）

值得回憶，很好。

你剛才的問題是怎決定誰編甚麼版？他們最初已經定了編十二版，只是到後來沒人管或他們沒空管的時候，我們才偶爾霸佔幾版的篇幅，例如訪問黃吉霖，篇幅不夠便霸佔其他的。後來我愈來愈懶惰，出毛病的時候，我想你們都有印象，我是寫不來了，很累，或者已經寫得太多了。例如我訪問唐書璇，[7] 最初會一期出一版，然後停了幾期，寫不出來了，慢慢才續完。當然如果迫我我也能寫，但我根本不想去碰它。那時好像有一堵牆，無論要做甚麼事都要先推開那堵牆才可以做。我不想做，如果有人替我推開那堵牆迫我做的話，我便做到，但會很辛苦。那時已經是一篇訪問隔幾期登，後來在《文林》完整地刊登，[8] 自己才第一次重看整篇訪問的樣子。那時知道自己不行了，是時候要走了。

熊　可否說說不同版面中哪些東西是您認為滿意的？

陸　看了一些表演自己很喜歡，想介紹給讀者而又成功做到，例如話劇，認識了他〔古兆申〕之後，我們一起去看話劇，到聯合書院看，馮祿德、殷巧兒等都是那時候的演員，我看了覺得很好，然後便寫了一些文章。不過那時好像登在《大學生活》？[9] 不記得了，後來在《周報》也有寫，你是寫到《周報》的？

古　是，[10] 這個我替你補充吧！那時我只是在你們放假的時候客串編輯，當時「學聯」〔香港專上學生聯會〕每年都搞戲劇節讓大專學校參加，通常最後的比賽會在大會堂舉行，那麼每年……

陸　但我曾經跟你到聯合書院看……

古　那是自己內部的比賽。

陸　嗯，聯合那是內部的，然後才到大會堂。

古　通常我們一定寫評論的就是戲劇節。

陸　嗯。就是說那是你喜歡的，又能夠寫出來介紹給別人，就像我剛才說的「橋樑」的感覺，當時有很大滿足感。

熊　《周報》的編輯是不是有很強的自主性？即是可以自己選擇介紹哪一些作品或演出，或者怎樣寫一篇報導，是不是都可以完全由自己決定？

陸　早期不是的，早期我印象最深的是《楊門女將》、《紅樓夢》，當時《紅樓夢》是你〔盧瑋鑾〕四處不停拉人看，我們看完《紅樓夢》很喜歡，回來還一起唱，現在還懂得怎麼唱，於是便寫了文章介紹，

唐書璇女士訪問小記

唐書璇女士　·莫杰祥攝·

日期：三月十五日下午
地點：美麗華酒店
訪問：顧耳、文世昌、陸離

三個人，圍着唐書璇，由下午一點半，一直談到三點半，沒有停過。唐書璇喝着西班牙咖啡，我們喝着橙汁和可樂，吃着小几上面美味無比的古怪朱古力。

然後我們發覺，關於這次訪問，我們擺了一個小小的烏龍：預告得太早，太快了。「董夫人」還不會正式公映，看過這個電影的觀眾只有幾百個，而我們提出的問題，都是關於這個電影的，如果全部記錄出來，讀友們怎會知道唐女士在講些什麼？

這個記錄，只宜在一個情況之下刊登，就是在「董夫人」正式公映之後。等讀友們都看過了「董夫人」，那時候，再來看唐女士詳細討論她自己的作品，這樣才是最洽當的。

如果讀友們問：我們有機會看到「董夫人」麼？答案是：一定有。這個戲太出名了，院商們一定不會傻到連這些只須舉手之勞便可賺來的錢也不去賺的。萬一院商們眞的都是大笨蛋，不肯放映這個電影呢？讀友們也不必着急，「大影會」設法放映這個戲就是了。

我們就等一等吧。

1970 年《中國學生周報》第 923 期刊出〈唐書璇女士訪問小記〉後，〈唐書璇女士訪問記〉分別於第 951、952、955、957、960、961 期續刊。

說好看，寫了就拿去登！那時發稿不需要檢查，因為他們相信你應該知道這些規矩，但我不知怎的，就是不知道，其實是知道的，不過嘗試冒險，這麼好的東西怎能不告訴人呢？於是便發了，但排大版時就立刻被抽稿了。

盧　有抽稿嗎？我記得有登過關於《紅樓夢》的文章啊！

陸　那是後來的事，當時立刻被抽起了。我寫的那篇是真人演的那一次，記憶中……這我有點保留，可能是另一篇關於左派的演出，但我很深印象《楊門女將》可以刊登，那也是電影，《紅樓夢》電影也可以刊登，因為已經是幾年後的事，但真人演出那一次就被抽稿，我坐在樓梯哭，不過哭也沒有人理會，總之就是不准刊登。

熊　那是您第一次被……

陸　是的，第一次被抽稿，以後就自律了，因為已經知道左派東西要懂得避開，後來便不關乎是否左派，你記得吳平有一期的稿全被抽起，不能刊出？

古　人民公社那一期？

陸　是的，他不是報導人民公社，而是登了人民公社的圖片。

古　當時我在美國，但你寄了大樣給我看。

陸　嗯，那時我還常常寄東西，現在寄東西很辛苦了。那時吳平編〈生活與思想〉，我始終負責電影、文藝、〈快活谷〉那些，他……

古　吳平是登了人民公社一幅很大的圖片，連標題也登出來，「人民公社幸福的道路」之類，我一看就知道一定會被抽起。

陸　其實他不是真的說「人民公社幸福的道路」，只是刊登人民公社的圖片，裏面討論這個。

古　一整版，當時沒有現在這麼方便，圖片都是一整版……

陸　是的，那時的電板是一塊木板，上面有一張圖片，也印得頗清楚。那次主要不是總編輯抽稿，好像只剩下我和吳平兩名編輯，所以無人理會我們，但印出來之後被發行公司抽起。他們很忠貞，因為都是逃難出來的。

古　他們拒絕發行。

陸　他們很生氣，不肯發行，所以我們一定要讓步，因為報紙出不了去，外面的人就看不到，報紙都一疊一疊堆在那兒，所以那一期停了，之後一期就把兩期合刊。

即是那問題始終存在，但抽稿則只有一次，因為一次以後就知道，但還是會一直嘗試是否可以寬鬆一些、再寬鬆一些。當你知道那個比較嚴格的人走了，又會再試，甚至……不記得細節了，但甚至會拿給他看，問行不行，如果他們說可以就刊登，所以我很深印象就是《楊門女將》可以刊出。整體氣氛一直在演變，一九七二年中共加入聯合國，他們自然得跟著轉變，不再那麼嚴格，你知道的，比較嚴的那人走了。我想胡菊人沒那麼嚴，意思是說他開放。

古 林悅恆最開放。

陸 啊，他開放得不得了。

熊 哪幾位比較嚴？

陸 只記得黃碩儒先生，因為很深印象他抽我稿嘛，那便記住了。

〔眾笑〕

古 愈早期的愈嚴。

陸 是的，早期的都比較嚴。黃崖先生那時候沒有出問題，未至於出問題，可能因為我剛加入時還沒有寫很多稿，愈寫愈多的時候，矛盾就出現了。我屬於比較放肆的人，不喜歡被束縛，所以我從沒有正式

林悅恆，攝於2003年7月21日《中國學生周報》(網上版)新聞發佈會。

打工，我是真的不能打工的。

熊 結果不能發行，只是發行方面的問題，「友聯」管理層沒有意見嗎？

陸 這個我不知道，因為已經整疊不能發行了。吳平原意並不是真的說「幸福的道路」，只是給你看有一幅這樣的圖片，是關於這件事的，或者裏面是說：「是不是幸福的道路呢？」我這麼猜想。因為那根本是討論，吳平不會這麼大膽在《周報》宣傳人民公社。一九六二年發生了很多事呢！對，那時候很多事情，真的很巧合，剛才也沒有想起一九六二年大逃亡。

盧 《周報》就有幾期連載了大逃亡的照片，是張浚華當編輯的時候。

陸 是的，出版專書的時候也拿了張浚華拍的照片做封面，印象很深呢！有一張網，很多人在後面，你去拿地址〔指盧瑋鑾接過難民手上香港親友的地址替他們尋親〕等等。是的，所以當時反共是很對的。當然反共歸反共，但有像《紅樓夢》這麼好的作品出來，這也可以告訴別人。如果禁制到甚麼都不能說的地步，我便不同意，相反我也不同意，即是如果左派報紙完全不提台灣一些傑出的表演，我也覺得不對。開放之後沒有這種情況了，但當時的確區分很清楚，就像楚河漢界一樣。

熊 陸女士擔任《周報》編輯的時候需要回答讀者來信，或是選擇一些適合年輕人的節目介紹給年輕讀者，會不會覺得自己成為了一個帶領的角色？

陸 啊，沒有呢，起碼我自己沒有，其他人便不知道了，我想胡菊人先生他們一定有。

古 秋貞理先生也是。

陸 啊，秋貞理先生肯定有，他是年紀較大的一輩。胡菊人先生年紀雖然比我們大一點，但當時也是青年。我想他挺自覺的，因為他一直跟隨著他們，我們不是，我們是從外面進去的。

或者可以先說「大孩子信箱」，因為這欄一直存在，所以被迫一定要那樣回答來信。我也出了一點軌，因為我答的很長，以前只有一個框框，八百字、九百字就回答了，但我卻答不完，怎麼答？只好有多少寫多少，愈答愈長。最初篇幅長還ok，後來毛病出來了，答著答著會停下來，不想答、不知道怎麼答，那便停幾期再答。〈談性〉那篇便類似〈唐書璇訪問〉，答了，停幾期，再答，有時長有時

左起：戴天、陸離、陸離母親、石琪、胡菊人，攝於 1968 年 3 月 9 日石琪陸離婚宴。（盧瑋鑾提供）

短，終於完成了。[11] 後來盡量避開一些大問題，但有時也避不了。我是不懂只答一點點，我總會聯想到其他事情，嘉倫也說過我是這樣的，我自己倒沒有注意，我老是用括號括著很多題外話，有時題外話甚至比文章本身還長，但因為趕著發稿，所以也照樣刊登，整段題外話就這樣括著刊登出來。「大孩子信箱」絕對沒有你說的那種導師的意思，這是既有的東西。科學版可以刪，他們也同意，但「大孩子信箱」不能刪，一定得存在，也不是全都由我回答，有時會由其他人幫忙答，後來只剩吳平和我的時候，可能是我回答比較多。

古 我答過一點。

盧 我也答過一點。

陸 是的，我竟然忘記！真是對不起，感激都來不及呢！我竟然失憶！

古 其實那個欄叫「大孩子信箱」，就是想說我們只比你大一點，大家只是聊聊天、討論。

陸 所以就叫「大孩子」。

古 這樣會有彈性得多，本身也不會那麼教條式，讓讀者覺得你不過給他們一些參考意見，並非像導師在教你怎麼做，如果不這麼做就是錯的，不是這樣。

陸 因為是「學生周報」嘛，讀者對象是學生，其實它是給中學生看的。《兒童樂園》給小孩子看，《周報》給中學生看，《大學生活》則給大學生看，《祖國周刊》給成年人看，討論更嚴肅的政治問題。我們後來……一九六二年之後，羅卡、張浚華、吳平都在的時候，我們慢慢有一個傾向，就是吸引了一批大學生。我不知道中學生會不會離棄我們，當然中學生讀者仍然有，不過真的有很多大學生在看。《大學生活》也有大學生在看，不過讀者沒有我們那麼多。

古 我其實也是大學時才看《周報》的，中學時代我沒看，因為……不知道，可能我的想法不是很有代表性，那時我覺得《周報》的文章不是太好看，跟課本裏的文章例如魯迅之類的比較，我會覺得與其看《周報》的文藝版，不如看其他更著名的文章。那為甚麼到大學時倒會看《周報》呢？首先是因為電影版，第二是〈藝叢〉，裏面有很多文化活動介紹。那時大會堂剛建成，我剛進大學時常常看表演，看完自然希望跟人討論。加上我那時參加了通訊部一些活動，因為阿波（黃維波）在《大學生活》

工作，他帶我到《周報》編輯部認識你們，然後才開始幫你們寫稿。

熊 印象中有沒有哪一次回答引起了很大反應？

陸 也蠻多的，例如談自殺、談性，關永圻也來信談性的問題。不只「大孩子信箱」，總之是能引起討論的一些問題，大逃亡的時候我想也有挺大反應吧，整個社會也很大反應，不光是《周報》了。

古 五月風暴。

陸 五月風暴？啊，你的意思是之後那些事情。後來蘇守忠示威反對天星加價，五仙、斗零，他當時寫英文稿來，[12] 我也登了。

古 我印象比較深的是 Beatles（披頭四）來香港……

盧 狂人！

陸 報紙譯作狂人，我們又跟著這樣叫。

古 早期的《周報》是反對他們的，但後來你竟又推薦，立場是完全相反的。

盧 有一期刊登了很多中學校長、老師反對，[13] 你卻介紹。

古 後來你又在《大學生活》的活動部播 Beatles。

陸 是嗎？我在那兒播過？

古 你那時很喜歡 Beatles 呢！

陸 我喜歡，現在也喜歡啊！我去年（二〇〇二年）六十四歲，還刻意去買了 *When I'm 64*。我沒有那首歌，就是欠這首，於是買回來了，很好聽的。

熊 陸女士有沒有編過電影版？

陸 有，羅卡去了意大利就是我編，總之有人走我就兼編，編到一九七二年，但中間會找金炳興、石琪幫忙，不記得有沒有找你編電影版？

古 沒有。

陸 但我有找你編其他版，然後西西編〈詩之頁〉，你也編過〈詩之頁〉吧，我肯定。

古 那時候我是代吳平編的。

陸 嗯，還有蔡炎培也編過〈詩之頁〉，算起來也有很多人。

熊 我們知道陸女士曾經參與《香港影畫》的工作，這跟您在《周報》時編電影版有沒有關係？

陸 《香港影畫》是「邵氏」（邵氏兄弟（香港）有限公司）的官方宣傳刊物，雖然**朱旭華**先生加入了很多類似《周報》的元素。他是很敏感、很傑出的前輩，為電影界作出很多貢獻，他兒子朱家欣現在便

中華民國五十三年六月五日　中國學生周報　（星期五）　第一版　報導

中國學生周報

The Chinese Student Weekly

本期出紙三張　第六二零期　每份售價港幣壹毫

狂人問題專號 刊在第一、二、三、十、十一版

文化人士說狂人

本報記者集体採訪

廣大中學監督、林肯中學校長、教育心理學學家譚維漢博士說：

香港真光女子中學校長何中中博士說：

青年作家、公教報編輯王敬羲先生說：

公教真理學會、公教報主編徐誠斌神父說：

九龍真光中學校長馬儀英博士說：

香港培英中學溫金銘校長說：

新亞書院外文系講師孫述宇博士說：

蟬聯十屆音樂節混聲大合唱冠軍：聖保羅男女中學音樂教師鍾華耀先生說：

名口琴家、音樂教育家梁日昭先生說：

〈文化人士説狂人〉。（1964 年《中國學生周報》第 620 期）

創新了電影的電腦特技，這的確有遺傳的因子。本來《南國電影》是「邵氏」的官方宣傳刊物，那是一般的，他們想編一本比較不一樣的，所以便找我們編了。他們找我，可能是因為我連著整群人吧！我不是因為喜歡電影所以到那裏工作，而是兼職可以有多點收入。那時的確很窮，多點收入就是多點收入，所以便去了，又不需要全日上班。《周報》也不是朝九晚五的，因為放工後還要去看電影、聽音樂會，這些也是工作，他們准許我們晚一點上班，當然最好回去吃午飯，他們是提供午膳的，不要吃過飯兩、三點才回去，這樣就比較過份了，除非有工作在身。

古 基本上你逢星期四都會外出。

陸 是的，你不可以沒有東西放進刊物，所以下班後的表演、演奏會、電影都一定要去，當然自己也很享受看電影、聽音樂會，工作興趣混在一起，我們也會訪問一些藝術家、寫觀後感等。如果不是後來愈來愈懶，又累，那其實是不錯的工作。

熊 我們都看到陸女士在《周報》寫了〈不該說的話〉[14]……

朱旭華
筆名朱血花。祖籍浙江寧波。一九二〇年代即從事編劇、撰寫影評及經營戲院等電影工作。一九四〇年代後期任香港大中華電影公司廠長、永華影業公司宣傳主任。一九五六年在「電懋」支持下自組國風影片公司，作品包括卜萬蒼導演、蕭芳芳主演的《苦兒流浪記》。一九六〇年代加入「邵氏」，一九六六創辦《香港影畫》，任主編，並任演員訓練班主任。

陸 啊，我那時差不多要離開了，因為真的支持不了。

熊 支持不了的原因，除了是因為工作辛苦……

陸 可能因為惰性愈來愈出來吧，之前一直被迫不能懶，在「新亞」唸書時要考試……其實從小到大，我只要肯唸書，成績不會太差，但很多時候我就是不唸，明天考試我現在才唸，唸不完成績自然差了。其實我中學會考時有一件事很難為情，因為不夠時間唸書，所以晚上不停淋冷水，好讓自己生病，不用去考試。

〔眾笑〕

陸 豈料不論怎麼淋也沒有生病，唯有考試。幸好那些題目都……最好的是國文科，剛好問〈長恨歌〉。我父親是逃難來的，我們在他老闆唐拾義藥廠那兒住，在黃泥涌道。這是題外話，黃泥涌道五號，我很深印象，有花園、地牢，一有炸彈我們就躲進地牢。那老闆的家庭有很多分支，是大家庭。那時我還很小，他們對我爸爸很好，不會擺老闆架子，我們住在後花園的閣樓裏，自成一角。那些婆婆會帶著一大群小孩，四層樓許多家的孩子，迫他們背唐詩，一段一段，每個輪著背，她們不會打孩子，但就是要背，所以我也能夠背了。所以國文考〈長恨歌〉，簡直令我喜出望外，我後來還在想改卷那人會不會懷疑我作弊呢！哈哈！那時一段一段的背了出來再解釋。這是巧合吧，如果不考〈長恨歌〉，可能……不過我國文只得「良」啊！

〔眾笑〕

陸 我應該是……糟糕！不記得應該是甚麼了！聖經科應該是「優」的，我是兩優四良，所以才拿到「新

陸離攝於一九六〇年代。（盧瑋鑾及陸離提供）

亞」的獎助學金。不是很好的成績，只是中等吧，兩優四良剛好可以拿到獎學金。

古 剛才說到你那時覺得很累。

陸 當然累，做了這麼久還不累？整整十四年呢！還有，那時候太多社會問題了，一大堆社會問題衝過來。不光是大逃亡，大逃亡還可以應付，但那時有很多五花大綁的浮屍沖過來，這對我們的衝擊非常大，根本沒有那麼多精力工作了。問題剛剛開始的時候，一九六二年那時還沒有覺得累，到一九七二已經十年了，那時太多問題了，尤其法定中文……

古 保衛釣魚台。

陸 是的，太多了，我們負擔不起那些運動，吳平也負擔不起。

古 當時也面對中國政治重新……

陸 對，一九七二年中共加入聯合國。一九六二在文藝方面有百花齊放的感覺，例如大會堂建成等等，但大逃亡也是那時發生。不過大逃亡的時候我不覺得累，因為覺得很多事情應該做，但後來的「保釣」、中文合法化等等，人民公社一期又被抽起，不能發行……

古 還有越戰等等。

陸 一九七二年中華人民共和國加入聯合國其實對我們來說是……雖然我不是很「政治」的人，反而我現在蠻「政治」的——一種籠統地說的政治，我會反對這個、反對那個，氣得我快受不了，我甚至買了白布預備示威的。我現在「政治」了，當時卻不是這樣，所以當一大堆問題湧過來，許多人在討論，讀者便覺得我們做得不夠。

古 對，讀者的要求不同了，因為時代變化。

陸 以往我們一直在一種反共的氛圍之中，你也知道「新亞」唐先生（唐君毅）、牟先生（牟宗三），全都是逃難來的，即使他們上課時不會跟我們說這些，但你會感覺到。為甚麼他們要辦「新亞」呢？為甚麼要辦「友聯」呢？出版那麼多刊物，給小孩子看的《兒童樂園》也出版，因為他們想帶出一種影響，就像反清復明那樣，他們也是想要反甚麼復甚麼，我們在這種氛圍中長大。《人人文學》也是這樣，我們全部的前輩都是這種思想，而我自己是信的！所以為甚麼「火紅年代」我們能夠免疫？因為我們一直在看著，坦白說，我不明白為甚麼他們那麼「火紅」，我們的親戚都寄很多包裹回去……糟糕！對不起，你〔古兆申〕也有點「火紅」呢！

〔眾笑〕

古 我甚麼時候「火紅」呢？

陸 你是另外一種「火紅」，不是關永圻、黃子程那種或者香港大學同學那種。一九七二年，我們很奇怪，為甚麼他們〔中共〕能加入聯合國呢？很多東西我們從此不斷失去，我想就是這樣吧。

熊 當時讀者覺得《周報》做的不夠，因為整體環境轉變。

陸 對，我們感覺到，真的力有不逮。

古 其實那時《周報》也在轉變中。

陸 吳平也是，但該怎樣變卻不知道。我唯一能夠勝任的，就是看完表演寫一篇文章，看完電影寫一篇文章，文化方面有甚麼新消息也會告訴讀者，但事情愈來愈多……偶爾來一次還可以，但你要我做社會運動家或者繼續報導，甚至參與其中，那不是我的範疇。上次跟吳平見面時也說過，我以前做事「塞責」，不是「失責」，即是一版空白的版面，我的責任是「塞」滿它，但我不敷衍。那成語是「敷衍塞責」，我是後面的「塞責」，但不敷衍。後來累了，「力」方面的確有點敷衍，「心」不會敷衍，但我真的不行了，所以才會一個訪問分幾期刊登。其實那時已經開始「失責」了，因為一篇訪問沒理由五、六期才刊完，所以我是失職了。有時還不止這樣，我甚至不去記錄，可能也拉了你去幫我，我拉過毛國昆——應該沒記錯名字，我訪問張清，但我寫不出來，完全寫不出來，所以拉他來幫忙記錄，然後便這樣刊登出來。[15] 慢慢演變成這樣，你就知道糟了糟了，快不行了。別人問的問題會覺得很難回答，不懂得回答。而且你會感到上頭也察覺到氣氛轉變，他們是知道的，當中共加入聯合國之後已經開始轉變。

古 「友聯」準備結束了。因為它的功能開始……「友聯」的經濟基礎是由美國那邊資助的……

陸 是，亞洲基金會。

古 美國的政策改變了，但「友聯」本身無法適應這種變化，功能重新調動不了的時候就失去了作用。

陸 是的，他們本身有個部門剪存了所有報紙，很厲害的資料庫，很豐富。

前坐者左起：唐君毅、牟宗三，後立者左起小思、陸離、曾柳鈞，攝於 1968 年 3 月 9 日石琪陸離婚宴。（盧瑋鑾提供）

陸離（左）與唐君毅夫婦，後立者小思，攝於 1977 年唐宅。（盧瑋鑾提供）

古 友聯研究所。

陸 啊，那個非常有用，我很佩服徐東濱先生，他英文很好，而且很能幹。

現在回首，你會知道因為這些原因所以才會出現「友聯」，但又因為另一些原因令我們在《周報》有更大的自由，讓我們可以做許多自己想做的事，我後來愈來愈累是另一個問題。

古 我讀大學時才正式看《周報》，為甚麼到大學時會覺得好看、期待看呢？而且覺得後來很多版都有可讀性，我想那跟自由化有關，陸離是很有代表性的編輯，或者你自己說一說。

陸 那麼我要補充，那天……我沒有介意，劉健威寫的專欄，不知道你們有沒有看到，因為《周報》上網〔指《周報》全文匯入香港中文大學香港文學資料庫〕，他寫了幾篇文章，第一篇的意思是正面的，第二篇說吳平是謙謙君子，但陸離就怎樣怎樣了。[16] 他也提到個性，說朋友之間提起陸離就會苦笑，因為我會常常說自己喜歡的東西。

盧 這就是個性。

古 對。

陸 我不會怪他，但我覺得我不是只講花生漫畫，我還會講其他東西，就像他〔古兆申〕說的，有甚麼新表演，《周報》也會立即報導。你知道我甚麼都不會，只會打電話，因為打電話不用動作、不用換衣服、不用穿鞋，拿起聽筒就打，累的時候就坐下來。我又不怕別人生氣，「康文署」〔康樂及文化事務署〕最近有 Marcel Marceau 演出，我們以前譯「馬修・馬素」，現在譯「馬塞」，「馬塞・馬素」不太對。他們說他一九八〇年代來過香港，來了五、六次，我立即整個跳起！立即打電話跟他們說，說他是一九六〇年代已經來了，我們有一整版介紹，他們便著我寄給他們看看，但別人著我寄東西我便沒行動了。

古 哈哈！

陸 我們在一九六〇年代已經介紹過幾次馬修・馬素了。

古 因為那時 Studio One 放映了 *Les Enfants du Paradis*〔《天堂的孩子們》〕，啞劇中的男主角就是他的師傅，然後他來表演，我們便看了。

陸 其實我後來已經較少提花生了。

盧 因為那給人的印象太深，那是因為你成功，所以現在就是說你的影響力。

陸 劉健威也不是罵得很厲害，也是善意。

盧 劉天賜也罵你呀。

陸 還有很多人罵呢，我不記得他們罵甚麼了，哈！現在想起來了，劉天賜好像說我情緒化，這是對的，否則我最後不會離開吧。

古 這個正是你的特點嘛。編輯有兩類，一類非常沒有個性，就像我，哈！

陸 不，你也很有個性，早期那些編輯便沒有個性了。

古 另一種則很有個性，這兩類編輯都可以是好編輯。

陸 對，吳平雖然不放肆，但他也有特點。

盧 說說你最喜歡哪些版面？

陸 很難回答呀！編就是把空白填滿……

古 譬如說你編電影版的時候，你和羅卡的編法有甚麼不同？即是你會有甚麼取向？

陸 我想最大分別在於羅卡是「創」的，開山劈石地創立一些新的東西，是以前所沒有的，而我則是跟隨的，這是我們的分別。但有甚麼出現了我們便登甚麼，這是我們始終保持的。還有不同的是，他剛開始編的時候有大會堂、第一映室、法國新浪潮以及全世界自覺地創作的一批導演剛剛出來，因為導演的光芒，令介紹他們的電影版也有光芒。到我的時候已經是十年八年之後，那光芒已經漸漸淡了，我想這是有影響的。作者方面，只要他們寫得好，還是會繼續刊登，也有一些新的作者，例如黃國兆、黃志。

盧 石琪也是在那兒開始寫影評的。

陸 是，他是羅卡的作者。我提過，他第一篇談維斯康堤〔Luchino Visconti〕《氣蓋山河》〔*The Leopard*〕，被退稿了，因為寫得太長，未把握到怎樣寫一篇可以刊出的文章，要刪很多、改很多才可以登出來。羅卡甚至不刪也不改就整篇退回給他，因為他知道這個人將來可以寫得不錯，於是回了一封頗長的信給他。如果他不回那一封長信，可能人家就會沮喪不寫了，或者到別處寫，寫去《青年樂園》之類，那就不一樣了。他在這兒的電影版寫，的而且確可以一直發展下去，後來他第二篇來稿便刊登了，之後也一直寫下去。所謂的影響可能就是這些吧。

古 你對稿件的處理會不會稍為任性一點？因為羅卡很

規整，譬如說一個欄規定了多少字，又或者頭條不能超過多少字等等，他會有這樣的概念，但你可能會連續刊登。

陸 嗯，即是分幾期來登，我會的。不知道，我就是很怕被束縛。羅卡也試過破格，最深印象的一次是他介紹法國新浪潮，三行粗線，所有導演名字都列了出來。他們的名字真的光芒四射，你知道他們都是很棒的導演啊！這可能不是他平常的做法，他平日像你所說那樣區分很清楚，我則想著要區分的時候也會走神。不過有些欄，例如梁寶耳先生寫音樂，他來稿是多少字就多少字，倒是他們令我規範起來。即是一些專欄如果能夠自律地不過長，那就能保留下來。但有些作者，例如披圖士或陳任，他們有時會寫得比較長，那就……我不會像羅卡的電影版或其他版般，劃分成一個一個框框。

盧 許鞍華、吳宇森等都提到他們年輕時看《周報》的電影版。

陸 吳宇森有點不同，許鞍華則可能是這樣。吳宇森還小的時候曾經投稿到文藝版，那篇叫〈殺狗〉。[17] 他住在徙置區的時候，看到別人怎麼吃狗、宰狗，印象很深，於是寫了〈殺狗〉。吳宇森倒是由文藝版開始的，當然後來也看電影版，也拍攝實驗電影。如果你這樣說，那些客觀影響是有的，但現在回頭看才知道，做的時候不曾想到，只是不停地做、不停地做。

陸離（左）與石琪，攝於 2003 年。

中華民國五十七年五月十七日　中國學生周報　（第八二六期）　第六版

殺狗

宇森

陰曆十一月尾，入冬以來最冷的日子。在倡促而密集的徙置區裏，雖環繞着幢幢樓宇像長城似的阻擋，仍抵不住那寒風的侵襲。晒晾着的衣裳被風吹得打了翻，褲子被吹得像飛機場裏的風訊袋，有的還被吹得彭彭地作響。

一大早，貴叔安閒地坐在椅子上，抽着紙烟。在椅旁躺着剛在一星期前買回來的小狗阿黑。牠渾身發亮，身體像牠的主人一樣肥壯的，圓圓的看起來頂可愛。忽然，阿黑站起來，向着門口大聲的吠了幾聲。

「阿黑，不要吵！」貴叔叱喝着。隨即開了門。

進來的是阿波、阿滿和老伍。四人交換了幾句寒暄和放縱的笑語。阿黑退至門角落，兩隻發光的眼睛瞪着這些陌生的客人。

大家交談了十餘句話後，貴叔走到門口，朝着佈滿黑壓壓的霎的天空望了一眼。「唔，是時候了！」貴叔歪了一下嘴角說。順手關上了門。

老伍邊哼着歌調兒邊從床底取出了一個大麻包袋子。阿波也取出了一條粗大麻繩，做了一個活結，另一端繞過閣子上的木柱垂吊着。

貴叔和阿滿走到阿黑跟前，兩人撫玩着牠。阿黑受着主人的愛撫，很安詳地躺在地上。就在這一剎那間，老伍拿來了布袋，貴叔很快地抓着阿黑的前肢，阿滿捉着了牠的後腿，很迅速地丟進了老伍的布袋裏，老伍跟着便縛緊了袋口。阿黑遭此突變，很驚慌地狂吠着，而且猛力向四周碰撞，希望撞個出口來。牠連着布袋在地上滾來滾去，阿波他們也控制不住。

貴叔見狀，隨即在床底取出了一柄斧頭，朝準了阿黑的腦袋兀地一劈！鮮血登時冒了出來，犬聲也就停下來了。整個麻包袋只在微弱的抽搐着。阿波立時摸着牠的頭部位，用活索用力一勒。就在此時，麻包袋裏的阿黑像觸電似地動起來，更發出聲更大的吼聲，在作最後的掙扎。說時遲那時快，阿滿和老伍已竭力按着牠，直至貴叔隨即舉起大斧和[illegible]

各人都舒了一口氣，阿滿和老伍忙揩乾身上的污血。貴叔又燃了根香烟，掛在咀角。

很靜，吊着的麻包袋更靜。阿波盛了一盆清水，用一塊破布在地上揩着從麻包袋尾滲下來的污血。

黝黑的雲兒抵不住強大的壓力，掉下了幾顆水珠兒，打在騎樓上，滴在玻璃窗上。在窗下正在燒着的一壺水，已滾得漣噴水蒸氣，壺蓋很節奏地開合着。不一會，水氣與雨滴在窗上交溶成一片汪洋。整個室內忽然暗了下來。

阿滿扭着了電燈，貴叔旋即放下那吊着的麻包袋，解開袋口，和老伍合力將僵直的阿黑倒了出來。血已被陰風吹得凝結了一塊塊，在黑漆的皮上點綴了幾朵大紅花。阿波倒了一滿盆滾水，水氣嫋嫋上升至屋頂。貴叔和亞伍把那硬物掉進水裏，凝結了的血斑突地溶解了，變了一盆深紅的水。

滾了約十五分鐘，再把那硬物撈出來放在地板上。八隻手掌在那硬物的每一部分抓刮着，黑毛被抓得一塊塊落下，直至見到雪白的肌膚。噢，拔着黑亮的毛皮的阿黑，刮掉了卻原來是一堆漆白的肉。牠的頸項現出了一道黑紅的淤痕，頭部已呈紫黑色；頭上的[illegible]

烤了一陣子，要使每一根汗毛都脫淨。

貴叔在廚櫃裏取出了一柄像豬肉刀般大的菜刀出來，很技巧地在硬物的屁股上一刀刺下，刀鋒朝着頭部直拖過去，頓時硬物的內臟在裂縫間衝了出來，從體內溢冒出了幾道熱氣，一股中人欲嘔的臭氣立時攻進各人的鼻子裏，阿滿當堂打了一個噴嚏，老伍像要嘔吐似的。還是貴叔和阿波忍得住。

貴叔帶上了膠手套，在肚子內挖出了內臟，一併丟在垃圾桶裏。再把菜刀很熟練地揮動起來。不久，一片片如手掌般大小的肉塊給斬了出來，盛在一隻大煲上。

阿波燒紅了鑊，隨手放了斤餘油，隔了一陣子，再把半斤餘的子羌和大蒜倒進鑊裏，跟着將那煲裏的肉塊一股兒的倒入鑊內，瞬時間，霹啪的爆裂聲響徹每個人的耳朵，水氣和烟升得更高，濃烟使得阿波濛不住了，貴叔忙上前接手，接替了阿波的工作。他翻炒了十餘次之後，放下了幾兩鹽，再加兩三杓水。之後，用鍋蓋覆蓋着，任它去泡。

大家一股腦兒的倒在椅子上，悠閒地淡着紙烟，噴出幾團烟霧。可是，這些烟霧比不上在鍋上所噴出來那麼濃，那麼多，那麼高。

「唔，那怕要燒上七八個小時吧！」老[illegible]

阿波挨着貴叔，怪聲怪氣地對他說：「喂，聽說大哥維那裏還有幾隻新像回來的嫩狗仔，五六十元就什麼都行的了。怎麼，很有意思吧！」

貴叔的咀角歪得更斜，邪然地大笑着，得意地點着那肥頭。

「喂，還有那麼長時間，來四圈如何？」阿滿搓着雙手，陪笑地向大家說。各人亦有此意，貴叔便在牆角取出了一張麻將桌子，嘩啦嘩啦的數將起來。

雨下得更大，雨點打在地上，門檻上，窗上；打在地上每一個角落……

新苗

宇森〈殺狗〉。（1968 年《中國學生周報》第 826 期）

熊 趁古先生今天在座，我們想問一個有關古先生和《周報》的問題。《周報》有一段時間很希望轉變，陸女士與盧老師都很期待古先生從美國回來之後會加入《周報》……

陸 嗯，結果他沒有加入。

熊 可不可以談談當時的想法？

陸 啊，那時他快要回來嘛，而且當時他有可能加入，有這個可能性。他回來就好了，多了他，他可以當總編輯，吳平和我無法當總編輯。可能吳平可以，但他不想當，而且只有我們兩人，要總編輯來幹嗎？上頭也沒有怎麼理會，可能就如剛才所說，他們已經知道整體氣氛一直在變，只好隨便繼續辦下去。吳平的能力其實可以勝任總編輯，但如果古仔（古兆申）回來，肯定是他比較適合。因為吳平的性格不太適合管事情，他編文藝版就管文藝版，其他事情他不會管。我也一樣，被人管我不喜歡，自己又管不了自己，你要我管一些事情，我是不行的。所以如果他回來便真的很好了，他除了當總編輯——你知道報紙始終需要總編輯的——而且也多了一個很有力的人一起做事。如果他回來當總編輯，我不一定會走，我要指著他，正因為他不幹，所以連累《周報》停辦，哈！

古 啊！歷史罪人了！

古兆申（左）與陸離，攝於2003年。

陸 這也很難說，因為即使他回來，「友聯」的變化你不會知道。但如果他回來，至少有一個很大的可能性，就是我起碼會再幹一段時期。因為即使他不來，《周報》後來也多撐了兩年，那兩年如果他回來，我們可能真的能撐久一點。我們走了之後，《周報》就賣了給陳任，改成做流行曲了。坦白說，後來那些《周報》我沒怎麼看，離開後沒心情了，人也已經走了，而且過了一年我便加入《文林》。

古 其實當時我不是不肯加入《周報》，那時我提出一個自己認為比較重要的條件，林悅恆無法答應，他的同人也無法答應。

我要求取消掛中華民國年號。

陸 啊，我完全失憶！這個太嚴重了，我想那沒甚麼可能。

古 當時我認為《周報》要改變，那是我當時的想法，事後也想過這想法究竟對不對，策略上應否這樣，這是另一個問題。

陸 你要求用公元。

古 是，當時覺得公元是中立的，《周報》要怎麼轉變呢？我也不是要它立刻轉變，轉到類似我當時的意識形態，我一點沒有這個意思。我不是要將它變成左派刊物，只想將它變成真正中立的刊物，因為實際上它是相當右傾的，但到了後期，起碼它在文藝、文化方面是自由化的。作為讀者，我會比較喜歡大概是一九六三至一九七〇這階段的《周報》，高度自由化與高度個性化，可以做到百花齊放，近似一份中立的刊物。《周報》本身始終是右派的底子，當時的社會卻正面臨重新思考中國問題的局面，尤其是中國政治問題，這些都是年輕人當時要面對的，所以我認為首先要改變《周報》太右傾的形象。初時我的想法是拿走中華民國年號，馬上可以淡化這形象，是一個方法。

陸 完全沒可能了。

古 雖然林先生基本上是相當開放的自由主義者，但是他的高層同人未必像他那樣，所以到最後還是談不攏。記得當時陸離說共產黨做事也很講策略，也是在敵人的掩護下做地下工作。

陸 是嗎？我全都忘記了。

古 是的，你說了很多呀，說做地下工作甚麼的。事實上也是對的，譬如我寫的研究論文，關於一份在日偽與汪精衛旗下的雜誌，裏面的主筆、社長全都是共產黨地下黨員。

陸 嗯，我的意思是說即使用中華民國這年號，其實只要你肯編，也可以加進很多你自己想要的東西。

古 對，這策略是對的，但當時我沒有接受這意見，如果接受了我便會做，那時畢竟太年輕。

陸 不過你真的不算太「火紅」，不然我對你的感覺不會那麼近。

古 性格關係。

日期｜二〇〇五年三月二十四日（第二次訪問）

地點｜訪問者辦公室

訪問者｜盧瑋鑾、熊志琴

陸—陸離　盧—盧瑋鑾　熊—熊志琴

熊　陸離女士大概在一九七二年離開《周報》？

陸　對，不記得幾月了，四月還是五月。

熊　上次也提到離開時候的想法，例如覺得當時社會發生了很多事情，自己也覺得很累……

陸　雖然我不是負責編〈生活與思想〉那幾版，但整個氣氛可以感覺得到，應該有很多人批評我們，認為我們的報紙跟不上社會，因為社會一直轉變，又「保釣」甚麼的。我們也報導「保釣」，但我們只是報導，不會一起示威或甚麼。加上銷路一直下降，由數以萬計跌到數以千計。雖然不會正式開編輯會，但譬如林悅恆會提到，例如說現在是八千、六千甚麼的，今期會有甚麼廣告等等，於是你會知道，以前很多廣告，現在這期那麼少廣告，你會感覺到。

而且我真的覺得挺累，我以為離開之後會休息好一陣子，怎料過了一年便加入《文林》，那裏的實際工作更可怕。因為我最初不知道它是凸版、是植字印刷的，我還以為是《大學生活》、《明報月刊》一類，那很容易，《周報》一星期出版一次，《文林》一個月出版一次，不知多輕鬆。怎料進去了才知道，甚麼是植字？很可怕！

熊 離開《周報》之後，沒有再看《周報》了？

陸 沒有怎麼看了，最初的一期有看。我不記得離開之後是否立刻就是陳任接手（一九七三年），那時他轉為柯式，那是早期嘗試階段的柯式，貼得不太漂亮，不像《文林》的柯式那麼整齊，比較亂。我好像有篇稿說清伯（《周報》排字工友和拼版師傅李清），[18] 登了在他的報紙裏。後來知道他以流行曲為主，我就不看了。那時的感覺是離開了就離開了，不再看。而且當時加入了《文林》，《文林》那邊也是喊救命也無濟於事，一期已經不行了，立即找來吳平幫忙，吳平來了還不行，又找來也斯，三個人一起工作。之後就很複雜了，我離開了又回去，繼續替他們寫稿、編一些東西，頗不正常的，不是一般的上班工作，其實我未試過正式上班工作。

熊 在您離開《周報》的那一年《文林》已經創刊了……

陸 年底創刊，所以感覺上是一年吧。《文林》在十二月創刊，然後「存在」了一年，一九七四年初停刊。聽起來是由一九七二到一九七四，其實是由一九七二年底到一九七四年初，總共十五期，一年零三期，我實際上只休息了半年而已。

熊 《文林》籌備出版的時候，陸離女士已經參與了嗎？

陸 沒甚麼所謂籌備，那過程很快，說出版就出版了，

陸離（左）2002年到安老院探望清伯。

應該是**宋淇**先生想出來的。他希望有一份這樣的雜誌，一份關於文藝的刊物。他問了胡仙小姐（星島集團負責人），胡仙小姐肯出版，於是他便開始找人。如果我沒有記錯，他應該不曾這樣獨力辦一份雜誌，既然沒有試過，應該也不會知道一個人編所有東西是很辛苦的。當然主意是他出的，例如登哪幾篇稿、訪問甚麼人等等。後來很離奇地，《文林》逐漸變成了《周報》那樣，我們想登甚麼都行。早期刊登傅聰，[19]是他想的，不是我，又例如他要訪問香港中文大學校外課程的幾個同學，[20]所以第一期真的很奇怪。我現在翻看才懂得害怕，因為要訪問五個同學，如果沒有記錯，一個是靳埭強、一個彈琴的……很多人的，然後就整本刊物完成了，那時我也沒有一個人辦刊物的經驗。

其實沒有怎麼籌備，只是開了一、兩次會，甚至不是會議，只有三個人，胡仙小姐、宋淇先生和我。大家都好像覺得很簡單很容易，他們又以為我編過一些東西，但沒有想起那是凸版，那是柯式，那是植字。「星島」（指《文林》）那時只是嘗試性質，因為有了機器，於是便試一試植字，後來才知道那原來是膠片來的。不緊急的時候還可以看膠片後修改，但緊急得要看著他們做的時候——我印象很深的就是要反過來看——最緊急的時候，我不管了，為了沒錯字，我自己用筆直接在上面改，所以第一期會看到 full stop（英文句號）改成一個圓圈，很難

宋淇

又名宋悌芬，筆名林以亮。燕京大學西洋文學畢業，一九三〇、一九四〇年代已在上海從事話劇工作。一九四〇年代後期來港，曾任美國新聞處編譯部主任。一九五〇、一九六〇年代先後於國際電影懋業有限公司、邵氏兄弟（香港）有限公司擔任編劇及製片。一九六八年起任香港中大大學校長特別助理，並任翻譯研究中心主任。一九七二年創辦《文林月刊》。著有《林以亮詩話》、《文學與翻譯》等，編劇作品包括《南北和》、《有口難言》等，擔任製片的作品包括《空中小姐》、《野玫瑰之戀》等。

看，非常不專業。我想當時沒有連累宋淇先生，因為最後也能出版。但就是說，有人看到那樣子就知道我們其實不熟悉——不過我懷疑當時香港沒有甚麼人熟悉植字操作。

其實《香港影畫》已經是模樣十足的柯式，朱旭華先生知道怎麼用，但它只是一半用柯式，只有標題是凸版、植字，放大了很漂亮，內文是排字。後來《文林》漸漸也不是全部植字，因為知道不行了，有一半是排字，排出來以後校對，然後才製菲林。製菲林時應該已經沒問題了，走了眼的當然不算，那應該是一切都弄好了才製菲林的，不像最初那樣一張一張的膠片給你看。

技術一直在變，我們又沒有經驗，甚至想像不了怎麼辦。當然現在用電腦更不知道怎麼辦，我是半個電腦盲。不過最近知道了一件事，不是秘密，只是我終於知道，原來即使我不懂電腦，但只要找到電腦高手幫忙就可以編輯了，那高手就等於以前的清伯。編《永恆的杜魯福》真讓我長了不少知識，[21] 原來你想怎樣都可以，只要跟他說就行。以前清伯拼版要用一條繩綁著，試過一、兩次繩子鬆了，那就得重新再拼，雖然只是一、兩次，但真的很慘很慘，而且那些鉛碼會跳出來……其實技術是一直在變的，由鉛字到凸版植字到直接植字成一本書，咪紙那些叫甚麼？

盧 柯式吧。

陸 柯式一直都叫柯式，只是也分好看的柯式和不好看的柯式。後來植字也漸漸被淘汰的時候，有一個過渡時期是中文打字。這我有很深印象，我家最新一些「文物出土」，那些是香港電影文化中心一九七

《文林》1972年12月創刊號。

〇、一九八〇年代印的，印刷真的很粗糙，但也沒法子，因為他們沒錢，打出來的字都是歪歪斜斜的，我想是要貼上去的吧。香山亞黃有過中文打字機，因為香山亞黃的性格是每有甚麼新機器推出，他就會試玩。他現在也是自己摸索，他已經可以用電腦畫圖，十分熟練了。

盧 關於《文林》的編輯，除了宋淇先生提供意見之外，還有甚麼令你覺得印象深刻的？十五期裏面，編輯有些甚麼困難？

陸 你現在這樣問，我立即想到的、不太安樂的，就是它最初比較豪華，size〔開度〕比較大，這是不好的。如果是辛苦經營之後賺了錢，於是變得漂亮一點，這是好的，但如果最初很漂亮，但到需要節縮時立刻變小了、薄了，封面薄了，紙張也薄了，一看就知道不行了，知道這雜誌快要停了。大約差了半吋吧，薄了，看到就知道是窮了，挫折感是有的。最初那麼漂亮，後來變得沒那麼漂亮，雖然跟其他雜誌比較還算不錯，但與最初時期比較，那就差遠了。

盧 說到這裏，你還是在說形式。

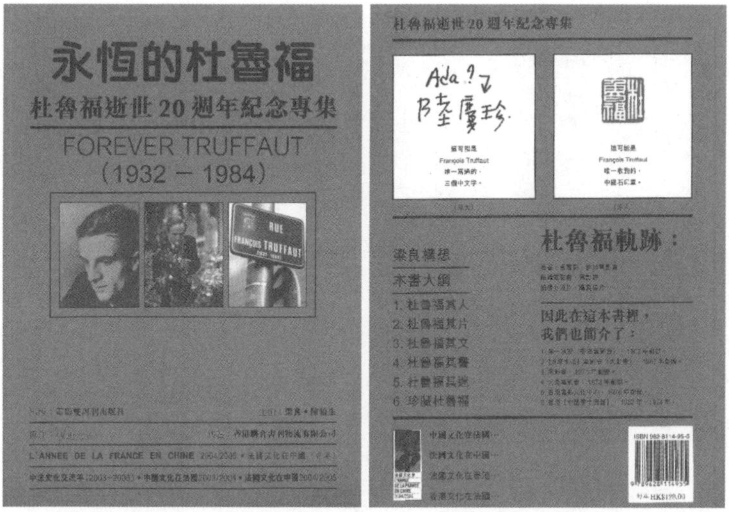

《永恆的杜魯福》，梁良、陳柏生主編，「幕後編輯」陸離，封底特附「這可能是 François Truffaut 唯一寫過的三個中文字」、「這可能是 François Truffaut 唯一收到的中國石印章」。

陸 你是說內容嗎？內容沒有人理會呢！所以後來我才可以自由編輯。我想起了，我們有一個躲懶的方法，三個人三分天下，也斯弄這些，吳平弄那些。我們三名編輯，無理由需要一起合作來編整本書，可以各自為政，可以獨立的啊。每人負責編幾版，譬如吳平訪問話劇，也斯專門負責文學、翻譯方面。我那時離開了至少兩次，後來又回去兼一些工作，不過仍會霸佔一些版面，這幾版是我的，我不佔著的時候便由他們編。我們分開，你編這些，我編那些，大家都不會怎麼管對方。

熊 沒有所謂的總編輯？

陸 因為宋淇先生病了。其實他是長期患病的，後來他沒有出現了，要休養，之後好像康復了，主持「中大」的翻譯研究中心。

盧 一直讓他留在「中大」。

陸 「星島」便不會這樣了，因為那份雜誌虧蝕很大，又沒有甚麼廣告。胡仙小姐最初肯辦，可能也是因為宋淇先生，她由於欣賞他、想幫助他才會出版，後來他經常不出現或者已經病了要休養，初時還會讓我們嘗試繼續編，但始終隔了一層。

熊 最初的時候就只有宋淇先生和陸離女士？

陸 對啊，只有我一個，所以真的很可怕。

熊 也斯和吳平甚麼時候才加入？

陸 每一期加入一個，第二期加入了吳平。

熊 第三期就三人都來了？

陸 對，因為兩個人編還是很辛苦，所以加入了也斯。也斯來了之後，其實做得不錯，因為有三個人，可以每人分擔一些，而且都是做自己喜歡的範疇。

熊 這班底一直維持到《文林》結束？沒有改變過？

陸 不，我後來只是兼職，三人分工是中間的過渡時期，後來就只有他們兩個人編。我記得第十三期、十四期還有我的稿，十三期是花生漫畫，十四期是女導演，我記得，因為翻過。

熊 即是十三期、十四期，您仍然在編，是不是這個意思？

陸 可能不是呢！可能我只是佔了幾版而已，我那時還有點關係嘛，不過沒有正式領薪水，只領車馬費。最初的薪水據說算是挺高的了，一千五百元，那時一般只有幾百、一千，所以一千五百元是很高薪了。

熊 為甚麼會由正式職員轉成非正式職員呢？

陸 累嘛，我想離開，但記不清楚為甚麼又沒有離開，不知道，真的不知道，那些關係真的很離奇。不是因為鬧意見或者被「炒魷魚」，即使《文林》停了，我仍然替《星島》寫稿。忽然他們問我要不要譯花生漫畫，你搞了這個專題，可以譯點花生漫畫呀，那我便譯，我在《星島》譯了十年花生漫畫啊！那時我不是《星島》職員了，甚麼都沒有，只有稿費，而且不是《星島》發的，是合眾社發的，很複雜，我記憶中要到合眾社談這個談那個。我做花生漫畫牽涉到貼咪紙等，那時經常要去版房，因為不放心，所以總要去看看，最好沒有錯字吧。那時經常去，我會坐在那兒，所以有些人以為我是職員，有次胡仙小姐也以為我是職員，很離奇！她甚麼都不太理會。就是這樣，我跟《星島》始終有些關連，例如寫專欄等等。我不太記得次序了，例如專欄「七好文集」，[22]不記得是甚麼時候開始的了……

盧 你在「七好」不是寫了很多呀！

陸 是，但始終有點關連，離開不是因為吵架，不是其他原因，我只是有一種不安定感，幹了一段時間就不想幹了，但關係一直連著。

熊 陸女士在文章裏提到，[23]當年為了報答林以亮先生十年知遇之恩，所以參加了《文林》的編輯工作。

陸 嗯，那是因為他找我，所以我就加入了。

熊 那麼十年知遇之恩是……

陸 啊，那個我不太記得了，我想一想，十年……可能因為認識了他十年吧。知遇之恩其實是很抽象的，例如他會稱讚我這篇文章寫得不錯或甚麼，他找我做事其實已經是知遇了，對不對？

熊 那陸女士最初怎麼認識林先生的？

陸 不記得了，可能他看了《周報》或甚麼吧。這個我想可以答，為甚麼會認識那些人，其實都是《周報》的關係，那種關係由抽象變具體。不記得《周報》有沒有訪問過他，印象中好像訪問過，關於他兒子宋以朗，[24]或者因為有些電影問題請教他。那時他直接問我，他想辦這麼一份雜誌，問我有沒有興趣。各種原因都有吧，我真的不太想動，很累了，但當他說月薪一千五百元的時候，仍然會動容呀！因為當時其實頗窮，需要一份薪水。

熊 那麼您離開《周報》時的薪金多少？

陸　後來有六百元，開始的時候，兼職那時候一百元，正式加入之後是三百元。

熊　最高的時候就是六百元？

陸　對，離開的時候也是六百元，但據說那時一般的薪水也差不多。

熊　那麼《文林》的薪水是很高了？

陸　那時候聽到便覺得很高，而且……我正在整理第一映室的資料，其中一個不記得是《虎報》抑或香港電台的主持，他說他的月薪是一千元，他回憶第一映室剛創辦時，大家每人拿一百元出來，九個人就有九百元，由那九百元開始租片子。當時看電影不過一塊幾毫，所以六百元現在聽起來好像很少，但如果節儉一點，那是勉強足夠支持一個家庭的。當然，如果可以多賺一點錢，始終能對家庭有多一點幫助，我爸爸一九六三年逝世了，所以別人問到你要不要工作的時候，沒有選擇的，一定要去，所以就去了。

熊　《文林》有幾個特輯是經常被提起的，例如花生漫畫、杜魯福等等，一個特輯便登了幾十版……

陸　花生漫畫只有廿多頁啊，因為當時的上頭，不知道

「七好」十年紀念，前排左起：柴娃娃、尹懷文、李默、圓圓、何錦玲、陸離、杜良媞、小思；後排左起：張浚華、岑綺華等，攝於 1984 年 4 月 14 日。（盧瑋鑾提供）

是誰了，不是胡仙小姐，他說那麼多頁不行。

熊　杜魯福專輯有三十多頁。

陸　因為那是第一次，沒有人知道、沒有人過問，刊物出來了便知道，於是就被他們嘮叨了。

熊　是甚麼人呢？

陸　不知道是誰，高層吧，但不是胡仙小姐說的，有一、兩個人有時會碰面，有一個是吳甚麼先生，他的人很好，吳……吳嘉棠，他是很好的人，我不是經常哭，但對著他哭過一次。

熊　為了甚麼？

陸　不記得了，辦一整份雜誌，一定會有東西讓你哭。只哭過一次，他安慰我。我想應該在早期，因為那時所有技術都不懂，覺得很可怕，總之想哭就哭，於是就對著他哭了。很深印象，那間房很大，像會客室之類的，他真的是很好的人，好得不得了。當然胡仙小姐也是很好的人，不過我們不是經常見到胡仙小姐。

盧　胡仙小姐不管事的？

陸　是的，但是我學會了一件事，後來我還教了譚乃亢呢！宋淇先生說，如果我有甚麼需要，可以寫一張紙遞上去給胡仙小姐，甚至——我現在胡亂舉例，甚至是廁紙有問題也可以，不過當然不是這樣。不記得誰在報紙寫過，好像是項莊先生，他讚胡仙小姐。宋淇先生說你就直接問她，問她就行了。所以後來幾乎可以出版幾本花生書，都是我直接問胡仙小姐的。她肯出版的，但之後卻卡住了，也許因為我又不行了，很累。還有一個很大原因，現在想起來了——他們搬了去荔枝角！怎麼去呢？有一段時間是四姊挾著我去，要找人陪。

熊　那時已經很怕外出？

陸　這是很久以前就這樣的了，肯定是病態，現在仍是這樣。那時去不了，真的去不了，而且荔枝角是很可怕的，下了車還得走一段路，那兒完全陌生，不知道怎樣的。只有北角《星島》是我的「地頭」，最高那層有會客室我也知道，我還在那兒睡過，這邊倒茶的，有大影印機，十分熟悉，還有地牢……不是地牢，是最底層，有印刷廠、版房、排字房甚麼的，我都很熟悉。我有印象在版房旁邊哭過，不是哭了很多，總之要哭就坐在那兒哭了。我屬於想哭就哭的人，但不多，一定堅持不要哭那麼多。

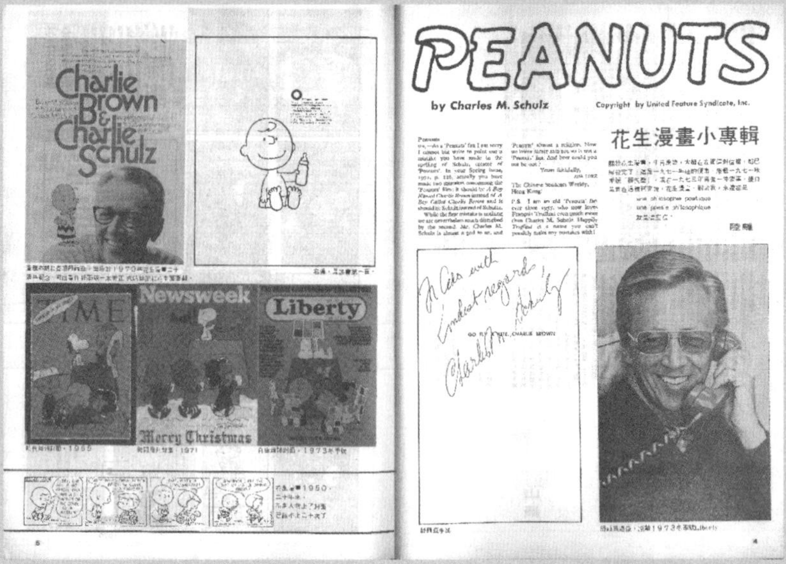

《文林》「花生漫畫小專輯」。（1973 年第 13 期）

《文林》「杜魯福專輯」。（1973 年第 9 期）

熊　除了杜魯福專輯、花生專輯，陸女士在十五期《文林》中，有沒有其他東西是特別用心加進去的？

陸　女導演！這個有印象。其實能用這麼多篇幅的機會不多，女導演的篇幅挺多，不過也不是很多。[25]那期令我印象很深的另一個原因是，我離開《周報》前的一段時期就開始累了，累得訪問也寫不了，我寫唐書璇訪問那時已經……現在很普遍，情緒病等等，當時如果有這些名詞和醫生，那便知道我是病了。寫〈唐書璇訪問〉時我有很深的印象是這樣，其實我寫〈談性〉的時候也是這樣，寫一期停一期，登了一期又停了一期。〈唐書璇訪問〉寫了一段時間，有時一期只有幾百字，有時又停了，結果總算全部登了。其實我一直記著這件事，很不安樂的，很希望能完整登一次，後來有了《文林》便希望可以有機會刊登。

女導演這專題一定要登，因為那時只有很少女導演，剛巧又有女導演影展等資料，於是便在一期內全都登了出來，又登了整篇〈唐書璇訪問記〉，這令我很有滿足感，原來整篇稿是這樣的。當時沒有人看過整篇稿的樣子，很有心的讀者才會一段一段接起來看，整篇看是不一樣的，從頭至尾連圖片的登出來。那次我還交代了為甚麼要離開，那時真的要離開了，是的，最深印象是我最後交代了「終不支」，[26]即是我終於支持不了，因此記憶中第十五期應該沒有我的東西。

熊　除了《文林》，剛才也提到《香港影畫》……

陸　那是我在《周報》工作時的兼職，一半是為了多賺點錢幫補，因為當時真的很窮。總編輯是朱旭華先生，他想到了一個 idea〔意念〕……然後應該是一個機構或者一個人，有很多錢，肯付錢實行那 idea，出版一本期刊。當時沒有錢根本不能出版這樣的期刊，製作蠻漂亮的，不是《文林》那種漂亮，但《文林》沒有他們那麼專業。朱旭華先生非常專業，他懂得如何控制。《香港影畫》的標題用凸版，內文不是，這樣便差別很大了。內文是排字的，植字的是標題，他很能夠掌握。你研究朱旭華先生就會知道，他是頭腦很新的人，一有甚麼新東西出來他立刻就能掌握。在我記憶中，那時候應該沒有甚麼人會專為了一個標題製作凸版。那時很流行扁一點的字體，比較漂亮，《文林》也有那種扁

董夫人劇照

董夫人 the arch

the first internationally acclaimed chinese cinema masterpiece

presented at: cannes · san francisco · locarno · mannheim

卓絕非凡 不朽傑作 最動人最美麗的愛情故事 超越時空 出神入化 劇力萬鈞 六九年最出色的電影 六九年第十大佳片 巧奪天工 登峯造極 盧燕演技令人拍案叫絕 古意盎然 引人入勝 · 撼人心弦

masterpiece magnificent singularly moving powerful timeless and universal flawless work of art exciting highly intelligent work of art profound superb brilliant

唐書璇訪問記 1970

27

26

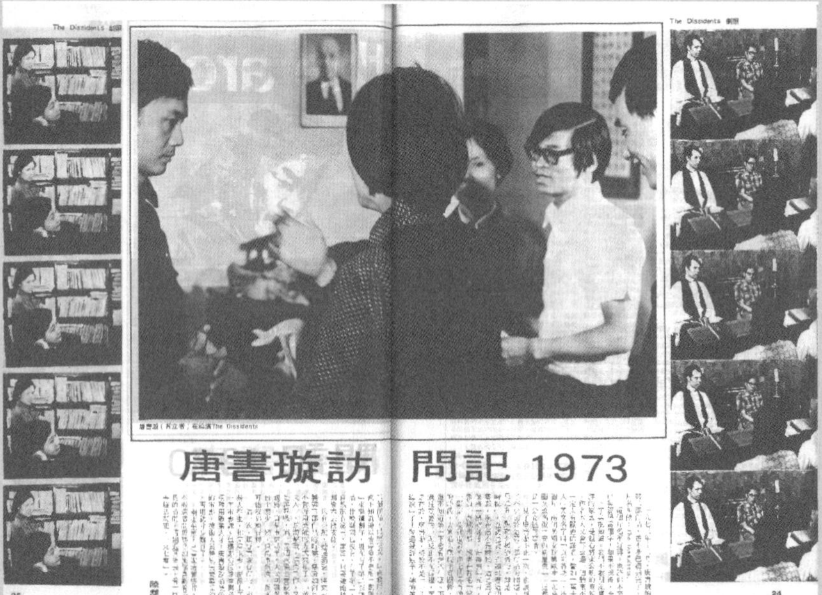

The Dissidents 劇照

唐書璇（右立者）在拍攝The Dissidents

唐書璇訪問記 1973

25

24

1970 年《中國學生周報》共分七期到出的〈唐書璇女士訪問記〉，於 1974 年第 14 期《文林》首次完整刊出，同期刊出〈唐書璇訪問記 1973〉。陸離同時宣佈「終不支」。

一點的字。

朱旭華先生參與編輯比宋淇先生多，宋淇先生思考方面很厲害，但論直接的編輯技術，朱旭華先生就專業得不得了。他是正式的編輯，我負責處理一些瑣碎的工作，現在說來，應該算是助理編輯吧。他決定所有事情，畫好所有版樣。我會做座談會的紀錄、做記者、寫稿，但也有幫忙編輯，例如校對等。他是有名的專業編輯，他會設計版樣，決定甚麼地方登甚麼內容，都是他做的。除了幫忙校對，我也寫很多稿，也負責約稿，但不是組稿，組稿的是他。他也看《周報》，找我幫忙編輯也是因為《周報》，否則他怎會知道我懂得編？他找我負責約稿，因為我認識那些年輕作家。他會約他認識的那些作者，當時有很多前輩，例如張徹先生那些，還有些電影圈裏面的人，我約的作者是西西那類，好像亦舒也不用我約，因為他們認識。

他的編輯很流線型、很新派、很前衛。那時我還在編《周報》，有時會拿些工作到那兒做。我計算字數的方法都是用數的，很笨，朱旭華先生看見，便拿一把尺和一塊紙皮出來，教我貼了紙後再量每一吋有多少字，之後其他的就不用數了，真的很感謝他教會我許多。

朱旭華先生是一流的編輯，編出來的《香港影畫》給人新奇的感覺。他會吩咐我做甚麼，啊！想起來了！《香港影畫》怎由你決定登甚麼？不是這樣的，整本書都是他的，座談會也是這樣，他想好座談會的主題。細節他都知道，他認識的人又多，整個電影界的人差不多都認識，而且他也是文化界、文藝界的人。

熊 《香港影畫》除了你之外還有沒有其他編輯？

陸 沒有啊！只有我們兩個，朱旭華是最棒的編輯啊！他連校對也親自來，他怎麼會不看呢？這類型的編輯不可能讓別人幫他校對然後便拿去印，不行的，他總要自己看一次，甚麼都會看。他是有名能幹的人，還兼任製片之類。停一停……〔陸離女士憶起故人，一時感觸〕……平日說起也不會特別覺得，但現在忽然想起，他們全都去世了，真的全都去世了。

盧 很快也到我們了。

陸 我知道，早就說過我們都快不在了，不過他們的確

《香港影畫》1966 年 1 月創刊號。

每月電影座談會

《香港影畫》創刊號「每月電影座談會」，朱旭華主催，參加者包括姚克、徐訏、水建彤、宋淇、張徹、羅卡、田戈（戴天），陸離紀錄。

先去世了啊！即使現在趕著做口述歷史，對於他們那一輩來說已經遲了。

盧　你一直都好像很重視過程中的編輯技術，為甚麼呢？

陸　我沒有想過，你問，我就這麼回答。或者因為我一直看著它變化，一代一代的淘汰……當時排字仍然存在，以我現在這個年紀回看從前，便會惋惜排字已經不存在了。這種惋惜不單在於那種技術消失，也由於他們（排字工人）都失業了，所有人都要轉行。我總會和一些老朋友保持聯絡，因為很感激他們，我常常遲交稿，他們都等我。我在《香港時報》的一位朋友，《香港時報》停刊，他得四處找工作，結果勉強找到一份滙豐銀行的低層工作，也先做著吧，因為要養家。他上司很好，一天問他懂不懂開車，剛好他有駕駛執照，所以就著他去開車，滙豐銀行的車。之後他便一直在滙豐銀行當司機，薪水高得多了。清伯還可以退休，其他人仍要養家，但他們全都被淘汰了。

《香港影畫》有些新技術剛好讓我看到，這是巧合的緣份。加入《文林》後又巧合遇上它用的新技術，我又看到了，大影印機我那時也是第一次看到，所以我對Xerox（富士施樂影印機）到現在還有感情，因為《星島》那台影印機真的大得……整座的呢！印出來的東西漂亮得不得了，印出來的墨都是凸出來的，很深印象，我還保存了一些這樣的影印。那時候搞花生漫畫有很多圖片，特別是一些黑白分明的圖片，不是相片，全都是凸出來的，很漂亮很漂亮。

我其實習慣了有人在等我，以前沒有傳真機的時候，死線前趕完稿便坐計程車交稿，非常緊迫，後來我就乾脆坐在《香港時報》寫稿。

盧　我們叫這做「到會」。

陸　對，「到會」，逐張紙給排字房，一頁寫完再寫下一頁。翻譯也是這樣，如果現在再看一定覺得譯得不好，翻譯不應該這樣的。

再說一點技術的問題，《周報》後期，我們很放任，如果你是更專業的人，便會覺得《周報》很放肆。

熊　怎樣放肆呢？

陸　破格吧！我籠統地說一說吧。有些人不明白，他會問你為甚麼會那樣，那我就會很生氣。有次吳平編全版，有一條像是風箏的線那樣橫跨……那時候我或他破格，大家都很有滿足感，因為那時不是柯式，要弄這個很辛苦。可能始終不喜歡被束縛吧，於是常常想嘗試超越以前被縛著的東西，看看行不行，有時也可以的。

我最近重拾一點信心，最近整理資料時尋回一份《周報》，是陳任與披圖氏的〈藝叢〉版，整版都談音樂，我竟然在上面畫了幾條線，下面又畫一些與之對應，我看了之後，整個人都安定了，挫折感都平息了。

其實我真的很享受編輯的工作，雖然有一段時間覺得很累，校對當然會很累，但最近我又重新享受校對，因為如果你找到一個錯字，你知道那錯字不容許出現而你能找到，你會很有滿足感。其實編輯、校對等工作很適合我，我想社會有些事情也接近校對……

盧 對，譬如你的「護邊行動」（陸離爭取「身份」不應寫作「身分」，「手錶」不應寫作「手表」等等）。

陸 這些也是校對。

盧 你很喜歡編輯、校對，那你覺得自己對別人有沒有影響？

陸 我做事時是沒有想影響問題的，即使有影響，也只到黃子程那一代，再年輕一點的沒有人聽過《周報》了。

盧 你覺得《號外》早期的人有沒有受你影響？

陸 你不提起，我腦袋不會出現這個，你現在提起，我一定會答有，不承認也不行。不過即使有影響也只是一陣子的事，現在《號外》的人甚至完全不認識我。真要說的話，也只是影響過一段短時間，譬如對陳冠中、鄧小宇等肯定有影響。如果你問比他們年長一點那一輩的話，我便不懂回答了，譬如有人說劉天賜受影響。其實只是一半，他是非常不同意我的。你問我對他有沒有影響，如果要我答完全沒有，我覺得並非如此，但影響多大呢？或者是負面影響呢？他很抗拒我的，他小時候寫稿那些不算，到後來他刻意要離開《周報》的影響，自己創造一些東西。你覺得那算是甚麼影響呢？我不知道了。

盧 正因為有影響，他才會離開吧？

陸 是的，但如果問我當時的感覺，我會將之歸納為挫折感方面。即是說，有些人喜歡你，一直都很喜歡你，你當然不會有挫折感；但有些人甚至會很討厭你，會故意做一些跟你相反的事，例如有些電影，你讚的話他就不看，的確有這樣的人。所以你說影響，定義到底是負面還是正面？這就得繼續想想了。

盧　寫作方面、電影推廣呢？

陸　啊，電影方面可以回答，寫作方面便絕對不是了。電影方面有影響，但不只是我的作用，而是整份《周報》，特別是羅卡，因為電影版是他的啊，我極其量只是在旁邊吵吵嚷嚷吧，我吵的時候真的挺吵呢。電影方面應該答是有影響的，但我會倒過來說第一映室的影響更具體，雖然他們沒有一套理論，但實際放映了一些電影給你看，這點很重要。如果沒有第一映室，我們可能還要晚一點才看到那些電影。他們真的定期放映一些可以影響社會的電影給你看，雖然沒有提出一套理論或者出版雜誌，但他們會介紹、會有場刊，很漂亮的場刊。我想他們也沒有想過有沒有影響，只是每人付出一百元，湊足九百元便開始租電影，法國文化協會方面就不要錢。他們很大成份是先滿足了自己，再順道滿足別人，然後一直滿足下去。我想最初是這樣吧，不過他們的影響真的很大。許鞍華、譚家明也會看《周

陸離，攝於 1968 年。（盧瑋鑾提供）

報》，也有寫稿，他們也會看第一映室。

盧 那麼可不可以倒過來說，《周報》電影版將第一映室的精神向外擴散？

陸 當時不是自覺地這麼做。有一點要強調，當時大會堂誕生、第一映室誕生、《周報》電影版誕生，同樣是在一九六二年。那時是羅卡剛接手編電影版，不是第一期就全都改變了。或者這麼說便簡單多了，法國新浪潮的影響無法估計，很具體，全世界沒有人可以說不是，但它出現的時候也沒有預計會這樣。這樣比較的話，《周報》的影響究竟會有多大？最重要是當時影響的範圍只限於香港，大陸是封閉的，台灣是封閉的，影響根本到不了大陸、台灣。台灣是靠自己摸索出來的，新浪潮可能是他們先提，不過他們沒有那麼多資料。大陸呢，《周報》電影版的影響也絕對到不了大陸。現在他們有關電影版的討論厲害得不得了，他們靠自己開出了另一朵花。

熊 編輯方面，陸離女士還有一次編輯經驗，那是《香港時報》文藝版。

陸 你不問起的話，我倒忘記了，因為它不是經常在腦海中出現，當然我還知道有這件事。

熊 您在那兒也編了差不多一年呢。

陸 我想知道每天上班、編日報是怎樣的，當時忽然有這感覺，瘋了。不過也不是你想試便可以試，剛巧他們的文藝版正在找編輯，俗語說「挑起了那條筋」，想試試在日報工作，於是就在那兒工作了一年，真的做了一年。

熊 那麼整版文藝版的設計都由您負責？

陸 啊，不是，那有點像《周報》，這兒是廣告，那就留一個空位登廣告，但他們放的不是廣告，而是一些固定的專欄，有些專欄一定要登。

熊 不是您決定刊登哪些？

陸 不是的。我不懂得變化，有幾個專欄是固定的，而且有一個專欄的位置不能動，在那兒就在那兒，很高的，因為那是談政治問題的大專欄，不能動。我在那兒感覺被束縛得很厲害，可以變動的很少。約文藝稿的作者可以自己找，我那時找了辛其氏等等。偶然他們給我一些稿刊登，那是必須刊登的，因為那是《香港時報》，比《周報》更厲害，《周報》有時候也會要求你必須報導某些事情，特別是早期，或者上頭有人寫了一篇稿，那便一定要刊登，又或者早期的「大孩子信箱」由他們主持，有些稿始終要登，後來才比較自由。在《香港時報》工作了一年，知道了原來日報是這樣的，一年已經足夠了。主要因為易金先生是總編輯吧，如果不是他當總編輯，沒有人會請我的，如果不是他當總編輯，我也不會譯了十年稿，誰會讓你譯那麼冷門的東西呢？他真的很難得，現在說起來——我不會哭——但他也去世了，全都已經不在了。

熊 您又辦過純一出版社……

陸 啊，那是老朋友李亦良……記憶中，我以前沒有正式編過書。那時仍然以古老的方法編書，不是植字，還是排字，即是自己能夠負擔的技術。有些封面由水禾田設計，《燕京舊夢》則放手給印刷廠搞，那些紙也沒摸過，現在會懂得摸一摸，那時候沒有。他們最初出版的四本書，我都一起編輯。

盧 最初四本不是一起編，是你一個人負責所有編輯工作。

熊 哪四本呢？

陸 明川《豐子愷漫畫選繹》、李素《燕京舊夢》、《香山亞黃漫畫選集》，還有一本，易金的《龍之躍》！出版社是李亦良出錢，我們出力。不過後來有一點爭執，這個錄影了也不要緊，因為已經完全沒芥蒂。當日我有一點不太接受的是，本來說他出錢我們出力，但後來那自由度甚至不及《周報》。舉例來說，我想出版西西的作品，這我到現在還有一點芥蒂，他不讓我出版西西啊！本來應該是我出版《我城》的啊！如果是我出版《我城》，我會很開心，真的很開心。那時他也不是故意不讓我出版，但一直拖延，直到我離開——也不是離開，總之沒做了。他問西西是誰，這我不太能接受了。我意思是，第一，他問西西是誰，的確令我有點生氣；其次我又想到，即使你不知道西西是誰，問我西西是誰，你也應該放手讓我編。後來他改變主意，想找一些不太有名氣的作者，出版他自己想出版的書。我現在回想是我的錯，他辦一間出版社，出版他想出版的書，或者只給我一點自由出版我要出版的書，其實已經很難得，哪有人肯出這麼多錢？那時候我不懂得這樣想，只根據過去的經驗，想著要不別給我自由，像《香港時報》或早期《周報》那樣，但既然你給我自由，我便要出版自己想出版的

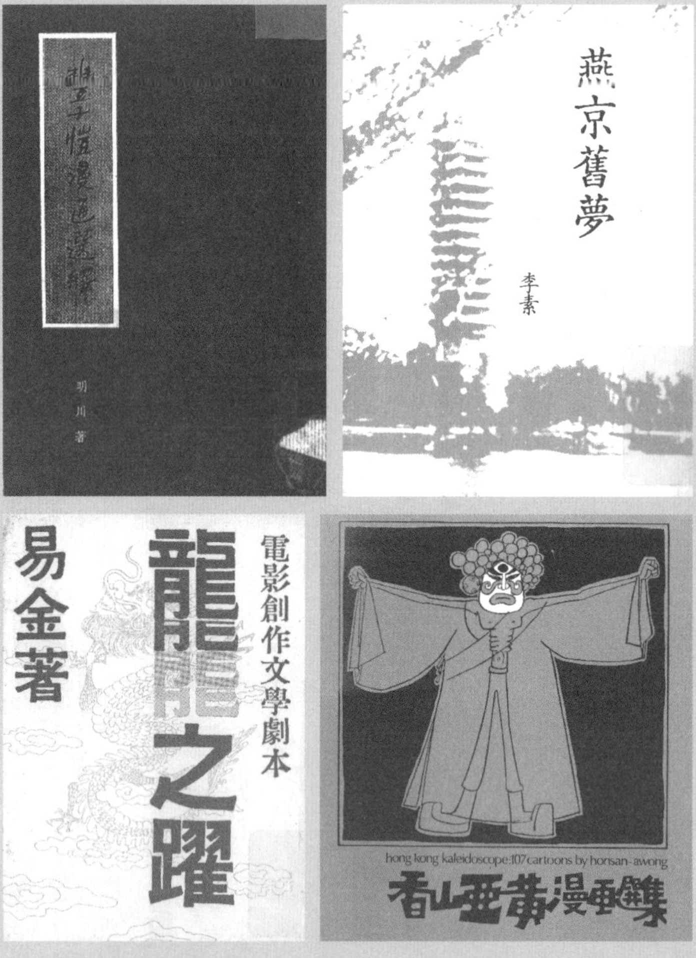

上排左起：明川《豐子愷漫畫選繹》、李素《燕京舊夢》；下排左起：易金《龍之躍》、香山亞黃《香山亞黃漫畫選集》，四書均由純一出版社出版。

書。回想起來，其實開放一點也是可以的，一家大出版社也會這組人出版一套書，那組人出版另一套書，不過當時不懂得這麼想。我去了李亦良家，我罵他啊！一直罵，也不知道罵甚麼了，當時他的女兒年紀很小，罵得他的女兒走過來踢我的腳。其實我的脾氣很壞，跟吳平爭拗的時候我會拍枱！我跟金炳興也經常爭拗，不過依然是好朋友，吳平也始終是好朋友，不會生氣的。

熊　這裏寫的筆名〔「陸離」、「小慶」、「文好」、「陸鑾」、「綠離」、「施也可」、「房素娃」、「方斯華」、「范淑雅」〕都是正確的嗎？還有沒有其他？

陸　其他那些是寫很多稿的時候用，不能夠在《周報》不停出現同一個名字，舉例說談莫札特我會用「沙茲堡」，是隨手改的筆名，因為他在沙茲堡出生。這個印象最深，其他不太記得了。

陸離與小思（左一）、吳平（中），攝於 2002 年 5 月。

印象·凌波

·關於西西·

陸離

西西不是作家，但她寫過一個短篇小說「瑪利亞」，大家都說好，結果得了一個「中國學生周報」青年短篇小說比賽的首獎。西西不是劇作家，但她編過一個劇本叫「瑪利亞」，大家都說好，結果她幾乎就真的當起編劇來了。西西不是編輯，但她卻幫忙編過「中國學生周報」的「詩之頁」，把台灣的許多詩人都拉到香港來。西西不是影評家，但她卻寫過最有名的「開麥拉眼」、「星島晚報」「電影與我」，也曾一度是香港「真報」、「新生晚報」電影版的專欄作家。西西不是記者，但她卻特別爲本刊訪問了凌波小姐。沒有甚麼特別的原因，就只因爲她喜歡凌波，也喜歡給本刊幫個忙。你喜歡凌波，你讀完了這篇可愛的文章，你就一定會喜歡西西，也喜歡西西的「印象，凌波」。

是呀，今天我去看過凌波了。她是可愛的，比電影裏邊的她還要可愛，比畫報上面的她還要可愛，如果我不告訴你，我自己也不開心。

我是叫西西，我的朋友叫小離，我們一天到晚嘻嘻哈哈，有時看電影，有時吵大架，這天，我對小離說，我們去看看凌波好不好，這次，她不和我吵架了，她說好呀好呀，於是我們就跑到凌波的小客廳裏坐着了。

起初，我們是要走很長的樓梯的，樓梯在「邵氏片場」最最左邊的那幢樓旁邊，我們走一段，轉一個彎，再走一段，又轉一個彎，還要轉一個彎，還要走一段，眞是多得不得了的樓梯呢，凌波穿高跟鞋走這些樓梯一定很辛苦。

凌波住在三樓，走完樓梯轉完彎就到了。三樓上有許多房間，凌波住第一間。我還沒有走到第一間房的門口時，凌波已經走了出來。凌波走了出來，如果在電影院裏，我的弟弟妹妹就會拍起手來。凌波沒有讓我們進第一間房間，她請我們到第二間去坐。噢，第一間是她的臥室，第二間才是她的私人小客廳。

小小的客廳很漂亮，最可愛的是裏邊很淨淨的，而且靜靜的，還有許多[illegible]紅得很神氣，肚子上綉着一個黑色的福字，四邊還鑲着古色古香的花紋。

凌波這個主人頂會招待客人了，她一面請我們坐，一面問我們喝可樂還是喝茶，我們趕忙說不喝不喝不用了不用了，但她那裏肯聽，就去倒了茶來。「我沒有工人，祇好自己來了」，凌波這麼說，好像是在道歉似的。她是個大明星，卻自己給我們倒茶，一點架子也沒有，眞是難得哩。我越想越不好意思，但是，不好意思也沒有辦法，凌波又不會讓我們自己動手的。我和小離喝茶的時候，凌波又拿了一盒陳皮梅，每人抓一把給我們，我趕忙謝了又謝，謝了又謝。

忙了一陣之後，凌波自己也坐下來了，她坐在紅沙發上，頭頂上掛着一幅她自己的照片，是「女秀才」的劇照。她坐在紅沙發上是最適合了，今天，她穿的正是一件名貴的紅紅的嘉黍蓮娜的毛線衣，我一看就知道是嘉黍蓮娜，因爲，我是最喜歡嘉黍蓮娜的，不過，凌波那件的花紋和圖案，我在蓮卡佛也沒見過。

坐了一陣，凌波說，你們來探訪我，有沒有甚麼要問麼，我說沒有沒有，我和小離都不是記者，沒有甚麼要問的。其實，我肚子裏要問的東西[illegible]不穿牛仔褲騎單車爲甚麼要告訴我，我又不是法官。所以，我就決定不問了，我是來看凌波的，又不是來玩問答遊戲。

我有沒有告訴你，凌波今天沒有化妝呢？我一定一定要說，凌波今天頂好看，她一點粉也沒有塗，不畫眼線，不塗眼蓋羔，不畫眉，啊呀，我不知道她原來美得這般可愛，她的皮膚很白，鼻子很高，眼睛是雙眼皮的，銀幕上的她和畫報上的她都和現在不一樣，書上的和電影裏的她雖然都是漂亮的凌波，但我看見的才眞正是美的凌波，眉清目秀這四個字實在是沒有化妝的凌波的最好的寫照。

還要告訴你，凌波剪短了頭髮，她不梳大頭裝，不梳奧米茄裝，也不梳埃及妖后裝，今天，她梳的頭髮短短的，有點法國的味道，很直，很柔。凌波的這個髮型我是喜歡的，我還喜歡她的頭髮的質，她的頭髮很烏黑，很亮，好的頭髮都應該是這樣的，不開叉，不焦黃，不作乾粉絲狀，凌波的頭髮據有很好的質素，我想，她一定是每天晚上它得梳頭髮一百下，早餐喝蕃茄汁，晚上喝鮮牛奶的了。

我甚麼也沒有問凌波的，但她問我們，你們是畫報的嗎，我說我們[illegible]電影裏不一樣的是甚麼呢？是說話哩。在電影裏邊，她是講國語的，當我在樓梯上走一段轉一個彎時，心裏慌死了，我的國語很糟，我心想，這次我要做個大啞巴了吧，可是，我猜也沒有猜到，凌波的廣東話頂好的，我一點也不必害怕做啞巴了。

凌波今天穿一條美國小姐們都愛得發瘋的那種尼龍長褲，黑黑的，襯着她那紅得不刺眼花紋很別緻的毛線衣，和很淺色，淺得看也看不出的粉紅色唇膏，和一雙黑的，只有查理佐丹才有的那種低跟皮鞋，給我的印象是挺秀氣的，我喜歡這樣的凌波，而且，當我發現，凌波原來在銀幕下也是這般好看時，竟很出我的意外哩。

凌波今天用不着拍戲，不過，她配完了音回到宿舍就碰上我們，連休息一回也沒有時間，我心想，還是別打擾她休息的好。這樣子，我們就告辭了。凌波一直送我們出走廊，我們從樓梯上轉呀轉，回到樓下。我記得，凌波的手也很漂亮，又白又細緻，沒有塗花花綠綠的指甲油，只是塗白色的，很典雅。我也記得，凌波沒有戴甚麼戒指，至於她是不是訂了婚，我就不知道了。

[illegible]

陸離〈關於西西〉。（1966 年《香港影畫》創刊號）

附；

陸離後記——

陸離第三身代言

二〇一〇年，陸離血管栓塞大病四年漸癒，參加面書 Facebook，受「電腦科學之父圖靈（Alan Mathison Turing）」大迷卞小星「紀念圖靈第九十八個生日——圖靈詩」觸動，據詞試譜「圖靈曲」。二〇一一年「圖靈第九十九個生日前夕」，致函「二〇一二圖靈誕生一百週年」主席 S. Barry Cooper（一九四三—二〇一五），全力參與紀念圖靈各種活動，與本港著名藝術家合作設計「圖靈電子咭」不下二十幀，約半刊登在英國「圖靈官方網站」首頁及每年分頁。其中 BeWoks 設計的鑽石花（二〇一四紀念圖靈逝世六十週年——新年咭）其後獲「英國皇家學會」與 Reading University 選用製作「圖靈測試」紀念杯。

嗣後陸離繼續沉迷作曲及寫作古體油詩，參加黃志華、韋然「粵語詩詞雅唱小敘」，不定期輪唱各人新舊譜曲。

二〇一二年冬，忽受浸會大學哲學教授 Palmquist（Stephen R. Palmquist，龐思奮）主辦十五年 Philo Café 感召，與喬奕思、章彥琦試辦「哲學茶座」，二〇一五年移師陳琁「森記書店」，繼續不定期清談，苦中作樂。

二〇一五年舌癌手術，復元中。

二〇一五年十一月十五日第一次稿。

二〇一六年一月八日第二次稿。

「圖靈測試」紀念杯。

注釋

1 陸離於「第六屆港澳區徵文比賽」中得「高中組」第十三名，消息刊於一九五五年七月十五日第一五六期《中國學生周報》。

2 據《中國學生周報》出版資料欄，一九五五年七月十五日第一五六期的督印人為奚會暲，至一九五五年八月二十六日第一六二期起則由古梅接任督印人。按：《周報》的督印人、社長和總編輯，有時由同一人擔任，有時並不，從版面資料無法得知。

3 綠離：〈傅聰．中國．蕭邦．我們　歡迎傅聰來港！〉，《中國學生周報》，一九五九年二月二十七日，第三四五期。

4 施也可：〈失去了半個父親的孩子〉，《中國學生周報》，一九五五年九月二日，第一六三期。

5 施也可〈失去了半個父親的孩子〉文後附編按：「同學們覺得這篇〈失去了半個父親的孩子〉寫得好嗎？告訴你吧，它是一個十七歲的中學生寫的。這是一個明顯的證據，證明中學同學的寫作能力並不比高年級的同學差。我們相信我們讀者之中，一定還有很多有才能的作者，只是未被發現吧了。同學們，努力地寫和勇敢地投來吧，也許你還不知道自己其實是一個有才能的作者呢！」，《中國學生周報》，一九五五年九月二日，第一六三期。

6 陸離：〈小戈巴赴宴記〉，《明報》，一九九〇年五月七日。

7 顧耳、文世昌、陸離訪問，陸離記錄：〈唐書璇訪問〉（共七篇），《中國學生周報》，（一）〈唐書璇女士訪問小記〉，一九七〇年三月二十七日，第九二三期；（二）〈唐書璇訪問記〉，一九七〇年十月九日，第九五一期；（三）〈唐書璇女士訪問記之三〉，一九七〇年十月十六日，第九五二期；

（四）〈唐書璇女士訪問記之四〉，一九七〇年十一月六日，第九五五期；（五）〈代唐書璇女士訪問記之五〉，一九七〇年十一月二十日，第九五七期；（六）〈唐書璇女士訪問記之二〉，一九七〇年十二月十一日，第九六〇期；（七）〈唐書璇女士訪問記續完〉，一九七〇年十二月十八日，第九六一期。

8 陸離、顧耳、文世昌：〈唐書璇訪問記——一九七〇　談第一個作品：董夫人〉，《文林月刊》，一九七四年一月一日，第十四期，頁二六—三三。

9 （一）陸離：〈專上學院第二屆戲劇節〉，《大學生活》，一九六七年三月十五日，第二卷第三期，頁二〇—二二；（二）陸離：〈專上學院第三屆戲劇節觀後〉，《大學生活》，一九六八年三月十五日，第三卷第三期，頁二八—三一；（三）陸離：〈香港中文大學聯合書院學生會主辦：第三屆院際戲劇比賽雜感〉，《大學生活》，一九六八年四月十五日，第三卷第四期，頁二三—二四。

10 S.S.：〈兩個提議、四個三角、五個最佳——專上學聯第三屆戲劇節後記〉，《中國學生周報》，一九六八年三月八日，第八一六期。

11 陸離：〈覆雪雪同學——談性〉（一—七、續完），《中國學生周報》，（一）一九七〇年七月三日，第九三七期；（二）一九七〇年七月十日，第九三八期；（三）一九七〇年七月二十四日，第九四〇期；（四）一九七〇年八月十四日，第九四三期；（五）一九七〇年八月二十一日，第九四四期；（六）一九七〇年九月四日，第九四六期；（七）一九七〇年九月二十五日，第九四九期；（續完）一九七〇年十月三十日，第九五四期。

12 蘇守忠發表於《中國學生周報》作品包括：（一）〈It was June; and June it was with my mood.....〉，一九六六年九月十六日第七三九期；（二）〈X + Y〉，一九六七年四月二十一日第七七〇期；（三）〈A GAME with THE COPS — Police Interrogation turns into Buddhist Philosophy Discussion〉，一九七一年六月四日第九八五期。

13 本報記者集體採訪（華蓋、陸離、劉方、國超）：〈文化人士說狂人〉，《中國學生周報》，一九六四年六月五日，第六二〇期。

14 陸離：〈不該說的話〉（一—五、續完），《中國學生周報》，（一）一九七〇年一月十六日，第九一三期；（二）一九七〇年五月十五日，第九三〇期；（三）一九七〇年五月二十二日，第九三一期；（四）一九七〇年五月二十九日，第九三二期；（五）一九七〇年六月十二日，第九三四期；（續完）一九七一年四月十三日，第九八〇期。

15 陸離訪問、小思攝影、毛國昆記錄：〈張清・慧茵訪問記〉，《中國學生周報》，一九七二年二月十八日，第一〇二三期。

16 劉健威：（一）〈《中國學生周報》〉，《信報》，二〇〇三年七月二十三日；（二）〈後期周報〉，《信報》，二〇〇三年七月二十四日。

17 宇森：〈殺狗〉，《中國學生周報》，一九六八年五月十七日，第八二六期。

18 陸離：〈回娘家〉，《中國學生周報》，一九七三年四月十三日，第一〇八二期。

19 尤枚：〈夕陽、垂柳、蕭邦——訪問中國鋼琴詩人傅聰〉，《文林月刊》，一九七二年十二月一日，第一期，頁四—十。

20 《文林月刊》載香港中文大學校外課程介紹及同學訪問共有六篇，包括〈學無止境：介紹中大校外課程〉、〈生也有涯，學也無涯——學無止境訪問之一〉、〈學然後知不足——學無止境訪問之二〉、〈教學並重——學無止境訪問之三〉、

〈學以致用——學無止境訪問之四〉、〈學到老，學不了——學無止境訪問之五〉。六篇作者均署名陸離，刊於一九七二年十二月一日第一期，頁二二—二三。

21 梁良、陳柏生主編：《永恆的杜魯福：杜魯福逝世 20 週年紀念專集》，香港：電影雙周刊出版社有限公司，二〇〇五年五月。

22 「七好文集」於一九七四年四月七日至二〇〇一年五月三日在《星島日報》刊登，由七位女性輪流執筆，最初七人是柴娃娃、杜良媞、圓圓、小思、陸離、尹懷文及亦舒。陸離於一九七五年九月二日退出，秦楚加入。

23 參劉以鬯主編：《香港文學作家傳略》，香港：市政局公共圖書館，一九九六年，頁六五四—六五五。

24 陸離、吳平專訪：〈訪宋淇先生談宋以朗〉，《中國學生周報》，一九七〇年一月二十三日，第九一四期。

25 《文林月刊》「女導演專輯」（按：刊中並未列明「女導演專輯」），一九七四年一月一日，第十四期，頁四—二三。

26 陸離〈唐書璇訪問記一九七〇〉按語：「〈唐書璇訪問記．一九七〇〉從頭至尾，完整刊出，這還是第一次。事緣一九七〇年十月，原文在《中國學生周報》開始刊登，之後每隔大約三四個月，才繼續刊出二三千字不等，結果連載了差不多一年，全文支離破碎，令人無從卒睹，這主要因為筆者自從一九七〇年久已不願工作，所以後來另外做了兩個訪問，一篇倩人代寫，一篇至今依然拖欠，就是這個緣故。其後一九七二年四月，第一次退休，樂何如之。一九七二年十月，為報林以亮先生十年知遇之恩，進入《文林》，勉力工作，終不支，旋於一九七三年一月，第二次退休。及一九七三年六月復進《文林》，至今半載，而後決定第三次退休。反覆無常，有若是者，其不適於生存，亦殆無疑矣。謹於此順向讀者告別，並祈繼續愛護《文林》。陸離」，載《文林月刊》，一九七四年一月一日，第十四期，頁二六。

張浚華

（一九三八——　）

筆名張隨、小隨、中隨，在《兒童樂園》中曾用張阿姨、秀姨、寄寄、大浪、麼麼、黃杏、綠枝、裘奇等筆名。

原籍廣東新會，香港出生，香港淪陷時期逃難到內地，抗戰勝利後曾於廣州培道小學就讀，一九四八年回港，在香港「培道」繼續學業。一九五七年中學畢業後赴台升讀國立台灣大學哲學系，翌年因「炮轟金門」事件回港，轉讀新亞書院哲學系。畢業後得老師唐君毅引薦加入《中國學生周報》，初期負責〈快活谷〉、〈生活與思想〉等版面，一九六三年轉調到友聯出版社另一出版物《兒童樂園》，初任執行編輯，後擔任社長至一九九四年十二月十六日停刊。《兒童樂園》結束後，張浚華一度參與新馬「友聯」的教科書出版工作，現已退休。

日期｜二〇〇六年十二月十三日

地點｜
訪問者家中

訪問者｜
盧瑋鑾、熊志琴

張─張浚華　盧─盧瑋鑾　熊─熊志琴

熊　或者我們從頭說起？張女士哪年出生？

張　一九三八年出生，廣東新會人。我在香港出生，爺爺在媽媽生產前便請了人來照顧她，在家裏接生，所以沒有為我領出世紙。

我從頭說起吧？太公那一輩在當時屬於大家族，在香港、廣州都有房產甚麼的，在香港還有碼頭。我沒有仔細追查這些，但我曾看過一張照片，裏面有過百人，個個衣冠楚楚，地點是從前先施百貨公司的天台，這是其一。其二是太公從廣州找來木材跟建築工人，在鑽石山建覺蔭園，建成之後他沒有住進去，因為鬧鬼，所以捐了給尼姑庵，尼姑住進去倒沒事了。另外，三太婆因為賭錢，把整家酒樓都輸掉了。這樣下去，也沒有甚麼剩下來了。

不如從我祖父說起吧。我家境算是中產或小康，父母雙全，祖父母也健在。爺爺跟其他人一樣，很喜歡抱孫，但他野心更大，希望孫兒組成「聯合國」。我爸爸在廣州讀大學，媽媽在祖母私塾讀「扑扑齋」，祖父母為爸爸選了讀私塾的媽媽作妻子，儘管爸爸有很多女同學，但他也答允了。媽媽也很合作，一年後「中華民族」便誕生了，那就是我。二戰戰後有所謂四強，中美蘇英——爺爺四強都有了便很自豪，接著德意也有了，之後問題就來了。原來許多國家立國可不是為了方便張老先生替孫兒取名的，特別是匈牙利、摩洛哥、不丹、巴西、厄瓜多爾……所以我七、八、九三個弟妹便入不了聯合國。

雖然弟妹眾多，但我不懂照顧嬰孩的，抱也抱不穩，一抱，他們就怕我把孩子跌了，馬上搶回去。我有時嫌弟妹頑皮、煩氣，就跟媽媽說：「你寵壞弟弟妹妹了！」媽媽聽多了，自然不忿，就說：「寵得最壞的是你！」奶奶告訴我，我小時候哭，人家也懶得給我抹眼淚，給抹了我會叫他們賠給我的。還有爸爸——準是我不聽話吧，把我困在很大的花籠裏，其他人本來打算意思一下就放我出來吧，我倒鬥氣，要爸爸親手放我才肯出來，很刁蠻。但在其他長輩跟前，我算是乖巧的。媽媽跟人說，她打個眼色，我便知道甚麼該做，甚麼不該做。

我在香港住了不久，這邊便淪陷了，於是我們便到大陸去。兵分兩路，爺爺奶奶帶著我第二個妹妹逃難，很慘的，越過山頭野嶺。那時沒有車，太婆坐在牛上，背著家當。妹妹也坐一條牛，工人、爺爺、奶奶看顧著她。結果太婆連人帶牛和行李給拉走了，從此下落不明，妹妹當然也經歷了很多不自在的生活。我跟爸媽媽到重慶，爸爸在機場當工程師，於是便跟其他工程師住在一起。那兒有公家飯可吃，大家住在一起也很和睦，一個伯伯認我作契女，也蠻不錯，最慘是頭上生蝨，用藥水洗髮包著頭焗死蝨子便沒事了。抗戰勝利，媽媽在那兒生下我大弟弟後，我們就回到廣州。我在「培道」〔培道小學，後指培道中學〕唸三、四年級，妹妹也是。直到一九四八年，爺爺帶著我們一家又回到香港來。

爺爺在尖沙咀租了一層樓，我記得下面是九龍麵包糖果公司，那地方很大，露台很寬敞，後來同學說可以來開 party〔派對〕。接著我便在這裏的「培道」唸五年級，他們從幼稚園開始就讀英文了，但我在大陸沒有讀這個，所以最初也很吃力。「培道」是貴族學校，我記得有次下大雨，爸爸開「柯士甸」載我上學，車牌是九九五九，他看到一地都是水，便把車子開上行人路讓我下車。後面有一輛「雪佛蘭」，車上載著的是很熟的同班同學，她說：「把車開上行人路，以為有多了不起，原來不過是輛小車！」我想爸爸疼我，親自載我上學，怕我弄濕腳，所以把車開上去，你有司機才沒有甚麼了不起呢！我覺得爸爸愛我，很開心。我對那些沒見識的人的話倒不在乎。

「培道」畢業後，同學大多到美國升學，為甚麼我從沒想過要去呢？那時我住在尖沙咀，當時的香港跟現在不同，尖沙咀特別多外國人出入，賣花女賣新鮮的襟花，通常會把鮮花賣給外國人，外國人會付較高的價錢，還會對她笑。我不是不喜歡外國人，他們整潔，不會隨地吐痰，待人有禮，會對人笑。他們不但受賣花女歡迎，也受其他行業的人歡迎，大家都對他們客氣些，躬身哈腰。我不是不喜歡他們，但我做不到這樣。我無求於他們，當然可以崖岸自高，但如果我到外國讀書，那兒全是外國人，我準有事向他們相求吧，那會不會覺得低人一等呢？想想就不想去了。有人說到台灣讀大學，我覺得這樣也好，至少碰面的總是自己人。我想了想，就跟爸爸說，我去讀工程好不好？他是工程師嘛！他說不好，工地的人粗魯，說髒話，不適合女孩子工作。不知道為甚麼最後會選了哲學，其實我喜歡文學，會考國文也考得不錯；但我想起我真是很懶惰的，覺得哲學無邊無際，那就是讀多少都沒所謂啦！這當然是錯誤的觀念，但就是選了哲學。台灣本地學生想進「台大」（國立台灣大學）難於登天，很值得同情，但我們這些僑生可壞了，統一入學試時，那些人一開始便偷看、作弊，十分過份。那時我想，如果有人問我要試卷看，我給還是不給呢？可能我臉孔板得鐵青，沒有人敢問。當然，這樣很容易便考進去了。「培道」有幾個同學一起去的，大約五、六個，一起坐「安慶號」去。原來《周報》的**黃國超**也是乘這船去。

黃國超
筆名少雅。澳門出生，一九六〇年代經常投稿《中國學生周報》，曾參與編輯其中〈快活谷〉版面。另以「的式」一名任香港商業電台廣播劇《十八樓C座》編劇，持續四十多年。二〇一三年在港逝世。

「台大」的校園真大，那時能看到還沒成為狂人的李敖，穿著長袍走來走去。至於上課，當時方東美去了遊學，我倒上過吳康的課，上哲學概論有百多二百人，坐在後面根本聽不到他說甚麼。我有一次學人家逃課留在宿舍，有人大叫「吳康點名啦」，便氣急敗壞地趕去報到。因為人太多，他又是老人家，逐個的點，逐個的叫，要耗上好一段時間，你趕得及便能喊「有」或「到」。我只讀了一年便離開了，因為那年炮轟金門。我不知道當時有沒有嚇著台灣人，我們的家長可給嚇壞了，要我們馬上回來，第二年便不准再到「台大」了，從此告一段落。我最懷念「台大」甚麼呢？一出門，旁邊有家賣四川雲吞的，雲吞很好吃。我們早上一起吃早餐，有白粥、花生、泡菜……我過了一年優悠的寄宿生活，然後便回到香港。

盧　那時是一九……

張　一九五八——我好像是一九五七年畢業的……只記得是炮轟金門那一年。回來之後還是得繼續讀書的，於是便到「新亞」（新亞書院）。

熊　為甚麼會到「新亞」呢？

張　它在農圃道，離我家較近，我們這幾個回流的同學，有人到了「崇基」（崇基書院），有人到了「新亞」。有一、兩位家長膽子較大，讓孩子返台讀書。我考「新亞」的入學試時，中文寫得很潦草，黃華表只給我二十三分！我啼笑皆非，自覺中文很好嘛。那時我一臉狐疑，唐君毅先生從辦公室跑出來，一次、兩次、三次，他對我說：「中文不好不要緊，你英文很好，也一樣可以。」其實我英文平平，只是跟其他人比較也許算是不錯吧！當時我還不知道面前這位是當代大儒，只感到系主任再三招手，給足了面子，那便讀吧！

熊　以張女士當時的家庭環境和英語能力，怎麼不考慮「港大」（香港大學）？

張　啊！「港大」哪有這麼容易入讀的？我也沒想過去唸「港大」。當時「新亞」跟「崇基」也算是有名的書院，還有「聯合」（聯合書院）和別的……「新亞」離我家較近，在農圃道嘛，於是便去投考了。

熊　在台灣時唸哲學系，於是在「新亞」也順理成章的選哲學了？

張　「新亞」那個好像叫哲學教育系，後來改作哲學社會。我覺得「台大」太大了，「新亞」好像更適合我，因為這讓我有機會接近老師。我遇到三位很好的老師，難得他們也覺得我不錯。「經師易得，人師難求」——有這句話吧？在「台大」想老師留意你關心你很難，但我在「新亞」跟隨兩位老師學習，唐君毅先生和牟宗三先生是人人景仰的哲學家。還有陳伯莊先生，他教社會學的，人家叫他「殺人王」，修他課的人不多，因為是他選學生的，他罵人不留情面，有個女同學姓朱，他就叫人「阿豬」。也許我怕他吧，戰戰兢兢地打醒十二分精神上課，博來他一句「只有張浚華還可以」。

唐先生和牟先生的學問太淵博了，我學不了他們甚麼，但裏面有我的師兄弟，做學問的工夫當然留給他們。我可以親近兩位，接受他們薰陶，所受的影響很大。特別是唐先生，我跟隨他多年，為甚麼呢？因為後來我嫁了給唐先生的同鄉李國鈞。唐先生退休後打算在廣播道買房子住，訂金都付了，那時三千塊也不少，後來他看到畢架山和域台更好，他便放棄訂金，改買這裏。我們去看他時說，如果這裏有向南的高層單位，我們也搬過來吧。沒多久真的有向南的單位，他是西座，我是東座，向南高層，能看到海景，好像山水畫般，我們也就搬了進去。那時唐先生跟我們往來很密切，假日李國鈞會開車載唐先生和唐師母到萬佛寺、青山寺、慈航靜苑、流浮山、山頂到處走走。唐先生將要離世時，我送了他上救護車。唐先生患的是肺癌，那天早上五點多，唐師母打電話來說：「你們過來吧！唐先生不行了！」我整個人不停顫抖，我和李國鈞趕過去——其實唐先生已經不在了，還是給送了上救護車。我給「茶錢」隨車的救護員，他們冷著臉一指告示，表示不能賄賂，我們便靜靜地坐著。當時我穿著皮草、兩條絨褲，還是在顫抖。這是我第一次遇上很接近的人離世。

跟隨唐先生學到甚麼呢？當然很多，第一是勤懇，他的學問已經滿瀉了，還不停看書。有時候我嚷：「開飯啦！吃飯了！」他說來了來了，於是我們等一下，再叫吃飯了，他還沒看完書，結果又等，總是得叫很多次，他才會出來吃飯。他一隻眼睛瞎了，還寫了幾百萬字的文章。他的心胸很廣闊，人

1965 年李國鈞、張浚華婚宴，左起：唐君毅太太、張浚華、李國鈞、唐君毅。（張浚華提供）

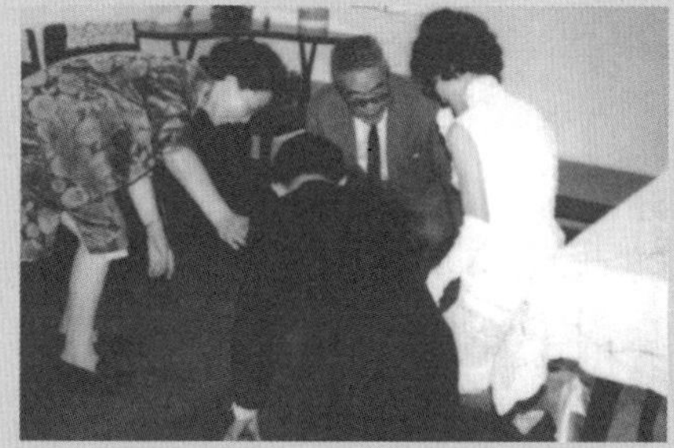

李國鈞、張浚華向主婚人唐君毅老師及師母叩頭。（張浚華提供）

1965 年李國鈞、張浚華婚宴，徐速夫婦（握手者）向李國鈞致賀，左一穿西裝者牟宗三，右二唐君毅。（張浚華提供）

張浚華與牟宗三老師攝於慈航淨苑。（張浚華提供）

後排左起：李國鈞、唐君毅夫婦，前排左起：徐楓、張浚華。（張浚華提供）

家做了甚麼錯事他也會寬恕。他最喜歡說，這人根本上不是壞人，又說這人的本質是好的，大致上也是好人。那麼，這世界不是沒有壞人了嗎？我一直沒有想通，現在想通了一點，當你有很大的愛心和寬恕之心，你會包容一切。

唐先生希望我唸研究所，他叫我到研究所修一課看看，那學期我修完那一課，明白自己不是做學問工夫的人，結果當然沒有進研究所。牟先生穿著長袍，很飄逸的，他比唐先生理性，冷多了，沒有唐先生那麼熱情洋溢，他說一句就是一句，很有力。難得能跟隨這兩位好老師，因此我覺得「新亞」比「台大」適合我。

給我二十三分的黃華表當了我的國文老師，後來我把字寫得整齊一點，他又叫我參加徵文比賽，結果還給我九十多分，很極端。當時好像說幾間書院可以統一成「中文大學」了，黃華表最興奮，大拍心口，我們真怕他拍斷肋骨。他說有間書院看不過眼，我不知道是哪一間。其實我們不那麼興奮，錢先生、唐先生也不那麼興奮，他們堅持我們的書院要掛國旗，好像為此爭拗了好一陣子。[1] 我不太重視學位，考完統一文憑便算了。有人回去多唸兩年學位課程，我不是說自己唸夠了，只是覺得多唸兩年也無濟於事，於是便投身工作。

我在「新亞」考完統一文憑試便畢業，教書又怕——我不知道有教師手冊的，只想到我不懂的字那麼多，不要在學生跟前出醜了吧？又不想遲到讓人等，於是不打算教書，考慮當記者。那時只有《星島日報》跟《華僑日報》是大報，還有《工商》〔《工商日報》〕甚麼的……我想不如到《星島》吧，以前也曾把一篇長文投到《星島日報》獲得刊登。我說我想到《星島日報》當記者，也只是想想，《星島日報》沒說歡迎我。我那時候根本不知道甚麼是《周報》。

熊　那時候沒有看？

張　沒看過，《兒童樂園》也沒看過，甚麼書都沒看過，慚愧死人！我跟唐先生說，請他給我寫信，我想到《周報》去。他說：「你不唸研究所嗎？」我想我上了一課也差不多了。他就說不用寫信，打一通電話便成。原來唐先生、牟先生跟《周報》、「友聯」那群人的關係很密切。《周報》的胡欣平先生，筆名叫秋貞理，他說他對所有人都是平視的，唯獨對唐先生是仰望云云。還有，他們常常請唐先生寫文章。唐先生替我打了電話，我便去見工。胡欣平問我平日看甚麼書？我真不濟，一本也說不出，便說沒有。結果他還是請了我，我想準是唐先生的關係吧。胡菊人當見習生，人家也是寫信去的，我甚麼都沒有準備，這樣他們也願意請我，我很感動。

我到《周報》上班時，社長是胡菊人先生。[2] 總編輯是黃碩儒，採訪主任是彭熾先生，還有盛紫娟在那裏當編輯，負責的是文藝版，長篇小說便是交給她處理的。楊啟樵編〈藝叢〉，那是不用每天上班的，蜻蜓點水般回來交稿。

張熊

好像兼職那樣？

他不是兼職，可能正在唸研究所，只回來交稿就行。當時除了我，還有劉耀權，即羅卡，他也是差不多時候進去的。他在「崇基」數學系畢業。還有個黃國超，即少雅，他從澳門過來的，他說他跟羅卡唸同一所中學。那時總務主任叫楊宏，另外有一位女士姓陳，也是總務部的。過些時候，吳平也進來了，潘小姐……那時還有一位雜務叫麥洪利，身材健碩，天冷也只穿背心，他每星期把報紙托進來，我們便摺報紙。他還兼職攝影，有甚麼活動，他負責拍照，譬如去旅行。我去採訪難民潮的照片，便是他拍的。我拍難民，他拍我，哈哈！

第一次採訪是彭熾帶著我去的，我很土，穿上旗袍和高跟鞋，以後再沒有這樣了。我初時負責剪剪資料，剪一些新馬來的報紙，後來採訪多了，覺得合時的便放在頭版。我記得採訪過馬戲團，還有校際音樂節那些也放在第一版，別的可想不起了。

他們後來叫我編〈快活谷〉，因為那是最無關痛癢的，我臨離開《周報》前寫了一篇文章。[3]〈快活谷〉是誰新來就由誰接手吧，而我剛好是新來的，他們倒不是特別欺負我，那版是消閒性質，不相干的。我接手時，那一版只談旅遊、各地生活習俗，最厲害的一欄叫「仙人掌」，用三兩句話諷刺時弊，要一針見血。記得當時的稿費是一則一塊錢。我改版後只留下這一欄。我做過一系列校長訪問，最精彩那篇結果沒有刊登，那是訪問拔萃男校的校長，他談性教育，其實沒有甚麼大不了，他說，你們不會登出來的，結果真的不能登。

左起：羅卡、背影不詳、陸離、張浚華。（張浚華提供）

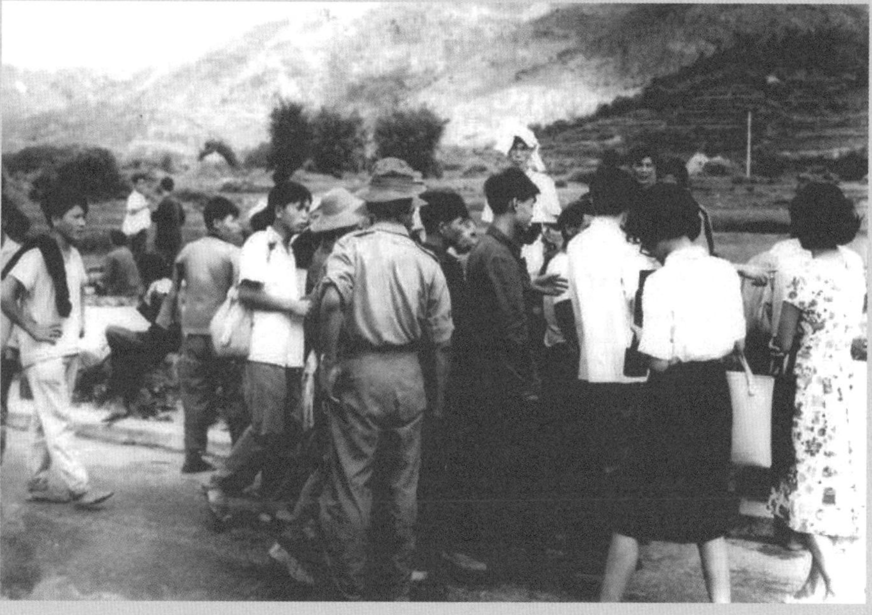

採訪難民潮，右二穿黑裙女子張浚華。（張浚華提供）

熊 因為當時社會風氣保守？

張 對，很保守。我也曾經試寫「學壇」，也即社論。當時我不懂事，不願意給人改自己的稿子，但「學壇」那些是比較嚴肅的……我說稿子不能改，他還要說好話哄我，說其實覺得我不錯，對我的期望很大，因為我是唐君毅跟陳伯莊都讚好的學生，兩個截然不同的人都讚好是不容易的，但你這篇文章是不成的，得改。我說，那麼乾脆不用吧。結果怎樣我不記得了。我知道錯的是自己，人家當總編輯有他的立場，那當然是我不對了，給我機會讓我寫已經很好。後來看〈快活谷〉，愈看愈不怎麼快活，那時看到《瘋狂》雜誌〔*Mad*〕……

熊 那是「友聯」訂回來的，還是自己找來的？

張 自己找來的啊，《周報》不像《兒童樂園》，我不覺得有些甚麼書或雜誌給我們看。我愛上了《瘋狂》雜誌，就像我後來愛上了《叮噹》一樣。我覺得起碼得像它那樣，人家看到才會開心一點。最初改寫、翻譯一下，後來直接用香港當時發生的事和學校新聞，將它本地化，結果不知怎的很受歡迎，成了熱門的一版，以前熱門的版面是輪不到〈快活

△十四K的「白紙扇」又四出活動。

難怪，因爲天氣將入夏了。（培道　飛花）

△吸煙能生癌，兩個醫學會因此向港府建議提高煙草稅。

對於可憐的香港吸煙人，可謂禍不單行了！

△澳門政府將印度人白天釋放，夜晚監禁。

如果不這樣，再過些時摩囉差都成了「白」人了。（銘）

△東區某殯儀館將改建戲院。

將來放映恐怖片一定賣座！（克勞英專　展才）

△中區又多了若干泊車吃角子老虎。

終有一天郊區將會變成停車場。（崇眞　夢中子）

△本屆電影皇后蘇菲亞羅蘭在羅馬廣場輸血。

義演！（模範　姚芝深）

△報載：「超音噴射機的聲浪，把動物園中的兩頭動物嚇至死亡。」

入選現代最新打獵武器。（瑪利諾神父學校　堅仲）

△廣東南番各縣發生霍亂。

這次不能說是香港傳染來的，但可以說是香港介紹來的。（福華街官校　捷報）

〈快活谷〉中「仙人掌」。

都付笑談中

我編「快活谷」

·張隨·

自任學生報編輯以來，一直都在編快活谷。

兩年前，我還是「新編」呢。當時那些老編就向我表示：快活谷嘛，是這些版裏面比較無所謂的一版，誰來得晚，就讓誰編。言下之意，是並沒有「特別」欺負我這個新丁。另一個意思，也就是告訴我，這一版編起來不會太費勁，可以少操心。對於我這個懶人來說，不可謂不體貼！

根據我的了解，快活谷一向刊登的是些比較輕鬆的譯作，有意義深長的益智小品，也有趣味盎然的消閒文章。其中一欄「仙人掌」，尤其搶眼。

選栽仙人掌，恐怕是考驗編輯的地方了！若是編輯手段不够狠辣，刺起人來不痛不癢，可叫樂趣全無。卻是不幸生我而為女孩子，怎麼也免不掉那一點先天性的「婦人之仁」，所以起先編來也是婆婆媽媽的。

其實這個道理，編仙人掌如是，編快活谷也如是。要照顧教育性，又要照顧道德律，再回過頭來讓人笑笑，實在很不容易。閒極無聊，就不禁想想，既然快活谷自已有一個版名，也就應該有獨立的性格，只要不低級，不陋俗，就不會和其他各版不協調。顧名思義，快活谷，起碼要讓讀者快活。

如要讀者快活，編者乃可快活，這是必然的道理。我是够快活的，一天嘻嘻哈哈，主要是因為每件事情我都發覺有可笑的地方。笑，是快活最具體的表現，所以後來我在快活谷選載的儘是大大小小各式各樣的笑話。玩笑開大了，就連當今的大人物，古哲先賢，甚至耶穌上帝的聖名，都拿來作對象。因為風格還算清新，看上去也不太「無賴」。

香港的人也够苦悶的！當我鼓勵那些以諷刺手法表現現實社會現象的創作時，馬上便有了反應，於是題材更多了，譬如嘲笑學店形態的醜惡，顯露電台廣播節目的無聊，更替那些已經够誇張的宣傳廣告誇張一下，大家看了，竟然覺得很痛快。

不過，有一點會經使我不太痛快的，就是很多快活谷的讀者還未明白快活谷的性質。在這個差不多標榜着專載幽默、諷刺、滑稽、荒唐、瘋狂的文章的園地裏，卻不分上文下意，挑出幾句「笑話」，然後以「素仰貴報言論公正……」「……向以貴報為青年導師……」這些為大前提壓下來質問，叫我幾乎躲避不及。幸而我這一陣要離開學生周報了，這個問題，可以留給下一任編輯去詳細解釋。

也有些人問過我：「你走了誰編快活谷？」就好像沒有人會編的樣子。虧得陸離一力擔承，接續下去，至今也編了三、四期了。最糟糕的就是，現在每次碰見她，她都要問：「你捨不捨得快活谷？」好像我會不捨得的樣子。

張隨〈都付笑談中——我編「快活谷」〉。（1963 年《中國學生周報》第 575 期）

谷〉的。在《周報》如果沒有適合的好稿，不夠份量作頭條，要自己寫，我那時改版，人家都不知道你〈快活谷〉想怎樣，找誰去寫呀，只有自己寫。我也編過〈生活與思想〉版，我唸哲學，又遇過那麼好的老師，本來應該編〈生活與思想〉，偏偏我沒有甚麼嚴肅思想、生活隨意任性，結果編不長久。我最花心思的是〈快活谷〉，因為自己喜歡，人家喜歡而且說好，便愈寫愈編愈起勁。黃國超很支持，替我寫過本地趣聞。當時還是學生、現在很有名的劉天賜也投過稿，我離開後他還當過谷主。黃國超人很風趣，我愛開玩笑，很多時碰釘子。如果對手不是愛開玩笑的人，接不到招，便是失敗了。黃國超比我更愛開玩笑，段數比我高，我甘拜下風。他講的話，疑幻疑真。有一次，大家在《周報》吃午飯，他跟我說：「張小姐，這隻碗砸不碎的，不信的話你試試看！」我一放手，碗當然打碎了。四姐一面掃地一面說：「也不小了！還拿這個開玩笑！」又有一次，「友聯」在花園搞聚餐，食物都放在枱上，有蒼蠅飛過，我大叫：「蒼蠅啊！」發行公司的經理任顯潮說：「蒼蠅罷了，我吞進肚裏也可以，你信不信？」我當然不信。那隻蒼蠅飛得特別慢，他把玻璃杯一反，便把蒼蠅罩住了，倒進汽水裏不斷搖，然後「咕」一聲便喝進肚裏去。我很擔心，問他要不要去醫院，他當然沒理我，我第二天看到他上班才安心。真是，以後也不敢亂嚷了。我跟黃國超在難民潮時派麵包，他說的話很動聽——我當然幫忙不了拿東西，因為已經挽著手袋，拿著相機，把相機當寶貝似的，那是我爺爺的嘛！他拿麵包、水。我說：「唉，我這次來好像拿不了甚麼，幫不上甚麼忙。」黃國超說：「張小姐，你來是對我們精神上很大的支持！」你看他多會說話！近日我打電話給黃國超，他說他現在替商業電台編《十八樓C座》。他叫「的式」，一星期編兩次，星期一跟星期三。

熊 您正式加入《周報》是在一九六〇年？

張 好像是一九六一年底，剛畢業，一九六一年畢業到《周報》，一九六三年便到《兒童樂園》了。我不應該這樣猶疑的，當然應該是一九六一年，一九六三年我都要走了，總之在五月大逃亡潮時一定在，有照片為證。

熊 那時《周報》已有〈快活谷〉，但不是後來的樣子？

張 對啊，我覺得它不夠快活，於是把它煎皮拆骨，嘻嘻，是脫胎換骨。說得斯文點，是把它編活了。說得真實點，是愈編愈瘋狂，其他的編輯比我規矩多了，盛紫娟編……

盧 〈穗華〉。

張 對，〈穗華〉。

盧 還有〈新苗〉。

張 讀者投稿的那版叫〈種籽〉，請作家寫的那版是〈穗華〉。〈穗華〉每期一整版是一篇精彩的短篇小說，盛紫娟約司馬中原、段彩華、郭衣洞、郭良蕙等等名作家寫稿，份量十足，我覺得光看這一版便已經值回報價。〈快活谷〉在最後一版，即使反斗一點，也不成問題，我編的〈快活谷〉是挺有品味的。

熊 《周報》裏有沒有誰有意見？

張 《周報》裏當然沒有。一、兩個讀者零星的意見本來也不必介意，總有些人是比較迂腐、古板，一點幽默感也沒有，一開口總是：素仰貴報怎樣怎樣……

盧 讀者來信責難？

張 支持的人這麼熱烈，這一、兩個有意見的人也會慢慢覺悟的，其實肯寫信來表達意見的也是熱心的讀者。

熊 《周報》裏的人沒有意見？

張 沒有人提出過有甚麼不妥，我覺得自己編〈快活谷〉是得心應手。其實「友聯」裏多數是外省人，不知道他們看不看〈快活谷〉。

熊 但你們幾位年輕編輯加入後，《周報》的確很受歡迎，甚至比之前更受歡迎。

張 不知道跟我們有沒有關係？

熊 那是你們編的啊！

張 對啊，在林悅恆的書法展上，何振亞也說：「你在的時候，是《周報》的全盛時期。」

盧 插話一句吧，很多人看《周報》，首先看的就是〈快活谷〉，因為很輕鬆、幽默。

張 其實人人都想笑，誰不想開開心心？後來一位編輯叫蔡廣，他接羅卡手編科學版。我很怕那些很正經的考驗，你著我編最後一版，我不知多高興，我愛怎麼編就怎麼編，包保不會出甚麼事！起碼不會悶壞人，以前的〈快活谷〉比較少人看。那時不是很多人能夠出外旅行，自己去不了，光看那些古怪風俗好像也沒甚麼意思，少人看就是浪費了那個版面了！

熊　但當時的《周報》和「友聯」管理層其實都很嚴肅的，想的事情都很沉重……

張　對，他們比較……是的，一談到國家、民族、倫理、道德，當然是沉重的，你想想中國幾千年有幾何太平盛世。

熊　那跟年輕編輯之間沒有矛盾？

張　沒有啦，我唸的中學「培道」是正派學校，尤其是一九五〇年代，後來在「台大」也沒甚麼。「新亞」也提倡文化道德，我能壞到哪裏去？越軌也不能越到哪裏去，只是輕鬆一點吧。〈快活谷〉在最後一版，是娛樂版，他們不管啦，要管也管前面的〈生活與思想〉、論壇。其實我們年紀很貼近讀者，「大孩子信箱」就是又正面，又受歡迎的。「大孩子信箱」由胡菊人寫的，我很敬佩他。

說到「友聯」……我加入「友聯」時，《兒童樂園》、《周報》、《大學生活》、《祖國》，我全都沒看過，孤陋寡聞。你跟我說起，我就翻查他們辦「友聯」的宗旨，大概是這樣的：一群年輕人結合，創

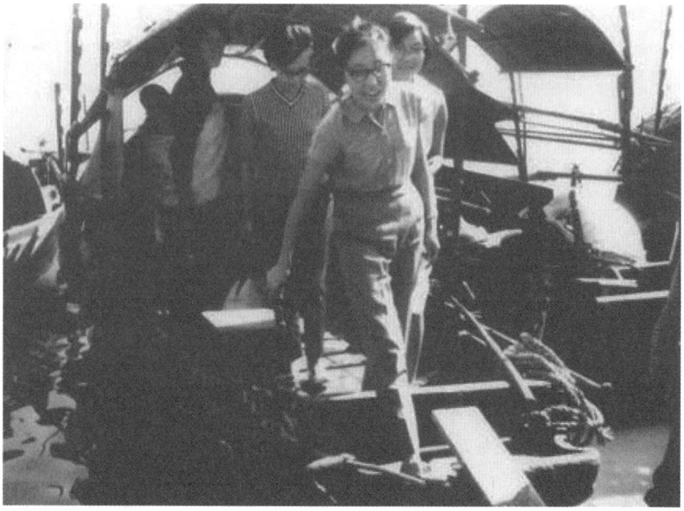

前起：盛紫娟、陸離、張浚華。（張浚華提供）

辦友聯社，他們有改革社會的理念，獻身文化事業，大家約定不加入政黨，也不參與實際政治，主要推動文化，從事社會教育，令知識在民間生長，讓民主植根民間，將公德、公益的觀念和法治精神融入中國社會——做得到，當然非常好。雖然我不知道，但我編《周報》和《兒童樂園》，宗旨都是這樣吧。《兒童樂園》的編輯宗旨是：培養兒童對家庭、學校、朋友、社會的愛心和信心。其實我加入《兒童樂園》時沒看過甚麼兒童文學的理論，但知道是這樣做。事後有人請我演講或撰文，我看兒童文學的理論，說的都是一樣，這些理論是人寫出來的嘛，我也可以寫，但我不喜歡寫理論，我喜歡實踐。

熊 這是加入後才慢慢理解其理念的？

張 我甚至沒有理解，不知道找誰、往哪裏去理解，更沒有想過需要理解。「不見廬山真面目，只緣身在此山中」，你說要講「友聯」，我只好去翻查，否則不知道怎樣答你。一查之下，發現自己在「友聯」工作了幾十年，今天才知道這個文化團體沒有老闆，沒有頭目，工作的熱誠，純係自動自發。

熊 加入後慢慢也會發覺報紙的版面會用中華民國的年號，雙十節會把國旗印在報頭⋯⋯

張 對。

熊 當時不會覺得他們有政治立場？

張 我加入《周報》時沒有誰跟我說過甚麼，只是寫「學壇」時說我有些看法和文字不對，那次的「學壇」一定無關國家民族，我對教育與道德的看法也比較開放，寫「學壇」時也需要修正。對，它印的是中華民國國旗，看國旗我已習以為常，但從沒有人跟我說要反共，我年輕時和大部分香港人一樣對政治冷感，但我知道我是中國人，不會強調自己是香港人。我熱愛中國文化，關心社會，討厭紛爭，真的沒有涉足政治，《兒童樂園》更是沒有。我加入《兒童樂園》時，社長**戚鈞傑**跟我說，現在我們

戚鈞傑
一九六三年接替胡菊人任《中國學作周報》督印人（一九六三年十一月二十二日第五九二期，至一九六四年五月一日第六一五期），同時兼任《兒童樂園》第二任社長，後移居美國。

是合法銷到台灣的，在新馬我們也有發行公司，《兒童樂園》根本就銷到那裏。他跟我說，新馬那邊《兒童故事》的銷量上升，你加入，看看能否提早出版、增加銷量吧！除了這個訓示，再沒有誰跟我說過甚麼了。

張　熊　張小姐在《周報》兩年都是胡先生擔任社長嗎？

不，我不記得過了多久，胡菊人去了美國。「友聯」是這樣的，很奇怪，總經理也好，社長也好——戚鈞傑也是，去歐洲開會，又到美國讀書，後來乾脆移民美國。胡菊人走了，陳特來代任社長一會兒，陳特離開了就來了趙永青。[4] 我們那時所知的不多，他們到了哪裏我沒留意，也不到我理會。但陳特是大師兄，他唸新亞研究所，和我談得來。一次他在火車上跟我說：「有你這個張浚華，『友聯』多長壽二十年。」我當時不明白，現在才明白——如果當時不是一股勁的加強內容，《兒童樂園》一九七〇年代便跟「友聯」其他刊物一起結束了。那時《兒童樂園》內容豐富，銷量也不住上升，能賺錢，哪用結束？加上《叮噹》，更是如虎添翼。我現在才了解「友聯」是這樣的：責任又負，義務

《兒童故事》為《南洋兒童》副刊，約於 1962—1963 年創刊，由香港《南洋兒童》編輯、出版、承印，新加坡中華書局發行，行銷新馬。（刊物提供：楊善才）

也負，而薪水一律，但有家室者有家眷津貼。我先生（李國鈞）當副總經理兼發行公司經理，但他的薪水還不及煮飯的老林，因為老林有老婆、有幾個孩子。

熊 那即是按需要而定薪水的了。

張 我一進《兒童樂園》，畫家就向前任社長告狀。我一頭霧水，還以為自己做錯了甚麼，原來是因為我由編輯晉升為執行編輯，加薪十塊錢還是二十塊錢，他們覺得怎麼我可以加薪！我知道後，也很理解。十塊錢可以買很多本《兒童樂園》了。我沒有怪他們。你請我翻查資料，我一查，才知道待遇是相同的。所以事情不做就不錯，多做了呢，是自己找麻煩，活該。我沒打算要「千斤擔子兩肩挑」，而是培養新人很麻煩，於是能自己兼顧的便一概包辦。我很怕人問長問短，吩咐人這樣那樣，例如著人校對，最後還不是得自己再看一遍？假如是一份報紙，那就不可能，一本《兒童樂園》就可以啦。

熊 您在《周報》時，他們也換過好幾位社長，不同的社長對你們當編輯的有沒有影響？

張 哪有甚麼影響？社長轉來轉去，大概也自顧不暇。他們都很友善，我們做好自己的本份，沒甚麼影響。最初會開編輯會議——我有張照片，不知擱到哪裏去了——秋貞理、總編輯、採訪主任、我、羅卡、盛紫娟，一起開編輯會議。（見本書頁四一）這些沒看到照片，就會忘記了。秋貞理不知道沒空還是甚麼原因，不是常常來開編輯會議的。最初好像隔星期一次，總會先定下一些

張浚華於1960年代多實街辦公室陽台留影。（張浚華提供）

大綱，譬如重要的版面內容，例如〈生活與思想〉版向誰約稿、採訪甚麼，後來沒有了。

盧　「後來」是哪時的事？

張　我也不過做了兩年而已，大概是一九六二年吧！

熊　五月逃亡潮時有沒有受到特別大的衝擊？張女士說過這件事讓您很難忘。

張　對，我去採訪逃亡潮，不知是誰先提出的，說那些人沒有糧水，不如一起去派麵包和水，我們就拿了一些東西一起坐火車去，到達後便手忙腳亂地拍照，有些人在山邊休息，我看到甚麼都拍下來。那時初出茅廬，拍出來算不錯，拍了很多來選，現在的記者也是這樣。我拍了這些，《周報》、《大學生活》、研究所拿去看，他們好像沒有去，合用的便拿去作封面。我記得**徐東濱**出版了一本書，還給了我一本，叫《毛澤東的子民》。[5]

熊　那時在《周報》幹得開心？

張　非常開心。你想想，剛出來做事，進入一個機構像大家庭一樣，又講理想。我們大家挑自己喜歡的事做，我根本不需要去理解「友聯」是個甚麼機構，「友聯」並無干預，隨便我們自由發揮，在

徐東濱

另有筆名岳中石、岳心、蕭獨、藕芽生、吳拾桐、祁彈、張西望、呂洞賓、王延芝等。曾就讀國立西南聯合大學，後加入軍隊任軍委會外事局少校譯員，復員後於北京大學復學。一九四九年來港，曾任民主中國青年大同盟主席，與友人創辦友聯社，歷任友聯出版社秘書長、總編輯、社長、友聯研究所所長等職。一九六〇年代起，先後擔任《星島日報》主筆、TIME雜誌《時代叢書》總編輯、《明報》總主筆。一九八九年移居美國，一九九五年在當地病逝。作品包括小說、詩歌、戲劇、散文等，出版有《岳心詩集》、《桃源行》、《灌茶家言》等。

William Hsu. *Children of Mao Tse Tung*. Hong Kong: Union Press, 1962.

《周報》，因為大家年紀相若，可以說笑。我初時管資料，坐在另一個房間的，後來坐在盛紫娟對面，她講的是京片子，提升了我的普通話水平。

熊 曾經有前輩說早期「友聯」是講普通話的環境。

張 對，譬如盛紫娟講的是正宗的京片子，那當然悅耳，但有些人講的外省鄉下話，就像我聽廣東的鄉下話一樣，難懂或完全不懂。「友聯」那些人是從外地來的，在一九五一年創辦前流亡來，之前怎樣呢？有人打石仔、有一個賣葱，那時香港很窮。他們有個笑話跟不懂廣東話有關的，廣東話中的「菜」叫「餸」，「吃菜」即是「食餸」，所以「賣韮菜」便成了「賣狗餸」——其實當然不是啦！既然大家是文化人，想一起做些對社會有益的事，總是好的。

熊 當時是否覺得「友聯」的環境——譬如很具體來說是講普通話的，其實跟香港社會實際有距離？

張 「友聯」的**燕雲**是「燕大」（燕京大學）的、徐東濱是「北大」（北京大學）的，英文了得，跟國際社會都沒有距離，我在《周報》還未認識他們呢！有些廣東話真的不懂，例如趙聰，他也是「北大」的，論中國古典文學知識，他最淵博。他游走於文學歷史世界，自得其樂，似乎無意融入香港社會。有些「友聯」前輩沒有語言天份，有些不願學廣東話。《周報》個個講廣東話，《兒童樂園》除了戚鈞傑也個個講廣東話。他們其實應該學學，到了一九六〇年代，他們已經來了十多年。我也會聽普通話，也會說說，忘了在哪裏學的，不很好，但能講能聽。我加入《兒童樂園》後，多實街那兒差不多算是總部，總經理、會計部、發行公司都在那裏，[6] 在那

燕雲

本名邱然，Maria Yen，另有筆名燕歸來。父親邱椿（邱大年）。畢業於北京大學。友聯社創辦人之一，曾任友聯出版社秘書長、友聯研究所所長，主責與亞洲基金會接洽。一九五〇年代一度移居新馬。一九六七年離開「友聯」後，曾短暫於香港中文大學任職，後赴德國深造，獲哲學博士學位後，在瑞士蘇黎世大學任教。作品包括《紅旗下的大學生活》、《謝謝你們：雲、海、山》、《梅韻》、《新綠》等。

裏可以看到很多人。我幹了那麼久，改朝換代，總經理也換了很多任。

熊 張小姐為甚麼會調到《兒童樂園》？

張 我在《周報》幹得好端端的，我想是《兒童樂園》需要人手吧！還有，我先生〔李國鈞〕那時在那裏當副總經理跟發行公司經理，他認為如果我去《兒童樂園》工作，性情會溫純得多。調過去，算是升職了。

熊 張女士曾經提到，最初給安排去《兒童樂園》時是不太樂意的？

張 我想說的是企盼，不太企盼，因為之前跟同事玩得很開心，後來想想，過去就過去吧，那個始終是男朋友，哈哈！

熊 這樣說來，也不是怎樣不樂意，只是離開了很好玩的朋友。

張 對，還有，編〈快活谷〉很開心，編得很起勁，現在還覺得意猶未盡。

熊 當時《兒童樂園》有甚麼人幫忙？

張 我調到那裏時，戚鈞傑是社長，**羅冠樵**是主編，另外有畫家郭禮明，還有李成法，他比我沒早多久加

《兒童樂園》畫家筆下的櫻子姑娘。

入。我加入的時候，羅冠樵在那裏工作已踏入第十一年。郭禮明和李成法是羅冠樵的大弟子，也是《兒童樂園》的台柱畫家，邊學邊做邊進步。郭禮明下筆線條優美，畫櫻子姑娘大眼睛的一條條長睫毛，沒有人畫得比他更好看。畫畫之餘又扮中槍倒地娛樂我們。我入《兒童樂園》最初的這幾年，工作不那麼趕，大家都有些閒情。李成法沉默寡言，一到辦公室便埋頭畫畫，他和我一直工作到最後。

《兒童樂園》創辦人之一的徐東濱說，一九五二年底他們幾個人在鑽石山「半山別墅」開會籌辦《兒童樂園》。綜合**陳濯生**、羅冠樵的憶述，他們一眾包括陳濯生、燕雲、徐東濱、胡欣平、**史誠之**、**閻起白**、羅冠樵、**張一渠**、潘誠、吳喜生，他們聚集在這間租住的兩層樓房，商議策劃趕出一本小書參加一項比賽，獲獎的可以得到主辦單位贊助全年的出版費用。羅冠樵負責繪圖，幾位大漢在他身後俯看，他們的呼吸吹得他頸背耳朵發毛。大家徹夜無眠，要喝提神飲料。結果勝出了，這本小書就是《兒童樂園》。

「友聯」出版《祖國》、《大學生活》、《中國學生

羅冠樵
畢業於廣州市立美術專科學校，專修西洋畫。一九四七年移居香港，曾任教於華僑書院、清華書院、經緯書院等。一九五三年閻起白、燕雲等創辦《兒童樂園》，羅冠樵曾任主編、畫師，至一九八三年離職。一九九九年獲香港藝術發展局頒發視藝終身成就獎，二〇〇八年香港文化博物館舉辦「兒童樂園──羅冠樵的藝術世界」展覽，筆下故事《小圓圓》、《西遊記》於二〇〇〇年後重新出版單行本。二〇一二年在港逝世。

陳濯生
又名陳維瑲、陳思明，筆名薛洛。丁廷標女婿。畢業於中央大學。曾為民主中國青年大同盟成員。一九五〇年代曾參與《自由陣線》編輯工作，後與友人創辦友聯社，為主要負責人。一九五五年到馬來亞發展友聯工作，後移居美國，二〇一五年五月於當地逝世。

周報》和編譯數也數不完的書，還有一個友聯研究所，這些領導人要照顧的事多的是，他們開了頭，相當成功，就忙別的事情去了。他們各有重任，本身又不是寫兒童故事的人，所以不會留在《兒童樂園》。潘誠、吳喜生雖然是畫家，但他倆不擅長又不喜歡畫插圖，所以不久就走了，張一渠也只留了三個月。閻起白是《兒童樂園》第一任社長，刊物由他編由他寫。他在前日本殖民地旅順長大，第一語言是日文，所以日本兒童雜誌是他訂回來的，內容也是他翻譯的。燕雲有重任，不會留在《兒童樂園》。羅冠樵是主編，理所當然要承擔《兒童樂園》的寫與畫。今天回顧，羅冠樵可說是香港兒童文藝宗師。後來楊望江（即閻起白）離任，由戚鈞傑接任，一九六三年秋天我到《兒童樂園》履新當執行編輯，原來這位第二任社長也是個新人。我覺得羅冠樵、李成法我們幾個在《兒童樂園》算是做了很久，就像沒有誰離開過那樣。

熊　早期流動性較大，而後期……

張　「友聯」很多單位的人都是流動的，流動到後來，要走的都走了，那倒穩定了。我加入的時候，還有

史誠之
友聯社創辦人之一。著有《歷史轉折與中國前途：論解放軍的過去與中共的未來》、《論中共的軍事發展》等。

閻起白
又名楊望江。原籍東北，畢業於日本帝國大學。抗戰時期在東北從事抗日工作而被囚，戰後獲釋。來港後曾在荃灣硫酸廠當工人，同時在《中聲日報》等報刊發表作品，後與燕雲、陳濯生等創辦《兒童樂園》，並任《兒童樂園》首任社長。

張一渠
筆名徐晉。祖籍浙江餘姚。畢業於杭州法政學堂，擅書畫金石。一九二〇年代即在上海從事出版工作，曾創辦兒童書局，出版多種兒童書刊。一九四九年後移居香港，曾印行《兒童字帖》，先後參與《兒童樂園》、《好孩子》、《兒童之友》等兒童刊物工作。

一位鄧小姐當校對，馮小姐呢——按「友聯」編配，很多人手要給他們工作，看哪個單位有空缺就到那裏。馮小姐也在「友聯」工作了很久，當總務，負責整理書本，開稿費單。她跑來跑去，把書搬來搬去，那些畫家嫌礙事，便請她先不要收拾。我後來精簡人手，那便沒有甚麼人有空跑來跑去、聊天。

我加入《兒童樂園》，初時學寫故事，寫偉人、名人故事。《兒童樂園》的人寫故事都用筆名，我以為是傳統，便照跟，看到那外國名人故事署名西蒙，我照跟叫西蒙，譬如寫歷史故事的叫青山，我便又叫青山。現在翻看，也得想想是不是自己寫的，那些生活故事民間傳說等等，全部都是這樣。最初全是寫這些，一千字左右。我跟戚鈞傑說，我寫得不太好，戚鈞傑說不怕，配了圖，加上書法，印出來就很好了。

張熊　讓小孩子看的也一千字？

初時都是一千字，佔兩頁，每頁一個大圖。後來發覺讀者好像不耐煩看長文，才改成那麼多連圖吧！我們那些兒童文藝叢書更長，一整本，但人家真是慢慢就不耐煩看，結果就沒有再出版了。連圖當然更有趣，畫家的工作量倍增，而且圖畫愈來愈漫畫化，基於讀者和社會的需要，沒法子了。漫畫很生動吸引嘛，我不改的話……所以我說自己「不甘平淡」，創作好的是作品，不好的是垃圾，介乎兩者之間的是「平淡」，那麼容易能寫得出好東西嗎？要很多時間嘛！得搜集資料，得觀察，跟小孩子一起玩，又得構思好的點子，情節有轉折。你想想，這樣寫一個故事得花多少時間？那時脫期又脫期。畫畫也是一樣，畫封面也得構思題材，沒有內容，光是美也沒用，對不對？

我略談一下，我到《兒童樂園》之前有哪些人寫吧，我知道的主要是閻起白、燕雲，古梅也寫過一篇，大家都用筆名，只有她行不改名，坐不改姓，還有古城、田春瑞、黃秀英。羅冠樵起先只是畫，後來又寫又畫。之後還聘用過一些人，錢穆夫人胡美琦也短時期寫過。畫家們說，錢穆打電話要找胡美琦，找不到她聽電話便生氣了。還有一位女孩子盧雪鄉也寫過一陣子，後來都走了。

閻起白訂了很多日本「小學館」出版的雜誌，這些幼稚園、一年生、二年生、三年生、四年生、五年生、六年生，每本都那麼厚，你說人家有多少材料？我對著這些雜誌發呆，我想，人家那麼豐富，我們只有三十六頁，十二個項目，除非個個項目精彩，否則怎能吸引讀者。萬一悶死他們，《兒童樂園》也非得關門不可了。有那麼多的雜誌在面前，自己何不學習日文，發掘人家的寶藏，拿來借鏡？於是我便去學日文。

熊　為此而學？

張　對啊，這是我的事業嘛，不是事業也是職業吧！我需要懂日文，因為想看這些內容豐富的雜誌，那不是該去學日文嗎？而且多學一種語言對自己終生有益。日本語文專科學校一星期要上兩次夜課，不知道怎麼搞的，我上了兩個月課，學校竟消失了，我再也找不到那些上課時的老師、同學。戚鈞傑介紹周孝永先生的漂亮日本太太周道子給我認識，我選了幾篇故事請她翻譯，其中一篇就是《ドラえもん》。她跟我說「ドラえもん」不知道怎樣譯，也講不出「ドラえもん」是甚麼意思。那個主角野比太，她也不會譯。我說不會譯便不譯吧，把對白翻出來便成。我一看故事那麼好，就決定用這個故事，自己替他們改了中文名字。

盧　「叮噹」這名字是你改的？

張　哈哈，除了我，還有誰呢？《兒童樂園》其他都是畫家呀！我年中不知道改了多少小孩、動植物、昆蟲、車、船、所有故事主人翁的名字。我看到它頸上有個鈴鐺，便叫「叮噹」，野比太改名「大雄」。前幾年有人跟我說，他們把「叮噹」改成「多啦A

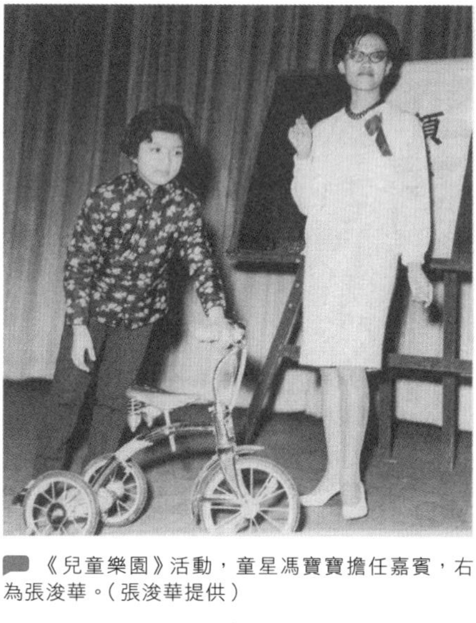

《兒童樂園》活動，童星馮寶寶擔任嘉賓，右為張浚華。（張浚華提供）

夢」啦！我說，它本來就叫「多啦A夢」，但如果中文版要以「多啦A夢」的名字登陸香港、大陸、台灣、東南亞，難多了，當然是「叮噹」容易接受些。《兒童樂園》替它打通了一條大路，「叮噹」是我接觸到的外國故事中最好的一個，我們無法寫到，現在的人也寫不出來吧！寫這樣的作品需要人力物力，也需要時間，日本人肯花人力物力，他們重視小學教育多於大學教育。我希望《兒童樂園》的讀者可以看到，然後中國的小孩子也能看到這樣的好故事。日本的小孩子有這麼好的故事可看，怎麼我們不能有呢？

熊　即是不只名字，連內容也改得地道些？

張　對啊！我把那些日本服裝、日本地名之類都中國化了。

熊　圖畫都重新繪畫的？

張　對。

熊　只是沿用基本設計。

張　「叮噹」的樣子沒有怎麼改變，還有它的內容本是黑白的，但《兒童樂園》是全彩的，我們加上顏色。我們借用人家的故事，應該尊重人家的著作，

《兒童樂園》的「生活幻想故事 — 叮噹」。

本來不應該改動的。我把它中國化，是讓我們的讀者容易接受。我推介歐美的世界文學名著，把它們改成連圖，是因應《兒童樂園》的篇幅，將就《兒童樂園》讀者的喜好，不知道作者介不介意。我們行銷各地，作者看見，如果投訴，我起碼會道歉，但一直沒有。國內和台灣的刊物不也常借用《兒童樂園》的故事和圖畫嗎？我們並不介意，有時還覺得他們會選擇，眼光不錯。

熊　「叮噹」本來在《兒童樂園》上刊登，後來才獨立出版？

張　後來為甚麼會獨立出版呢？因為畫家的工作增加了很多。最初是一千字配兩幅大圖，後來由一頁一圖改成一頁六、七、八、九、十圖，工作不是多了很多嗎？我不斷給人增加工作，又不斷催趕，給點實質的獎勵是理所當然的吧，我知道「叮噹」受歡迎，而且有讀者要求增加「叮噹」的篇幅，我便跟老闆說，不如我們出版《叮噹》單行本吧，不用另付租金，不用額外的燈油火蠟，又不用編輯費，我自己包辦，只需少許稿費，肯定能賺錢，賺了錢，拿十分一花紅分給大家吧。他說好，這便做了。出版第一期，一萬本都賣光了。最初出版是不定期的，後來改成半月刊。一個月多編校兩本書，又要招請新畫家，忙得要命，就忘了談花紅的事。其實談也沒用，他們還是說沒錢賺甚麼甚麼的，不過我有更開心的事，《兒童樂園》和《叮噹》的銷路在闖高峰。收入數字我不知道，但印刷的數量是知道的。

熊　《兒童樂園》可以正式進入台灣？

張　當然可以，一直都可以進入台灣和新馬。

熊　「友聯」是不是只有《兒童樂園》能進入台灣？

張　似乎真的只有《兒童樂園》。二〇〇六年秋天，小思給我看台灣書評家傅月庵著作的《天上大風》，裏面有一篇〈兒童樂園夢無窮〉。[7] 我讓羅冠樵也看了，我們十分感動。哈哈，我們的小讀者長大了，寫了一篇這樣出色的文章，在遠方懷念我們。羅冠樵影印了這篇文章，隨身攜帶。我們慶幸《兒童樂園》當年行銷台灣，又一致推舉傅月庵是《兒童樂園》台灣第一榮譽讀者。以前我們寫故事逗讀者開心，現在他也哄得我們兩個老人家非常開心。這是我們得到的最大慰藉。

熊　那麼《兒童樂園》在台灣的銷量是不是比香港高？

張　又不至於！

熊　以張小姐的印象，在《兒童樂園》四十多年的歷史裏，哪段時間的銷量最高？

張　是一九八〇年代初期，因為那時內容最豐富，當時社會發達，人們有錢，捨得花錢。那時我們銷五萬多本，但實際讀者不只五萬多。那天我聽一位讀者說，他住在屋邨，全條走廊的小孩子分享一本，還有圖書館、小童群益會，更遑論理髮店那些了。我想銷量應該是那時最好。

熊　最高的時候有多少？

張　六萬。

熊　甚麼時候銷量開始下跌呢？

張　一般是這樣的，這期加印七百，兩期後可能減印五百，然後又加印三百，又減印二百，常常是這樣，有起有跌。有一陣子銷量升得厲害，三百、七百、一千的加印。印數多少，每期由我告訴印刷廠，但發行公司會告訴我加還是減。最後到一九九四年便有減沒加了，跌得很厲害。

熊　最後銷量跌到多少？

張　不記得了，那時已經很混亂，最後只剩一又四分三個畫家，兩個也不到。

熊　人手有甚麼轉變？可以補充一下嗎？

張　一九六〇年代時，我們的待遇跟外面差不多，後來香港經濟愈來愈好，我們卻停留在原處。所有人都是每年加薪一百元，工作不用多做——有時也不是他有意不做，是沒有工作給他做，總之不管工作是多是少，加幅都一樣。不知怎的，我們倒習以為常。

熊　人手愈來愈少了？

張　人家要養妻活兒啊，便向外闖。最早離開的是郭禮明，羅冠樵也想過出外做生意。人家說要走，我一定放他一條生路。羅冠樵往外闖，但仍舊替我畫畫。他曾經在尖沙咀星光行有間店，賣麵粉公仔甚麼的，試過幾次，不過他是藝術家的命，做生意都不成功。他們想出外闖，很難決定去留時，其實還是有折衷的辦法。我會說，我們真的很需要你，不如當半工，只須回來交稿便可以了。

一九八三年，《星島》出雙倍人工請羅冠樵去畫功夫連環圖，以工作量來說，人工不是特別高，而是我們人工低。羅冠樵最為人稱頌的是一九五〇、一九六〇年代的鄉土濃情圖畫，農家樂啦、荷塘採蓮、打魚撒網、鬥蟋蟀這些，讀者刻骨銘心。但時移世易，新生代的讀者卻不懂欣賞。《西遊記》漫畫化，追得上時代，「畫俠李子長」這些就沒有那麼受歡迎了。羅冠樵離開《兒童樂園》後，由新晉的畫家畫封面，封面的人物年輕化了，也切合時代感了。從前唐先生叫我每次帶一本《兒童樂園》給他，就是看裏面的中國神話連載，可惜我們的銷售對象不是唐先生。

《兒童樂園》的畫家都是由我們自己去培訓的，入職的要求是：不需高學歷，對繪畫有很大的興趣，最好有一點天份，能收斂藝術家脾氣，最好能刻苦耐勞，不計較報酬。

一九六〇年代中期，戚鈞傑請過一位蘇州美女陳小姐。大家都很雀躍。有一個活色生香的可人兒共事敢情好，我在想著怎樣善待她好讓她留下來。對於畫插圖，陳小姐是由零開始，所以《兒童樂園》的畫家統統是她的師傅。他們大剌剌的叫她站在他們背後看他們畫畫。可能羅冠樵見她站得太久怕她悶壞，拉開抽屜喊有老鼠。陳小姐嬌嫩得未能接受這個遊戲，哭著跑開。她邊抹眼淚邊跟我說：「張小姐，估唔到羅生幾十歲都會咁對我。」李成法和郭禮明愛好攝影，假期約陳小姐當模特兒。陳小姐還要應酬公司其他部門的人，有些伯伯找她話當年，會計部一位小姐問她借衣服穿，不滿意還給她面色看。陳小姐每次受了委屈便紅著眼睛紅著鼻子來找我：「張小姐，佢地又蝦我。」我十分同情，極力安慰。有一次，陳小姐在電梯遇劫，警察局叫她去認人，她竟然找不到一個人陪她去。我和她同年紀也未入過警察局，但我覺得警察局沒有甚麼好怕的，便陪她去九龍城警署。認人後，我問她有沒有看見那個劫匪，她說有，但不敢指證他，另指了一個。因為沒興趣也沒天份，她無緣成為插圖畫家，但她一定是個人人夢寐以求的好妻子，出版社的金牌月老奚先生（奚會暲）介紹她認識了一個文具廠老闆，她嫁到馬來西亞過著幸福快樂的生活，我也添了一段美麗的回憶。

美女過客走了之後，我們請了一個才子畫家潘偉，他是當年應屆中學畢業生，沉默寡言，非常聰明，天份又高，沒有學過畫畫，但畫的人物生動趣致。我寫「生活故事」，請他幫我畫連圖插畫，竟能傳情達意，除了有心鋪排的一點教育意義外，還流露淡淡的趣味。他畫畫謎「錯在哪裏？」不必我供應題材，自己創作整頁沒有文字的大場面，很多小朋友在進行各種活動，有對有錯，逗趣又耐看。他是個性格巨星，我發覺自己愛美又愛才，有時被他氣壞，但看見他交出的作品，馬上氣消了，心悅誠服。有一次，他幾天沒有上班，也沒有請假。一個星期後，我忍不住打電話去找他，看看到底發生甚麼事。他很不高興，說是病了。我問有沒有看醫生，他說感冒會自己好，不必看醫生，一直在睡覺。我不敢再騷擾他。他大少爺過了差不多二十天才回來上班。我裝作若無其事，當他放了個長假。

潘偉做了幾年便辭職走了，聽說去了做公務員。

李志豪也是我招聘的中學畢業生，他溫文爾雅，公司上上下下沒有一個人不喜歡他。他的畫稿也乾乾淨淨，不必我「執漏」。他也只工作了幾年，我捨不得他走，一想到外面海闊天空，他一定有更好的去處，也就又不敢挽留。

1963 年《兒童樂園》第 245 期。

乖乖女潘麗珊原先在「友聯」接待處服務，因為對繪畫有興趣，我們在急需人用時就把她請進來了。她非常文靜，一直做了很久。

然後畫家李成法的兒子李子倫長大了。李子倫是《兒童樂園》的當然讀者，有興趣也有天份畫插圖，一畫便上手，畫出來的畫稿馬上可用，不需要培訓。羅冠樵離開《兒童樂園》後我讓李子倫畫封面，果然畫出一番新景象。他很快便成為《兒童樂園》台柱畫家。

有時我覺得很奇怪，難道畫畫的天份有分鉛筆畫的天份和鋼筆畫的天份嗎？《兒童樂園》畫家畫黑線稿用的是鋼筆和墨汁。他們慣用的鋼筆嘴在香港已經斷市，我找人從倫敦買回來。李子倫畫黑線稿，落筆線條圓滑優美，無懈可擊。我們招請畫家時接見過一個賣鞋的女孩子，她畫了幅人像素描，羅冠樵說她很有天份，我們請她用鋼筆畫線條試試，結果畫了一千條也選不出一條可用的。

第二位由讀者變成《兒童樂園》畫家的是陳子沖。他爸爸是排字房老闆陳潤，他自小就看《兒童樂園》，也是不必培訓就可以上場。他先畫「叮噹」，後來畫「播音台」。李子倫離開後，便由他畫封面。他也是《兒童樂園》的台柱畫家。一九九四年初，他幫電子廠畫設計圖，開始逐步離開《兒童樂園》，但為我們畫封面和「播音台」到最後一期。我說《兒童樂園》最後只剩下一又四分三個畫家，李成法是一個，新晉畫家 Johnny 算半個，陳子沖算四分一個。陳子沖現在仍然畫畫，他開設了一個工作坊。

熊 張小姐自己剪存了很多專欄作家所寫有關《兒童樂園》的文章，他們都覺得《兒童樂園》停刊很可惜，很多都提及《兒童樂園》裏的中國神話、民間故事，這些內容都表現了《兒童樂園》一個特點，就是強調中國文化。

張 應該是這樣，人不可以忘本嘛。我們第一、二代的可愛讀者長大了，有些投身文化工作，他們非常懷念《兒童樂園》的鄉土濃情，他們及時在《兒童樂園》停刊時寫出惋惜悼念的文章。神話、民間故事和一些名著是中國文化裏面比較適合改編故事給兒童看的。

熊 這是有意安排的？

張 當然了，你看我們，譬如「新亞」的老師都講中國文化，別說我們應該重視，外國——日本是第一個——也很重視，當國家科技發達到極點，就會回頭研究人文精神。《小朋友》好像也有（這些內容），但我們的確比較強調。

熊 張小姐剛才談到《兒童樂園》和《叮噹》，那時其實沒有取得《叮噹》的版權卻出版了多年，不擔心版權問題嗎？

張 擔心啊！編務、《兒童樂園》社我可以應付，業務如計數、收錢那些，老闆管的嘛，版權便著他們去問，我曾經三番四次催促他們。我們的《叮噹》單行本出版了四年半，有一天發行公司——我們交給「同德」發行，「同德」的鄭先生來電告訴我說《叮噹》的版權給收回了。我最初不太相信，後來有信寄來，說版權已交給了林查理廣告公司。那即是人家取得版權了，我們便馬上停工，其他出版的都停了，發行也停了，因為出版了也沒用。那時單行本出版了四年半，《兒童樂園》裏的「叮噹」專欄可不止，好像一九七三年開始的，直至一九八一年。

張熊張熊

張小姐光《兒童樂園》也編了三十二年？

三十二年。

期間《兒童樂園》有沒有甚麼重大變化？

在香港變化得這麼急劇的社會，不變只有死路一條。當然，到變無可變之時也是要死。我們是不斷在變的。我們假設讀者的年齡是三至十三歲，但有些人看到廿三歲，有些更順理成章地和子女一齊看，這些長情的讀者特別懷念《兒童樂園》鄉土田園氣息，但縱使萬般不捨得，我們也要照顧新生代的讀者，要緊貼時代的步伐，例如太空人登陸月球後，我們便少登嫦娥奔月的故事，「小圓圓」不能滿足讀者，我們便引入「叮噹」。如果新生代讀者覺得陌生和不是那麼一回事時，他們是不會接受《兒童樂園》的，更不要說追來買。

同一個故事，不同時代也應該有不同的演繹，例如「國王的新衣」這個經典名著，故事是說一個愚蠢的國王，上了兩個假扮裁縫的騙子的當，最後一絲不掛地遊街，一九五〇、一九六〇年代，畫國王遊街時是穿著長袖內衣和長內褲的，這怎麼算一絲不掛呢？一九八〇年代，一個出色的畫家，畫了一個大場面，國王背向讀者，真是赤裸裸地遊行，一點都不猥瑣，非常有趣，和原著配合得天衣無縫，這才叫做忠於原著。《兒童樂園》一九六〇年代和一九八〇年代分別刊登過這兩篇「國王的新衣」，如果一九八〇年代仍然刊登一九六〇年代的圖畫，就不叫有趣和新鮮了，還有誰看呀？

話又說回來了，如果有人真心誠意欣賞《兒童樂園》的作品，我是歡迎他拿去出版單行本的。先有孫淡寧孫大姐很欣賞兒歌，出版了《兒童樂園》羅冠樵的兒歌單行本，後有梁鳳儀女士，出版了《小圓圓》，還有我們新馬那邊出版社也出版過《小圓圓》、《中國神話》、《紅羽毛》、《大耳王》等等的單行本，但叫好是一回事，多少人買又是另一回事。

熊 有沒有試過較大規模的改版？

張 內容是不斷地改的，形式上也小本改成大本，文字改成由左至右橫排。

熊 甚麼時候改的？

張 一九八三年，三十周年紀念那期。

熊 為甚麼要這樣改呢？

張 我自己也嫌書太小了。本來書的開度是特別度，幾個創辦人設計的，然後其他兒童刊物跟著也這樣出版。他們原意是把《兒童樂園》設計得剛好適合小孩子用小手拿著看。後來覺得內容太擠了，圖畫全都得「出血」（溢出版面），我寫故事已經盡量簡潔濃縮了，仍然不夠空間印上文字，所以需要改大一點，那便改大了。還有，那時《小明周》跟甚麼週刊都是大本的，小孩子認為大本很威風，拿在手上有裝大人的優越感。那好吧，我們就順勢改大了。

熊 幾十年來「友聯」本身也有很大的變化，尤其是一九七〇年代，「友聯」的各種文化業務不斷收縮……

《兒童樂園》的「播音台」。

張　一九七〇年代《兒童樂園》仍然向上衝，只有擴張，沒有收縮。我進去的時候是一九六三年，何振亞是總經理，他離開後，是劉甫林，劉後來去了巴西。接著從外面聘回來的總經理叫呂天健，接著是馬來西亞回流的王健武，王健武是一九六五年回流香港當社長的。我記得清楚是因為我那年結婚，事後很奇怪為甚麼沒有請他參加婚宴。

一九七〇年代初我們在四美街利森工業大廈上班，夏天很熱，風扇吹動畫紙，不便工作，所以我向王申請裝冷氣機。他答應了，買了幾部二手冷氣機，幾間單邊的房間各部門都安裝了。這不過是改善大家的工作環境，但我已經當為福利了。我少有向上頭要求甚麼，就算一部二手冷氣機，我也很感恩。王請了在一間學校任職的黎永昂來做總經理，後來王走了，林悅恆來當社長，以後就算收縮到只剩下《兒童樂園》，「友聯」仍然有社長和總經理。黎離世了，一九九四年《兒童樂園》停刊後，「友聯」已經沒有業務了，仍然委出一個總經理。《兒童樂園》銀禧紀念遊藝聯歡會，王健武呼籲他的行家送來很多很多玩具作攤位遊戲的獎品。獎品豐富是銀

《兒童樂園》創刊 25 周年紀念，左起：阿輝、李子倫、潘麗珊、張浚華、羅冠樵、李成法、鍾德華。（張浚華提供）

禧聯歡會成功的原因之一。我很感謝他，他是對《兒童樂園》有實際貢獻的社長。

熊 那麼，「友聯」的變化有沒有影響《兒童樂園》的發展？

張 沒有，硬是沒有。個個社長、總經理對我都是笑容可掬的，無時無刻都是。這麼多年來，上面好像沒有給過甚麼指示，自己愛怎樣便怎樣，包括出了錯，也是自己猛地發覺趕緊補救。現在聽見你這麼問，我才察覺餘下的日子只有我們《兒童樂園》支撐大局，但當局沒有特別對我們好，只是笑容可掬和積極不干預。

熊 剛才談到羅冠樵先生，有一點很特別，《兒童樂園》的創辦人並非全都是「友聯」的人，這在「友聯」的刊物中是否獨有的現象？

張 羅冠樵不屬於他們那些……

熊 不屬於友聯社？

張 對，我也不屬於。

熊 那怎麼走在一起的呢？

張 創辦時，他們需要畫畫的人，是閻起白去找羅冠樵的。羅冠樵一直在畫廣告畫，又畫過連環圖——不

《兒童樂園》的「中國神話：武王伐紂」。

羅冠樵（左）與張浚華，攝於 1980 年代羅冠樵畫展。（張浚華提供）

羅冠樵（右）與張浚華，2007 年於志蓮淨苑。（張浚華提供）

是後來那類功夫漫畫，而是以前那些……

盧　小人書。

張　對。開始時，因為從來沒有《兒童樂園》這類書和畫，他們得自己摸索去畫。最初「小圓圓」也比較粗糙，後來一直出版，不斷練習便愈來愈好，凡事經過磨練才會變好。

對了，最近和羅冠樵話舊，他說「小圓圓」這個名字是燕雲改的。他們在創辦《兒童樂園》時燕雲提出每期要有一個兒童生活故事和專欄，最初還是她寫的呢！這件重要的事羅冠樵第一次和我提起。我仰慕燕雲，覺得自己來晚了，不能跟隨她做事是個遺憾。

羅冠樵不是「友聯」的人，但和閻起白、燕雲他們一起創辦《兒童樂園》。閻起白是《兒童樂園》的第一任社長，第二任是戚鈞傑。戚鈞傑一九六九年移民美國後，《兒童樂園》便沒有一個是友聯社的人了。大概《兒童樂園》的社長不好當亦沒有人願意當，這個職位懸空了幾年，他們才讓我這個外人來當第三任社長。「友聯」出版的眾多刊物中，《兒童樂園》屬小兒科，大家不怎麼在意。雖然一開始就

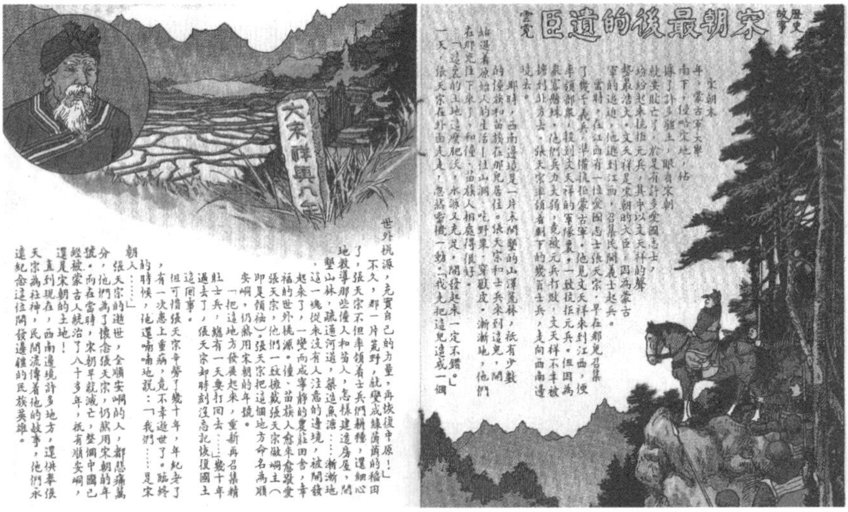

宋朝末年，蒙古軍大舉南下，侵略宋地，佔據了許多疆土，眼看宋朝就要敗亡了，於是有許多愛國志士，紛紛起來抗拒元兵，其中以文天祥的聲勢最浩大。文天祥是宋朝的大臣，因為蒙古軍的追迫，他逃到江西，召集民間義士起兵。

當時，在江西有一位愛國志士張天宗，早在那兒召集了幾千義兵，準備抗拒蒙古軍。他見文天祥來到江西，便率領部眾，投到文天祥的軍隊裏，一致抗拒元兵。但因為眾寡懸殊，他們兵力太弱，竟被元兵打敗，文天祥不幸被擄到北方去。張天宗率領着剩下的幾百士兵，走向西南邊境去。

那時，西南邊境是一片未開墾的山澤荒林，祇有少數的僮族和苗族在那兒居住。張天宗和士兵來到這兒，開始過着原始人的生活——住山洞，吃野果，穿獸皮。漸漸地，他們在那兒住下來了，和僮、苗族人相處得很好。

「這裏的土地這麼肥沃，水源又充足，開發起來一定不錯。」一天，張天宗在外面走走，忽然靈機一動。「我先把這兒造成一個世外桃源，充實自己的力量，再恢復中原！」

不久，那一片荒野，就變成綠茵茵的稻田了，張天宗不但率領着士兵們耕種，還細心地教導那些僮人和苗人，怎樣建造房屋，開墾山林，疏通河道，築造魚塘……漸漸地，這一塊從來沒有人注意的邊境，被開發起來了，一變而成寧靜的農莊田舍，幸福的世外桃源。僮、苗族人愈來愈愛張天宗，他們一致擁戴張天宗做峒主（即是領袖）。張天宗把這個地方命名順安峒，仍然用宋朝的年號。

「把這地方發展起來，重新召集精壯士兵，總有一天要打回去……」幾十年過去了，張天宗卻時刻沒忘記恢復國土這回事。

但可惜張天宗辛勞了幾十年，年紀老了，有一次患上重病，竟不幸逝世了。臨終的時候，他還喃喃地說：「我們……是宋朝人……」

張天宗的逝世，全順安峒的人，都悲痛萬分，他們為了懷念張天宗，仍然用宋朝的年號。而在當時，宋朝早就滅亡，整個中國已經被蒙古人統治了八十多年，祇有順安峒，還是宋朝的土地！

直到現在，西南邊境許多地方，還供奉張天宗為社神，民間流傳着他的故事，他們永遠紀念這位開發邊疆的民族英雄。

《兒童樂園》的「歷史故事：宋朝最後的遺臣」。

賺錢，但「友聯」重視的不是錢，那些不賺錢的單位更受呵護。「友聯」何其幸運，遇到羅冠樵、我、李成法三個外人，都盡心竭力為《兒童樂園》工作超過三十年，死撐活撐。其他刊物都停刊了，《兒童樂園》還延續多出版了二十年。

先說羅冠樵，他在《兒童樂園》的作品有目共睹，稱他為香港兒童文藝宗師，他當之無愧。我們沒有為自己建立偶像，但繪畫界都知道《兒童樂園》有個羅老師。香港藝術發展局一九九九年頒了個視藝成就獎給他，表揚他畢生對藝術的貢獻。香港文化博物館又在他九十歲時舉辦了「兒童樂園——羅冠樵的藝術世界」，展出《兒童樂園》的書、稿和他的很多畫作。我一九六三年入《兒童樂園》，和他共事了二十年。他常常工作到深夜。曾經有病住院，又到新馬為教科書培訓畫家，仍然抽時間為《兒童樂園》畫「小圓圓」和封面，我最為感動。所以羅冠樵說《兒童樂園》是他的，我不會覺得過份。

Dr Seuss〔蘇斯博士〕有一個經典故事叫 *Horton Hatches the Egg*，我譯作〈大象孵蛋〉，刊登在第三六二期的《兒童樂園》。故事說一隻鳥坤坤生了

《兒童樂園》的「小圓圓」。

一隻蛋，叫大象敦敦幫牠孵蛋。敦敦不論嚴寒、酷暑、刮風、下雪、被同林的動物嘲笑，被獵人追捕，都穩孵著那隻蛋。結果連樹帶巢被人運到城市，放在馬戲團供人觀賞。坤坤度完假回來看熱鬧，蛋剛好破裂，孵出來的是一隻小飛象。我覺得羅冠樵很像那傻象，孵在《兒童樂園》，而我又何嘗不是。

說到我，我是個單純的人，認定了是一件好事，就死心塌地去做。認定了是一個謙謙君子，就對他深信不疑。他自行破壞個三、五、七次，我才會失望、難過、生氣。我讀書時，老師講理想，進入「友聯」，前輩也講理想，我置身於美好的兒童圖畫書叢，過去幾十年精神是愉快的。《兒童樂園》停刊後，我覺得事情已經告一個段落。書海浩瀚，我編《兒童樂園》這本小書算得甚麼？二〇〇三年破例接受了方文英的訪問，說我是無名英雄。我很詫異。英雄不敢當，但確是無名氏。原來《兒童樂園》社長的名銜有人認領了，我連編輯都不是，這又有點過份了。怪不得羅冠樵要到處爭取，乾脆說《兒童樂園》是他的，其他畫家更是無名得可以。

《兒童樂園》全部都是外人，一切都靠我們自力更生，自求多福。一九七〇年代後期，每月兩期《兒童樂園》兩期《叮噹》銷售二十多萬冊，不賺錢嗎？盛大的《兒童樂園》銀禧紀念聯歡會舉行了兩天，請司儀花一、二百元車馬費都想省，說：「送兩本書俾佢啦！」結果全部開支合共二千多元，對呀，省錢呀，不牟利呀，但就耗盡我的人情啦。

熊 一九七四年《周報》結束，「友聯」其餘的刊物也陸續結束，這對《兒童樂園》有沒有影響？

張 我們一九七〇年代是盛期，我一直只顧著自己出書，忙得很，別的甚麼也沒理會。《周報》本來在彌敦道六六六號，後來不知道搬到哪裏去了，我加入《兒童樂園》後沒有怎麼留意它了，它後來的發展也不知道。我們初時在多實街，後來搬到四美街，本來是三大桌的人一起吃飯，後來人愈來愈少。《周報》跟《大學生活》是在另一個地方辦公的，所以我沒有留意。友聯研究所本來也在別的地方，我們在多實街，他們在書院道九號。還有友聯編譯所，出版了很多書的，我們唸中學時用過「活葉文選」，編譯所的人手也愈來愈少，後來只剩自

《兒童樂園》銀禧聯歡遊藝大會，於九龍書院道 9 號友聯出版社舉行，招待讀者五千人，嘉賓包括童星路家敏。（張浚華提供）

己那些人。

《兒童樂園》一九七〇年代是盛期，一九八〇年代更是全盛。一九七六年《叮噹》出單行本，還請來一批畫家，《兒童樂園》加《叮噹》，每個月出書二十多萬本，當時應該是氣勢如虹，公司對我們當然不敢怠慢。公司出版香港教科書那邊裁員時不見了一票人，總經理對我說：「是會裁員，但跟你們無關，你們不用擔心。」這樣便有一批人離去了。最後——也不只最後，十多年來，「友聯」只剩下《兒童樂園》。《兒童樂園》在比例上人手一向少，會計部的人手都比我們多，因為我容不下閒人。除了我，都是畫家。外人見我又認真又緊張，以為我是老闆，其實「友聯」哪有甚麼老闆，老大哥陳濯生說的，「友聯」這個文化理念組成的團體，沒有老闆，也沒有頭目。我在「友聯」從來沒有聽過人喊老闆。我老闆、老闆的喊，也是逗他們。有一次，我喊總經理黎永昂：「喂，阿老闆。」胖胖的他眉開眼笑：「老乜嘢鬼闆吖！」又有一次，我和七弟在街上碰見發行公司經理任顯潮，我介紹：「呢位係你家姐嘅老闆。」任顯潮連忙耍手：「唔係呀，唔係呀，唔好聽你家姐亂講呀！」

熊 除了「友聯」內部的變化，香港社會變化也很大，我們翻看《周報》，也能看到一九六〇年代後期在裏面當編輯的陸離、吳平、羅卡等等……

張 羅卡離開了吧？

熊 對，後來離開了。我們看到他們應付社會變化時很吃力，也有很多讀者批評《周報》不能適應社會變化，《兒童樂園》沒有這樣的問題？

張 在《周報》我根本不知道銷量，但在《兒童樂園》，發行公司通知我下一期要多少書，我通知印刷廠印多少，都有紀錄下來，也一直期盼著銷路一直要向上。當然我有留意社會變化，也不斷增強內容。假如有一期《兒童樂園》印出來封面沉悶，內容索然無味，我會很懊惱，並且生自己的氣。我真是一直都以大局為重，知道自己寫的故事不夠吸引，不想拿《兒童樂園》作練習寫故事的場地，以免拖垮《兒童樂園》，所以放棄自己創作，去找些精彩的故事演繹給讀者看。中國故事不夠，找日本的，日本不夠，找歐美的，「小圓圓」沒有新意了，看看「叮噹」、「小毛頭」、「傻大姐」、「紅羽毛」、「吹吹」

如何，自己的要求比讀者的要求還高，待銷量急跌時才救亡是救不了，但已經盡了力還是救不了，就含笑九泉吧！我們一九九四年底就這樣。

唐先生跟李國鈞說：「她做這事是很有意思的。」這當然是很有意思，現在更加肯定了。《兒童樂園》是香港有史以來最暢銷和最長壽的兒童刊物，停刊時人家以「一個時代的終結」來形容。我退休多年，發覺自己的讀者都長大了，已經成為現在社會的骨幹。不管是《兒童樂園》讀者還是「叮噹」迷，看見他們有卓越表現便喜出望外。最近參加香港兒童文學回顧展，更面對面接觸到很多成長得很優秀的讀者，他們對我又感謝又讚美，有些又憶述《兒童樂園》的故事，一個一個講給我聽。這些故事老太婆我早已忘得一乾二淨。我彷彿收到大筆大筆的花紅，享受著金錢也買不到的樂趣。其實說《兒童樂園》的待遇太少也是現在嚷嚷，真的在乎的話就已經走了。我的一股傻勁的確可以感染到畫家，就說李成法吧，他腰骨痛、血壓高，停刊後才可以好好休息一下。

熊 張小姐一進入「友聯」便編輯《周報》，隨後加入《兒童樂園》，有沒有參加「友聯」其他工作呢？

張 沒有了，《兒童樂園》停刊後，他們新馬那邊的教科書叫我幫忙一下，我去了三個月，一個月得回來一次，因為……

熊 簽證問題？

張 對。

熊 也是「友聯」的工作？

張 那邊的「友聯」，「友聯」有些人到了新馬建立事業，也有人到了美國。

熊 那些教科書的內容完全針對新馬的？不是把香港的照搬過去？

張 不是的。

熊 為甚麼只去了三個月呢？

張 我拿旅遊簽證，每個月要回來續期。其實我對教科書全無認識，不過編了幾十年《兒童樂園》，這個算是甚麼？除了寫課文，我帶著三個上海畫家去車站、醫院、市場採訪，出來那課本很不錯。我又和兩個香港畫家去一個市鎮找一棵樹，是很有趣的經歷。我做自己有興趣的事可以很起勁，覺得比玩更好玩，有意義又有成就感。那邊「友聯」的朋友很熱情，特別是馬來西亞「友聯」的總經理**黎永振**，把「馬聯」（馬聯出版社）他的辦公室借給我用，周末接我去他家住，三日一小宴，五日一大宴，黎太太是烹飪專家。我很懷念黎永振伉儷。有些人要等我做出成績才另眼相看，其實我那時閒著也是閒著，自己公司等人用去客串一下而已，他們當然想我留下來，我想回到香港，我很戀家。

熊 然後便正式退休了？

張 對，我真是退休了，回家做家庭主婦，做一些以前沒有做的事，例如烹飪、聽電台節目、看世界盃、晨運，去圖書館也不會直入兒童部。以前享受工作，現在享受生活。

熊 剛才好幾次提到「友聯」的薪水很低，所有人都差不多？

張 對，早期幾乎人人一樣。我在《周報》時，試用期的薪水不記得是不是二百六呢？試用完畢好像也只是二百七。那時已比其他人高薪啦，不記得誰只有二百五，高人家十塊錢已經很多了。你想想，只多十塊錢，人家也要投訴。一年一百的加，我離開的時候是七千五。

黎永振

友聯社早期成員，一九五六年接替陳日青任《中國學生周報》督印人（一九五六年八月十七日第二一三期，至一九五七年六月二十一日第二五七期），後轉赴馬來亞發展「友聯」工作。

站立者張浚華，攝於 1960 年代多實街 14 號編輯室。（張浚華提供）

一九八〇年代初，《兒童樂園》大賣，物價也高。《兒童樂園》的人一個做幾個人的工作，因為又出《叮噹》的單行本。我問總經理是不是應該加點薪水。總經理說，你們的薪水比我們都高，是全公司最高的了。我竟信以為真。哇！我們的薪水居然高過「友聯」的社長和總經理，感動都來不及啦，還有甚麼好說。

張　熊

《兒童樂園》結束後，張女士在不同的訪問裏都提到「手空空，無一物」，也會談到「新亞精神」……這件事真要好好講講。入讀「新亞」，我一唱到「新亞」校歌的「手空空，無一物」就笑。或許是心裏富足，一直覺得自己擁有全世界。那麼巧，《兒童樂園》停刊之時，我爸爸去世，先生又去了北京營商。我盤據《兒童樂園》多年，忙得不可開交，忽然不用寫，不用編，是放下一切，很解脫，壓力全消，但難免有一種空的感覺。

停刊的消息傳開，我不想出鏡，叫他們去找離開了十二年的羅冠樵。有一位打電話來訪問的是「新亞」的師弟，覺得是自己人，很放鬆，便跟他說笑，也是自嘲，說現在真的是「手空空，無一物」

《兒童樂園》的「印第安故事 — 紅羽毛」。

了，否則怎會無端提起「新亞精神」？神經病麼！我還跟他說我含笑九泉呢！我不是個正經八百的人，喜歡嬉笑怒罵，遊戲人間。其實校歌的歌詞可以作多種解讀，「手空空，無一物」六個字抽出來解成沒有負擔也可以。那位《壹週刊》的編輯一想就想到錢，[8] 你看錢對香港人多重要？不過我要感謝他們感覺敏銳，提出來講。你想想，哪間學校的校歌會給人刊登出來一再討論？我沒想過自己可為「新亞精神」做甚麼，這個問你的老師更好。我是無意間變成「千斤擔子兩肩挑」的，一拿起就幾乎放不下了，不知道為甚麼會有那麼多使命感，這些可能就是我從老師處感染回來的，然後我又真的感染了《兒童樂園》的畫家，大家努力工作，回饋社會。還有，長期處於憂患中——這倒是有，怕書沒有瞄頭，怕材料不夠好，找了又找，找一大堆來選，又怕自己寫得不夠好，脫不脫期不重要，書出得好最是重要。

「友聯」刊物的負責人好像沒有哪個不是他們的自己人，所以我也沒想到他們會讓我當社長。當《兒童樂園》的社長不是掛名就可以，你以為畫家那麼容易接受你的領導？畫家們看見我那麼賣力，又沒有甚麼圖謀，照顧人家多過照顧自己，處處都以大局為重，是真的為了這本書好，所以合作，最主要的是《兒童樂園》蒸蒸日上。最初有人說張浚華加入《兒童樂園》，學會編輯技巧後準會跟我先生李國鈞在外面搞出版。結果我不但沒有離開《兒童樂園》，也沒有替我先生編他那些婦女雜誌、電影畫報，他們便服氣了。《兒童樂園》的人長期忙、忙、忙，只靠精神鼓勵，一直沒有洩氣，我覺得很難得，所以這次回顧便特別表揚我們的畫家。

熊　亞洲基金會曾經資助「友聯」，在《兒童樂園》中感受到資助的影響嗎？

張　我入《兒童樂園》時已經是第十一周年了，從來沒有人和我提過亞洲基金會。照我現在的理解，當年「友聯」大家窮成那個樣子，要基金會幫助才能成立一間出版社並不奇怪。現在的人不窮也可以申請香港藝術發展局的資助。《兒童樂園》一出版就成功，這個項目有錢賺，就不必申請資助了。以後幾十年，我們不單是養活自己的單位。到一九九四，不賺錢便要停了。

熊　最後是「友聯」決定停刊的？

張　應該是——不，林悅恆不想停。這樣的，有書報虧本，出版社辦不下去，就看看有沒有人肯接辦。可能接手的人有辦法，可以經營下去，《銀河畫報》如是，《周報》如是。李國鈞接辦《銀河畫報》成功了，繼續辦了許多年。林悅恆問過我要不要接辦《兒童樂園》，他讓我辦。問題是我切切實實的辦了三十二年，賣五萬多本的時候問我也罷了，現在才問我，我已經累死了，縱然想到新花樣，也沒有氣力去變。唯一的台柱畫家李成法也說不想幹下去了。本來四、五個畫家，最後只剩一又四分三個畫家，他辛苦，我也辛苦。本來就是解脫。我們停刊也只在「播音台」刊登了一段告別。

熊　張小姐跟「友聯」的關係也結束了？

張　沒有。現在「友聯」仍有辦公室，我的座位還留在那裏，還有一個大書架，一個雜物大櫃，我不常回去，「友聯」的幾個舊同事久不久還有茶敘。

熊　張小姐在「友聯」、《周報》、《兒童樂園》三十多年，有沒有甚麼人和事是特別難忘的？

張　進入「友聯」機構，能與靈秀的人物一起做一些有意義的工作，是求之不得的。雖然我來得稍晚，那些精英逐漸風流雲散，但還是有機會在一些場合遇到這些才子佳人、俊男美女。例如燕雲，美艷高貴、超凡脫俗，我驚為天人，事實上她也是天主的好女兒，在苦難的大時代無懼風雨、披荊斬棘，以她橫溢的才情與她嚮往理想的同伴創立了「友聯」這個文化機構，幾十年來提升了中國海內外華人的思想和精神，激勵大家奮發向前。我最仰慕和敬重她了。初入《兒童樂園》戚鈞傑慫恿我邀她寫稿又催稿，她不好意思拒絕新人，寫了一篇給我。只這一點點接觸，我已覺得是天賜良緣。

又例如奚會暲，聰明睿智、多才多藝、八面玲瓏。我在《周報》時唯一一次參加了多實街舉行的聖誕派對，沒有甚麼佈置，不覺得有人下場，奚會暲說他代總經理請我跳舞，我們跳了一隻華爾滋，老跳不完，原來放唱片的人在音樂快完時把唱頭又擱到開始處，第二天談論的人說得眉飛色舞，可見奚會暲跳得很好——帶得好。李國鈞舞也跳得好，還教我探戈，但我的腳笨，沒有學成，這次是硬著頭皮起步。

《兒童樂園》第1006期終刊號，「播音台」宣佈「兒童樂園半月刊暫停出版」。

1965 年宴請德國學人。後排左起：奚會暲、徐東濱、何振亞、王健武、貟霖、李國鈞，前排左起：赫鳳如、廖冰如、燕雲、德國學人、不詳、陳珮琪、張浚華。（張浚華提供）

戚鈞傑再婚註冊。左起：趙永青、林悅恆、佘德寬、赫鳳如、張浚華、徐東濱、戚鈞傑、奚會暲、戚李玲、陳濯生、伴娘、黎玉蓮、廖冰如、王健武、黎永振、祖國臨。（張浚華提供）

又例如徐東濱，他才高八斗，學貫中西，雖然離開了「友聯」，但「友聯」有事發生，都是由他或胡菊人出來寫文章交代。他打麻將未到他那一圈時間便寫好一篇文章了。我選擇英文名字，一直三心兩意，因為可有可無，且是小事，沒有向任何人徵詢意見。有一天，徐東濱忽然說，你該叫 Jean，Jean Cheung，好像神來之筆，不管是認真還是開玩笑，我覺得很合適，也就用了。他晚年在三藩市因為丙型肝炎飽受病魔折磨，知道我爸爸心臟病突發逝世，傳真來安慰我說：「令尊的情況令人不勝羨慕。」他的一句話使我從極度悲傷中釋懷。

我很敬佩二胡，大胡胡欣平與小胡胡菊人。胡欣平當時應該是友聯出版社的總編輯，來《周報》開過幾次編輯會議。胡菊人是《周報》的社長，比我早離開《周報》。我跟隨他們工作的時間不長，他們走了，我只好追隨他們的理想工作。

「友聯」不是宗教團體，但稱兄道弟，像家人一樣，我覺得自己很幸運。《兒童樂園》在九龍塘多實街時，那兒是「友聯」的總部，吃午飯有三桌人，飯後有人下圍棋，有人打橋牌，有人打康樂棋，胡菊人曾經教我打橋牌，這段時間不長。我在《周報》、《兒童樂園》都做得很開心，就像胡菊人、陳特說的，薪金少，但開心。不等錢用，不會覺得有甚麼問題。我對物質的欲望不大，所以不大覺得要錢用，一直都很開心，假如不是這次回顧，不會著意追查以前的事，然後愈追愈發覺「友聯」也有鬥爭，令人傷感，事過境遷仍驚心動魄。我不知不覺，所以無憂無慮迄自灌溉《兒童樂園》這片淨土，花繁葉茂了幾十年，也是異數。李國鈞叫我不要想那麼多，說想以前叫雜念，想以後是妄想，到頭來都是一場空，不如開開心心活在當下。在《周報》時，盛紫娟數「友聯」人物，說李國鈞是個經理人才。我到《兒童樂園》後他便離開「友聯」，在外面創過一番事業，現在看破一切，似乎是得道了。

熊　我們知道張小姐在《香港時報》寫過專欄「隨意集」，……

張　我只寫過很短時期，雷坡的太太劉小瑜在那兒當編輯，她說希望我寫一小段。我只喜歡寫這麼短的東西，那便答應試寫一下。這麼短的篇幅也開罪人呢！

熊 怎麼開罪人？

張 寫專欄大概是這樣，太平淡沒有人看，諸多批評一不留手當然會傷害人。我做《兒童樂園》已經習慣了長期接受讚美，把人家的捧場話當真，以為自己辦兒童刊物真的很有意思，事實上人家當是小兒科。一次不記得歡送誰，柴娃娃、何錦玲、胡菊人等都在座，還有一位姓張的男士，叫張文……

盧 張文達。

張 對，張文達。那次飯敘我遲到兩、三分鐘，所有人都到了，他們介紹我是《兒童樂園》社長。張文達說：「新華社社長嗎？」這是揶揄我吧！胡菊人替我打圓場，說我先生〔李國鈞〕辦天然印刷廠，他的《百姓》也在那裏印刷。對方態度馬上不一樣，那你說做文化工作有甚麼意思？還不如有錢人，人家以為開印刷廠當然是有錢吧！我夫婦倆一直以為我對人好，人當然會對我好，原來只是因為那時有錢。我不覺得自己有錢，因為我知道真正有錢是多麼有錢，而我們只是肯用錢罷了。但如果我說窮，人家會想我住大屋、有車、有傭人，當然不算窮吧！我以為我做《兒童樂園》社長，人家會因此尊敬我，這是自己騙自己而已，我當下便醒覺了。

盧 也不能這麼說，現在很多人都來告訴你，《兒童樂園》是他從小就看的，這不是錢能買到的嘛！

張 說得也是。

熊 除了《香港時報》的專欄，張小姐沒有寫別的了？

張 沒有了，我怎麼會這麼不自量力。在《周報》時，我專心編〈快活谷〉，自己寫頭條。在《兒童樂園》，我全力找材料，寫所有的稿子，忙得七葷八素。能搞好份內事已經很滿足了。

熊 筆名只有「張隨」？

張 還有就是「小隨」、「中隨」。我覺用這兩個名字很敷衍，當時多想一個筆名都懶。在《兒童樂園》，沿用前人的筆名有「魯平」、「西蒙」、「青山」、「潔恩」等等，後來自己改了些，叫「張阿姨」、「秀姨」、「寄寄」、「大浪」、「麼麼」、「黃杏」、「綠枝」等等。《兒童樂園》封面連封底翻幾翻便翻完，目錄的字體一向小，我覺得是聊備一格，沒想到會有後人要研究，所以寫了題目便隨意寫個筆名。有一次不知道生甚麼氣，改個筆名叫「裘奇」。除了羅冠樵寫的故事，我由「播音台」寫到兒童信箱寫到畫謎。我當了社長好一段日子才在版權頁上登上自己的名字，版權頁的字體也小。本來應該像其他書報那樣，刊出所有工作人員的名字的，但我們人丁單薄，少得令人不好意思，外人以為我們有千軍萬馬的。那時香港電台的編導余芷薇叫我們示範一下怎樣出版兒童刊物，她要求錄映《兒童樂園》編輯繪畫過程，來書院道攝錄了半天。我叫他們拍一下羅冠樵畫畫，那編導說：「我們想拍年輕一點的人。」接著他們去拍黃玉郎的《龍虎門》，原來他們要拿兩夥人來比拚，事後還跟我說：「啊！原來正不能勝邪，那邊的人那麼厲害。」黃玉郎機構辦公室又大又新，年輕人又多，這個編導大概目為之眩，迷失了方向。香港電台一直與我們有往來，那陣子大概張敏儀沒有坐鎮，才鬧出這樣荒謬的事。孫寶玲說要為我出頭，我懶得應酬那編導。羅冠樵告訴我，停刊消息傳開後，黃玉郎打電話給他，問要不要幫忙。我聽見覺得有趣又諷刺，大笑不已。羅冠樵不明白我何以有這個反應。我對《龍虎門》從無敵意，覺得河水不犯井水。去新馬編教科書時和香港的畫家劉兆源無所不談，劉兆源說黃玉郎一直很想出一本像《兒童樂園》這樣的兒童刊物，我想這話不假。正如亦舒說當《兒童樂園》的編輯最幸福，我直認不諱。

熊 現在還有《兒童樂園》基金會？

張 是林悅恆搞的，另外他還要集齊一千〇六本《兒童樂園》做光碟留存，已經有九百多本，這兩年霍玉英努力搜索，去台灣、新馬找到一批，最後仍缺五本，幸好移居紐約的杜杜家有珍藏，杜杜成全，現在集齊了。

熊 有沒有留下以前《兒童樂園》的畫稿或文稿？

張 本來是甚麼都沒有的了，但我拯救了一些畫稿。《兒童樂園》停刊後，印刷廠請我們去搬走留在那兒的稿件和菲林，每期包成一大包，很多期堆在一起，堆滿了半個房間。我去處理這件事。在公司出發前，發行公司的經理對我說：「最好全部扔掉，你千萬別搬回這兒，要搬搬回你家裏。」我一個人去到印刷廠，找到存放這些包裹的暗室，蹲在地上一包一包拆開，拆了幾十包。看見這些嘔心瀝血的作品，怎麼捨得扔掉？以前，我要留甚麼要扔甚麼誰管得著？我真的要扔掉它們嗎？想著想著，心絞著痛。這是我一生人最淒苦的一刻，我還以為自己有心臟病。我定神撿了一堆，印刷廠送稿的劉伯幫我提了些送我去搭的士。今日回顧，我很慶幸發生了這件事，因為現存在我家的畫稿是屬於我的了。我寫的文稿一張都沒有留下，因為文稿在我貼字後便都扔掉了。

文友共聚，後排左起：小思、何錦玲、李默、張浚華、柴娃娃、張樂樂，前排左起：陸離、孫寶玲、陳韻文、圓圓、尹懷文。（張浚華提供）

1994年第1006期《兒童樂園》最後一期封面。

附：

張浚華後記——

從ドラえもん↓叮噹↓多啦A夢

〔日文ドラえもん音DORAEMON意野貓衛門或虎衛門，後期才有譯名多啦A夢。〕

終於到了有人邀我回顧的年紀，又發覺居然做過少許值得回顧的事。我一直以為自己很清楚自己，原來很多事是不知道的。

不時檢視自己的記憶，加上探索別人的記憶，知道多很多。反正事情已經過去了，知道多一點，頂多是把胡塗一輩子變成胡塗大半生，又或者是難得胡塗，也可以選擇繼續胡塗。既然是口述歷史，我選擇把事情整理成脈絡紀錄下來。

我一生都在編寫《兒童樂園》，所以說的離不開《兒童樂園》的事。

《兒童樂園》的第一任社長閻起白在旅順長大。旅順以前是日本殖民地，所以他的第一語言是日文，入旅順大學後又修法文和英文。他一九五三年和「友聯」的人創辦《兒童樂園》，翻譯很多外國資料，他說就連創作都是外國資料改寫的。

十年後，第二任社長戚鈞傑請我到《兒童樂園》當執行編輯。我創作了些生活故事、兒童文藝故事。有校長要改編成話劇讓學生畢業禮或聖誕節演出，我記得其中一位是德貞小學校長。我又寫過外國偉人故事，最記得是寫過德國的史懷澤醫生。還有中外的歷史故事、民間故事。當時羅冠樵的「中國神話」、「中國歷史故事」系列還未面世。戚鈞傑譯寫

2012年，張浚華與叮噹。（張浚華提供）

的「寶寶遊記」寶寶露露環遊世界介紹各地風光還未開始，但日本漫畫的長篇連載一早就有。日本注重兒童教育，而日本的兒童雜誌發達，宇宙奧秘、科學新知、衛生常識、動植物知識，甚至魔術、剪紙，都是這裏來的。

我不懂日文，戚鈞傑找到一位日本太太周道子幫我翻譯日文。我拿了幾篇日本漫畫給她翻譯，其中一篇就是「ドラえもん」。周道子說這個名字不知道怎麼譯，主角野比太也不知道怎麼譯，我就替他們改了個中文名字叫「叮噹」和「大雄」。我選擇「叮噹」代替以往《兒童樂園》的長篇日本漫畫。

「叮噹」是個好故事，受歡迎是合情合理的。我公開了出處，有紀錄的是刊登在《明報》的〈正視香港兒童讀物〉下篇，[10] 一方面又催促公司找人去洽談版權。

假如我是個醒目的六十後、七十後或八十後，我會飛去日本拜會《叮噹》的原作者藤子・F・不二雄，又去和「小學館」洽商版權。可惜我是個傻瓜的三十後，只會孵在《兒童樂園》編寫校。賺不到錢事小，要聽人冷言冷語，做了好事被說成壞事事大。雖然，我擔當得起。

我是香港第一個《叮噹》迷，覺得日本的兒童有這樣好的故事看，希望中國的兒童也可以看得到。我指的是《兒童樂園》香港、台灣、東南亞、美、加、歐洲華埠《兒童樂園》發行所到地區的中國小讀者，不敢奢望中國大陸的兒童也看得到。

想不到十多二十年後，我的願望百分之一千的達成了。

同是有心人的黃慶雲一九八〇年來香港參加兒童文學座談會，回國後便把我們出版的《叮噹》刊登在她編的廣東作協出版的《少年文藝報》。因為要行銷其他的省，她改掉了一些廣東話。報社有人反對刊登「叮噹」，但不登「叮噹」讀者就罷買，於是繼續刊登，事情就這樣一直發展下去。

一九八〇年這個座談會出席的有二十多三十人，我是應小思邀請參加的，去時無心，回來後卻寫了一篇〈正視香港兒童讀物〉，想是散會前大家興高采烈地討論《叮噹》令我興奮。那時市面上大概有二十種《叮噹》出售，那是山雨欲來的前夕，第二年就有人說拿到《叮噹》的版權，叫其他人停刊。

最近，回顧熱熱上心頭，我也想趁大家未老掉記憶前打個電話問問黃慶雲，她就跟我說了前面說的事。我仔細想想，真是吾道不孤。我們是兩代的兒童雜誌編輯，一個在香港，一個在中國大陸，不必認識，不必溝通，不必交代，大家有同一的做法，就是不顧一切把最好的給自己的讀者看。兩個人都鍾情這個日本機械貓的漫畫故事，著意推廣，怪不得《叮噹》紅遍全世界。

一九九六年《叮噹》原作者藤子．F．不二雄逝世，日本「小學館」希望大家遵從他的遺願將機械貓喚作「多啦A夢」。這是理所當然的事，算是要求得遲了。香港和台灣一些天真癡情的青年《叮噹》迷硬是不捨，直至二〇〇七年本港代理使出殺手鐧封殺網站，一方面安慰悻悻然的小朋友，事情才算告一個段落。一個來訪問讀大一的《叮噹》迷讓我看《香港經濟日報》，[11] 我才知道這回事。我已經是一個旁觀者。

注釋

1 查唐君毅日記，以下數則與新亞書院懸掛國旗事有關：（一）一九六〇年九月八日：「下午至教育司為國慶懸旗事，教育司意欲『新亞』停掛國旗，我略說懸旗之理由。」；（二）一九六〇年九月二十九日：「夜，校中請董事會商國慶懸旗事，我力主對懸旗事不能讓步。」；（三）一九六〇年十月七日：「下午四時學校董事會開會，我列席為國旗事發言。」；（四）一九六〇年十月八日：「下午校務會議，議決國旗事暫忍痛遵港府命令停掛，另組小組會計劃來年不受港府津貼辦法。」；（五）一九六〇年十月九日：「明日為國慶日，對『新亞』而言則為校恥日也。」；（六）一九六〇年十月十日：「出外看國旗，下午歸。」；（七）一九六〇年十月十一日：「哲社系助教鄭力為君聞學校不掛國旗，覺理想幻滅欲辭職，念學校辜負青年之理想者甚多，終日為之不豫，下午缺課。」；參唐君毅：《唐君毅全集》（卷二十七日記（上）），台灣：學生書局，一九八八，頁三九二—三九五。

2 據《中國學生周報》出版資料欄，胡菊人擔任督印人的時間由一九六〇年七月一日第四一五期，至一九六三年十一月十五日第五九一期。按：一九六三年三月一日第五五四期起，出版資料中的「督印人」改稱「社長」。其後戚鈞傑接任，復稱「督印人」，戚任期由一九六三年十一月二十二日第五九二期，至一九六四年五月一日第六一五期。按：《周報》的督印人、社長和總編輯，有時由同一人擔任，有時並不，從版面資料無法得知，下同不贅。

3 張隨：〈都付笑談中—我編「快活谷」〉，《中國學生周報》，一九六三年七月二十六日，第五七五期。

4 據《中國學生周報》出版資料欄，陳特擔任督印人的時間由一九六四年五月八日第六一六期，至一九六六年三月十一日第七一二期。然而陳特曾在訪問中表示，他在一九六三年加入《周報》擔任社長，一九六五年七月離開赴美讀書，出版資料所記與實際情況有所出入。至於趙永青，出版資料上沒有顯示所擔任職務。

5 Hsu, William, *Children of Mao Tse Tung*（《毛澤東的子民》）. Hong Kong: The Union Press, 1962.

6 據《中國學生周報》出版資料欄，香港九龍九龍塘多實街十四號曾經為友聯書報發行公司地址（一九六〇年十二月二十三日第四四〇期，至一九六六年六月三日第七二四期，第七二四期後該報總經銷仍為「友聯書報發行公司」，但不具公司地址）、編輯部地址（一九六六年六月十日第七二五期，至一九六七年五月五日第七七二期，第七二五期之前該報沒有列出編輯部地址）、社址（一九六八年九月二十日第八四四期，至一九六九年十一月七日第九〇三期，第九〇三期後該刊只列編輯部地址，不具社址）。

7 傅月庵：〈兒童樂園夢無窮〉，傅月庵著，楊雅棠攝影：《天上大風：生涯餓蠹魚筆記》，台北：遠流出版事業股份有限公司，二〇〇六，頁三三一—三三八。

8 余家強：〈勁歌推介：新亞精神〉，《壹週刊》，一九九五年二月十日。張按：另有以下文章，均提及「新亞」校歌：（一）黃子程：〈常在憂患中〉，《信報》，一九九五年二月十一日；（二）黃子程：〈艱險我奮進〉，《信報》，一九九五年二月十二日；（三）岑逸飛：〈新亞校歌〉，《信報》，一九九五年三月六日；（四）岑逸飛：〈悠久見生成〉，《信報》，一九九五年三月七日；（五）岑逸飛：〈負債的人生〉，《信報》，一九九五年三月八日；（六）岑逸飛：〈互不存在〉，《信報》，一九九五年三月九日。

9 張隨《香港時報》專欄「隨意集」，由一九八一年二月一日開始，至四月三十日結束。

10 張浚華：〈正視香港兒童讀物〉上、下，《明報》，一九八〇年十一月二十六至二十七日。

11 〈叮噹網被禁 fans 大反擊〉，《香港經濟日報》，二〇〇七年一月二十七日。

陳任

（一九四五——二〇〇八）

筆名綏筠、余含玉、華婷、陳之元等。

祖籍廣東南海，北京出生，幼年移居香港，中學時期即與友人自組樂隊，後擔任電台唱片騎師。一九六〇年代因為參加筆戰而認識《中國學生周報》編輯羅卡，隨後不時替該刊撰寫有關電影及流行音樂的文章。一九七〇年代初，《中國學生周報》銷量走下坡，經營困難，原有編輯已全部離職，陳任於一九七三年入股，主張保留刊物傳統，同時加強流行音樂元素，並邀請黃子程、關永圻、李國威等參與編寫工作，但未能扭轉局面，陳任在一九七三年底退出，刊物於一九七四年七月二十日停刊。二〇〇八年十一月一日因病離世，著有《陳任眼看香港》、《嘆紅酒》等。

日期｜二〇〇五年三月十六日

地點｜
香港中環某餐廳

訪問者｜
盧瑋鑾、熊志琴

陳—陳任　盧—盧瑋鑾　熊—熊志琴

熊　我們從您和《周報》〔《中國學生周報》〕的關係開始講起好嗎？

陳　好的，其實開始的時候，我並不是在《周報》投稿的。我記得當時孫述宇——即是孫述憲的弟弟，他在《周報》寫了一篇文章關於電影《朱門蕩母》〔*Phaedra*〕，[1] 那位導演是從美國去希臘的，拍過一齣電影 *Never on Sunday*〔《癡漢淫娃》〕，導演叫 Jules Dassin〔朱爾斯·達辛〕，女主角是他妻子，叫 Melina Mercouri〔梅利納·梅爾庫里〕，男主角則是 Anthony Perkins〔安東尼·柏金斯〕。孫述宇從古希臘悲劇的觀點看這部電影，大加讚賞。那時候有一份報紙叫《天天日報》，其中有一版刊登讀者投函，有一個年輕人，不知道唸「港大」〔香港大學〕抑或「中大」〔香港中文大學〕的，叫李昂，跟那台灣作家的名字一樣，不過當然不是那個台灣作家，他連續寫了幾篇文章大罵孫述宇，說他在一份給中學生看的報紙裏讚揚一部以亂倫為題材的電影，那電影講男主角和繼母的一段愛情故事的。剛巧我很喜歡那部電影，於是我很無聊地加入筆戰，演變成我跟孫述宇二人一起力敵這位叫李昂的仁兄，過程之中當然互有往來。我後來收到羅卡邀請——那時候羅卡在《周報》編電影版和另外幾版，他寫了一封信給我，說：「陳任兄，有空請來《周報》一聚。」以前的編輯很好，對作者有感情，那時候我還不是作者，他也寫信給我。當時我經常看《周報》，很仰慕羅卡的影評，又很仰慕戴天，他的筆名是「田戈」，又很仰慕西西，她的文章寫得非常好。既然他說「有空請來一聚」，那我當然飛奔去了！他對我很客氣，喚我「陳任兄」，還說「希望你幫我們《周報》寫稿。」我和《周報》的淵源就是這樣開始的。

那時已經在《周報》電影版寫稿的人除了羅卡、戴天之外，還有岑崑南、盧因，即是盧昭靈，他署名「何森」，以及李英豪，這一群已經算是老作者。到我加入的時候，有我、舒明，不是舒琪，舒明即是李浩昌，後來是香港理工大學的 librarian（圖書館館長），石琪，即是黃志強。我們三人差不多同時間加入《周報》寫影評——總之是在電影版寫文章吧，不只影評，也會寫一些頭條。那年代很奇怪，英文書不太普及，我們訂購了一些英文外國雜誌，例如 *Sight and Sound*、*Films and Filming* 等等，所以很多東西都好像比別人早知道。我們看完那些雜誌會將資料改寫，然後在《周報》刊登，於是我們便起了一種好像「橋樑」的作用，讓讀者即使沒看過那些雜誌，也能夠知道關於電影的一些資料、近況等等。

記得當時陸離喚我們作「《周報》三小」，因為我們是最年輕的三個。其實還有一個人跟我們差不多時期加入《周報》，卻不跟我們一同叫「三小」而自己一人的，那就是金炳興。在我們「三小」和金炳興之後，梁濃剛也加入電影版寫稿，記得是這樣。

當時我在電影版寫稿不會用真名，有人提議我們三人每人扮演一個角色：石琪的日文比較好，喜歡看日本雜誌，舒明為人比較沉實。你知道作者需要定位，即是讓讀者感覺你是一個怎樣的人，例如很博學多才、花巧、沉實……諸如此類。石琪定位為專看日文電影雜誌的電影批評者的角色，舒明的定位則和他的性格有關，他喜歡蒐集很多資料，說話也比較沉實，於是他便走沉實的路線。我呢，有人提議我的形象活潑一點，我在三人之中性格最活潑，

中國學生周報

漫談沙漠梟雄

沙漠梟雄座談會

喜歡與圖怪

電影里程碑

人與環境

近乎偉大而已

三點意見

為電影開新境界

1965年第659期《中國學生周報》〈電影圈〉，綏筠（陳任）、小離（陸離）、田戈（戴天）、志強（石琪）、何森（盧因）、余橫山（李英豪）、羅卡、西西談《沙漠梟雄》。

建議我扮女人！我記得我的第一個筆名很好玩，叫「綏筠」，[2] 為甚麼叫「綏筠」呢？就是說讀者都「受」我「軍」（被我欺騙）了！目的是這樣，所以才改這個怪名，想不到一直沿用這個筆名寫了很久，而且都是用來寫電影稿。

後來……方龍驤是當時頗有名氣的編輯和作者。以前報紙的「地盤」都被老一輩文人霸佔了，很少年輕人可以有機會寫稿，跟現在不一樣，那時候沒有四十歲很難有機會寫專欄。方龍驤是第一位將《周報》這批作者引入《新生晚報》副刊的，他當時是《新生晚報》副刊的編輯。那時候，胡菊人幫他寫「旅遊閑筆」，[3] 還有羅卡、陸離、李英豪，[4] 還有一個……總之有四個人，叫作「四方談」，還有一個是戴天！他也找我們寫電影版，我便繼續用「綏筠」的筆名在那兒寫影評。那一段日子，我同時在《周報》和《新生晚報》寫文章。

後來我唸完書第一份工作就是在 *China Mail*（《德臣西報》）當編輯，那報紙現在已經「關門」（結束）了，職銜是 assistant editor（助理編輯），不是 deputy editor（副編輯）。Assistant editor 是寫 entertainment page（娛樂副刊）的，介紹音樂、電影、影評……甚麼都寫，還要編一本類似後來《星晚周刊》、逢星期六隨報附送的那種周刊，那是 entertainment（娛樂）的 weekly（周刊），我記得叫 ***Round Up***。說是編，其實所有東西都得自己寫，因為當時人手少，總是一人包辦。那時候覺得自己很厲害，「覺得」自己很厲害，現在回頭看，當然很幼稚，那時還以為自己中英文都很好，哈哈！

熊 您大約哪一年開始當編輯呢？

陳 大約是一九六六、一九六七年左右吧，抑或一九六八，不記得了。我在 *China Mail* 工作時，曾經訪問商業電台的中文節目部主任鄺天培，他對我說：「阿 Joe，你的聲線不錯呢！說話也口齒伶俐，有沒有興趣到電台工作？不如你到電台來吧。」然後便試音，事隔半年便正式到電台工作，中間那段日子仍然留在 *China Mail*。初初加入「商台」（香港商業電台）時是 part time（兼職），後來他們叫我不要做報館了，乾脆到「商台」當 full time（全職）吧，於是這便 start（開始）了另一個 career（事業）。歸根究柢，其實所有事情都是由《周報》勾起的。

陳任手記

新生晚報

陳任

與蔡瀾、石琪閒聊，蔡兄說他要寫「十三妹」研究，這勾起了陳任不少回憶。

十三妹在六〇年代以至七〇年代初期，是香港著名的雜文作家，一直在新生晚報（現已收檔）撰寫專欄，陳任年青時也常常看她的文章。後來陳任隨羅卡入新生晚報寫稿，亦與十三妹碰過一兩次面，當時的編輯是方龍驤，這位前輩現在不知在那裏，眞希望再有機會碰碰面。

當年的新生晚報，是較開放的一份報紙，方老總肯開放兩版部分給斯時尙屬青年作家們寫作，亦算頗具膽識。我還記得當時胡老菊寫「旅遊閑筆」，陳任驚爲天人。羅卡與戴老天、陸離、李英豪合撰「四方談」，各具風格，可讀性十分之高。至於電影版呢，羅卡找來了當年《學生周報》的幾位作者（包括陳任），從頭條至影評等等，一起一手包辦。後來卡叔又叫陳任替邱剛健的「劇場」譯稿，建立江湖地位，不過一切還是自新生晚報始。

當時有大家爭寫影評現象，盧因（何森）搶得最厲害、李英豪（余橫山）偶爾也會搶灘，之後便是陳任了，反而卡叔自己、石琪、李浩昌（舒明）等，寫得甚少。

陳任參加新生晚報大約兩三年左右，便退出寫字界，專心去搞自己的樂隊與電台節目了。

陳任「陳任手記」之〈新生晚報〉。（1991 年 5 月 5 日《星島日報》）

開場白

你知道接力賽不？當然知道，現在的情形就有點像接力賽。

西西吃草去了，她說：我以後專心從事詩作，「電影與我」不寫啦！

於是，我說，讓我來試接這一棒如何。可是，你知道，我不是西西，我只可以作叨陪末席的小卒，如此這般，一個人接上這一棒，實在是不能也非不爲也。因此，我去把舒明與石琪找來，三個人在這裏暫代西西，輪替地繼續這項接力。

問題跟着來了，那是關於「招牌」的意見。石琪主張襲用西西的「電影與我」，老編第一個不贊成，人家的是註冊商標，怎好隨便借用呢？舒明於是建議用他曾經用過的「電影、文學、夢」，可是這道題目畢竟太大，份量太重，以我們三個「輕磅」小子，只怕抬不起來，到時畫虎不成反類犬，豈不糟糕？

最後，還是石琪有辦法，他從「畫廊」裏面汲取了這個「廊」字，給改成「影廊」，再加上「漫步」，於是我們三個人就可以隨便舒舒服服地在偌大的電影走廊內踱方步了。此議一出，四人（連老編在內）一致通過。

現在，招牌是有了，所謂「萬事俱備，只欠東風」，這東風就是我們以後在這裏要談到的內容。談些什麼呢？顧名思義，當然是電影啦！可是，談電影也有不少方式的呀！影評影話嗎，讓羅卡、田戈、小離他們去寫好了。至於明星呢，早已經有芝子在那裏「大寫特寫」，犯不着要我們費心。然則，我們究竟需要向讀者交代一些什麼？

還是這樣吧，你知道，香港的電影院是不少的，放映的也有「正場、早場、公餘場」等等，甚至在大會堂那裏也常常有電影協會的影片可以看。這一條影廊，兩旁是長滿鮮花芳草的，就讓我們在散步的當兒，偶然擷摘一些贈給讀者吧。這也就是說，我們希望能夠在看完電影之後，找一些有啓發性和趣味性的話題，和讀者討論討論。

事情就是這樣決定了。我這篇開場白委實蹩扭，且看接下一棒的舒明在我們這條電影走廊內，散出什麼樣的步來！

■ 綬筠

綬筠「影廊」之〈開場白〉。（1965 年《中國學生周報》第 375 期）

雖然《周報》是給中學生看的，但水準頗高，今天回顧，沒有哪一份刊物可以跟當時《周報》比較。我在《周報》寫電影版後便認識了電影版的一批作者，由最初的仰慕者演變成好朋友，也開始了後來幾十年的友誼。例如戴天跟我很「老友」，「老友」得可以打架，哈！打完架又沒事了，那種友誼 develop〔建立〕得很好。譬如西西近年已經不太見人了，但我一九九一年剛從新加坡回港，她還跟我通電話說：「如果你來我家附近的地方，我可以出來跟你見面啊！」那交情和友誼就是當時建立的。我很珍惜這一群朋友，一些前輩作家成了好朋友，例如胡菊人，還有一些跟我同期的作者，到現在我們還是 friends〔朋友〕，例如石琪。我們有五人特別喜歡談舊電影、舊資料，就是羅卡、石琪、我、舒明和吳昊，一坐下來便說個不停，我們都很清楚記得那時候的電影中文譯名、中文片名，大家互相 challenge〔挑戰〕，自得其樂，但坐在旁邊的人可能覺得很悶。至於吳昊，其實我先認識他的哥哥，吳昊叫吳振邦，他哥哥是吳振明，也在《周報》電影版寫過稿。古兆申那些也是在《周報》認識的，他也寫過電影版，筆名是「顧耳」，很有趣。黃子程則不是因為電影版而認識的，當時《周報》有通訊部，底下有很多興趣小組，學術組、話劇團、口琴隊、籃球隊、足球隊等等。我參加了話劇團，因為我愛出鋒頭，哈哈！參加話劇團便有機會演出！黃子程是學術組的，somehow〔某種原因〕在一次偶然機會下認識了，由 day one〔第一天〕認識已經很老友，一直到現在仍然很老友，吵架無數，但已經習以為常了，哈哈！很多 friendship〔友誼〕是在《周報》建立的，所以我想《周報》是我生命中一個很重要的段落。

後來 Beatles〔披頭四〕出現之後流行夾 band〔組樂隊〕，我那麼愛出鋒頭，當然也去夾 band 了。那時候香港可能有幾千隊 bands〔樂隊〕，我們那隊四人 band，很幸運地竟然有唱片公司找我們錄唱片，於是又 start 了另外一件事。但是，怎麼說呢？錄了唱片之後便經常要上電視，當時最厲害的場地是大會堂，我們便又要到大會堂做 show〔演出〕，諸如此類，所以便少了在《周報》寫電影。但陸離說：「阿 Joe，不如這樣吧，《周報》給人的印象那麼古老，你替我們寫一些關於流行音樂的東西吧！」於是我便開始在〈藝叢〉版寫流行音樂了。我很少在〈快活谷〉寫文章，即使有也只是一、兩次，誰經常在〈快活谷〉寫東西呢？阿賜，劉天賜。劉天賜的 friendship 也是在《周報》開始的。那時候我可以跟陸離談六個小時電話，真是破紀錄。上班八個小時，我們談了六個小時電話，講得電話也熱了，要換另一邊耳朵聽。

說遠了，本來說我夾 band 之後，要錄唱片甚麼的，與《周報》的關係便淡了一點，加上到了 *China Mail*、「商台」工作，真的很忙。那時候我們這幫人各自擁有「地盤」，除了《新生晚報》，我也在《星島日報》寫專欄。之後很有趣，羅孚，即是《新晚報》的老總，他找我，請我替《新晚報》寫稿。那時候很害怕左派報紙，當時左右壁壘分明，因此我在《星島日報》用真名陳任，在《新晚報》便不敢用真名，用筆名，因為怕會被公司開除，那年代「商台」是很右的公司。就這樣，我愈來愈多替其他報紙寫專欄。後來更不用說，我一九九〇年代回港，《星島日報》又找我寫專欄。[5] 那時候好像沒有《新晚報》了，但《大公報》、《文匯報》都找我寫稿。[6] 那時候已經沒所謂了，用真名也不要緊，氣氛已經跟一九六〇、一九七〇年代不同了。

其實《周報》最遺憾的是……我覺得是它的使命使然吧。雖然大家都很捨不得《周報》完結，但 somehow 我覺得它的使命在某一個階段已經完結了，really unfortunate〔很不幸〕，真的很捨不得。

我那個年代的年輕人喜歡讀書，中英文都很努力學習。父母希望我們中文好，我很無聊，曾經將《論語》、《孟子》從頭到尾都背了，我還會背《聖經》，英文的！我們很勤力讀書，會看英文書，也會看中文書，會看英文報紙，也會看中文報紙，還會聽英文電台！那個年代，我們「番書仔」出身，覺得中文電台只會播周聰、呂紅，我現在絕不敢輕看他們，但那個年代的我們覺得這些不能登大雅之堂。我們要不聽 daddy、mummy〔爸爸、媽媽〕所聽的國語時代曲，即是周璇、姚莉、白光、龔秋霞那一類，要不聽流行音樂、西方的，不會聽粵語流行曲，因為覺得品味低，陳寶珠、蕭芳芳的電影我們不看的，就是這樣，很奇怪。

《周報》到了岑崑南搞《香港青年周報》的時候，因為電視出現，讀書風氣已經不及我們那時候那麼好。我們那時候沒有電視，有甚麼娛樂？看書、聽收音機已經是最厲害的娛樂。我們那時還自己組織文社，抄蠟版、油印，然後釘成一本書的樣子派給別人看，其實只有圈內那些人看。我當時唸「喇沙」（喇沙書院），英文學校，但我們會搞中文文社。到了一九七〇年代初，那時的人已經開始不讀書了，有空便看電視，很多其他娛樂，結果他們關心的只有流行音樂、pop stars（流行明星）的新聞，《周報》便衰落很快了。而且正如剛才所說，它的使命已經完了，它那個階段已經完結，只是我們捨不得它就此停刊。

《周報》後期、在我接手之前已經辦得很差（陳任於一九七三年四月入股《周報》，同年十一月退出），吳平好像已經離開了，只剩陸離一人。陸離是一個最 disorganized（雜亂無章）的 worker（員工），她是我的好朋友也這麼說。你看她寫文章就知道了，開始是二之一，後來是二之一之一，二之一之二……哈哈！好像怎麼寫也寫不完，後期她在

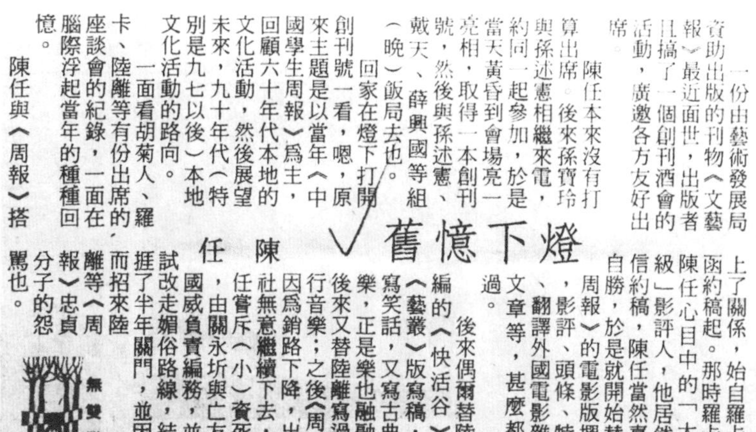

燈下憶舊

陳任

一份由藝術發展局資助出版的刊物《文藝報》最近面世，出版者且搞了一個創刊酒會的活動，廣邀各方友好出席。

陳任本來沒有打算出席。後來孫寶玲與孫述憲相繼來電，約同一起參加，於是當天黃昏到會場亮一亮相，取得一本創刊號，然後與孫述憲、戴天、薛興國等組（晚）飯局去也。

回家在燈下打開創刊號一看，嗯，原來主題是以當年《中國學生周報》爲主，回顧六十年代本地的文化活動，然後展望未來，九十年代（特別是九七以後）本地文化活動的路向。

一面看胡菊人、羅卡、陸離等有份出席的座談會的紀錄，一面在腦際浮起當年的種種回憶。

陳任與《周報》搭上了關係，始自羅卡來函約稿起。那時羅卡是陳任心目中的「大師級」影評人，他居然來信約稿，陳任當然喜不自勝，於是就開始替《周報》的電影版撰稿，影評、頭條、特寫、翻譯外國電影雜誌文章等，甚麼都寫過。

後來偶爾替陸離編的《快活谷》與《藝叢》版寫稿，既寫笑話，又寫古典音樂，正是樂也融融；後來又替陸離寫過流行音樂；之後《周報》因爲銷路下降，出版社無意繼續下去，陳任嘗斥（小）資死撐，由關永圻與亡友李國威負責編務，並嘗試改走媚俗路線，結果捱了半年關門，並因此而招來陸離等《周報》忠貞分子的怨罵也。

陳任「無雙譜」之〈燈下憶舊〉。（1995 年 5 月 11 日《大公報》）

《周報》的文章有一期沒一期的。當時林悅恆擔任社長，[7] 最後是林悅恆來找我，我當時算是薄有名氣，又彈 band 又出唱片又在電台主持節目，他找我幫忙想辦法救《周報》。我說這樣吧，我也想不到甚麼辦法，要不跟隨《年青人周報》和《香港青年周報》，多點流行音樂元素，但 at the same time〔同時〕，我希望《周報》本來有的東西，譬如文藝、〈讀書與研究〉等，仍然保留。希望將兩者結合，讓年輕人看流行音樂的版面之餘，也受我們薰陶，也看《周報》以前的東西，好讓《周報》能增加點讀者，不用倒閉。但我自己當時很忙，拿一筆錢出來，那筆錢有多少不要說了，總之足夠支持最後幾個月。那時的編輯是好朋友，不是不收錢，但只收很少，到了後來沒有人寫稿，全都是他們自己寫，他們就是黃子程、關永圻、李國威三人，阿威現在已經不在了〔李國威於一九九三年一月十七日逝世〕。

熊　您找他們？

陳　大家是「老友」嘛，說要搞好《周報》，要走這樣的一條路，問他們肯不肯來，他們都願意。不知道是不是因為大家都對《周報》有感情，還有那種使命感讓我們覺得不可以讓《周報》倒閉，當然這是好心做壞事的典型，哈哈！怎樣說呢？就是給陸離大罵了，罵了我幾十年，說我弄垮了《周報》。的而且確，對！我將流行音樂引入，破壞了很多看了《周報》多年的讀者心目中的《周報》形象，覺得《周報》低俗了。其實當時的目的不是這樣，是希望它能夠支持，不用倒閉，但結果事與願違，很不幸。不過罵歸罵，大家還是老友，沒有甚麼芥蒂，現在仍經常通電話。當時她生氣也是有道理的，所以我說這是好心做壞事的典型。至於為何後來做到……你這兒也寫了四月入股，十一月退出，為甚麼呢？因為我拿出來的那筆錢已經用光了，仍無法辦好，而且「友聯」也退出，他們不辦《周報》了。

或者我們談《周報》之餘，也可以談談《周報》的姊妹雜誌《大學生活》。那時在《周報》搞電影版，有聲有色，當時應該是陳特，他對我說：「陳任，不如你也幫忙到《大學生活》那邊做些事情吧！」我記得那時《大學生活》的編輯是張文祥，開始的

香港青年週報　　一九七五年五月廿一日

樂壇長短波

許冠傑‧陳任演唱會

●成排人合唱「世界小小小」。

●陳任夠詼諧，唱出了Try A Little Tenderness，博得掌聲不少。

SAM & JOE

●許冠傑胖了與上台的小妹妹握手。

●Grace Chan在台上被稱爲花旦

●久違了的Derek

尚有音樂刊第5頁

許冠傑‧陳任 聯合演唱

下月十四日是本地流行樂迷必須留意的一個大日子。

那天晚上八點正，在大會堂音樂廳，許冠傑（Sam Hui）與陳任（Joe Chen）將會携手合作，舉行一塲聯合演唱會。

許冠傑最近出版的一張大碟Interlude在此地異常暢銷，發行甫兩週巳售出超逾萬五隻，在本地流行樂壇來說，這實在是一項刷新的紀錄，足與他的粵語大碟「鬼馬雙星」互相輝映，據許氏透露，日來除拍片外，其他時間均與伴奏樂隊Lotus積極操練，準備在此次音樂會內盡唱Interlude大碟内之名曲，以嚮我輩流行樂迷。

至於許久沒有公開露面的電台DJ陳任，這次亦作其兩年半以來首次粉墨登塲，以歌星姿態出現，他找來了他的老拍檔Derek Cheung（以往Menace的主音結他手）與前「花花公子樂隊」的隊員Raymond Kwan（即早幾年本港流行樂壇的風雲人物Teddy Robin的弟弟）合作，再加上著名民歌手Grace Chan與香港電台介紹民歌節目主持人車文郁，組成了一隊民歌合唱團，現正在積極秘密練軍，準備在音樂會內大演身手，據悉陳任除了唱民歌外，還將與許冠傑及蓮花樂隊合作，同塲演出。

除了許冠傑與陳任外，參加這次音樂會演出的還有近期崛起本地流行樂壇的新超級樂隊Ramband，這隊樂隊的隊員Peter Ng，Danny Tong，Donald Ashley等全是本地樂壇的星級人馬，合作以來祇曾在北角大會堂自行舉行過一塲很賣座的演唱會，今次是第二次的正式公開表演，據領隊Peter表示：由於大牌當前，他們從未與許冠傑、陳任一起公開演出過，這次自是不敢怠慢，實行操練十足，以期一新流行樂迷耳目。

這次音樂會還有香港電台著名DJ葛劍青與吳錫輝担任司儀，葛劍青最近巳被寶麗多唱片簽約羅致，準備錄唱片，誰敢說她不會在音樂會内客串演唱呢？總之，這次音樂會必然相當哄動，相信這次音樂會之後，本地流行樂壇又會掀起一陣熱潮了。

陳任、許冠傑演唱會報導。（1975 年 4 月 23 日、5 月 21 日《香港青年周報》）

時候我幫《大學生活》寫稿，後來便搞了「大影會」（大學生活電影會）。那時《周報》在翠園大廈，登打士街那兒，[8] 我們搬放映機、搬椅子，放電影啊！跟電影公司借或租電影，把資料找出來，又抄蠟板、油印，非常熱心。因為我的中文字像印板字一樣，所以場刊大都是我抄的，抄完便印出來。記得搞「大影會」的有我，也有羅卡，金炳興……金炳興比較少參與，我想當時我是主力。至於另外一個——我當時很可惡，經常指使他搬椅子——那就是吳宇森。我和吳宇森的交情也是從那兒來的。我還記得「大影會」搞了個甚麼「犯罪片之夜」，特別 feature（特寫）一個導演 Samuel Fuller（薩繆爾·富勒），他的一部電影《美日警匪戰東京》（*House of Bamboo*）。當時的人覺得我們很厲害，為甚麼呢？就是剛才所說的，因為他們買不到英文雜誌，我們訂閱嘛，在「辰衝」（辰衝圖書有限公司）訂閱，每個月都看。我們似是得風氣之先，其實只是看了那些雜誌。現在隨便可以買到那些雜誌，那個年代不容易買到。

說回《周報》，然後……實際投資額不要說了，當時的投資方式、之後的合作方式，林悅恆放手讓我搞，他真的很好。

熊 那時您有沒有職銜？

陳 沒有，不需要了，我也不叫自己作社長，當時只想把它搞好，讓它不必倒閉而已。《周報》有沒有印上我的名字？

熊 《周報》第一版通常會印上督印人的名字，您加入辦《周報》那段時間，督印人依然是林悅恆先生，但另外註明您是總編輯。

陳 哦，這當然是林悅恆給我的職銜，但坦白說，其實我根本甚麼都沒編過，全都是那三個好朋友仗義幫忙的。我哪有時間呢？極其量間中寫幾篇文章，我也不記得有沒有寫了，總編輯絕對是虛銜，林悅恆可能覺得阿 Joe 入了股，要給我一個名銜吧。

熊 那時候決定更改路線時，有沒有考慮過老讀者不接受？

陳 有的，但當時戴天說過一句話，他說：「置諸死地而後生」。那時已經是背城借一，行就行，不行就完了，於是決定賭一次，差不多是這種心態。被罵也沒辦法，希望可以救，可惜救不了。救不了之餘

陳任，攝於 2003 年 7 月 21 日《中國學生周報》（網上版）新聞發佈會。

陳任手記

陳　任

卡叔

與卡叔、珊姑相約共敘，肥黃與阿拔作陪，近日看食神昊專欄太多，一於嚐嚐「秋刀魚之味」去。

卡叔是周報影評的開山祖師，斯時也，戴天（田戈）、崑南、盧因（何森）、李英豪（余橫小）與陸離等助陣，陳任曾對這些前輩心儀了頗一陣子；及後卡叔力邀陳任加入，同期有吳振明（食神昊大佬）、李浩昌（舒明）、黃志強（石琪）與金炳興等，好不熱鬧，還記得菊人與戴天經常作東，一衆大鬧太子道（先）與廣播道（後），場面悲壯。

話匣子一開，卡叔、陳任與肥黃就一起緬懷昔日。噢，還記得《新生晚報》嗎？我們當時寫得眞是起勁，方龍驤怎樣了？龍剛又怎樣了？張徹又怎樣了？這些都是當年曾經「看得起」我們這一輩所謂「新派影評人」的朋友；還有楚原，雖處半退休狀態，仍然風光，吳宇森呢？今天是大導演了，何時我們一敘？阿冼做了董事，還記得他在我家與朱仔家拍「寃家」嗎？嘿，胡金銓現在美國，他想回來，戴老天正集思廣益，糾衆替大師回來舖路。

我對卡叔曰：何時復出寫影評，讓我重溫你評「氣蓋山河」時的風采？卡叔曰：老了，再沒有精力跑戲院，看兩小時的戲，然後伏案五小時，不過我正在寫周報歷史，爲之作一紀錄。陳任聞言，頻呼好嘢。

陳任「陳任手記」之〈卡叔〉。（1991 年 3 月 24 日《星島日報》）

還令《周報》的 image〔形象〕受影響，這是開始時完全沒想到的，真的沒想過結果會是這樣。那時候想，有甚麼辦法可以救《周報》？沒有啊！當時流行音樂很興盛，既然別人那麼成功，那我們也試試吧，但 at the same time 保留《周報》原有的東西。很不幸，弄成「四不像」，不知所謂，所以才令陸離那麼生氣，哈哈！

熊　停刊跟整個社會氣候轉變也有關係吧？

陳　會的，所以才說《周報》那階段性的使命已經完結了，勉強下去是不行的，必須結束，只是我們捨不得。其實最好在我入股之前便劃上句號，那麼整件事就很完美了，但因為林悅恆找我談，看看有沒有法子，事情是這樣開始的，結果這在很多老讀者心目中是一個不太完美的結局。

熊　我們現在翻看《周報》，看見您寫的多是影評或有關流行音樂的消息，另外有小部份是簡短的活動報導，除了這些，您還寫過其他文章嗎？

陳　我寫的東西比較雜，有沒有寫過吳平那一版呢？他當時編〈讀書與研究〉和〈生活與思想〉，我可能也寫過一、兩次，但絕對不多，用了不知道甚麼筆名。那時覺得〈生活與思想〉已經有李天命在寫，他署名「李縱橫」；〈讀書與研究〉，溫健騮又常常寫，他讀書比我多，我沒理由跟他爭寫〈讀書與研究〉啊！我當然寫電影版，他看電影不及我多，哈哈！其實羅卡也有很多筆名，你應該知道，他最精彩的那些署名「芝子」，是大特寫，裝成是女孩子寫的。所以他們才會提議我也扮女孩子，改這樣的筆名，哈！因此那時候的人很喜歡看舒明、石琪，不喜歡看綬筠，因為三人之中，這人最浮誇！當時大家 positioning〔定位〕是這樣的。

熊　這是你們幾位自己商量，抑或編輯替你們設計？

陳　我們加上羅卡吧，這甚至影響了我後來的電台工作。之後我加入電台，跟朱培慶、吳錫輝三人 start《青春交響曲》時也是這樣，大家各自定位。朱培慶喜歡當青年導師，等於胡菊人在《周報》的角色，他就當青年導師吧。吳錫輝則是斯文英俊、聲線動聽的類型。我做甚麼？就是瘋狂大狂魔、無厘頭大狂魔的角色！但結果是我的節目最受歡迎、最多人記得，為甚麼呢？做這種節目就是所謂的譁眾取寵，反而說朱培慶做過甚麼節目，聽眾不會記得，因為他的節目都很正經。

熊 那為甚麼會用「余含玉」作筆名？[9]

陳 哦，這筆名是黃國超幫我改的，那小子！哈哈，他很無聊，他替陸離編〈快活谷〉，可能當時他剛看完《紅樓夢》，所以便替我改了個筆名叫「余含玉」。那是他想出來的，不是我改的。

熊 還記得用過甚麼筆名嗎？

陳 「華婷」，[10] 也是扮女性用的。還有「陳之元」，諸如此類，很多奇怪的名字，都忘記了。有些只用過一次半次，之後便不記得了。

熊 甚麼原因促使您用不同筆名？

陳 那年代流行用不同筆名吧，最常用的是「綏筠」，因為這是寫影評用的，後來我在《新生晚報》寫稿的時候曾經想改另一個筆名，阿卡（羅卡）著我不要改，因為很多人看過這筆名，於是就繼續沿用這筆名了。

熊 後來有一本雜誌叫《號外》，我覺得《周報》基本上是跟「中大」關係比較 close（密切）的年輕人辦的，至於「港大」那些年輕人辦的就是《號外》了，很多中英夾雜的文字。很奇怪，我不是唸「中大」的，但機緣巧合，卻跟《周報》很老友，反而跟《號外》……也不是說不老友，也認識，但不及跟《周報》那麼老友，例如陳冠中、丘世文等等。他們之前不太喜歡我們，覺得我們「老古肅」，他們唸英國文學，所以覺得我們這些「老古肅」老在談中國文化。

但我一九九一年回來的時候不同了，丘世文、陳冠中等都經常找我。丘世文是很勤力讀書的人，他可以將 Eliot（Thomas Stearns Eilot，艾略特）的 *Waste Land*（《荒原》）由頭到尾背了，這人真的非常厲害。另外還有很多怪人，葉積奇也很喜歡讀書，陳冠中也是，他們跟《周報》的人很不一樣。他們英文名叫 ***City Magazine***，有一個會叫 City Critic Club，好像叫「城市評論會」甚麼的，一個月聚會一次，在六四酒吧，他們會找我們去，陳冠中、岑建勳都在。一九七〇年代的時候，他們不喜歡我們，不過現在跟他們說起《周報》，他們都會抱欣賞態度，跟以前不同了。

熊 您作為一個經常接觸流行文化而與《周報》又有密切關係的人，一九六〇、一九七〇年代的社會變動對你有甚麼衝擊？

陳 坦白說，對我個人沒甚麼影響，因為我從來都不喜歡談政治。我不是不談，例如大家坐在一起聊天，我也會一起談，但坦白說，我不太關心政治，這是第一點。

第二，我很喜歡中國文化，但同時我也很英式，很喜歡英式的東西。Background（背景）很影響一個人，那時我學英文要學 Queen's English（標準英語），絕對不學 American English（美式英語），"color"（顏色（美式拼法））在學校是 wrong spelling（拼法錯誤），"center"（中心（美式拼法））也是 wrong spelling，"theatre"（劇場）、"people"（人們）都要讀得很準，否則便會說你發音不正確，我們學的都是英國英語。後來肥黃，不，黃子程，哈！他就寫過一篇文章罵我是「沒落王孫的英文」，因為我當時學的是那種英語。

《周報》令我兩者兼得，因為談讀書心得那版介紹很多外國書，起了一定的 guidance（指引）作用，引導你多看書；另一方面，它談中國文化，令你二者兼得。當時社會急速變化，對我卻沒有甚麼影響，因為我活在我的世界裏面。我的世界就是，我既喜歡中國文化，也喜歡英文、英國東西、英國文化，也喜歡流行音樂、古典音樂。為甚麼我不聽戲曲？因為不懂，粵劇也不聽，這也是受背景影響。我 daddy、mammy 不聽，他們聽國語時代曲，所以我很熟悉國語時代曲，歐西流行曲也很熟悉，古典音樂也相當熟悉，不過跟我談粵曲我便不懂了，啞口無言，跟我談京劇我不懂，特別是古仔、古兆申常常談的崑曲，我更加不懂。沒有 background 影響你，你便不會想鑽研那些東西。

熊 社會氣氛對您沒有影響？

陳 對我沒甚麼影響，那段日子我很快樂，由《周報》到《新生晚報》，後來是《星島日報》、《新晚報》，還有很多其他報紙。然後是搞樂隊、錄唱片，畢業後在 *China Mail* 工作，當編輯。之後加入「商台」，最後由「商台」轉到「港台」（香港電台），「商台」不許上電視而「港台」可以，於是又主持電視節目，跟著加入唱片公司。事情一件接一件的來，所以印象中當時社會上發生的事，對我來說沒甚麼影響。

「六七暴動」之後，香港政府覺得年輕人的多餘精力無處發洩，於是舉辦一些新潮舞會，第一次新潮舞會在卜公碼頭舉行，有兩隊樂隊表演，其中一隊就是我們，另一隊是Teddy Robin（泰迪羅賓）。恭逢其盛，我們是第一隊表演。當時半島酒店一向用的是菲律賓樂隊，他們的manager（經理）是外國人，很喜歡我們那隊band，覺得我們四人都乾淨整齊，他們每個月有function（活動）或ball（舞會）便都請我們表演。他們通常需要兩隊bands，除了本來那菲律賓band就是我們了。那時沒有甚麼樂隊可以在半島酒店表演，所以我們很幸運。

可能有很多年輕人很痛苦，有很多鬱結，有很多不快樂的事情，但我沒有，那時反而是我生命很豐盛的日子，經常覺得時間不夠用，是一段挺快樂的日子。雖然當中也有許多曲折，有一些打擊，但人一生必然遇到這樣的事吧，基本上還是快樂的。

熊　即是說，您個人的發展還算平順，但在《周報》認識的那一班朋友，他們在「火紅年代」受的衝擊似乎很大，您在專欄中提到被這些朋友用酒潑、被罵……[11]

陳　是的，那其實很好笑。我夾band，他們已經很不高興，我還要在電台播歐西流行音樂，這在黃子程這種人眼中當然覺得……是當年的黃子程，現在不是這樣了，他會覺得我是壞人，說我荼毒香港青年心靈。呂炳強當時更是極左，他在「港大」唸書。一次我請喝酒，在「港大」唸書的時候，我最富有，因為我在「商台」工作，有點收入，夾band也有

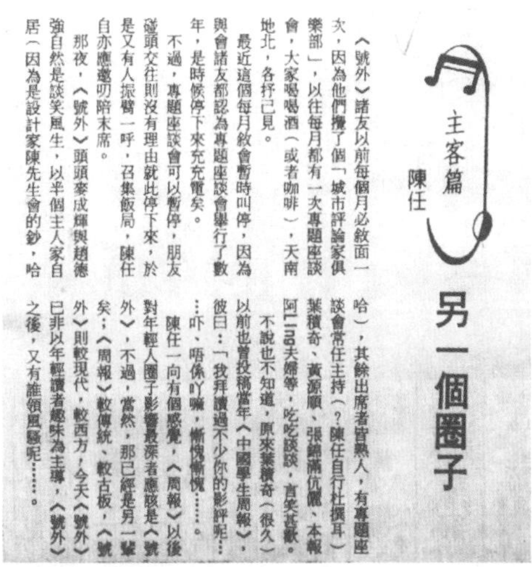
主客篇
陳任

另一個圈子

《號外》諸友以前每個月必敘面一次，因為他們攪了個「城市評論家俱樂部」，以往每月都有一次專題座談會，大家喝喝酒（或者咖啡），天南地北，各抒己見。

最近這個每月敘會暫時叫停，因為與會諸友都認為專題座談會舉行了數年，是時候停下來充充電矣。

不過，專題座談會可以暫停，朋友碰頭交往則沒有理由就此停下來，於是又有人振臂一呼，召集飯局，陳任自亦應邀叨陪末席。

那夜，《號外》頭頭麥成輝與趙德強自然是談笑風生，以半個主人家自居（因為是設計家陳先生會的鈔，哈哈），其餘出席者皆熟人，有專題座談會常任主持（？陳任自行杜撰耳）葉積奇、黃源順、張錦滿伉儷、本報阿Ling夫婦等，吃吃談談，言笑甚歡。

不說也不知道，原來葉積奇（很久）以前也曾投稿當年《中國學生周報》，彼曰：「我拜讀過不少你的影評呢……」吓，唔係吖嘛，慚愧慚愧……。

陳任一向有個感覺，《周報》以後對年輕人圈子影響最深者應該是《號外》，不過，當然，那已經是另一輩矣：《周報》較傳統、較古板，《號外》則較現代，較西方，今天《號外》已非以年輕讀者趣味為主導，《號外》之後，又有誰領風騷呢……。

陳任「主客篇」之〈另一個圈子〉。（1994 年 9 月 25 日《香港聯合報》）

點收入，於是請他們喝酒，其實是喝啤酒而已，也不是十分富有。他突然罵我，說我做這些節目甚麼的，就把酒潑過來，潑得我渾身都是，這是真事來的，哈！最可惡的是他潑了我之後立刻走了，使我不可以回潑！不過這只是一個笑話而已，今天我跟呂炳強是 friends，大家都記得當年這個笑話。

我想我是在《周報》出來的人之中唯一這麼洋化的，所謂洋化，做一些他們當年認為不好的事，就是流行音樂，所以他們會罵我。罵多了，我也會生氣，於是又反罵他們。那時候很奇怪，我記得他們全部都很左，會去「維園」示威，可能黃子程是在警察到達前匆忙離開那種，因為怕被抓，哈哈！誰沒去示威呢？劉天賜也去了，記得的那些人、在《周報》出來那些，有一段日子是極左的。那時他們搞《盤古》，岑仔、岑逸飛在《盤古》罵胡菊人呢！[12] 那份雜誌是胡菊人辦的，後來岑仔幫他編的時候，竟然大罵他，罵他反動甚麼。這其實沒甚麼，因為當年受中國大陸政局的影響，很多人對事物的看法不同了，有些人很左，他們則是極左。我基本上屬於頹廢那一邊，哈！我絕對不左，我怎麼會左呢？我喜歡的都不是左的東西，只是受他們影響看了《毛主席的四篇哲學論文》。我看過那些書而已，還只是黃子程買給我看的，但看完也不知道它說甚麼，覺得很悶。在那「火紅年代」裏面，我在那群後輩之中是唯一異數，所以他們當時很討厭我。不過討厭歸討厭，那友誼始終保留。

熊 剛才說您由《周報》開始寫文章，後來是《新生晚報》，之後也為很多報紙寫過專欄。今天回顧，有沒有哪一次寫專欄或編輯向您約稿的經驗特別難忘？

陳 那時候的報紙都分成左派、右派，我們覺得右派報人不太讀書，我們當時是小伙子，會覺得反而左派的人譬如羅孚真的讀書，為甚麼呢？當時他找楊莉君，即韋妮，找她向我們約稿，約我們替《新晚報寫稿。他請我們到灣仔一間叫「美利堅」的京菜飯館吃飯，道明來意。他是謙謙君子，跟他說話、聽他的談吐就知道他看過很多書，當時右派的報人沒有這種氣質。我們那時真的很害怕，那年代為左報寫稿，簡直不知死活，於是我只好用筆名寫。

熊 那時在《新晚報》用甚麼筆名？

陳 忘記了……

熊 記得大概是哪段時間嗎？在《周報》結束之後？

陳 是的，《周報》結束之後，我還記得說笑自己是「左右逢源」。朱培慶也曾在那裏寫稿，但不是寫了很久。

盧 甚麼原因停寫呢？

陳 不知道是不是這樣，我想是另外兩人先開始不想寫吧，怕被人知道。那時候真的很緊張，還要在政府……後來我也沒有寫了，somehow 類似這樣吧。正因為曾經在《新晚報》寫稿，後來從新加坡回來，《大公報》、《文匯報》也找我寫。

熊 那時候的氣氛已經完全不同了。

陳 不同了，雖然還不像現在這樣，但那時候已經開始沒甚麼所謂了。

熊 那時候沒有說明希望你們怎麼寫或寫甚麼？

陳 沒有，總之不要罵中國政府就可以了，自由度相當高，其實不錯的。當時我覺得《新晚報》的副刊是很「乾淨」的報紙，感覺上乾淨整齊。為甚麼會那麼害怕呢？因為我們的朋友蕭銅後來很坎坷。他為左報寫稿，給右報知道了，解僱了他，不再讓他寫。他是靠寫稿為生的，收入都沒有了，後來真的很慘。戴天有時會找他吃飯。戴天是很念舊的人，好像以前胡金銓在美國有一陣子也相當不得意，需要服一些藥，戴天替他買來寄去，我們都幫過他，當然不讓他知道了，這也是戴天發起的。後來蕭銅不知怎的因為抽煙燒死了（酒後失火），真的很慘。我還記得年輕時候他已經很喜歡喝酒。我跟他不太熟，交往少，不及跟戴天那麼熟。

盧 你剛才不只談到《周報》，除了《周報》，你人生的轉捩點是夾 band，可不可以說說你夾 band 的生涯？介紹一下你的三位朋友？

陳 我的 band 是這樣的，有四個人：我、另一個現在

1974年第71期《盤古》。

主客篇

陳任

《盤古》之友

雖然如是，與其中部分朋友的交往似乎從未間斷過，即使離港那十多年，偶爾回來亦安排與諸友敘首，所以雖與《盤古》扯不上任何關係，卻又自感好像也是其中一份子。

今年春節，戴天與林悅恆俱不在港，胡菊人因不良於行，沒有參加這群《盤古》之友的團拜活動，羅卡又因安排今年「電影節」工作關係，也不得來；結果，只有岑逸飛、李天命、黃子程、黃維波與黃維樑可以來，周前子程來電曰：喂，阿祖（陳任洋名），眾友要你也一起來，不能推辭……。

陳任沈吟半晌，終於決定出席。

陳任「主客篇」之〈《盤古》之友〉。（1994 年 2 月 20 日《香港聯合報》）

火紅的年代

陳　任

飯局上，大家在談論年輕時的那個火紅的年代，誰沒有「左」過。

最初，我們這一夥人都替《中國學生周報》與《大學生活》寫稿；而這兩份刊物當年都被視作右派的刊物，雖然不談政治，有人仍然懷疑出版社是受美國津貼者。

後來，在「中大」就讀的幾位好友，受到內地「文化大革命」的影響也開始潛修馬列，閱讀毛主席著作，開始「左」起來了。

還記得自己當年替「商台」主持年輕人節目，播放英美的流行曲，遭摯友黃子程痛斥爲「荼毒香港青年心靈」；大既他認爲陳任應該多播《歌唱祖國》那樣的歌曲吧。另一位當時在「港大」修數學系的朋友呂炳強就更極端，在一次酒敘中，他除了大罵陳任是反動派外，還越罵越火，結果把整杯啤酒潑在陳任身上。

之後胡菊人、戴天與林悅恆搞了一本雜誌《盤古》，幾位當年「左」得可以的摯友譬如岑逸飛、關永圻、古兆申等，索性就在《盤古》發表長文，批判胡、戴、林等人的反動，據說連劉天賜也有份呢。

至於陳任自己，爲了表示自己也有「左」的一面，於是開始替《新晚報》寫專欄，又在足球場上捧「愉園」而貶「南華」……

那眞是一個火紅的年代。

陳任「無雙譜」之〈火紅的年代〉（1999 年 4 月 19 日《大公報》）

是孖士打律師行的partner〔合夥人〕，是solicitor〔事務律師〕、律師；一個是余叔韶的兒子，現在也是大狀，是barrister〔大律師〕；另外打鼓的最初是方心讓的兒子，現在已經去世了。余叔韶的兒子和方心讓的兒子是世家子弟，初時他們組了一隊band，找來余叔韶的小女兒參加，很有趣，一個小女孩在彈。後來覺得不行，要找個男孩子，於是找了我，共四人。沒多久，方心讓……我們叫他uncle，uncle要他到英國唸書，於是他便離開了。後來加入那人就是錄唱片時的鼓手，現在在金融界工作。之後余叔韶的兒子也要到英國唸書，那麼誰加入呢？你一定很有興趣知道，余叔韶兒子是彈bass〔低音結他〕的，新加入的bass手是蘇基朗、Billy So！他是band友來的！我們錄唱片的時候，有一段日子Billy也有份兒，那時我們四個真的很好玩。現在回頭看，其實在我一生之中，《周報》是我第一個break〔突破〕。Break的意思是可以「上位」的機會，第二個break就是錄唱片，第三個則是幕後工作，中間再豐富一點就是加上電台DJ的工作。近年做的工作都比較玩票性質，例如教人烹飪，很無聊的。那也是突然有人找我做才做，我沒想過要教人烹飪的。我記得是李雪廬找我的，當時他在「亞視」〔亞洲電視〕工作。電台DJ的工作也幫了我適應在電視教烹飪，我教烹飪，跟你說這道菜怎麼煮，然後做一次給你看，這很容易，但一邊說一邊做就很麻煩，還要望向鏡頭。所以很多事情都是相關連的，如果我沒有電台的訓練，可能主持烹飪節目時未必那麼流暢，如果我不曾錄唱片，或者又無法在電台工作，如果我沒有加入《周報》，我就沒有機會……還有一件事！

我那時候夾band也跟《周報》有關。我組過兩隊bands，第一隊只維持了很短時間，隊員是楊凡的同學。楊凡當時也為《周報》寫稿，我因為陸離的關係認識楊凡。楊凡跟我說：「阿Joe，我的同學組band還欠一個人，不如你加入吧，好不好？」我就答應了。那時候的小朋友很流行在St. Andrew's Catholic〔聖安德肋〕、即教堂開party〔派對〕，請一些local bands〔本地樂隊〕到場演奏，當時楊凡給我介紹的那隊band和我後來join〔加入〕的那隊band同台演出。我後來join的那隊band，即是余叔韶兒子那一隊，他們拉了我去，我這就等於跳槽了。所以說，我夾 band 也跟《周報》有關，如果不是因為楊凡，我也沒想過夾 band，是楊凡介紹我加入第一隊 band 的。認識楊凡的原因還不是因為陸離介紹？那為甚麼認識陸離而且得到她介紹？因為楊凡也為《周報》寫稿嘛，全部事情都連在一起，我一輩子就好像從《周報》開始的。

熊 阿 Joe 是不是在香港出生、在香港長大？

陳 不是的，我在北京出生。

熊 那多大來港定居？

陳 我想是兩、三歲左右吧。我外公，即是我 mummy 的 daddy 是國民黨的高官，共產黨來了，那當然害怕，於是便來到香港。有一件事很好笑，我的爺爺是前清秀才，他很左的，所以我小時候的家，十月一日會掛五星旗，十月十日便會掛青天白日滿地紅旗。我那時候是小孩子，覺得很有趣。

熊 您剛才說到自己對音樂、電影方面的興趣比較大，又喜歡出鋒頭，其實這樣的個性跟《周報》那種講國家民族、文化理想的作風很不相同。

陳 是的，由此也可見《周報》的包容性真的很大，我

陳任手記

又兩次

羅孚回港，他以前交往活躍，朋友遍天下，這次回來，相信要宴請聚舊的朋友一定不少，要請也得排隊者，據悉輪候名單甚長、排隊可能逾月，陳任有幸，每回均獲諸友眷顧，有緣叨陪末席。

剛剛吃完何錦玲大姐的那一頓，「明月」潘耀明大哥又來電，宴請羅孚，要陳任出席，老友有命，陳任自然「義不容辭」（哈哈）；未幾，港大「恩師」又來電，要求代約宴請羅大哥，陳任沉吟半晌，轉念一想，好好好，這次就讓我來作個東吧。

於是，短短幾天內，竟然「同枱食飯」三次，與羅老先生亦算是有緣。

那夜，匆匆工作完畢（最後一項任務是「趕稿」），吾友黃子程已在旁不斷催促，曰：潘耀明希望我們早到，千萬不能遲到……，陳任曰：這就動程，子程又曰：不要駕車，乘的士好了，那裏附近未知有沒有停車場……，陳任答曰：如此則稍後「散席」時會有交通問題也，適逢周五，甚難截的士者也，子程急曰：最多我負責送你回來取車……，哈哈，就是因為太熟，單是爭論交通問題，三四分鐘又已過去矣。

及抵埗，只見孫述憲一人在等電梯，陳任語子程曰：係咪呢，駛鬼咁早咩……。

陳任「陳任手記」之〈又兩次〉。（1993 年 2 月 29 日《星島日報》）

這種人也能夠接納，有一段日子我甚至算是中堅成員呢！當然不只我一個如此，還有很多人，我是其中之一。他們的包容性很強——除了有關國家民族的爭論，不過這些我很少加入。除了那些情況，我們都是好朋友，絕不會因為看法不同、見解不一樣便做不了朋友，沒有這種事。我覺得最快樂的階

段就是《周報》和夾band。我在《周報》認識了很多好朋友，friendship還可以一直維持到現在，夾band何嘗不是這樣？

熊 這也是後來整個事業的起點。

陳 是的，後來我做唱片工作，你問我做這個開心不開心，不太開心的，為甚麼呢？因為有很多麻煩要應付。我還記得初到新加坡工作，正如我剛才所說，一個「香港仔」來管新加坡公司，那公司是全東南亞最大的operation〔業務〕，有二百多名員工，由一個「香港仔」指揮，之前都是由外國人管理的，那當然會有很多阻滯。一名廠長非禮女工，煩得要命，我已經有很多工作在身，真的非常麻煩。這件事剛剛平息了，馬來西亞那邊又有事情，我便又要過去處理，印尼有事又要去處理。那時候很忙，雖然也算有點成就感，因為能做出成績，但跟之前在《周報》或夾band時期比較，那辛苦得多，沒有那麼快樂。在《周報》是很開心的日子，夾band是很開心的日子。

盧 記得「華婷」、「陳之元」這些筆名在哪兒用過嗎？

陳 「華婷」這名字應該在《周報》用過，後來在《文匯報》也用過，哈！記得一次國際電影節，他們fax〔傳真〕了一些單張來，通知人們如果要看電影便從速報名之類，於是我就用「華婷」的名字寫了一篇文章，批評他們既然邀請別人去看，卻要別人報名，我們又不是付不起錢看幾齣電影之類。文章出來之後，《文匯報》職員打電話給我，說國際電影節那邊有人打電話來想找「華婷」，問我要不要回覆他們，他們打來找「華小姐」，哈哈哈！阿卡當然知道那是我，不過沒有作聲。後來我回覆他們，那邊問：「你是哪位？」我回答：「我是『華婷』。」那位職員也嚇了一跳，哈哈哈！

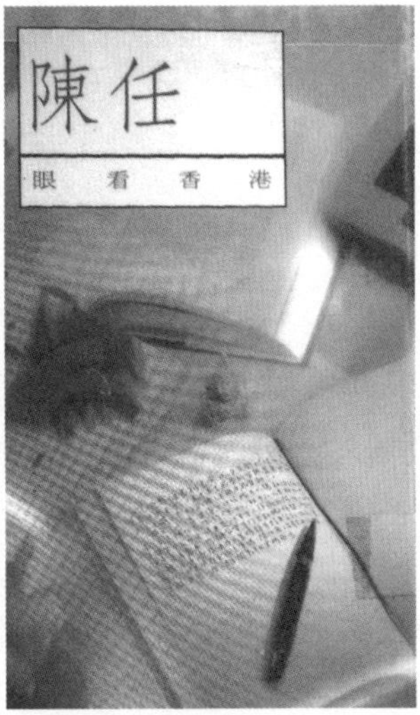

陳任《陳任眼看香港》。

注釋

1 孫述宇：〈法國古典戲劇裏的「朱門蕩母」〉，《中國學生周報》，一九六四年十月三十日，第六四一期。

2 《中國學生周報》署名「綬筠」文章包括：（一）〈大衛連談沙漠梟雄〉（翻譯），一九六五年三月五日，第六五九期；（二）〈開場白〉，一九六五年六月二十五日，第六七五期；（三）〈談大衛連〉，一九六五年七月十六日，第六七八期；（四）〈一部希臘悲劇〉，一九六五年八月六日，第六八一期（五）〈此處有清泉〉，一九六五年八月二十日，第六八三期；（六）〈「薄伽丘七十」談〉，一九六五年九月十七日，第六八七期；（七）〈大映之今昔〉，一九六五年十月八日，第六九〇期；（八）〈大映之今昔（完）〉，一九六五年十月十五日，第六九一期；（九）〈學生影迷的苦悶〉，一九六五年十月二十二日，第六九二期；（十）〈四谷舊談〉，一九六五年十月二十九日，第六九三期；（十一）〈山之營造者 薛尼・盧密〉，一九六五年十一月十二日，第六九五期；（十二）〈東海遊俠〉，一九六五年十二月三日，第六九八期；（十三）〈石中神劍〉，一九六五年十二月二十四日，第七〇一期；（十四）〈偏愛與偏見〉，一九六五年十二月三十一日，第七〇二期；（十五）〈萬劫精忠傳 Warlord〉，一九六六年一月二十八日，第七〇六期。

3 胡菊人《新生晚報》專欄「旅遊閑筆」，由一九六三年十二月十四日開始，至一九六四年七月三十一日結束。

4 陸離、戴天、劉方、李英豪《新生晚報》專欄「四方談」，由一九六四年九月五日開始，至一九六五年七月三十一日結束。

5 陳任於《星島日報》專欄「陳任手記」，由一九九一年二月一日開始，至一九九四年三月十五日結束。

6 《大公報》專欄「無雙譜」由陳任、黃子程、薛興國合寫，由一九九二年十月一日開始，至二〇〇三年二月十四日結束。陳任於《文匯報》專欄名為「今昔年華」，二〇〇一年七月三日至二〇〇二年六月三十日期間隔日刊登。

7 據《中國學生周報》出版資料欄，林悦恒擔任督印人的時間由一九六六年三月十八日第七一三期，至一九七四年三月五日第一一一九期。按：《周報》的督印人、社長和總編輯，有時由同一人擔任，有時並不，從版面資料無法得知。

8 據《中國學生周報》出版資料欄，該報一九六四年五月八日第六一六期，至一九六八年九月十三日第八四三期，社址為九龍登打士街九十一號翠園大樓七樓第四號。

9 余含玉：〈憶想，斷想，冬令營〉，《中國學生周報》，一九六六年一月十四日，第七〇四期。

10 《中國學生周報》署名「華婷」文章包括：（一）〈飛渡關山奪寶戰〉，一九六五年八月十三日，第六八二期；（二）〈與你分享一些東西……〉，一九七三年四月十三日，第一〇八二期。

11 陳任：〈火紅的年代〉，《大公報》，一九九九年四月十九日。

12 《盤古》刊有多篇批評胡菊人文章，其中一九七四年七月一日第七一期封面更標明「談胡菊人先生的『大賤賣』」，內文刊有關平等著〈談胡菊人先生的『大賤賣』——沉舟側畔千帆過，病樹前頭萬木春〉（頁六至十）。

古兆申

（一九四五——）

筆名古蒼梧、顧耳、藍山居、傅一石等。

原籍廣東茂名，在家鄉出生，四歲隨家人來港，一九六三年入讀聯合書院中文系，在學時已投稿到《大學生活》、《中國學生周報》等刊物，多年來的寫作包括影評、新詩、散文、小說、劇本、專欄、藝評等。一九七〇至一九七一年赴美參加愛荷華國際寫作計劃，一九八一至一九八二年留學法國。參與編輯工作的報刊、書籍、出版社包括《金線》、《現代中國詩選》、《盤古》、《文學與美術》、《文美》、《八方文藝叢刊》、《大公報．中華文化》、《文化焦點》、《明報月刊》、《溫健騮卷》、台灣漢聲出版社等。近年積極投入崑曲的推廣與研究。出版作品包括《銅蓮》、《備忘錄》、《今生此時，今世此地：張愛玲、蘇青、胡蘭成的上海》、《長言雅音論崑曲》、《雙程路：中西文化的體驗與思考 1963—2003》、《舊箋》等。

日期｜二〇〇三年六月二十五日、七月二日、七月九日

地點｜訪問者辦公室

訪問者｜盧瑋鑾、熊志琴

古—古兆申　盧—盧瑋鑾　熊—熊志琴

按：古兆申於二〇〇九年罹患急病，其訪問因此在本書出版前先行以獨立單行本發表（即《雙程路：中西文化的體驗與思考 1963 — 2003》（香港牛津大學出版社，二〇一〇年）），此處僅節錄與本書其他訪問內容較密切相關部份，並沿用書中章節標題，特此說明。

一、《中國學生周報》、《大學生活》——最初參與文藝活動的經驗（一）

熊　訪問問題早前已交給古先生過目，問題也許有點繁瑣，古先生隨興而談就好。古先生初次參與的文學工作是當《現代中國詩選》的編委，[1] 對嗎？

古　應該不是。最早應該是參加《中國學生周報》和《大學生活》的寫作和文學活動。我們編《現代中國詩選》前，友聯出版社跟友聯研究所出版了《周報》（《中國學生周報》）和《大學生活》這兩本分別以中學和大學生為對象的刊物，他們設有活動部（指通訊部，下同不贅），當時在旺角……甚麼街呢……

盧　彌敦道？

古　登打士街！

盧　啊，你是登打士街時期的。

古　對啊！活動部在彌敦道的時候我年紀還小，「六六六」的時候我也不記得升讀了中學沒有。[2] 我參加《周報》和《大學生活》的活動是唸大學時候的事了，那時《周報》已搬到登打士街，那裏地方

較大。我未到過「六六六」的社址……

盧：很大的。

古：很大吧？登打士街也許小一點，但也頗寬敞，佔全層樓，有編輯部、活動部。那時他們的活動部很活躍，因為《周報》一直有通訊員組織，負責聯絡、組織學生活動。他們辦很多活動，例如音樂欣賞會、舞蹈、民族舞蹈，我那時候也跳！他們也有話劇組，會排練話劇作年度演出，歌舞也有年度演出。我那時候只是玩玩，演出便沒有參加。《大學生活》也設有活動部，在「中大」（香港中文大學）比我低一屆的同學黃維波就在那裏做事。那時《大學生活》還有出版，但不公開發售，最初由胡菊人編的時期是公開發售的，開本較小，好像是七十二開，到了贈閱階段便改為十六開，那是由張文祥主編的。由於參加《周報》跟《大學生活》的機緣，我經常到報社參與他們的活動，因此便認識了陸離、羅卡、吳平他們，我畢業前已經開始為《周報》寫稿、替《大學生活》寫稿。還記得在大學一、二年級的時候，我在《大學生活》寫了一篇文章，批評我們聯合書院中文系的老師，引起軒然大波。當時鄭棟材院長買了十多本回來，在各系派發，大家都不知道作者是誰。那時我對事情看得比較簡單，所以也激烈一點。那篇文章主要針對中文系的課程、老師的教法等等發表一些意見，但用了略為漫畫化的寫法，有嘲諷性，態度不太好。當時「聯合」（聯合書院）中文系代系主任是姚克先生，即姚莘農先生，他很好，他知道文章是我寫的，其實我的文章也有批評他呢！他只是悄悄地跟我說很多老師對我很有意見，你的功課要做好一點。哈哈！結果也沒事。

我大概在大學一、二年級開始參與文學工作，我在一九六三年入學，也即「中大」成立那一年入學。我也忘了那時用甚麼筆名了。那時有兩個人寫，一個是我，一個是黃韶生。我們每人寫了一篇。那文章其實不太重要，只是說起……事實上，我那種寫法太遊戲性質了，是貪玩，不很認真。當然諷刺是針對具體現象的，但不是很嚴格地說他這樣教不好，那樣教不好。那時小孩子，覺得這樣寫好玩，發洩一下，其實不足為法。

記得我是先替《大學生活》寫稿，後來因為黃維波、張文祥而認識了陸離和卡叔（羅卡）、吳平。最初我在《周報》發表東西是用「顧耳」這個筆名，寫的是影評，評胡金銓《大醉俠》還是李行《養鴨人家》呢？[3] 我也記不清了，好像是先評《養鴨人家》，接著才是《大醉俠》，那時《盤古》應該還沒有創辦。後來跟陸離愈來愈熟，她常拉我一起看話劇、聽音樂會、看畫展，後來也變成了他們（《周報》）〈藝叢〉版的作者，多數用「顧耳」寫藝術評論。

陸離那時很重視話劇，因為大專院校、「學聯」（香港專上學生聯會）每年都舉辦「學聯戲劇節」。姚克老師在「聯合」很提倡話劇，多次正式公演，一些現在很有名的話劇演員，殷巧兒、馮祿德等當時都是我們的同學；本港話劇老前輩李援華老師也很支持「學聯話劇節」。陸離每年必看，還拉我一起看，常常著我寫評論。當然評判的結果跟觀眾的評價未必一致，所以我們寫評論是重要的，也有一定的影響、一定的回應。另外，一些從外地來港的表演藝術、畫展、音樂會，或者本地的西方音樂演出，例如盧景文排演的歌劇是香港最早期的歌劇——本地辦的歌劇，譬如江樺主演的《卡門》、《蝴蝶夫人》等等，這些當時我們也會看、也會評論。

古兆申大學畢業，與張文祥（右）合影。（古兆申提供）

二、《金線》——最初參與文學活動的經驗（二）

古：吳振明跟我從大學一年級開始便常常談文學，我們曾經合辦——大概是香港文社第一份鉛印刊物，名為《金線》。這我自已也沒有保存了，這刊物當時給學院查禁。那時我們都是大學一年級的學生，「聯合」有十多位同學，中文系、外文系、社會系的同學各有一些，我們都對文學有興趣。那時台灣《現代文學》興起，香港《好望角》也出版了，早些時候則有《文藝新潮》。吳振明喜歡搜集資料，比較留意這些。我們逃學、放學後，經常在威靈頓街這附近……

去買書……

古　盧

神州圖書公司等等，以前有幾家舊書店。吳振明住在這附近，所以他有地利之便。那時候很多中英文書都已經絕版了，我們常跟他到這些地方尋書，他就像盧老師（盧瑋鑾）那樣，喜歡收集文學書籍，家裏也有空位存放。他喜歡讀書、讀雜誌，資訊很豐富。當時我們看很多外國、台灣的東西，因為台灣的文化，譬如在社會方面，跟香港比較接近。我們當時讀《文星》、台灣一些詩刊、《現代文學》等等，覺得他們的水準能接上五四至一九三〇年代，於是覺得新文學也有新的發展。對於內地的作品，我們因為本身的背景而帶有一些偏見，而且也太重政治性。那時，一九六三、一九六四年的時候，大陸情況還比較好，不至於太左，還有好東西可以看到，特別是對古典文學的整理、註釋等方面，他們做了許多工作，我們也採用了他們的材料。但在新文學方面，當時的確有很多東西令我們接受不了，我們便轉向讀台灣的東西。那時是台灣現代文學的黃金時期，幾本重要的刊物，文學雜誌例如《筆匯》、《現代文學》，綜合性的文化雜誌如《文星》，都在當時出版。我們幾個「聯合」的同學便覺得……香港的文學刊物如《文藝新潮》、《好望角》，在我們唸書時已經停刊了，但吳振明很熱心的搜集了回來，於是我們也能讀到。《好望角》那時已經跟台灣作家交流，譬如陳映真的〈哦！蘇姍娜〉，[4] 我就是在《好望角》上看到的。我們讀到陳映真這篇小說時，印象很深刻。我們讀著這一通書刊，覺得應該向同學提倡這些作品，於是大家找了十多位同學參加，好像成立文社那樣，創辦那應該是第一份的文社鉛印刊物，取名《金線》。它的開度跟《周報》相若，有兩張紙左右，內容主要是引介……為甚麼叫《金線》？唐詩有這兩句：「苦恨年年壓金線，為他人作嫁衣裳」。當時我們的觀點是，香港的文學水準還未值得大肆推介給讀者，但台灣和五四以來的文學則值得向這一代推介。那時候沒有刊登甚麼創作，主要是評論、引介外國作品，主要是英美的現代文學，因為當時我們的閱讀能力限於中、英文，很多篇幅是介紹台灣興起的一批作家、作品，例如陳映真、白先勇的小說，鄭愁予、余光中的詩。我記得自己用「藍山居」的筆名在那裏發表了一篇文章（古按：這篇文章標題可能是〈新詩沒有根嗎？〉），好像是第一次用這個筆名，就在那裏，那篇很長的，談台灣現代詩。

辦《金線》應該是一九六四年左右的時候吧，我們出版時出版者是現代文學讀書會，就是我們文社的名字。當時「聯合」的訓導長是誰呢？應該可以翻查到。他一九六五年仍在「聯合」的，我忘了他的名字了。這人年紀稍大，在「中大」未成立時已經在原來的聯合書院工作，據聞他是國民黨前官員。（一九六三年至一九六五年聯合書院訓導長為鄭寶照。）事實上「聯合」也有國民黨的人。譬如社會系的系主任，姓胡，是個胖子、大塊頭，人很好，後來我也聽說他跟國民黨的關係相當深，原來是集成書店的經理，但他的身份是聯合書院的教授。剛才說的那人是專職當訓導長，聽說是國民黨系統裏的資深人士。我們《金線》出版後便在校園派發給同學，那時的讀書風氣比較好，很多同學都覺得這刊物有意思。那時《聯合學生》出版了沒有呢？（《聯合學生》於一九六五年十二月創刊）想不起來了，好像沒有，因此校園內的同學自辦刊物就只此一份。出版了一期，反應不錯，但訓導長看到現代文學讀書會就很恐懼，以為是左派的東西，因為一九四〇年代左派在香港辦了很多讀書會，這方面盧老師的研究也談到。事實上，我們刊物的內容跟左派完全無關，只談西方現代文學——西方現代文學當然也有左翼的東西，甚至現代主義中也有左翼的東西，資本主義社會也有左翼的政黨，但當時我們介紹的主要是一九六〇年代的現代主義。那時的現代主義多步向頹廢、失落一路，台灣那一類也是這種意識，就是陳映真當時寫的小說也很隱晦，基本上我們那時還當他是存在主義作家——但行政人員是很粗疏的，不會看內容，他們看到這名目，以他們國民黨的生活經驗看來，第一種反應就是懷疑這是左翼的東西，但他們在法理上不能禁止我們，於是……我的印象很深刻，我覺得我們是鬥不過他們的，因為他們是行政系統內的權威層面人物。他們的策略是逐個擊破。而我們參與的會員中有一個很怕事、膽怯的同學，他怕會受到影響，彷彿投誠那樣主動向訓導長交出我們的名單。訓導長便逐個同學抓去談話，其中也包括我。當時我獲得張祝珊獎學金，他說我現在在這裏唸書，學校給我獎學金，如果我有這樣的行為，學校給我獎學金便有問題。我沒有理會，我知道不會受影響。我說我們這刊物不過是想在同學間提倡文學閱讀的風氣，不涉政治。他說他也不是說我是「左仔」——那時我也沒可能是「左仔」——只說我們年少無知，現在成立了這個會，慢慢就會有左翼的人滲透，我們便會給污染云云。我們的核心，例如我跟吳振明等幾個同學，當然沒有妥協，又覺得很氣憤，於是便寄了一份刊物給胡菊人，胡菊人便在《新生晚報》的專欄上撰文，說近日有一份有如「潔白牌」洗潔粉——當時有一種洗潔粉好像叫「潔白」的——那麼乾淨的校園刊物竟然給查禁。他沒有點明是《金線》，但暗示了這件事。

當時的社會很清貧，難得十幾位同學願意合資出版。雖然當時出版費用尚算便宜，百多元就能出版，但也需要同學合資，每人十多元，十多人才能出版，後來給逐個擊倒後，只餘下五、六人，那便無法繼續出版了。那人聲明出版是可以的，但不可以在校內派發。可是我們一則沒有經費，二則覺得不能在校園派發就沒太大意義了，結果我們便停刊。過了一年，那訓導長便不再在這裏辦事，我想港英政府當時也知道了這個人的背景，好像沒有再請他工作了。我們的院長是鄭棟材先生，副院長是方心謹。後來方先生來找我，談到同學們對校園活動的意見，我便重提這事。他批評那訓導長荒謬，還說我們絕對可以做這些事，但那時那種氛圍已經過去了。我隱約感應到當時香港政府有意清洗「聯合」裏跟政治有關的人，他們已經完全掌握了學校的行政機制。無論如何，他們都是提倡非政治化、中立的東西，純文學的東西他們倒不會干涉，甚至鼓勵。我得到這樣的一種印象，但這是回頭再看時才比較明白的事。說得真實點，那實際上是牽涉了兩種不同的政治勢力、立場和觀點，那雖然只是學生層面比較簡單的事件，但校方的做法卻牽涉了兩種不同的政治勢力、立場和觀點。這可能扯遠了。

盧 不是，我們常說香港的文藝發展「自生自滅」，其實暗裏有各種窒礙，你的話正可作為證據。

三、《華僑文藝》——最初參與文學活動的經驗（三）

古 在我們受教育的過程中，中學老師很重要，譬如我的文學創作——當然這可以追溯到很遠，自小聽媽媽、姑姐、祖母講故事之類，但說到在我成長後，令我有所感應想要執筆寫作的，中學老師的啟發很大。那時的中學還是舊制，我唸高中一的時候有位國文代課老師姓黃，我剛才給你的資料〔〈幾番風雨幾度滄桑——訪問古蒼梧〉〕好像也提到這位老師編過很好的雜誌，[5] 出版了三年，他是黃國仁先生，編過《華僑文藝》，不知道你有沒有聽過？我那時有一冊合訂本。一年後他將它改名為《文藝》。他跟台灣一九四〇年代出身那一輩作家的關係比較密切，因為他們跟……丁平你認識嗎？

盧 認識。

古 這份雜誌就是丁平跟黃國仁合編的。

古 丁平還在嗎？

盧 逝世了〔丁平於一九九九年十一月逝世〕。

古 黃國仁老師教我的時候大概三十多四十歲，他現在是不是還在世，我不太清楚了。他是很親切的人，但我們的同學呢，也許因為他說話較沉悶……他常常講新文學，所以我喜歡在小息時到他辦公室找他聊天，他會讓我讀他編的雜誌。我當時已經從《周報》、《大學生活》讀過一些台灣作品，即新文學、現代文學那類，但看不懂，例如台灣的現代詩便看不懂；黃老師便借了覃子豪，即藍星詩社的創辦人，借他的《詩的解剖》跟《論現代詩》給我看。我在高中一時受黃老師的影響接觸港台文學，開始對現代詩、新詩有些了解。當時讀台灣現代詩很多都有如猜謎，無法讀懂，我讀了覃子豪那兩本書後，開始掌握了點理路。「藍星」那一派的詩比較靠近學院派，思路、理路都較清晰，比較能接上中國新文學傳統，所以那時我對這方面比較有興趣。黃老師辦這麼多刊物都是他跟丁平自資出版的，可以說是苦心經營，出版了差不多三年。我記得《華僑文藝》出版了一年，《文藝》則出版了兩年，都是月刊，幾乎全部編務都由他一人負責。他是很熟練、水準很高的編輯，後來《金線》的編務由我負責，我的編輯知識都是這位老師教的。我們學校（諸聖中學）有一份校報，內容包括了諸聖堂和學校的活動報導，那是由黃國仁先生編的。他是校長的秘書，也負責編校報。我唸高中的時候，他同時業餘編《華僑文藝》。我常找他聊天，看到他在編，他便教我編輯技巧、怎樣定標題等等。當時的報紙是直排的，像《周報》的size（大小），他說定標題的時候，兩個大標題的位置不能相撞……這些編輯技巧多是跟他聊天時學來的，後來編《金線》便實踐出來。這位老師在文學上對我的影響很大。

剛才扯遠了……中學時我沒有參加文社，雖然我知道有很多文社存在。怎麼我會說起中學老師的重要性呢？因為香港學校大多數是英文中學，英文書院中的國文老師對香港文學和中國文化的推廣很重要。入讀大學後，本屬喇沙中學的蒲公英文社——那主要是由喇沙中學的同學搞的——他們邀請我參加他們的文社。我知道文社多數出自英文中學，中文中學反而少，可能因為中文中學有較多機會接觸中文，上國文課的次數、訓練都較多，英文中學的中文課較少，老師便通過組織學生文社鼓勵學生寫作，所以我覺得英文中學的國文老師在這方面的貢

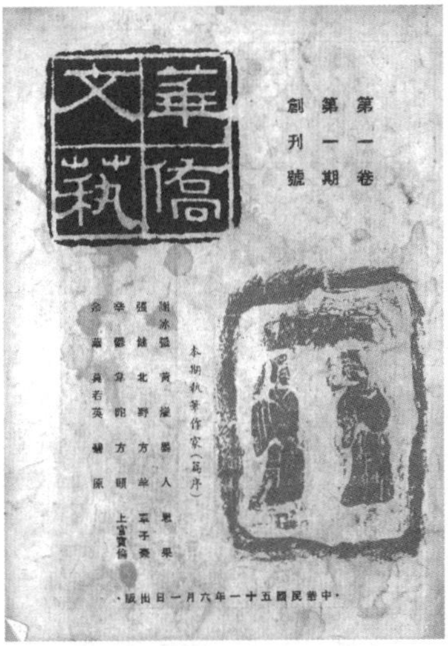

1962 年《華僑文藝》創刊。

《華僑文藝》後改名為《文藝》。

獻較大。你以前也在英文中學任教嗎？

盧　曾經在中文中學任教，但後期都在英文中學。

古　我總覺得英文書院的文社較多。

盧　因為在校內沒有機會發展，只有利用課餘組織了。

古　對。文社本身的作用就像是寫作人的預備班，進步了便投稿。那年代的報章副刊還有文藝版、有學生園地，最集中、最有計劃培養學生寫作的，當然還是《周報》。它有很多版面，讓有志於寫作的人有學習的階梯、有發表的鼓勵，這是《周報》最令我們懷念的地方。除了文學，它還有其他文化內涵，包括思想、人生哲學等方面的內涵，藝術涵蓋的範圍也很大，視覺藝術、舞台藝術、影像藝術、電影等等都包含在內。在那個年代的中學生以至大學生，只要每星期買一份《周報》看看，就已經能接受很好的基礎文化教育。它是代替了學校在這方面的教育，那是我們每一代年輕人都需要的。但今天已經沒有這樣的刊物了，學校也沒有提供這方面的教育；我覺得這是香港教育在一九七〇年代中期以後很大的缺陷，這也是媒介的缺失。學校教育的缺失也影響重大。一九七〇年代中葉以後，中小學教育逐漸普及，質素卻愈來愈低，為甚麼會這樣呢？因為它以為單純資料性、技術性的教育就已經足夠了。重量不重質的教育政策和方針，讓大多數的年輕人只接受知識性的、技術性的教育，但德育、美育，甚至體育都不受重視，這對年輕人的成長來說是非常大的缺陷。媒介方面也沒有一些比較有使命感——有也是極少——的刊物鍥而不捨地做這種補充的教育工作。所有後遺症在一九八〇年代後期、一九九〇年代初便全都暴露出來了，包括今天政府負責教育或文化之所以對這方面沒概念，有資源但沒有概念，資源絕大部份是浪費了⋯⋯不知道是不是我年紀大了⋯⋯這不牽涉政治立場。當然歸根究柢也牽涉到一些，但我說的這些完全無關政治立場。只是說如社會條件許可，無論甚麼制度的社會也應有正常的文化教育。

當時有《周報》這樣的刊物，如果說要追究政治因素，當然也有政治因素在背後，但它在客觀上所起的作用是另一回事。當時資助這些刊物的出版社也許有美國人的政治動機在背後，但執行這些工作的人本身，我不敢說他們絕對有或沒有政治動機，但起碼有使命感，我想他們是文化使命大於政治使命。所以香港那年代成長的年輕人其實是受益的，包括我自己。我便在那個年代成長，覺得很受益。譬如在對自己國家、社會、文化、歷史等方面，特別是個人比較喜好的藝術方面，都有一種關切。雖然我不是很積極主動的人，但始終有一點責任感，覺得無論被動也好主動也好，不應該乾坐著，應該盡可能作一些貢獻，我覺得這是當時的社會條件教育了我的結果。還有，我的頭腦比較開放，可以從多方面看問題，這也是當時社會條件給我的訓練和培養。

四、參加《現代中國詩選》編選

古 說到我們編《現代中國詩選》的機緣。譬如黃老師黃繼持也是這樣的，以前中文系全都是唸古典的，他的思想路向跟我較接近。「港大」（香港大學）中文系較摩登（黃繼持畢業於「港大」），而且他出身英文書院「皇仁」，所以英文很好，思維較闊。當時由文世昌連繫起來的一伙朋友都是一方面唸古典出身，同時另一方面很關切中國新文學發展。時值「文革」高潮，我們對中國文化的走向有很大的疑惑、受很大的衝擊，當時有說法指毛澤東不主張繼續辦文科大學，只辦理、工科，我們作為唸文科的人，覺得很迷惑……為甚麼會有這樣的政策？毛也是個文人，沒理由這樣想，但當時就是流傳這樣的說法。另一方面，我們看到大陸在「文革」前的出版相當蓬勃，尤其在古典文學方面有很多很好的著作出版了，新文學較弱，但也有一點材料，可是「文革」爆發後便漸漸沒有了。於是我們常逛舊書攤，搜尋碩果僅存的東西。我們不太擔心古典文學方面，因為那些資料已經流傳了千年，在台灣、香港也有一定的保存；但新文學的東西因為還新，很多資料還有待搜尋、編纂，如果沒有人在這混亂時期做一點實際工作，將來的道路會更曲折。這時我們發現了不論大陸或台灣，新文學的發展都出現斷層。由於意識形態的問題，台灣看不到左翼的東西，甚至魯迅的名字也看不到。台灣的新文學史僅止於冰心、徐志摩、胡適這些作家，魯迅在蘇雪林的書中出現時則成為了被批判的人物，他的書成了禁書。當時所有的大陸作家和學者在台灣都被禁……我們覺得許多關於新文學或現代文學的問題，其實在一九三〇、一九四〇年代的大陸都討論過，一九六〇、一九七〇年代在台灣又重新討論，是因為中間出現了斷層。我想可以從這裏說《周報》，在一九六〇年代，大概一九六六、一九六七年，我不太記得了，黃俊東、李英豪、崑南等策劃出版了「雲封霧鎖的三四十年代文學」，[6] 這專輯相當重要。事實上當時我們比較關切新文學的人，似乎都因「文革」的衝擊而想到這問題。

我們想到有很多小說還可以找到，香港也有些出版社願意出版，但詩因為是「票房毒藥」，想找來看看也很難，編一本現代中國詩選是非常重要的。我們採用了黃繼持、黃俊東、吳振明的藏書，加上「港大」圖書館的藏書、雜誌，當然也大量參考《中國新文學大系．新詩卷》，但別集也很重要，我們要重新編選。那時我們做這工作，主要針對新文學在兩岸的斷層。談文學生命的延續，必定要看現代跟當代的東西，在創造方面比較重要。新文學本身的文獻、評價，未有定論，它的生命還在進行著，所以當時我們決定第一步先做這工作，基本出發點是想填補一部份的斷層。

另一方面就是從文學展開對其他藝術門類的關切，這個當然是受——譬如我對話劇有興趣，就是受老師姚克先生的影響，同時也受陸離影響。因為她要我替她寫稿，她自己也有興趣看，我就常陪她一起看。石琪那時只看電影，不看這些，所以陸離看電影就找他，看這些便由我作陪。寫稿方面，她不寫的就由我寫，她那時的編務很忙，多是由我來寫。

我在大學時期或研究院時期，大概廿五歲之前，對很多東西都很有興趣，那時比較年輕，視覺、影像、舞台的東西，甚麼都看。還有，大會堂是在一九六二年建成的，這對香港各種文化活動有很大的影響，後來《號外》的人將我封為「大會堂動物」之類，因為我們這伙即陸離這伙人經常在那裏出現。還有 Studio One，第一映室，近日重映小津安二郎的作品，我第一次看小津安二郎的《東京物語》就在大會堂劇院看。

我最晚在一九六四年就開始參與文藝活動了，比編輯《現代中國詩選》早兩、三年。編輯《現代中國詩選》是一九六七年開始的，即我畢業

左起：余丹、張曼儀、杜漸夫婦、王辛笛、黃俊東、古兆申、戴天、黃繼持、馮珍今。（古兆申提供）

前排左起：小思、戴天、黃繼持、古兆申、黃維波、林年同、溫健騮、余光中、黃俊東、胡菊人，後排為第三屆青年文學獎籌委會同學，1975 年攝於香港大學明原堂。（盧瑋鑾提供）

後、唸研究院的時候，到一九六九年完稿，當時我剛剛考取MA（文學碩士）。這本書大概花了三年完稿——至少是初稿，只是香港大學出版社換了負責人，所以拖延了幾年未能出版，最後物價漲了，資金不足，本來預算五萬元可以付印，但拖延了三年，物價漲了三倍，需要十五萬，最後跟香港中文大學出版社合作，由兩間大學出版社共同出版，一九七四年才正式出版。

古　熊　《中國現代詩選》的編輯很多，從名單上看來接近十人，[7]這編輯隊伍是怎樣組合起來的？

我們都是朋友、同學，其中文世昌比較活躍，他當時在「港大」唸MA，姚克先生是他論文的校外評審……我怎麼認識文世昌，說不上來了。當時參加《周報》跟《盤古》的活動，很多朋友都在裏面走動，黃繼持老師大抵也是在《大學生活》、《周報》、《盤古》之類的活動中認識的。至於余丹，我唸研究院時，她在「聯合」教英文。還有張曼儀，那時還沒有認識——余丹雖然當時在「聯合」教書，但那時可能還沒有

1981年於文樓家中歡送古兆申到巴黎，左起：黃繼持、古兆申、黃俊東、林年同、文樓、張曼儀、沈本瑛。（盧瑋鑾提供）

認識。文世昌比較活躍，因為他當時參加了文社，好像是開放社，不太肯定，那是由黃……

盧 黃震遐？

古 是，由黃震遐等人辦的，文世昌似乎是屬於那個文社的。文社跟《周報》、《大學生活》、《盤古》的朋友有一定的關係。我記得是先認識文世昌，也許同時認識了黃繼持老師，余丹則應該還沒有認識。李浩昌是同系的同學，我們常常交換文學意見。李浩昌比我低一屆，我們是好朋友，常常聊天，但他為人比較沉靜，跟其他人不太談得來。他跟文世昌好像是中學同學，可能是李浩昌的因緣……文世昌跟余丹、黃繼持、張曼儀熟稔些，我則跟吳振明熟稔些。吳振明即吳昊的哥哥，我跟他們兩兄弟是同學，吳振明唸外文系，吳昊唸社會系，都是「聯合」的。

五、「詩作坊」

盧 可以多談談「詩作坊」嗎？

古 其實「詩作坊」有幾個時期，我想影響力比較大的是早期。最早參加的學員，例如鍾玲玲、關懷遠〔淮遠〕、李國威他們這群，稍後的則是關夢南。我跟戴天都是比較隨和散漫的，哈！文人習氣很重，所以學生很能接受。我們討論時也是認認真真的，提倡不客氣的批評，說錯了也不要緊的那種，後來即使是我跟戴天寫的詩，他們也可以胡亂批評，說錯了也不要緊，我們提倡這種學風。

除了創作，我們也有學習，例如請金炳興來介紹最新英美詩有甚麼重要作家、作品。也請當時已發表過相當數量作品的香港詩人來講，例如蔡炎培、李天命、馬覺。我們對馬覺的詩評價不高，但他作為資深的詩作者，我們也請他來說說心得。他的觀點也引起爭論，他有一段時期的作品很有趣，是絕對洋化的，就正是那個時期，但後來一百八十度倒過來了。當然，每個人都可能有這樣的情況。

那時我們沒有刻意提倡某一路詩風，都是鼓勵學員按照自己的興趣、想法去寫自己的詩。但有一點我們覺得是很重要的，就是要寫有真情實感的詩。

新詩跟舊詩的差別在於沒有固定格律，但寫出來的還得是一首詩，實際上按固定格律寫出來的不一定是好詩，甚至未必稱得上是詩。是否算得上是詩，不是由格律決定的，而是由詩的特殊表現手法決定的。你能了解、掌握這種手法跟散文、小說的差別，無論有沒有格律，都能掌握詩這種體裁。事實上我們也不太強調這個，但我們會提點這方面的基礎認識。例如詩因為篇幅較短，注重文字的濃縮、經濟，還注意語言上的原創性、新鮮性，這些基本東西我們會提點。詩盡量不用陳言套語，如果是散文、小說，因為篇幅較大或者你用得好，那也可以用，但詩則需要盡量避免用成語。我們會討論、提點這些，但最關鍵的是，詩——從中國詩來說，要展現出意境，或者從較高的攝寫角度觀看人生。我們會提點這些，但不會當它是絕對標準。詩的語言當然講求創造性，但這不等如變得很古怪、變得脫離語言規範就是創造性。你有創造性，但不能脫離語言的規範，打破某些規範是可以的，但要有一種合理的程度，能夠讓讀者接受，我們會討論這些。我們不向學員提倡語意不通的語言創造的詩風，寧願提倡平白淺易但能達意、能寫出真情實感的語言。你看鍾玲玲、李國威的詩，或者淮遠中後期的詩。淮遠初時很學習台灣的超現實主義寫法，但參加「詩作坊」後則走向較平實的風格。我想，我跟戴天對學員的影響可能在這方面。另一方面，我們鼓勵學員認識自己的新詩傳統，我們會介紹五四以來的好作品，也鼓勵他們直接讀外國現代詩的原

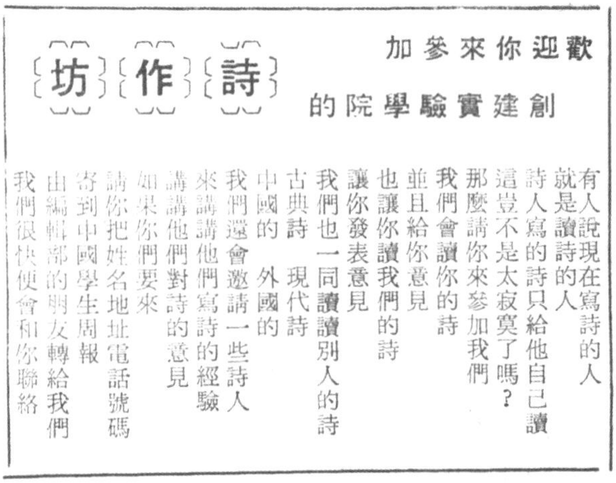
歡迎你來參加
創建實驗學院的
詩作坊

有人說現在寫詩的人
就是讀詩的人
詩人寫的詩只給他自己讀
這豈不是太寂寞了嗎？
那麼請你來參加我們
我們會讀你的詩
並且給你意見
也讓你讀我們的詩
讓你發表意見
我們也一同讀讀別人的詩
古典詩　現代詩
中國的　外國的
我們還會邀請一些詩人
來講講他們寫詩的經驗
講講他們對詩的意見
如果你們要來
請你把姓名地址電話號碼
寄到中國學生周報
由編輯部的朋友轉給我們
我們很快便會和你聯絡

創建實驗學院詩作坊招生。（1969 年《中國學生周報》第 895 期）

文，多些理解他們的理論。當然，創作本身是很重要的，我們也鼓勵他們多寫。

六、愛荷華經驗

熊 古先生是一九七〇、一九七一年到愛荷華的？

古 對。愛荷華……我先介紹一下愛荷華國際寫作計劃是怎樣的一回事。愛荷華是美國中西部的一個州，裏面有兩所大學都叫愛荷華大學，分別是 State U 和 City U，但這兩所大學在不同城市，我所說的愛荷華大學是 University of Iowa，在 Iowa City。他們的英文系有一個 program（計劃），有一個特殊計劃，這計劃最初是不是屬於 University of Iowa 的，這我不大清楚，總之那計劃跟英國文學系的關係是很深的。它是一個獨立運作的計劃，主要經費來自美國國務院，同時也向愛荷華州的企業家募捐經費。比方說，一家很大的農具廠名叫 John Deere，他們捐了很多經費給這個 program，所以我們每一屆參加計劃的作家都會去參觀 John Deere 工廠。中西部是很大的地方，主要是農業區，所以有這樣大的農具廠。當時我從三藩市坐飛機去愛荷華，坐了幾小時飛機，進入中西部以後的風景都是綠色的，土

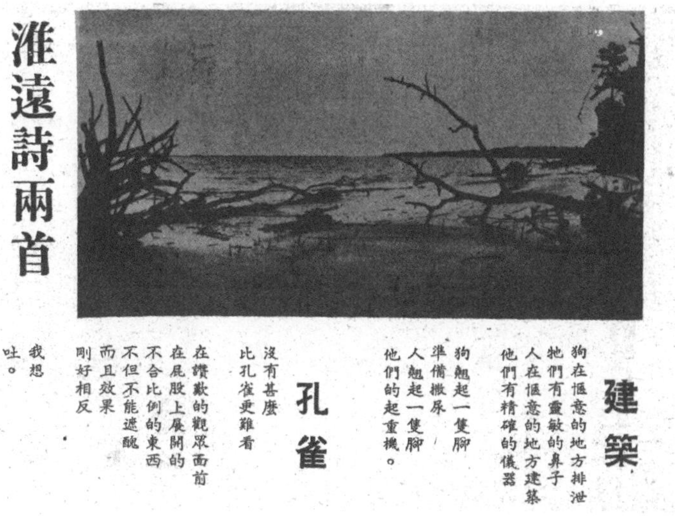
淮遠詩兩首

建築

狗在愜意的地方排泄
牠們有靈敏的鼻子
人在愜意的地方建築
他們有精確的儀器
狗翹起一隻腳
準備撒尿
人翹起一隻腳
他們的起重機。

孔雀

沒有甚麼
比孔雀更難看
在讚歎的觀眾面前
在屁股上展開的
不合比例的東西
不但不能遮醜
而且效果
剛好相反
我想
吐。

淮遠〈建築〉、〈孔雀〉。（1973 年《中國學生周報》第 1107 期）

地則是黑色的。剛才說過，國際寫作計劃的經費大部份來自國務院，也有一部份來自向企業家募捐。這計劃叫國際寫作計劃，即是 International Writing Program。創辦人是一位在一九三〇年代已經成名的美國詩人 Paul Engle，（保羅．安格爾）。他在一九三〇年代以長詩《美國之歌》（*American Song*）成名。接著一本也是長詩《美國孩子》（*American Child*）也很轟動，這詩後來我替他譯成中文。[8] 他最後一本詩集……名叫 *Image of Dance*《舞的意象》。這本書我也替他譯成了中文，在台灣出版。[9] 他曾經是美國國務院、總統的文學顧問，實際擔任是哪幾段時間我不清楚，但我到愛荷華的時候他就是美國總統的文學顧問。他主持這個計劃，邀請全世界的作家來 Iowa。愛荷華的文學系和戲劇系都很有名，他們出了一位很有名的戲劇家 Tennessee Williams（田納西．威廉斯）。他寫過很多戲劇作品，香港的話劇團、鍾景輝他們都演過他的作品，例如《琉璃動物園》等等，這些鍾景輝早年也排演過。今日世界出版社也翻譯了他很多作品，荷里活電影也改編過他的作品，*Suddenly, last summer*、*Cat on a Hot Tin Roof* 等都是田納西．威廉斯的作品。他就是 Iowa 畢業的，據說他的 MA 論文只有 B+ 呢！但後來成了很有名的戲劇家。

如果我沒記錯，據我當時了解，愛荷華的文學系是首間創辦創作課程的大學，他們的 Writers Workshop 很有名，即是作家工作坊。他們頒發學位的觀念是

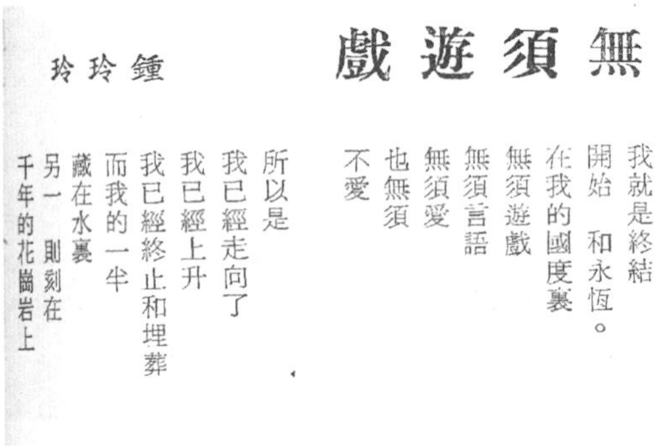
無須遊戲

鍾玲玲

我就是終結
開始 和永恆。
在我的國度裏
無須遊戲
無須言語
無須愛
也無須
不愛
所以是
我已經走向了
我已經上升
我已經終止和埋葬
而我的一半
藏在水裏
另一 則刻在
千年的花崗岩上

鍾玲玲〈無須遊戲〉。（1969 年《中國學生周報》第 906 期）

很新的，比方說，如果你是修讀創作的，你可以一本詩集作為MA論文，溫健騮的MA論文就是一本詩集，我曾經幫他排印，愛荷華出版系、新聞系裏有排字房，學生可以自己動手排字出版。溫健騮那本英文詩集叫《象牙的大街》，*The Ivory Street*，是我、他和他的美國朋友三個人執字粒排出來的，印刷也很精美，當然印量很少，只有一百冊左右，因為都是人手製作的。溫健騮的畢業論文是一本英文詩集，其他工作坊，例如小說工作坊、翻譯工作坊則可以小說作品或翻譯作品來作畢業論文。我旁聽過他們不同的工作坊，他們的上課形式通常由導師領導學生討論，每星期或每課、每節討論一位同學的作品，這位同學的作品會在之前印好發給同學，然後大家讀了便討論，詩、小說、散文都是用這種形式上課。他們戲劇系的上課形式也是很靈活的，香港話劇界很有名的毛俊輝先生，他的MA論文是主演十二齣莎劇，他後來是少數能在紐約從事舞。工作的亞裔人士，在那邊演了十多年的舞台劇。國際寫作計劃不是一個課程，其實是交流計劃，他們邀請的對象是一些成熟、已經成名的作家。當時他們的政策傾向多邀請東歐和亞洲作家，經費多放在這方面，因為這些國家的經濟較差，而且和美國文化的距離較遠，特別是亞洲國家。當然，他們也同時邀請北歐、西歐的作家，例如德國、法國，北歐的丹麥、瑞典也有，南美洲也有。但他們

聶華苓（右）與古兆申。（古兆申提供）

主要還是邀請東歐、拉丁美洲和亞洲的作家，邀請少數西歐和北歐，按比例來說，當時邀請第三世界的作家最多。這和美國當時的國策有一定關係，但無論如何，交流是很開放和自由的，沒甚麼人為干涉。他們提供的條件很好，提供來回旅費、生活費和住宿費，人到了美國以後，還有定額的旅費供你在美國漫遊，做甚麼都可以，他們不管你的。他們的目的是為外國作家提供一個跟其他國家作家交流的機會，還有就是讓這些作家了解美國文化。這個 program 那時每一屆維時很長，差不多一年，至少也有六、七個月，甚至是八、九個月，再待長些時間也可以，我便差不多留了一年。

盧　那一年還有甚麼人和你一起去？或者說，那一年的工作坊還有甚麼人？

古　那年香港獲邀的就只我一人，但溫健騮還在那邊讀書。第一個獲得邀請的香港作家是戴天，然後是溫健騮，再下來就是我，後來還有何達、夏易等。

盧　還有鍾曉陽。

古　鍾曉陽的參加有點不同，她是香港資助過去的（由香港文學藝術協會資助），情況不同。那個 program 的政策是這樣的，如果那國家或社會較富裕，他們便不會提供資助，而是由那國家或社會資助這位作家參加 program。一九八〇年代香港經濟條件較好，所以香港便自己贊助作家到那邊，之前則是由 program 資助的，例如我、溫健騮、戴天都是 program 資助的。

盧　作為香港作家，你能說一下參加美國愛荷華大學國際寫作計劃的衝擊和感受嗎？

古　當時韓國、日本、印尼、菲律賓等亞洲國家都有參加，亞洲人很自然地走在一起。台灣作家有商禽、林懷民和鄭愁予。林懷民和鄭愁予都是參加完這個 program 後留了下來，鄭愁予留下來在中文系教普通話，林懷民則留下來學編舞。光是我們中國作家已經很熱鬧，長期受中國文化影響的亞洲作家對我們中國作家也很親切——Paul Engle 的夫人是小說家聶華苓女士，始終血濃於水吧，她對中國作家和亞洲作家都很照顧。各國前來的作家也不少，我記得東歐來的作家有來自匈牙利、南斯拉夫的，還有北歐的作家，也有法國、南美的作家，其實也不一定是作家，攝影師、電影導演也有參加的。

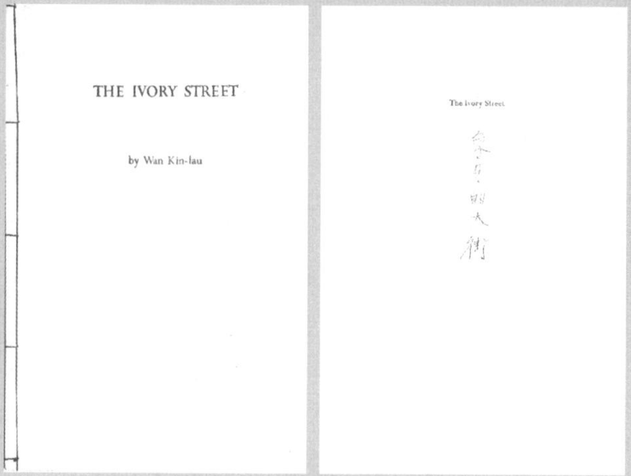

溫健騮在愛荷華以英文詩集 *The Ivory Street* 作碩士論文。

1972 年聶華苓來港，溫健騮（左）、戴天（中）與古兆申到機場迎接。（古兆申提供）

很多人以為這是工作坊，其實不是，而是一個交流的機會。但愛荷華大學本身有很多工作坊，作家可以自由旁聽或選修不同的課程，例如英文不好便可選修一些英文課，我到達初期也選修了一些英文課。隨作家同來的眷屬也可以修讀這些課程，因為作家需要留下來一年，所以眷屬也可以修這些語文課。我旁聽過一些英國文學的課，進修一下英文，我也旁聽各類型的作家工作坊。這個 program 本身每星期有一次定期活動，形式有點像工作坊，作家可以在其中談自己的作品，也可以向其他人介紹自己國家的文學概況，朗讀自己的作品也可以，任何形式都可以。每位作家總會有一次這樣的機會，如果有幾位作家來自同一個國家，那便可以合作。我那次便有四位中國作家，我們四人一起合作辦了一場講座，主要講中國新詩，因為溫健騮、鄭愁予、商禽和我都是寫詩的，林懷民那時則已經在編舞了，但他也參加很多活動。我們講中國新詩，從五四講到當代，中文稿由我撰寫，溫健騮則負責用英文宣講。溫健騮也將一些一九四九年以前的新詩作品譯成英文，朗誦出來。至於鄭愁予、商禽和我，則用中文唸幾首自己的作品，再由溫健騮用英文唸。當時我們發現如果那些詩是比較歐化的，翻譯出來的效果會較好，例如艾青的詩，穆旦、商禽的詩，翻譯的效果都很好，反應也很好；但鄭愁予的詩，我們都知道他的詩很「中文」，翻譯出來效果就不太好，失去了很多東西，這是兩種語言的問題。不同國家的作家這樣交流，很生動。聶華苓是十分好客的女主人，她是這個 program 的副主任，Paul Engle 是主任，他們常常舉辦很多酒會，又請客吃中國飯……Iowa 有一家中國餐館，不錯的。我們有很多機會交流，另外還有大量時間可以修課和旅行。

七、保釣運動——對中國政治的重新思考

我想那時候我在文學上受衝擊倒是正常的衝擊，但政治的影響卻不是我所預料的。我去愛荷華那年剛巧是發生保衛釣魚台運動的一年。在愛荷華，我和溫健騮、一位姓蔡的同學和一位姓丁的畫家，我們出版了《愛荷華釣魚台通訊》。我記得三藩市、Berkeley 的郭松棻、劉大任等則出版了《戰報》，比較有份量，因為他們都是較成熟的作家。《戰報》出

版不頻，我們則每星期出版一次，是周刊。《戰報》好像只出版了兩期，但比較有份量，有長篇剖析中國政治的文章，對運動的認識、中國知識份子的心態和責任等問題都有討論。其他各地的保釣通訊則主要是資訊性的，偶然有些時事性評論。

到了一九七一年四月十日，北美各地保釣委員會的負責人經過多次聯絡、開會以後，決定去首都華盛頓DC作一次大規模示威，聯絡了所有北美的同學，包括加拿大的，我們中西部的交通安排由愛荷華負責，租了三輛旅遊巴，從愛荷華到芝加哥，沿路接中西部的同學到華盛頓。車行三日，第三天早上就到了華盛頓DC，我們晨曦的時候入城，下車買報紙，*Washington Post*、*New York Times*，看到頭版兩條重要新聞：第一，美國乒乓球隊訪問中國；第二，美國國務院宣佈，由於中共宣稱擁有釣魚台列嶼的主權，所以所有美國油商都應該停止到那裏勘探，因為列島的主權未定而中國曾經這樣宣佈，所以美國不能對到那兒勘探的美國商人的安全負責。兩條消息表面上沒有關係，其實卻是相關的。當時美國必需展示一種姿態，因為當時正醞釀著美國和中國建交。美國的乒乓球是很不濟的，但中國乒乓球則得過多次世界冠軍，這其實是政治性的體育外交。另一方面，美國實際上是偏幫日本的，當時日本未接收琉球，但翌年就要接收了。琉球群島……先不論琉球本來是中國的藩屬，在滿清的時候才割讓了給日本，第二次世界大戰後便由美國接管，這一筆暫且不算。即使琉球屬於日本，釣魚台也不是屬於日本的。釣魚台後來成了琉球的一部份，因為美國駐守琉球的時候，在軍用地圖上把釣魚島列嶼有意無意地畫進去的。美國的中國同學中有很多專家，地理等各方面的專家，他們做的資料非常仔細。為甚麼這些島會引起爭論？本來那些島沒甚麼意思，主要是因為海底有石油，當時他們計算開採出來的石油可以跟中東相提並論，所以便引起了國際的注意，大家也來爭奪。當時的留學生在這方面的資料搜集很仔細，包括歷史資料，甚至美國的軍用地圖每年怎樣修改也注意到。實際上，釣魚台靠近台灣多於琉球，釣魚台距台灣不過一百多海里，但當時台灣的政治經濟完全受日本、美國控制，所以台灣的外交部非常軟弱，雖然也有發聲，但不主動。當時韓國也宣稱擁有釣魚台主權，然後是中日韓美共同開採。美國國務院在未宣佈中共的聲明前已經有這樣的計劃，但中日韓，中是指台灣、日是指日本、韓是指韓國，跟美國的油商共同勘探。我記得這件事最初《民生報》……還是《新生報》報導（此處所指應為《民生報》），他們的記者到過釣魚台島插青天白日旗，結果被趕了下來。後來在香港則是孫淡寧首先在《明報月刊》報導這件事，是一九七〇年的《明月》（《明報月刊》），[10] 然後是《盤古》、岑逸飛等在香港發動第一次示威。到了一九七一年四月十日，北美華人所發動的，就是最大規模的一次示威。

中西部的中國同學租了三輛旅遊巴士，三藩市的同學在那邊自行出發，大隊人馬開車入華盛頓。我們入城時看到這消息，很震撼，非常震撼。當時在示威現場，在國務院廣場演講的是王正方。王正方後來當了導演，拍了《北京故事》，很有名，是第一部在美國商業戲院發行的華人導演電影，電影很成功。當時徐克送我一部超八攝錄機（古按：當時徐克在德州的浸會大學研讀電影），王正方演講時，我便胡亂拍了一些，但現在那卷菲林已不知放到哪裏了。那時我拍攝的目的是為了帶給在愛荷華沒參加示威的同學看，影片拍得很差，鏡頭竄來竄去，比新浪潮還要「新潮」。王正方的演講從五四運動說起，我自己的感覺就像中國幾十年反帝、反封建、反保守政治、爭取自由民主，那種歷史再現一次，當時我有這樣的感覺。再者，中共的聲明和美國國務院的反應，令我們對大陸的政治、政權有一種新的反省。之前包錯石已經在《盤古》倡議對中共政治作新的思考，正如我們對國民黨政治重新評價、對香港和台灣的文化重新思考一樣，畢竟包錯石是先行者。我們在感性上沒有認同感，但包錯石自己有感性認同，他在台灣生活過，曾經策動反蔣政治行動，也坐過牢，所以他的感受是很切實的。我們的感受沒那麼切實，特別是我們住在香港的，但我們在愛荷華、在美國的時候，也能感受到國民黨那種保守、無能。就以愛荷華為例，國民黨在愛荷華的勢力頗大，有支部在那裏，有若干職業學生在監視台灣來的同學，特別是監視那些政要的子女在當地的政治活動。過去當然沒有甚麼政治活動，

左起：古兆申、戴天、徐訏、鍾玲、王曉藍、保羅·安格爾、聶華苓、劉國松、王曉薇。（古兆申提供）

「4·10」示威場面。（1972年《盤古》第47期）

但保釣運動期間忽然湧起這種熱潮，於是他們便開始行動，即是那些跟國民黨有直接組織關係的學生開始行動，主要是恐嚇，包括用一些卑鄙手段。台灣來的學生有些已經是成年人，已經結婚，他們便恐嚇這些學生的妻子，說甚麼趁你先生今晚不在我來陪你……就是打匿名電話，叫他們不要參加示威，色情電話也有。愛荷華有幾百名中國學生，因為那裏有中文系。當時原本有三分二學生準備參加示威遊行，但結果真正去了的只有三分一。愛荷華的中國學生在比例上以台灣佔大多數，香港學生很少，我記得只有溫健騮、我和姓蔡的同學幾個，屬少數，絕大部份是台灣學生。林懷民去了，商禽去了，鄭愁予沒去，我們都體諒，因為他的家人都在那邊，他在中文系工作，而當時的系主任是親國民黨的。

「4．10」示威之後，曾經參加保釣的同學都普遍左傾，即使不左傾也重新思考兩岸政治問題，至少是一個重新評估中國政治形勢的開始。就我生活的地方看到國民黨開始很緊張，甚麼帽子都扣在我們這些香港學生身上。因為我們來自香港，從他們的邏輯來推理，我們一定是「左仔」，但他們不知道，無論我或溫健騮，從成份來說都屬於中共眼中的黑五類。我的父親是國民黨軍官，雖然不是蔣系，是桂系；我爺爺在解放時被認定是惡霸，我這樣的背景不可能是左派組織裏的人，即使左傾也不會是左派組織裏的人。何況我在愛荷華時根本不是左傾，可以說是非政治，或者在政治取向上稍稍偏右的。至於溫健騮，他的父親是國民黨時期的廣州警察局局長，看到溫健騮讀《大公報》會奪過來，撕了擲在地上的。在保釣委員會裏，我和溫健騮算是核心成員，但我倆都絕不可能是「左仔」，但全給戴上了「左仔」的名號。他們也召開了很多我們沒份出席的會議，製造了很多謠言，我們知道，因為有人通風報信。我們知道這些，我們也有對策，也召開了大會跟他們對質，查到他們說的很多根本沒有那回事。我們把大會上對質的言論全都記錄下來，刊登在《保釣通訊》上。我們經歷過這樣的事，所以我相信北美洲其他保釣委員會也有類似的情形。很多台灣學生……當然香港學生也很熱烈參與，也發揮了一定作用，但主體還是台灣的中國同學，他

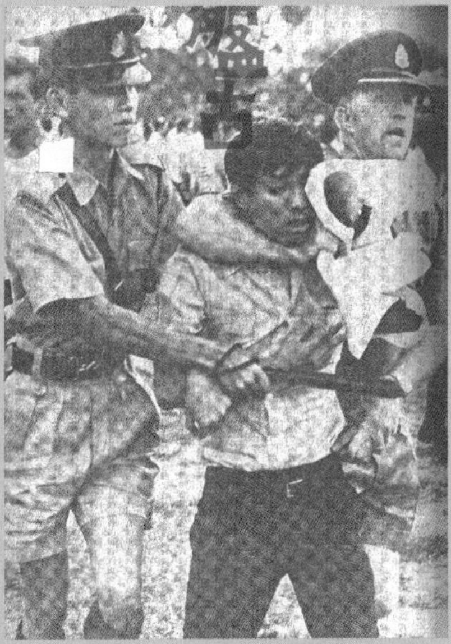

1971 年第 37、38、39 期《盤古》都以「保釣」作封面。

們的言行甚至影響到台灣島內。這個你們可以問鄭樹森，當時他們也發起台灣島內保釣運動。[11] 當時來自台灣、澳門的僑生，因為他們的身份而發揮了一定作用。在美國的保釣運動中，很多拋頭露面的工作都由香港學生做，因為我們沒有政治上的顧忌，很多比較尖銳的場面也由香港學生出面。也有很多很勇敢的台灣學生決定跟台灣當局正面衝突，例如王正方、王春生，王春生就是台灣《新生報》社長的女兒，還有很多人，例如花俊雄，他們都是當時保釣的領袖，是帶頭的學生。記得一九七二、一九七三年周恩來接見一批留學生，王正方、王春生也在座，郭松棻、劉大任當時都是領頭人物，所以他們全都被台灣列入黑名單。他們那時都是已經成名的作家，所以台灣的報紙報導都稱他們「郭ＸＸ」，「ＸＸ」即是「共匪」的代號。這些對當時的我來說是政治上一個較大的衝擊，但美國的環境始終較自由開放，儘管我是美國的客人，但 Paul Engle 他們完全不干涉我，我在愛荷華時有相當多時間參加保釣運動和相關的工作。

盧 過了許多年，重提到這些事情，你內心……作為一個來自香港的中國知識份子，這次衝擊對你日後的思維、行事有甚麼影響？

古 我常常開玩笑說，用現代一點的觀念、近代一點的思維比喻一個文人或者作家的歷程，他在某階段可能是頹廢派，然後在某種歷史環境的變遷下變成革命派，然後再在另一種歷史環境中變回頹廢派。這樣說有開玩笑的成份，但也有一定依據，頹廢和革命本來就不是完全背道而馳的兩回事。

《八方》停刊後，我們在香港中華文化促進中心辦了多次「八方談」，討論一些文化問題。第一次討論的題目就是「中西文化中的頹廢」，[12] 當時李歐梵、鄭樹森、陳輝揚、戴天都在座，是戴天主持的。那次討論的重點是：頹廢本身的意涵不一定完全是消極的，頹廢派的出現，是因為在某一個階段社會文化走向腐敗、走向沒落，是方死方生的階段。頹廢在西方和世紀末有很大關係，跟文化的衰亡、腐敗有很大的關係，也跟新思維、新文化的誕生和興起有很大關係。我們可以看到西歐的例子，十九世紀末，現代主義文化正在醞釀的時候，西方的前期資本主義文化、古典主義、浪漫主義正走向低潮，所以便有英國的唯美主義、法國的象徵主義出現，這些後來都被左翼或某些評論家稱為decadent（頹廢）文化。中國「頹廢」這詞在漢朝就有，指的是一種文化的傾頹。陳輝揚的講話引了一段典故，漢代本來只有供貴族讀書的學院叫做「辟雍」，已開始「頹廢」；後來有人建議興辦太學，讓民間知識份子進修，所謂博士弟子，這等於「平民文化」或「布衣文化」的潮流被提倡，貴族文化則已經成熟至走向腐敗，必須換血。這又是一種方生方死的情況，幾乎是暗合的。中國「頹廢」這詞很早便出現，但以中國這麼悠長的歷史來說，漢代的文化還在興起的階段，不至於爛熟。中國文化經過先秦的成熟和燦爛時期，到了漢代進入古典期，在統一以後開始規範化，然後有新的發展。中國古典文化到了晚明則走到了一個熟極而爛的階段，有一種腐朽、頹敗的跡象，這個時候於是有新的文化興起，但這種新的文化力量其實在元代已經開始醞釀，例如戲曲，最早可以追溯到宋金時期，小說、戲曲、詞都在民間興起，但不為士大夫所重視，另外是晚明非官方的哲學思想。宋明理學中，宋的理學是官方的，到了明朝則由王陽明一系漸漸轉入民間。中國文化的發展很多時候都是官方、正統文化走向衰敗，民間文化便興起，形成很大的衝擊，晚明時候，尤其是萬曆年間便出現了大批非常出色的思想家、哲學家和作家。五四時候，周作人提出新文化第一次運動起於晚明，這有相當的道理。晚明這些才子文人的思維、生活，看起來很頹廢，例如張岱、金聖嘆，陳輝揚當時的講話就以張岱作例子，正是這些人的思想有很多新穎、反傳統的東西，但他們同時又繼承了傳統的脈絡，在反省中創出新方向。整體文化發展有這樣新陳代謝的情況，個體作家可能也有同樣的歷程，當然我這樣的說法是比較粗略的。

至於我自己，我自覺也有類似的歷程，是在自覺與不自覺之間的，也是一種自然的變化。人始終無法擺脫歷史環境的制約，愛荷華可以說……我的生命發展也好，寫作發展也好，那是一個轉捩點，所以我回來香港以後，對《盤古》的工作，有更大的熱情。當時我也可以留在愛荷華，因為聶華苓和 Paul Engle 也邀請我留在那邊替他們工作。因為當時中美已經醞釀建交，所以他們希望有多些人在那邊替他們工作，至少在文學上有人能多作研究，讓他們了解中國的文化情況，溫健騮也曾替聶華苓做沈從文的研究。聶華苓希望我留在愛荷華幫她做中國鳴放時期文學的研究，研究鳴放時期的情況，還有當時出現的一批作家，一些被批的、王若望、王蒙等知識份子，也即當時被打為右派的作家。那時我覺得應該回香港做事，林悅恆經過美國時打電話給我，請我編《周報》。我決定不留在美國而回來香港有兩個原因，一是我想接編《周報》，另一是我要繼續參與《盤古》的工作。

八、《中國學生周報》歷史角色的終結

熊 想追問一下，古先生從美國回港後並沒有加入《周報》，可不可以談談這一段？

古 談談原因？好。那是一九七一年秋天我由美返港的時候。與人事有關，也與當時我個人的意識形態有關，陸離後來也說我太偏執。我參加保釣運動後，思想是有點左傾，假若不是很激烈的左傾，也是希望在意識形態和政治立場上回到比較中間、客觀的位置。當時邀請我參加《周報》編輯工作的是林悅恆先生，他在美國旅遊的時候順道打電話給我，跟我談這事。我當時其實答應了他，說很願意做這工作，但希望上任後《周報》不要再掛中華民國的年號。我覺得掛這年號始終有政治立場上的偏差，而對於中國政治與文化思想的問題，我們應該進入新的階段、新的討論，當時我覺得更改日期的寫法很重要。《周報》以前掛中華民國年號是希望可以進入台灣，但結果還是不可以。林先生是很民主、很開放的人，他說好，不過他個人不能代表決定，要回去先跟同人商量一下。

他邀請我當編輯的時候，《周報》在版面上還沒有明顯左傾。陸離後來把報紙寄給我看，我才知道當時吳平很興奮，因為他也受保釣運動衝擊，已經搶先在《周報》展示中國一九五〇年代以來的情況，例如關於人民公社的問題。他甚至在版面上刊登《人民畫報》的圖片，連原標題也登了，例如「人民公社——幸福的道路」之類，我記得有這一期，你可以翻查一下。結果這一期有沒有發行呢？我不知道，[13] 但陸離寫給我的信好像說發行部拒絕發

寫給我們

黃星文

中國學生周報休刊了，是沒有什麼該難過的；因爲縱使它仍如此這般存在，也已無法肩負起大量、長期、系統地互相研究啓迪後進的責任了。周報的編者們、作者們、讀者們都屬於香港這個社區，善忘是正常的，應該很快地，就忘記了這份刊物，一如忘記了很多以前的朋友一樣。假設仍有一小撮人，爲此而痴痴，這倒反是不正常的不合適這社區的空氣的對自己有害的表現了啊！

二十多年來，很多人關心過、照顧過周報，很多人因周報而充實了自己、激勵了自己積極奮鬪的意志，但因感激周報而憐憫它可是不必的；二十多年來，周報會多次變化它的面貌，影响了很多人的生活，是好是壞，那眞是一言難盡。本來，這個世界就是充滿歪曲的，好的被人強調作壞的，壞的被讚美作好的，比比皆是；你們，我們，心裏是如何在評價周報呢？我們愛護它的是那一部分質素呢？只是到如今，周報仍無敵，周報不玉碎於敵人的強大壓力之下，竟休刊於懨懨無力的垂暮病態中，使人不能不悵然而已！

世界上，一直以來就存在了很多好品質，開放是其一，誠實是其一，不盲從附和是其一，諒解友愛是其一，嫉惡如仇是其一，擇善固執是其一，理性公道是其一，溫情是其一，獨立是其一，徹底反省是其一，拿得起放得下是其一，對將來臨的事有信心是其一，我，只能如此說，提供給大家，謹祝各位好。

假設周報令人懷念，那是因爲人的緣故，會長期存在的周報，有過很多好編者，有更多好的作者，有更多更多好的大家都不必知名的讀者，若果沒有了這些，周報還剩下什麼呢？若我們大家都明白知道，我們每個人都將會生活得很振作，仍彼此關心，那末我們又何所憾？

周報的休刊是事實，讓這事實公開證明，更完滿的更美好的要求在我們心底醒釀，在可見的將來開花結果。

爲此，我們慶賀。

黃星文〈寫給我們〉。（1974 年《中國學生周報》1128 期）

行，但她寄了大樣給我看。也許就是這事令「友聯」管理層有很大的疑慮，把中華民國年號改成西曆，問題本來不大，但是當我從美國回來準備上任的時候，林先生說暫時不討論那問題。我當時很固執，後來陸離也為這事埋怨我。結果我沒有加入，不久吳平和陸離也意興闌珊，兩人都不幹了，我的老同學黃韶生便接替了他們的工作。我不知道小思怎麼看這件事？

盧　當時的情況比較特別，即使他們願意更改年號，你返港後接手工作，《周報》在那時候已經配合不了那時年輕人的需要，所以《周報》結束跟陸離、吳平離開沒有關係，也跟後來另一些人加入……

古　跟我不加入有沒有關係？

盧　即使你加入，極其量也只可以支持一段時間，因為問題在於社會轉變。我不將責任歸咎在任何人身上，是整體的社會狀態令《周報》……

古　我自己有些內疚，因為我的朋友尤其陸離很有意見，我知道你也很有意見，所以我一直不敢問你這問題。

盧　當時很生氣，但現在回想，無論誰來編《周報》，它也會面對結束的局面。

古　我返港時陸離非常興奮，她還說有些讀者很期待我回來，自資印了海報，在街上到處貼，所以我後來便啞口無言，自己也覺得可能過份偏執了。其實，雖然我在意識形態上有所轉變，但我個人的性格不會堅持用很激烈的方式表達觀點，例如……《盤古》最激烈的幾篇社論其實都不是我寫的。我在美國時，我們在愛荷華辦的《保釣周刊》（古按：不確定全名是否《愛荷華保釣通訊》）中所有政治評論都是我寫的，觀點都很保守、四平八穩；雜文則是由溫健騮寫的，很尖銳。溫健騮常常笑我，說我那些是《中央日報》言論。基本上，我的性格較含蓄保守，假如我編《周報》，在保釣期間，也不會有像那時吳平一時興奮的處理……

盧　他那時的變化極大。

古　我現在不是責怪他。但如果是我，我不會像他那樣做；在那階段不會刊登那樣的版面，但我當時偏偏在年號一事上想不通。我覺得還掛中華民國的年號，立場太鮮明了，適應不了這時代，人家還是視你為國民黨。國民黨在保衛釣魚台運動的時候表現很糟，所有留學生、香港的保釣人士都唾罵它。我當時是這樣考慮的，如果你繼續掛它的年號，人家就會想你是不是親國民黨？你會不會失去自己的立場？能不能保持自己的中立性？我當時純粹從政治運動、社會運動的立場去考慮這些問題。現在回看，這是沒必要的，因為《周報》始終是文化刊物多於政治刊物。它向來很少反映政治運動的情形，但在當時的氣氛、環境下便不能不反映，當時即使香港最保守的報刊，例如《工商日報》等等都反映了，都譴責威利——當時一位英籍警官——打學生。因為這不只關乎國族尊嚴，更關乎人的尊嚴。在這位「洋大人」的指揮下，警察像抓小動物那樣將示威的年輕人抽起來！我印象最深的是鍾玲玲的那照片，所有報紙都刊登了。我們身在美國，隔著太平洋看到也很激動。在當時的氣氛下，刊物的方向總得改變，需要多些關心政治、社會，不能是純文化的刊物，不過以我一向的訓練，我終究會在文化方面著力，但不能脫離社會現實。我們還沒有返港時，溫健騮已經寫了一系列提倡批判寫實主義理論的文章，甚至我發表的一些文章也是他的批判對象。例如我介紹過一個美國詩人的朗誦方式，[14] 那人就像流行歌星那樣，在射燈下朗讀自己的詩作。我覺得要推廣文藝的話，這種方式也值得引介，於是寫了文章。溫健騮當時比我激進，認為那種類似美帝、資本主義式的文藝形式不值得推介，[15] 我也接受他的批判。

古兆申（右）與陸離，攝於 2014 年。

九、《盤古》——保釣後的新發展

熊 古先生從美國回來以後沒有加入《周報》……

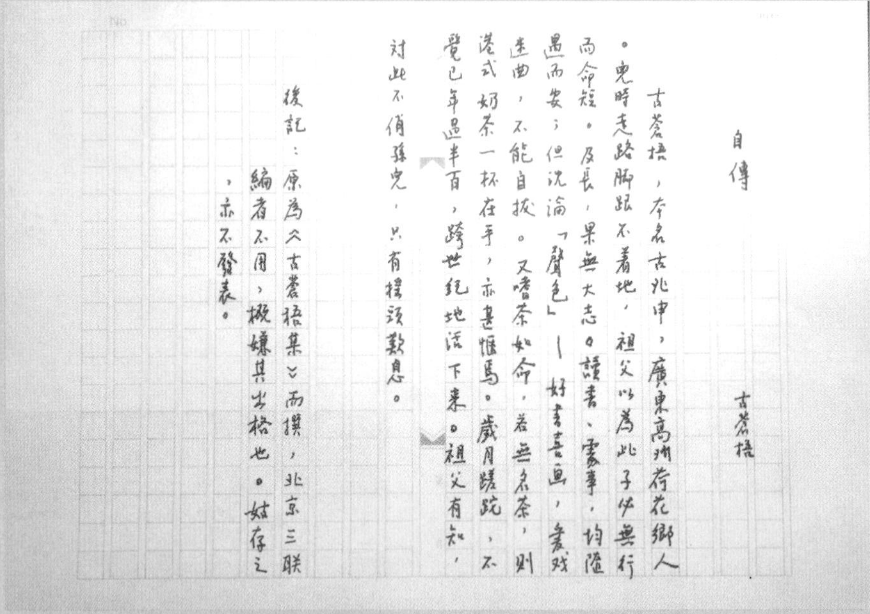

自傳

古蒼梧

古蒼梧，本名古兆申，廣東高州荷花鄉人。兒時走路腳跟不着地，祖父以為此子必無行而命短。及長，果無大志。讀書、處事，均隨遇而安；但沉淪「聲色」——好書喜畫，愛戲迷曲，不能自拔。又嗜茶如命，若無名茶，則港式奶茶一杯在手，亦甚愜焉。歲月蹉跎，不覺已年過半百，跨世紀地活下來。祖父有知，對此不俏孫兒，只有搖頭歎息。

後記：原為《古蒼梧集》而撰，北京三联編者不用，擬嫌其出格也。姑存之，亦不發表。

古兆申手跡。

古　但積極參與《盤古》的工作。當時有一部份《盤古》舊有的成員退出，例如胡菊人。有些沒有正式宣佈退出，但胡菊人是正式宣佈。[16] 因為……一九七一年十月中共恢復在聯合國的席位，台灣退出，那時我還沒有回來，岑逸飛寫了社評肯定這件事。我大概在十一月回來，那文章已經是前兩期出版的，那時岑逸飛是主編，負責總的編輯工作。然後我回來了，大家討論，希望寫一些針對香港文化環境、針對美國對香港整體文化的影響的問題，那在意識形態上是相當左的一篇，是大家集體的意思，執筆的仍是岑逸飛。胡菊人看了這兩篇，一篇關於中國恢復聯合國席位，[17] 另一篇則針對香港，[18] 批判所有懷疑受美國資助的機構和刊物，包括「友聯」社和它底下的刊物，也包括《明報月刊》等等，是一個總批判，相當激烈的一篇文章。當時編委會也有爭論那策略應該怎樣，但最後即使余晃英也贊成激烈一些。余晃英是很穩重的人，但他也說要罵不批，要罵尖銳地批。那篇文章很尖銳，「文革」大字報式、大批判式的一篇。

當時《盤古》有很多剛畢業、在「中大」、「港大」畢業了一兩年的年輕人加入，也有一些在職的朋友加入，整個社的積極性提高了。有點像我剛才說的那種歷程，《盤古》早期是有點頹廢、自由散漫的，出版常脫期，校對也差，很多非專業的情況出現，經費又經常不足。《盤古》的經費其實一直靠兩個人支撐，一是文樓，另一是梁寶耳。保釣運動發生之後，因為成員都較積極，而且成員也比較多，大家較熱心，所以經費的收集也就較容易。初期為甚麼要倚靠已經在社會上比較成熟的一些成員支撐呢？因為當時大部份成員都還在唸書，一九六七至

盤古之聲
向本港牛鬼蛇神輿論宣戰
揭漢奸特務及「中國專家」的嘴臉
革洋奴買辦及封建餘孽的狗命

轉向後的《盤古》刊出〈向本港牛鬼蛇神輿論宣戰——揭漢奸特務及「中國專家」的嘴臉，革洋奴買辦及封建餘孽的狗命〉。（1972年《盤古》第44期）

一九六九年的時候，經費主要是梁寶耳、胡菊人、戴天、林悅恆和文樓等支持。保釣運動發生以後，戴天、林悅恆淡出，胡菊人則正式退出，所以剩下來的經濟……事實上在一九六九、一九七〇年，胡菊人、戴天、林悅恆都已經淡出，那時《盤古》還沒有真正左傾。初期的工作方向集中在胡菊人和戴天身上，他們住在一塊，[19] 他們的參與比較多。後來有些個人、人事變遷，那時已經比較鬆散，支撐編務的主要是岑逸飛、我、黃維樑等。那時我已經出來社會工作，但文樓和梁寶耳還是在經濟上支持。我在美國的一年，主要是岑逸飛、李紹明……岑逸飛當時在《工人周報》當編輯，但他業餘仍然承擔《盤古》的編務。《盤古》雖然是不準時出版，但因為保釣運動出現，《盤古》的出版沒有停過，因為覺得這份刊物在運動中有一定的任務，而且有很多讀者需要發表意見。我回來以後，《盤古》有半年的編務會議都在《工人周報》舉行，因為岑逸飛在那裏工作，那時我們已經沒有社址了。後來大家吸納了新的成員，在文樓支持下，我們在沙田租了一間村屋作社址。後來搬過幾次，曾經搬到深水埗，租金較便宜，要走七層樓梯的，後來又搬到紅磡。當時知道需要一個地方，每期需要集資一些經費，要做得專業一點和準時出版。很幸運，當時仍有發行社肯替我們發行，最初是吳興記書報社，後來因為《盤古》漸漸左傾，利源書報社便接手發行。因為能夠準時出版，而且那時正在社會和學生運動中，所以銷量也較好，一份雜誌能不能準時出版，以及這份雜誌、尤其是這些同人雜誌能不能和社會脈搏結合，很影響銷數。當然了，《盤古》其他各方面的條件很差，無法和專業刊物比較，但它

1970年《工人周報》創刊。

為學生界、大專界和青年界卻帶來一定衝擊。《盤古》間中有條件也會出版一、兩種書，但那時完全沒有考慮如何在經濟上經營這份刊物。以當時的經濟環境，每人在工資裏貢獻一小部份合資，還可以出版一本雜誌，但這到了一九七〇年代後期已經不行了。我們後來在一九七六年創辦《文學與美術》，後來發展成《文美》，然後《盤古》與《文美》兩份刊物都在一九七八年停刊，最重要的原因是運動落潮，但其中也有因為經濟條件不容許。沒有了那種運動的動力，集資便很困難，但即使有這種動力，當時香港經濟已經開始起飛，物價都漲了，出版經費的要求很高，也沒法……

盧　你自己怎樣看《盤古》？你和《盤古》的關係又是怎樣淡化的？

古　其實沒有淡化，我是參與到底的。《盤古》和《文美》我都參與到底，停刊是基於現實環境的考慮。這是同人刊物嘛……《文美》的停刊，當時較年輕的成員，例如左燕芬、馬貴順等「中大」美術系的同學都不贊成，但那時主導的是我、黃繼持老師和小思老師等經濟等各方面條件較好的人，如果我們認為要停，他們也無法繼續，因為他們各方面的能力都無法支撐刊物較專業的出版。我知道他們有意見，但是我們的考慮……雖然我們的年紀不是很大，但我覺得我們的考慮較成熟。這樣一份在運動中產生的刊物，當運動走向低潮時便很難維持下去。如果要維持就需要改變方向，而且得有較大的資源支持和走向專業化，當作是一本商品式的——不一定是格調，但需要將它看作一種產品去製作。這一類的刊物後來也出現過，例如《號外》，但他們也摸索了很久。可惜的是《號外》後來變成了真正的商品。這就是香港社會了，《號外》珍貴的地方倒是在中間摸索的階段出現。以《盤古》和《文美》來說，一直是一種有使命的刊物，不可能變成《號外》，那歷程不會像《號外》般發展。刊物的性質決定了它的命運，大集團、有經濟實力的機構不會支持這些刊物，這些刊物也拿不到廣告，所以它必然是同人式、志同道合式的性質。那時我們年紀較大的同人的考慮覺得這類刊物的時代已經過去、或開始過去，因為整個社會時代都在變化。

熊　那時有沒有一些特別的事件令你明顯地感到運動是

退潮了？還是逐漸的？

古 四人幫垮台、周恩來和毛澤東逝世、朱德逝世，這些對全國，包括台灣和香港，都是很震撼的事。無論你的立場怎樣，都是震撼性的，這些意味著中國政治不是那麼簡單的一回事，比我們想像的要複雜得多。對於我們，包括很多美金資助的刊物，「友聯」旗下的……「友聯」那時也要結束，因為「友聯」已經無法適應那個時代。即是說，「友聯」的同人當時面對新的歷史環境，他們的思想都是在徬徨的歧途上，還有的是，畢竟這文化機構是老了、老化了，已經失去當年的魅力。我們這一輩，在一九七〇年代後期比較起作用的、年紀較大的這一輩，那時我大約三十歲，不算很老，但也覺得需要重新思考，要冷靜下來，所以暫停刊物在當時來說是必然的。

十、《盤古》、《文美》與左傾

古 《文美》結束，我們跟著辦《八方》。其實《盤古》跟《文美》的結束，跟學生運動、社會運動、保釣活動、左傾思潮的退潮有很大關係，跟整個社會的經濟環境變化也很有關係。

我們辦《盤古》、《文美》的時候，那時還較年輕，也有熱力，這股熱力跟整個社會環境很有關係，當時的經濟環境，物價還是比較平穩……我們完全依靠從自己工作收入拿出一部份來辦刊物，同時也辦若干活動。那時候我們是下班後辦這些刊物，但刊物出來是很專業的樣子。我們盡量做到準期出版，也盡量達到專業水平，但嚴格來說是未達到的，有些方面是未達到的。因為是業餘刊物，有一些必然的天然缺失。大家在香港做事都很忙，很費神，光是交通也費很大的精力。那時我在西貢教書，換三次巴士，那時還沒有地鐵，白天教了六、七節課，然後換三次巴士去編刊物，其實已經很疲累。但那時就是有這種熱情，剛下課就去編輯室校稿、發稿、組稿、搞活動、參加活動，或者看文藝演出。那時有這種活力，一方面因為我們一直覺得對文化應有若干責任感——不敢說是抱負，但從小到大承傳下來的責任感，所以有這種力量；另一方面因為社會環境令你覺得一定要這樣做，我們可以對中國文化有一些貢獻，或者留下一些印跡。

我們畢竟是平常人，不能不受社會、時代環境影響。《盤古》出現，是因為時代的衝擊。一方面是國民黨極右，查封《文星》雜誌，然後是共產黨極左，「文革」爆發。在這兩種因素刺激下，香港的中青年文化界朋友走在一起，然後便產生《盤古》這份刊物。中年一輩是戴天、胡菊人、林悅恆等人，年輕的則還在讀大學，例如我、黃維波、岑逸飛等。時代環境的碰撞催生出《盤古》，我們全憑個人、同人，即志同道合的一些人的熱情和力量去辦這刊物和有關的活動，包括你們問題裏提到的創建學院，也差不多是那個時期創辦的。林悅恆先生在中間所起的作用很大，因為他當時是《周報》社長，也是「友聯」集團較重要的一員。創建學院能夠興辦，是因為「友聯」在九龍塘多實街有一個空置物業可以借出來。當時「文革」，樓價大跌，它暫時賣不到好價錢，所以空置。事實上，「友聯」當時有沒有考慮準備結束或者收縮業務呢？現象上是不斷收縮，他們看到勢頭，對怎樣走下去感到迷惘，但另一方面仍在做一些比較正面、積極的事。當時林悅恆的台灣同學包錯石剛從美國回來，這位作家對我們的影響相當大。在所有人都針對「文革」和左翼思潮的時候，他將左翼思潮帶回香港，因為他從美國回來，美國那時正是新左派運動最激烈的時候。新左派運動實際上也受「文革」影響，譬如說再教育的觀念就是。當然，具體來說，政治立場、背景都是對立的，但思想有某些共同點，例如：反建制。「文革」當時也從文化界的角度開始爆發，反對官僚主義、建制上所謂資本主義、修正主義的教育文化方針，再激進點的講平等化。在西方，美國的新左派運動、歐洲的毛派、托派運動都首先在大學發起，大學的師生和文藝界都有參與。美國文藝界有嬉皮士運動，這跟新左派運動完全不同，但共同點是反建制，反現行的制度、要打破現行的制度。現行的制度就是美國式極右派的保守主義，那是一種形式主義、承繼英國維多利亞時期的傳統而來的，或者是由清教徒傳統而來的，已經變成一種虛偽。嬉皮士運動是在日常生活上打破它，左翼運動則是在政治與意識形態上反對它。

包錯石先生當時因為在台灣搞過一些反蔣的政治事件而被迫赴美留學……他當時覺得香港可以居

留，或者可以在香港發揮作用。他還在美國的時候，寄了一篇很長的文章回來，名為〈研究全中國——從匪情到國情〉，[20] 是一篇大文、一篇鴻文。這篇文章曾經嘗試投給很多香港刊物，包括《明報月刊》，但都不能刊登。至於「友聯」旗下的刊物，儘管林悅恆是老闆，他也無法發這篇稿，結果由《盤古》刊登了。我可以說，《盤古》即使在最左傾的時候也是開放的刊物。刊登這篇文章的時候，《盤古》同人實際上都比較右傾，絕大部份同人，包括我自己，都是反「文革」的。所謂右傾並不是國民黨那種，它還是對國民黨保持批判態度，所以我們是同情《文星》的，剛才也提過了。我們的意識形態，是英美自由主義那種意識形態。包的文章是反英美保守——也未必是反，他的意識形態是美國式 radical、激進的自由主義思想，滲入了一些新馬克思派、歐洲馬克思主義的思想。他的文章在當時——尤其以香港的環境來說，是反潮流的，絕對是反潮流的，所以那文章沒有其他雜誌可以刊登。我們開編輯會議時說，如果我們不刊登這篇文章，也就沒有人會刊登了，無論我們是否同意它，它都是珍貴的思考。結果《盤古》發了此文，引起很大的衝擊，香港有很多人攻擊，包括李金曄、黃震遐等都撰文批評，甚麼帽子都扣了，但我們也照樣刊登，那討論也包括很多海外支持包錯石的人參與，譬如劉大任也寫文章支持包錯石。奇怪的是，在外國的華人知識份子通常支持，香港的通常反對，一些右翼的文人不惜給別人扣帽子。當時胡菊人、戴天也受到包錯石某些觀點的影響，在《星島日報》或其他報刊撰文，表現了某程度的認同，但馬上受到本地右翼作家猛烈攻擊、扣帽子，例如萬人傑就給戴天、胡菊人扣上左翼的紅帽子。但我們朋友當時的意志很堅強，自信能保持獨立而且理性的思考，不是隨便附和。當然，我們或許有認識不足之處，但問題是，我們說的、發表的那些東西是自己可以負責的，並不是出於甚麼別的政治動機，純粹出於探討的精神，所以儘管在各種攻擊下，我們仍然堅持自己開放、言論自由的信念。

可以說，那時我的思想比胡菊人、戴天更右傾，因為我的家庭背景……戴天便挖苦我，說怎麼你寫文章提到毛澤東時寫「毛澤東」，提到蔣介石卻寫

「蔣介石先生」。這是家庭教育與小學教育的影響，我最初讀的小學是德明中學附小，天天都得唱中華民國國歌，我現在仍會唱。其實我是個不很了解政治的人，盧老師知道，她看著我長大嘛，所以我很怕她，哈哈！問題是，儘管像我這樣……當時跟我年紀相若的，阿波〔黃維波〕的左傾便比我早。他當時很崇拜包錯石，就像入室弟子般。包錯石對我也很好，算是「老友」，感情很好，但我當時是不同意他的觀點的，儘管如此，我們全都贊成刊登他的文章。香港當時除了《盤古》內部某些言論接近、同意他之外，其餘大力支持的就是周魯逸。周魯逸後來也成為包錯石的入室弟子。周魯逸很早就提出，要解放台灣，港澳必須首先回歸的。當時他以讀者來信的形式寫來，文章是我親手發的。

古　盧

周魯逸即是魯凡之？

對。整體來說，我們辦這刊物……我想強調的一點是，我們力求做到開放、客觀、自由，即使後來言論方向整體上較左傾的時候也還是這樣。只是有些人不敢投稿，覺得你的主流意見既是這樣，我的稿只會成為裝點。有些人有這樣的偏見，於是言論彷佛一面倒，事實上我們絕不壓制任何相反的意見，甚至非常歡迎相反意見。

而且，我們的討論不純粹是政治的，我們無論甚麼時候都重視文化整體性的討論，所以《盤古》仍然有很多關於文學的內容，你可以看到很多文學、文化的材料，例如《盤古》刊登過姜白石詞的唱譜，[21]在香港比較早提倡唱姜白石詞的就是《盤古》這伙人，我和陸離當時搞過好一陣子，當然自己只是亂唱一通。我們的關注始終以文化為核心，不是以政治為核心，某個時代環境會令我們彷彿偏向以政治為重點，這也是很自然的，因為整個社會每天都有很多示威遊行，大陸每天都發生很多新事，我們作為媒介，不反映這些是完全不可能的。到了後期，也是時代的影響，周恩來逝世、四人幫倒台對我們的衝擊很大，但是現在回看，這些都是很正面的事。因為我們始終不是生活在中國大陸，中國歷史的實踐最大幅員畢竟在大陸，其次在台灣，第三才是香港，香港始終是個很小的地方。我們的好處是有點隔岸觀火的性質，火光映過來時我們也會覺著熱，但畢竟隔著河、隔著海，還有呼吸、冷靜的空間；壞處則是我們看不清楚，特別是知識份子很多時候理論先行。我們否定或肯定「文革」時，都可能從理論層次多於從實踐層次去思考，所以保釣運動使我們對「文革」的看法有所轉變，從否定變成肯定。但無論肯定與否，我們在香港這時空裏實際上是從理念層面去了解它，而那實際的、活生生的、有血有肉的現象，我們不是身受，所以會通過理念或意識形態本身的思考去批判它或肯定它、將它合理化，兩種情況都有。當我們比較右傾時，從較抽象的角度去批判、否定它；我們比較左傾時，從理想、理論層面去肯定它，將它放在長遠、理想的高度將它合理化。四人幫的倒台，「文革」的結束，毛澤東、周恩來的逝世，令我們比較能夠回到客觀現實的複雜性中，雖然我們無法實際考察，因為已經過去了，大部份的實踐都過去了，但我們至少可以通過別人的回憶、反省……那時我們也有機會回去接觸真實的人物，聽他們的心聲，於是我們可以檢討前一階段的思考，在這段落潮時間能冷靜反省。當時我們的熱力還在，始終覺得在那階段、那所謂「火紅的年代」是走偏了，有點偏離了我們辦這些活動、刊物的初衷，甚至是在相當程度上偏離了。因為我們歸根究柢關切的是文化、藝術，但在若干階段則集中在政治上，所以後來產生了《文美》、《文學與美術》，作為過渡的產物，本身有前人的足跡遺留，但那不是簡單的重複，實際上那視野在某程度上是擴闊了。

十一、為甚麼會辦《文美》

古 剛才談到為甚麼會辦《文美》、《盤古》。其實我們辦《文美》的時候，《盤古》還沒有停刊……

盧 當時你可以兼顧兩邊嗎？

古 我就是離開了《盤古》去辦《文美》，弟弟古兆奉則編《盤古》。

盧 你說到受四人幫倒台等事件衝擊，於是再思考、反省……

古 對，《盤古》在極受政治衝擊的時候，大部份篇幅都是討論政治問題和社會問題。當時香港的社會運動很蓬勃，例如教師運動，教師本來是最保守的，但當時也為了薪酬等問題上街示威。保釣運動引發了很多香港社會運動，我覺得這些都是有正面

1976年《文學與美術》創刊。

1977年《文學與美術》改名《文美》。

意義的，爭取發言的權利、爭取言論自由、爭取表達意見、衝擊政府的政策等，我們作為媒介和思想性的刊物，肯定會用很大的篇幅來支持這些運動。因此，《盤古》本來極重視文化藝術，結果很多這類篇幅卻給擠了出來，社會政治問題倒雄霸了《盤古》的篇幅，因為篇幅其實很有限，不足一百頁。當時我們也嘗試過出版一些單張，像《周報》大小的，叫《盤古文藝》，出發點是想培養一些年輕寫作人，讓他們在上面發表作品。我們也有些年輕人寫的稿，經修改後刊登。這單張夾在《盤古》內，只出版了四期，也沒法子繼續了。那時好像是黃子程負責這工作，但後來也無以為繼，大概因為工作繁忙，這要另行印刷、編輯、組稿的，結果終於停刊了。於是我們想，不如多創辦一份刊物，希望將那政治化形象降低、降溫，以文化為主。當時剛巧溫健騮從美國回來工作，於是找來盧老師、余丹、張曼儀、文樓等一起……這其實是由溫健騮倡議的。我跟文樓便轉到《文美》，後來《盤古》的封面也不再是由文樓設計，改由吳振興設計，他是當時的執行編輯，我弟弟古兆奉則代我擔任《盤古》那邊的另一位執行編輯，我便轉到《文美》。當時黃繼持老師、盧老師、張曼儀、余丹等人，還有一些你們的學生……

盧 黃先生〔黃繼持〕的學生……

古 對，還有文樓的學生，左燕芬等……

盧 對，左燕芬也是黃先生的學生……

古 馬貴順等，一些美術系、中文系的同學，黃奇智則是外文系的，以「中大」的學生為主。其實《盤古》

黃繼持（左）與古兆申，攝於 1981 年。（盧瑋鑾提供）

解文同

現代主義的帷幔之外 陳映眞小說的現實世界

解文同〈現代主義的帷幔之外——陳映眞小説的現實世界〉。（1976 年《文學與美術》第 3 期）

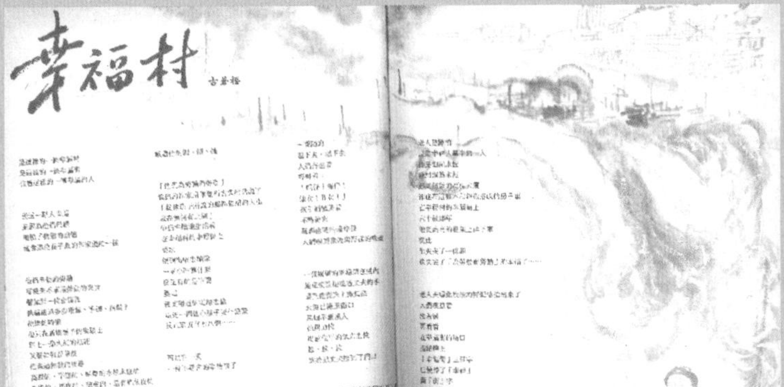

幸福村 古蒼梧

古蒼梧〈幸福村〉。（1977 年《文美》第 2 期）

大部份的成員都是「中大」學生，也有個別是「港大」的，例如後期加入的馮可強、江關生等。文樓是「中大」藝術系的老師，張曼儀、余丹那時是「港大」的老師。

那時我們的文藝觀點比較闊，是經過了運動的觀點，視野比較廣闊，還是走向社會，但經過反省後，覺得藝術性本身仍然很重要。黃繼持老師評論陳映真的重要文章就在那時發表，[22] 他也寫過一篇較長的評論評卞之琳的詩，[23] 當時他不評艾青的詩而評卞之琳的詩。後來《文美》停刊，我回到大陸旅行，到北京拜訪一些作家，第一位訪問的就是卞之琳。這很有象徵意味，是我們反省後的自然走向。我們編《現代中國詩選》的時候，我們的角度比較闊，是一種歷史的角度、文化的角度，但我們仍然很重視藝術的角度，譬如重視新形式的嘗試、新語言的探討。卞之琳先生的作品在這些方面很有代表性，所以我們辦《文美》的時候，黃老師評的新詩，第一個評的、用力比較大的，就是卞之琳先生的作品。至於我自己，《文美》結束後，杜漸辦《開卷》雜誌，邀請我替他作第一位復出的老詩人的訪問，那就是卞之琳。[24] 當時不太自覺，但實際上這意味著我們前一階段對文學的看法有偏差，現在要重新整理，但這並不是說要回到運動前的角度。在《文美》階段，我們的文藝觀點已經比較開闊，希望矯正我們的一些偏差。譬如說，我們當時比較著意提倡報告文學，我們一群人，早上五點多就到西環看運貨的情況、街市的運作，觀察他們的生活，想從最基本的日常生活的觀察開始，作為重新探討香港文藝創作的活動。我當時寫的詩〈幸福村〉也很具社會性，[25] 其中的細節談到一對老夫婦被燒死，這是真有其事的，當時社會上是有這樣的事，那時正是地鐵興建的時候。即是說，左翼觀點的文藝思想仍然影響著我們那時候的創作，我們並不覺得這是消極的，即使到今天我仍然覺得它有積極的意義，開拓了作家的視野，應該是可以這樣走的。問題是我們未必有條件這樣走，所以我這種創作路向到了一九八〇年代就沒有繼續了。

注釋

1 張曼儀等合編：《現代中國詩選》，香港：香港大學出版社；香港中文大學出版部，一九七四年。

2 據《中國學生周報》出版資料欄，該報自一九五五年五月二十七日第一四九期，至一九六四年五月一日第六一五期，登記地址為香港九龍彌敦道六六六號五樓，當年參與《周報》活動者多簡稱報社地址為「六六六」。一九六四年五月八日第六一六期至一九六八年九月十三日第八四三期，報社社址為九龍登打士街九十一號翠園大樓七樓第四號。

3 查《中國學生周報》上署名「顧耳」的作品，最早一篇為〈從雲海玉弓緣到大醉俠〉，《中國學生周報》，一九六六年四月二十二日，第七一八期。

4 陳映真：〈哦！蘇姍娜〉，《好望角》，一九六三年三月一日，第一期。

5 〈幾番風雨幾度滄桑——訪問古蒼梧〉（思浩訪問），《文學世紀》，二〇〇三年四月，第三卷第四期總二十五期，頁四三—八。

6 「雲封霧鎖的三四十年代文學」專輯，署名黃俊東，《中國學生周報》，一九七一年七月二十三日，第九九二期。

7 據《現代中國詩選》版權頁資料，此書編輯者共有八人，包括張曼儀、黃繼持、黃俊東、古兆申、余丹、文世昌、李浩昌及吳振明。

8 保羅・安格爾著；古蒼梧譯：《美國孩子》，台北：漢藝色研出版社，一九九〇年。

9 保羅・安格爾著；古蒼梧譯：《舞的意象》，台北：漢藝色研出版社，一九八九年。

10 孫淡寧：〈釣魚台列島主權不容侵犯〉，《明報月刊》，一九七〇年十月，第五卷第十期總五八期，頁二。

11 可參鄭樹森、熊志琴（訪問整理）：〈《大學雜誌》與白色恐怖〉，收入鄭樹森、熊志琴（訪問整理）《結緣兩地——台港文壇瑣憶》，台北：洪範書店有限公司，二〇一三年，頁七—三五。

12 「八方談」系列講座之「中西文化中的頹廢」於一九九四年五月六日舉行，戴天主持，講者包括李歐梵、陳輝揚及古蒼梧等。

13 陸離在二〇〇三年十月八日接受訪問時表示，該期《中國學生周報》結果沒有公開發行。

14 古蒼梧：〈新詩的出路〉，《中國學生周報》，一九七一年三月二十六日，第九七五期。

15 〈關於「新詩的出路」〉，《中國學生周報》，一九七一年四月二日，第九七六期。

16 胡菊人致函《盤古》，正式宣布退出。有關信件及《盤古》覆函刊於《盤古》第四三期〈編後話〉，一九七一年十二月，頁四八。

17 岑逸飛：〈必要承認的事實〉，《盤古》，一九七一年一月十五日，第三六期，頁五。

18 盤古社：〈向本港牛鬼蛇神輿論宣戰——揭漢奸特務及「中國專家」的嘴臉，革洋奴買辦及封建餘孽的狗命〉，《盤古》，一九七二年一月二十五日，第四四期，頁一—五。

19 戴天、胡菊人、陸離一九六〇年代合租太子道二三〇號愛華大廈六C，並將此處命名為「愛華居」。

20 包錯石：〈研究全中國——從匪情到國情（對海外中國留學生和港、台準留學生的一個建議）〉，《盤古》，第八期，一九六七年十月，頁二四—二八、三三；續編刊於第九期，一九六七年十二月，頁三一—三七。

21 有關文章包括〈介紹姜白石詞曲〉、〈姜白石詞曲四首〉，《盤古》，一九六八年十二月二十五日，第二〇期，頁二三一—二五。

22 解文同：〈現代主義的帷幔之外——陳映眞小說的現實世界〉，《文學與美術》，一九七六年六月，第三期，頁二〇—二三。

23 解文同：〈情詩豈只言情〉，《文學與美術》，一九七六年四月，第二期，頁五六—五八。

24 古蒼梧：〈詩人卞之琳談詩與翻譯〉，《開卷》，一九七八年十一月，第一期，頁一二一—一三一。

25 古蒼梧：〈幸福村〉，《文美》，一九七七年五月一日，第二期，頁十九—二〇。

古兆申、黃子程對談

黃子程

（一九四七——）

筆名黃花樂。

原籍廣東潮陽，香港出生，中學時期即積極參與《中國學生周報》、《大學生活》等舉辦的活動，一九六八年入讀香港中文大學，並投入創建學院活動，因而結識古蒼梧、關永圻等文友。先後任職中學教師、電視台編劇、劇本審閱等，曾參與《博益月刊》、《香港電視》、《星島日報》等報刊編輯工作，後轉而從事大專教學，並為《明報》、《經濟日報》、《信報》、《大公報》等報章撰寫專欄。著有《媒介變色龍》、《黃子程的生活思考》、《通識文集》及《獨家草》等。

＊古兆申簡介詳見頁 259。

日期｜二〇〇三年七月二日

地點｜ 訪問者辦公室

訪問者｜ 盧瑋鑾、熊志琴

古—古兆申　黃—黃子程　盧—盧瑋鑾　熊—熊志琴

古 我建議黃子程先講《周報》〔《中國學生周報》〕活動部，因為你參與較多嘛！

黃 我當年參加了很多通訊員的工作。《周報》除了出版刊物，他們還有相當大部份的開支花在搞學生活動上，出版只佔經費的一部份，不很多，反而放在不同組別的活動上較多。

古 你知道那比例嗎？

黃 錢的比例要問林悅恆，他應該知道的。活動分很多組別，體育活動就有籃球、足球、乒乓球，很厲害！另外還有舞蹈、戲劇、合唱團。剛才說體育有三組，文康有三組，另外最大的一組是學術組，總共有七大組，其中以學術組最受重視。我一加入便參加了三組，學術組……

古 學術組有甚麼活動？

黃 這待會再說，學術組、話劇團和合唱團，後來因為女朋友的緣故，我又參加了舞蹈組，乒乓球組我也參與，其餘各組的活動我也參與，參加戲劇組時我甚至上台演出！我現在有那麼多朋友，其實很大部份就是當時積累的。還有就是《大學生活》，古仔〔古兆申〕很熟悉，他比我先在那裏幫忙、參與活動，跟黃維波一起在《大學生活》寫東西。

古 黃維波是專職的。

黃 《大學生活》底下有「大影會」（《大學生活》電影會），會放映電影。

古 你記憶中的「大影會」是在創建學院成立之後才出現的，還是在《大學生活》時代已有？

黃 在「創建」成立之前已有。我的開場白很簡單，在《周報》裏我認識了古兆申、陸離、吳平。作為中學生，我會投一下稿，但很少，質量也很弱，還不算是很好的創作，倒是看《周報》的特輯和文藝作品較多。《周報》通訊部有一份刊物叫《學生之家》，「學生之家」本身有一塊橫匾，錢穆寫的，綠色的，意思是通訊部的七大組其實就是「學生的家」，大家可以來玩、結識朋友、聽演講、聚餐，過年過節有一些 activities（活動）。這橫匾掛在通訊部大堂，即《周報》的大堂，後來《周報》的編輯室和活動組才分開在不同地方，但通訊員一定是訂戶和讀者，這是肯定的。說回「學生之家」自己有一份刊物，那時我在裏面寫了很多東西，因為我是其中一版的編輯。其實那刊物只有兩版，就是底一版、面一版。最早時期好像有一段很短的日子是油印的，寫蠟紙，用鋼筆寫，後來鉛印，即是可以用機器印，不用抄蠟板。我那時做很多這樣的工作，對我來說是一段很重要的日子，是我當編輯的最早經驗，很好玩，可以用自己喜歡的圖案，那時流行用中國的剪紙來製版……

古 那時是甚麼年份？

黃 忘記了……大概一九六六年左右，我中五、中六的時候。

古 那你的編輯生涯比我早了！

盧 那時社址還在彌敦道六六六號嗎？

黃 是，後期才搬到登打士街翠園大廈。[1] 那段日子很有趣又很充實，可以跟古仔他們一起，在《大學生活》又跟阿波（黃維波）去李廣田散文欣賞會。那時第一次讀李廣田的《灌木集》，很喜歡，是古兆申介紹我讀的，那時有很多人，洗景炬也參加，他後來在大學教翻譯，記得古仔說過這個人看事物有他的角度，他能從李廣田的師承來解釋李廣田所嚮往的散文的境界。我覺得這樣看很有深度，不是表面地說文字很樸素、意境很優閒。

1959年《中國學生周報》工作人員與澳門來港學生於「學生之家」橫匾下合照。後排左起：黃碩儒、楊啟樵、李金暉、黃崖，前排左三為盛紫娟。（王篆雅提供）

我們都舉起手了，看你怎樣辦？

七點多鐘的時候，同學們都陸續來了。大家團團的圍圈子坐着，在這個名符其實的「學生之家」裏，他們之間沒有半點拘束。他們都是年青的人，都有一顆熱誠的青年的心。所以，他們在這裏儘情的笑，儘情的說，儘情的唱……

「這樣一來，不就這樣這樣了嗎？」（撲克遊戲）

大專通訊組於「學生之家」聚會，站立者奚會暲。（1955年《中國學生周報》第137期）

古 那時你很喜歡何其芳的《畫夢錄》啊！

黃 是，也接觸了一些新詩，都是古仔介紹的。其中有《漢園集》，是何其芳、李廣田和卞之琳三人的合集。不知道他為甚麼有許多絕版詩集，不知道他哪兒弄來的。我們抄了很多，現在還保存著，用小小的硬皮簿，一本一本地抄了幾本詩集，都是他借我抄的。

很高興我的文藝生活有這樣的開始，一班朋友，特別是古仔，對我的影響很大，讓我發覺文藝原來是那樣晶瑩、有趣，那時覺得知道了甚麼是境界。古仔那時有很多時間嘮嘮叨叨跟你說很多東西，那時我不過是中學生，一個大學生願意跟你聊，學校老師也不會這樣啊，那段日子就是有這種好處。《周報》作為一份報紙對我的影響不是很大，卻給了我一班朋友。

古 你甚麼時候入「中大」（香港中文大學）的？

黃 一九六八年，那一年你畢業了，不過你唸研究院，在寫關於劉勰《文心雕龍》的碩士論文。那時因為古仔的關係，我又認識了《盤古》的一些朋友，所以古仔在我早期的交遊中扮演了媒人的角色。

古 你的女朋友與我無關呀！哈哈！

黃 他不單跟我是好朋友，也讓我認識了很多其他的朋友，例如黃濟泓、鄭輔國等，都是他介紹的。古仔的朋友是有某一種氣質的，對文學有一種嚮往，即使他不一定勤於寫作。當然，《周報》本身是很好的園地，因為《周報》的關係，我也認識了一些比我年輕的朋友，例如李國威、關永圻、毛國昆等等。那時大家都躍躍欲試，想寫寫東西，陳任便寫影評。我因為他（古兆申）而認識了陸離，那時有一個慶典——對我來說是慶典，每年都選十大電影，全部影評人一起選。那應該是影評家選的嘛，但陸離讓我也一起選十大，我突然受寵若驚，我哪有資格選十大？現在找不到這種前輩了。現在資格分得很清楚，要看你有沒有這個資格，但那時沒所謂，認識你那你便有資格了，何國道（杜杜）也是這樣，我們就這樣選了十大。

古 你不要把陸離說成這樣沒標準嘛！

黃 我不是說陸離沒標準，而是說她勇敢。我們也不是長篇大論地說為甚麼選這些電影，只是乾脆選了十齣電影。

古　陸離那時是不是想知道年輕人怎樣看電影？

黃　你用不著替她辯解啊，你們訪問陸離時再請她談吧。從我的角度來看，覺得她這樣很偉大，我是誰啊？看電影也只是初入門的人。陸離的心態可能是你喜歡哪齣電影便選出來，不要理論，於是我便選了，她竟然真的刊登出來，雖然排在很末位置，但我已經很高興了。這些虛榮、榮耀感令你覺得自己是一份子，這很重要。

吳平是很特別的人，他很能欣賞作者的好處。他看了來稿會自覺寫不出來，會驚訝為甚麼別人的作品寫得那樣好，然後找最漂亮的圖片去配合，作為對這個作者的敬意。吳平這番話對當時初嘗試投稿的人來說是很感動的，很受激勵。在這層次而言，《周報》加上朋友的鼓勵，對我的影響很大，我想古仔明白我的意思。

古　吳平是相當客觀的編輯，他是認稿不認人，不會因為你名氣大便來甚麼稿也登，這很重要。大家都覺得他很公道，不會因為你是名家，你的稿便非登不可，或非把你的稿放在最重要的位置不可。這給我的印象很深刻，到我當編輯時，我基本上也希望能保持這種態度。

黃　《周報》的活動其實跟刊物不是很大關係，但也有關係，因為翻開《周報》便知道那七大組在這星期有甚麼活動。後來自己參加了學術組，搞了一些節目，例如荔枝角月夜泛舟……

古　那是學術組搞的活動？

黃　是學術組搞的。

古　那你可否詳細說說學術組？那跟我們一般理解的學術組有很大差別。

黃　《周報》會刊登活動表，還有，例如泛舟回來便可以寫一篇〈泛舟之遊樂乎？〉之類的文章，那便賺了一點稿費。

古　那這是很廣義的學術組，並不是做甚麼研究、問題探討的？

黃　我說說那些節目，大家便會明白。裏面分三組，有辯論隊、朗誦隊，我還記得隊長叫任祖鴻。活動包括朗誦詩歌，有吟誦也有清誦，大聲朗誦的也有，不同的朗誦方法都是自己摸索的，沒有請甚麼專家來教。我們也表演過幾次，朗誦也可以表演的呀！例如《周報》報慶，我們便到大會堂，每人

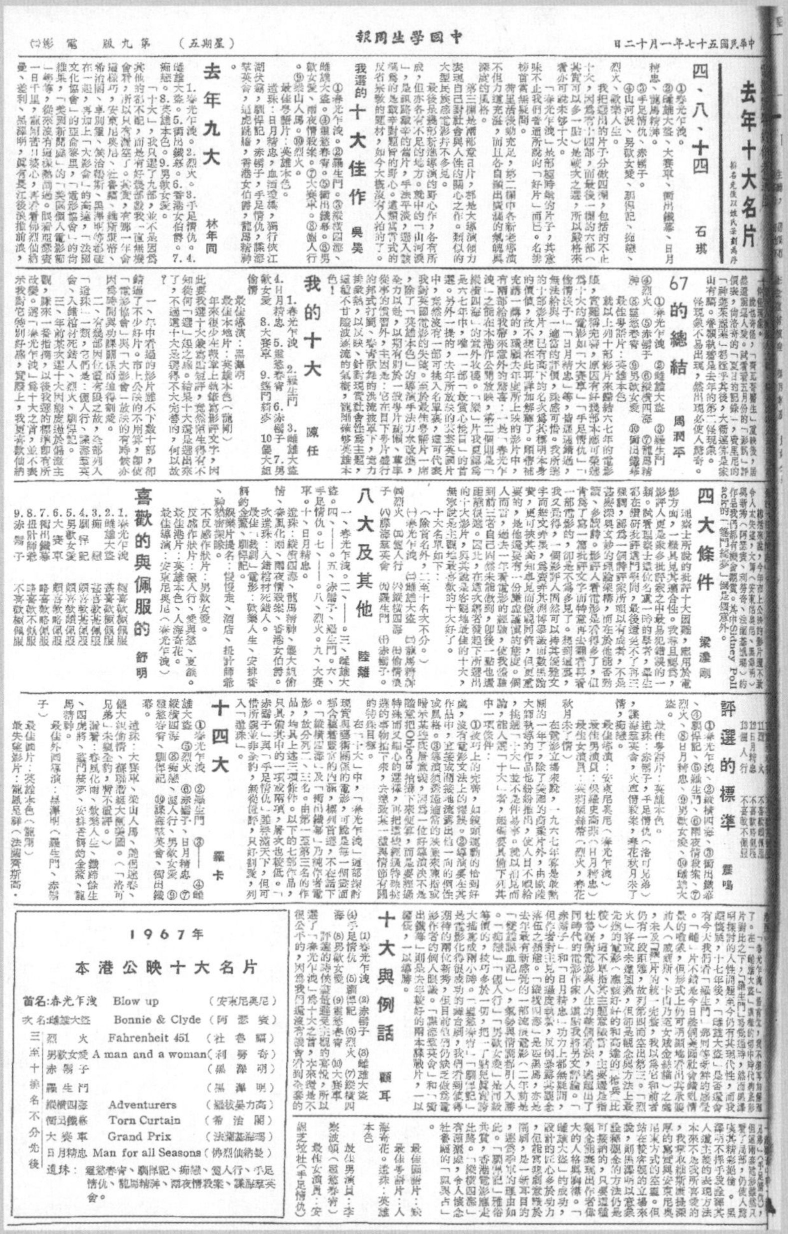
中華民國五十七年一月十二日　中國學生周報　（星期五）　第九版　電影 ⑵

去年十大名片

1967年
本港公映十大名片

首名	春光乍洩	Blow up	（安東尼奧尼）
次名	雌雄大盜	Bonnie & Clyde	（阿瑟賓）
三至十條名不分先後	烈火	Fahrenheit 451	（杜魯福）
	男歡女愛	A man and a woman	（利勞奇）
	赤鬍子		（黑澤明）
	羅生門		（黑澤明）
	縱橫四海	Adventurers	（羅拔恩力高）
	衝出鐵幕	Torn Curtain	（希治閣）
	大賽車	Grand Prix	（法蘭基熱謙嘿）
	日月精忠	Man for all Seasons	（佛烈仙納曼）

遺珠：羅慾春宵、馴悍記、痴戀、盜人行、手足情仇、龍門精神、雨夜情殺案、謀殺草英會。

1967 年本港公映十大名片。（1968 年《中國學生周報》第 808 期）

捧著一本東西，「潯陽江頭夜送客，楓葉荻花秋瑟瑟」……像編劇一樣，編了哪些人獨誦、哪些人合誦，某一句在後面慢慢升上來之類，很多設計，很好玩。除了辯論、朗誦，第三組我忘了是甚麼，好像是讀書研究。

我們在星期日聚會，十時到十二時，有時候是演講比賽，有時候是辯論比賽，有時候是參觀報社，參觀《天天日報》，有時則改為黃昏泛舟之類，很多不同的活動，想到便可以搞，雖然名是學術，但不是學術的活動我們也搞，例如有「燈謎之夜」，請一些專家出一些燈謎，大家猜猜、聊聊燈謎的趣味，我印象還有露營和旅行。

古 那即是通過活動來學習一些文化知識？

黃 是的。我覺得最大的好處是沒有固定的老師，讓委員會的主席、副主席，那五、六人去設計一些活動。比方說，我們可以請小思演講，也可以請嘉賓跟她對談、辯論，或者請一些人來開座談會，都可以，很自由，通訊部通常都不干涉的。胡菊人當時是社長，[2] 他也參與其中，後來是陳特接任，[3] 很多人也當過社長，都來參與、來聽。他們不是來教你怎樣做，只是說說自己的想法。例如討論年輕人的偶像崇拜，他們會說說自己對偶像崇拜的看法，但不會說別人的看法不對，也盡量讓其他人說，不會強勢壓人，也不會判斷你是對是錯，只是各抒己見。我覺得這很自由、很開放、很舒服，就是胡說也可以，很熱鬧。

一些興趣較濃的會員會遲一點離開，幫忙搬椅子，較熱心的，我們便找他們一起去吃飯，一碟炒飯一起分著吃，《周報》有時會津貼。我們那時都很窮嘛，有人津貼吃飯就很不得了，雖然只是三塊半一碟的揚州炒飯，但已經很高興，大家邊吃邊聊。如是者，這便成了你生活的一部份。

其他地方沒有這些活動，參加這些活動我們便覺得很好玩，有時知道其他組搞活動，我們也去參加。《周報》間中辦一些國語班，請梁雅玲來教，其實我也不知道她是何許人。後來發展至收學費，公開的，也是坐摺椅，晚上上課。也有瑜伽班，那時不懂，只覺得是一群人坐在那裏無病呻吟，叫人很害怕，現在才知道那是好東西，早知道那時候便參加，現在便不會有「大肚腩」了，哈！話劇團的經驗也是很好的，朋友之中，常參加的有吳宇森、陳任、我、張文祥、鄧達樵、陳振華等，導師是佘文炳，鋼琴、唱歌的導師是何君靜，只有學術組沒有導師。

古　舞蹈組也有導師，好像叫……

黃　趙蘭心，口琴導師就是梁日昭，籃球隊、乒乓球隊也有導師，偏偏學術組沒有。《周報》的話劇團每年都有演出，頗大型的，例如《王莽篡漢》，我們也有一些小角色可以扮演，太監之類光站著的無謂角色，但已經覺得很威風，穿著古裝。還有些小型話劇比賽，我們也有機會粉墨登場。

古　那時話劇是張文祥教？

黃　他是主席，後來是張林森，每年選出來的人都不同，陳任、陳寶珠都當過主席，這陳寶珠不是拍電影的那個。活動很多樣化，在不同時段舉行，例如學術組在早上十點半有活動，話劇團的活動就在下午兩點半，時間上不會重疊，然後四點半可能還有合唱團的活動。如果你整天都在《周報》玩的話，可以參加三組，整個星期天都在裏面。

古　後來活動部為甚麼會結束？

黃　活動部有沒有結束呢？

古　結束了，整個活動部都結束了。

黃　大概跟經費有關的吧。

古　活動部結束後，《周報》便搬到多實街，後來才再搬到利森工業大廈，即印刷所那兒。[4]

盧　他們說是主要因為「友聯」的整體經費收縮，最顯著的就是活動場地的收縮，最後搬到工業大廈，樓上樓下都是工廠。

古　將來可以問問陸離，活動部結束有沒有影響《周報》的讀者人數和銷數，這便可以看出活動部所起的作用和它跟報紙發行的關係。[5]

黃　肯定是有的了，你可以把《周報》的出版視為活動一部份。《周報》透過活動爭取讀者，而讀者也就是活動組的組員，活動對出版有很重要的推動作用。我猜整體變化主要是因為經費問題，《周報》搬了幾次，好像先cut（削減）了一些體育活動，然後是話劇，因為沒有公演的機會，支出太大。學術組可能是最後才削減的……

古　因為需要的資源較少。

黃　是的，後來學術組好像要收費，每人十元之類，我也記不清楚，因為升讀大學以後，很自然便去了胡

九龍總社	
學術組	星期日（二日）上午十時正：港九學生之家同人聯誼座談會。全體港九學生之家出版部同學請依時出席。下午八時正：月夜泛舟。集合：荔枝角巴士總站；歡迎各同學參加。
合唱團	星期六（一日）下午二時半練唱，何君靜先生指揮，林秋蘿小姐司琴。
話劇團	星期日（二日）下午三時半，全團大會，會中選「漢宮春秋」角色；各同學務請攜帶劇本依時出席。
口琴隊	星期日（二日）下午二時正練習，梁日超先生指揮。
籃球隊	星期日（二日）上午八時伊館室內球場練習。凌錫銘先生教練。
足球隊	星期六（一日）下午四時半九龍教育司署草地球場練習，譚國宿先生教練。
乒乓隊	星期四（五月卅日）下午六時半，女子組練習。下午八時：B組練習。星期六（一日）下午八時正：全體組員重新登記分隊，缺席者當棄權論。
舞蹈組	星期六（一日）下午四時半練習，甄慕貞小姐教練。
澳門通訊組	星期日（二日）常會。

港島分社	
學術組	星期日（二日）下午七時卅分「詩詞朗誦比賽」—敦請鄭水心教授為評判。歡迎旁聽。二日上午十時詩詞朗誦預備會，三日上午十時檢討會，朗誦隊員全體出席。
話劇團	星期六（一日）下午三時半排練「嬰兒殺戮」。佘文炳先生導演。
合唱團	星期日（二日）下午二時半練習，何君靜先生指揮，林秋蘿小姐司琴。
舞蹈組	星期日（二日）下午四時正練習，甄慕貞小姐教練。
口琴隊	星期六（一日）晚七時半，照常練習。梁日昭先生領導。並於八時舉行港九聯合幹事會議。注意：本隊為應付九月間籌款，由本週開始加強練習。請各同學切勿缺席為要。
乒乓隊	男子組星期三、星期五晚上七時半練習。女子組星期四晚上七時半練習。

通訊部播音

《中國學生周報》定期刊登通訊部活動預告。

話劇團公演「王莽篡漢」
一次嘗試 一次成功

問詳

本報話劇團為慶祝本報創刊十二週年紀念，在本月十四、十五、十六三晚假大會堂音樂廳公演歷史名劇「王莽篡漢」。

該團係本報通訊部屬下一個單位，成立至今已十二年了。十二年來，該團以「大馬戲團」為先聲，繼後的「秋瑾」、「清宮怨」開始在戲劇界稍露頭角，近幾年的「樑上佳人」、「父母親大人」、「秋海棠」等，更引起戲劇界的注目。

該團的團員都是一羣毫無經驗的小伙子，可是他們均愛好戲劇。他們以青年人的一股衝勁，向劇壇邁進。

「王莽篡漢」一劇籌備至今已達一年有餘。每個星期天他們都風雨不改的回到「學生之家」來對詞、排練，看他們一絲不苟的學習與研究精神，就足以使人對他們這次的演出充滿信心。

「王」劇原為李曼瑰教授名作，曾在台灣上演，賣座盛況歷數月不衰。全劇描述西漢末年權臣王莽假用仁義之行收買人心，加上一羣奸小的慫恿，進而欺寡婦、弒皇帝，終於篡國自立，霸佔天下。然而惡有惡報，王莽最後卒為劉秀所滅，家破子亡，落得個悲慘收場。其中穿插莽女王英與漢平帝的一段戀愛故事，更是纏綿哀怨，同時又把王莽的野心獸行襯托得淋漓盡緻。在這劇本荒的時期，「王」劇真是一部不可多得的歷史名劇。

在演出方面，一些舊的演員，固然都有着相當水準的演出；值得一提的是好些初次登台的新演員，如飾演太皇太后的何愛華，飾演王英的林少蓮，飾演孔光的鄺仲康，飾演何武的張經略，飾演王臨的李景誠，飾演老彭子的方悅勝等，雖是第一次臨場，但演出成績不能不使人讚嘆，這對荒蕪的劇壇也是一個喜訊！全劇氣氛緊湊，高潮叠起，雖然劇長關係演至深夜，但觀衆仍不捨離座。這是一齣相當吃重的大戲，普通劇團輕易不敢上演，但總括他們此次演出，除了第一晚由於場地生疏，以至不太完美外，第二、三晚的演出成績，可以說是難得的了。話劇團的同學們一直是秉着青年人的朝氣去嘗試，這次又是他們的一次嘗試成功！

王莽篡漢第一幕

中國學生周報話劇團慶祝十二周年

社慶公演四幕十場五景名劇

王莽篡漢

原著：李曼瑰

導演：佘文炳

舞台監督：陳常則

時間：一九六四年八月十五、十六日下午八時正

地點：香港大會堂音樂廳

票價：三元、五元、拾元

售票處：

九龍 友聯圖書公司（西洋菜街一七四號）登打士街91號翠園大樓本社

香港 友聯書報發行公司（德輔道中26號A二樓）大會堂票房 香港北角英皇道八六九號三樓本報分社

《中國學生周報》話劇團 1964 年公演〈王莽篡漢〉，報上不時刊登演出廣告及報導。

菊人、戴天、陸離他們住的那個地方，愛華居，[6]那兒又有活動。

古 那兒是《盤古》的活動。

黃 是，慢慢便去了《盤古》。

古 《盤古》的活動較重自由組合，《周報》的活動有專業的活動部負責，比較有規模、有策略性、計劃性。

黃 他們人數也多，《盤古》(指愛華居)有很多「壞東西」學的，我就是在那裏學會了show hand，胡菊人教你玩「沙蟹」，飲酒也是那時學的，喝花雕、五糧液、茅台等，很烈的。

盧 那時在愛華居，我最怕就是你們飲酒，敢情是另一個世界的人出現在面前，胡菊人、包錯石，他們喝醉了時表現的痛苦，我大開眼界！

黃 因為平常掩飾著嘛！真醉的人不多。

古 主要是胡菊人和包錯石。

黃 老戴(戴天)很少醉的。

盧 他喝到某個程度，知道差不多了，便不作聲走開，胡菊人和包錯石則是借醉把內心的鬱結說出來。

古 包錯石本來身體不太好，因為他脊髓神經的風濕影響了他的情緒，因為他曾經坐牢。印象中的《大學生活》活動部也在《周報》那裏……

盧 即是翠園大廈？

古 是的。那兒每個部門都有一間房間，《大學生活》有雜誌也有活動部。我唸高中時是到圖書館看《大學生活》的，那時由胡菊人主編，在街上有售，是大七十二開的那種size(開度)。後來我參加《周報》活動部時，《大學生活》已改為非賣品，張文祥編的，印象中編輯部在翠園大廈，波仔(黃維波)則負責搞活動。

黃 文藝賞談。

古 是的，也有音樂賞談，陸離搞的，介紹一些古典音樂、當時的流行音樂。

黃 還有電影賞談。

古 對，是卡叔(羅卡)負責的。

黃 有「犯罪片之夜」。

盧 曾省是講音樂的？

古 我參加時他已經去了美國，那時主要是陸離和我負責，提供唱片的主要是陸離，因為陸離有很多唱片。不過音樂活動辦得比較少，文學活動較多。我

盤古寄家國古道熱腸灑血寧無地
古風懷士人盤硬橫空揮毫別有天

「盤古華年」特輯

「盤古華年」的源起

岑逸飛

（一）

在一個沒有月色而又有點兒寒意的晚上，我和楊頌良、包奕明、胡菊人圍坐在一間小房裏，在不太耀眼的燈光下，飲酒、聽音樂、聊天。談話的內容很雜，從巴哈的音樂談到美國的民歌，又說及儲安平實孝通們辦的觀察雜誌。酒過三巡之後，楊便着手泡一壺上好的潮州茶給大家喝。楊的泡茶技術令人大開眼界，嘆爲觀止。於是，大家便很自然地從喝茶的藝術談到中國的風俗習慣來了。

包首先提及，某一個朋友曾經建議，中秋節時設計一些賀咭寄贈給朋友，他覺得這是饒有意思的事。楊說外國的鷄尾酒會，總是有規有矩，而中國的大小宴會，都是亂七八糟。胡菊人也深有同感，他說最怕參加那些什麼婚宴，因爲這些婚宴似乎除了飲食和打麻將以外，就沒有別的了。還有葬禮，一忽兒到教堂，一忽兒又打齋唸佛，令人莫名其妙。大家就這樣談下去，愈談得起勁，這些亂七八糟的現象發掘得愈多，也就愈發顯得問題的嚴重性了。

腦筋靈活的包立刻建議，由盤古來從事一些中國禮俗以至其他中國式生活方式的創新，大家都一致附和。於是便談到如何開一個茶會，如何過一個新年，然而商量起來都是百無頭緒。坐在一旁的我說，這些創新最好不要成爲知識分子的玩意，一定要深入民間，所以還是從長計議吧。於是大家便決定找多一些朋友，好好地設計一番。

（二）

召集了十多個人，有畫家、記者、教師、醫生、大學生等。烏合之衆，談起問題來，散漫無章，談了半天，也還沒有一個重心。但是，大家的情緒都是十分興奮。有人認爲乞巧節是中國的情人節，應該加以發揚。有人認爲盂蘭節也很值得討論，譬如設計一些鬼面具，舉辦一個晚會等。此外又談到婚宴、葬禮、新年、茶會、座談會等等。

後來大家開始注意到這個中國「生活方式創新運動」的本質和意義，與

1968 年愛華居之「盤古華年」。（載 1968 年《盤古》第 11 期）

想關於《大學生活》後期的情況，問黃維波會較清楚，因為張文祥已經不在香港，找不到他了。

盧　先談一下「創建」吧。

古　「創建」的事，王子（黃子程）也清楚，他主力在那兒。我當時的理解是，「友聯」在九龍塘有兩個物業，一是友聯研究所，有很多資料……

黃　在書院道。

古　另一個物業就在多實街，《周報》的活動部結束後，編輯部便搬到多實街一段時期，後來才搬到利森工業大廈。《周報》編輯部搬到「利森」之後，因為碰上「文革」，香港樓市下跌，「友聯」的物業便暫時不出售。那時包錯石剛剛由美國回來，提出自由大學的概念。

所謂自由大學，即是民間的、非官方的、非商業性的、反建制的大學，為市民提供一個業餘進修、自由學術的開放場地。那時「友聯」的物業是不錯的，地方頗大，有兩棟樓，前樓和後樓，是兩層高的建築物。當時領導的是林悅恆先生，他是「友聯」的代表，重要人物有胡菊人、鍾華楠、文樓等，戴天當時在美國，「創建」籌備的時候在美國，後來才回來。那地方本來是住宅，所以需要改裝，由鍾華楠領導一些學生動手，廳和房改成了課室和辦公的地方。實際怎樣報名、交學費、是不是需要交學費，我記不清楚了。記得導師全都是義務的，起碼「詩作坊」是（「詩作坊」的導師是戴天和古兆申），負責美術的是文樓，負責哲學、文學的是胡菊人和李天命，他們好像都是義務的。就是收學費，數目也很少，很多課程也不收，例如「詩作坊」便不收學費。是不是需要註冊費我也不知道，當時負責行政的是黃維波和包錯石。

盧　包錯石負責行政嗎？

古　他住在那兒，長駐在那兒的。

黃　他差不多是校長或教務主任之類的角色。

古　你好像也是住在那裏的？

黃　是，我的身份是校工嘛，哈！那時我還在唸書，與其另外租地方，不如住在那兒，那裡不錯呀！本來是阿波住的，林悅恆說，你這樣辛苦，不如就住在這裏吧！那時我還有薪水的，每月七十元，多好！關永圻和劉天賜都住在我那裏，那七十元都給他們買啤酒花光了，李國威常常白吃白喝，哈哈！

大學時期的黃維波。（古兆申提供）

左起：杜秉琪、羅卡、友人、古兆申、黃韶生、吳振明。（古兆申提供）

古 當時辦學的理念源自美國新左派提倡的自由大學，是反建制、非傳統、自由、開放的精神，重點是承接新文化運動的餘緒，希望為本港青年提供多一些認識自己傳統文化和新文化的機會，課程主要是文科和美術。

黃 當時楊頌良做甚麼呢？他好像專搞生活享受、茶道那些東西的。

古 為甚麼結束，我想這要問林悅恆才知道。全盛時期開的課，文學有「詩作坊」，哲學有李天命和胡菊人開存在主義，還有李天命講語意學、邏輯學，美術則有文樓的工作坊，教油畫、雕塑。剛才說的都是常開的課程，「詩作坊」每星期上課一次，其他課程怎樣我不太清楚，但在週末、星期六、星期日則有共同聚會，例如「大影會」，那是「創建」的一部份，「大影會」的電影放映會、電影創作攝製活動等，都是在「創建」時期較活躍。一些著名的影評人以及導演，都參加過「大影會」的活動，金炳興、石琪、吳宇森等等，部份成員也興起一陣拍攝實驗電影的風氣。我們當時所謂的實驗電影，其實是業餘電影製作，「實驗」這個說法是誇大其詞了，但當時我們是這樣說的，其實是用超八攝錄機，嘗試製作的非專業電影。這些電影的拍攝場地都在「創建」，你看到那些場景都是「創建」的，羅卡製作的一些電影都是在「創建」拍攝的。關永圻是主要演員，他常常是這些自主超八電影的主角。因為關永圻的臉形較修長，他們認為他有一張「上鏡臉孔」，特別在小銀幕上。

盧 石琪好像也演過？

古 是吳宇森演過石琪的電影。[7]

黃 我在石琪的超八電影裏也出過鏡！

古 西西也拍過，金炳興有沒有拍……我忘記了。

黃 趙德克也拍過。

古 早年香港用超八手提攝影機拍的自主電影便從那時開始，**林年同**拍了一段全無影像、全無菲林的，是觀念上的電影吧！在「大影會」放映的時候令人嘩然，他用放映機打光出來，完全沒任何東西的。林年同是很喜歡電影理論的人，他從電影理論出發，覺得有光有影也是一種電影方式，即使沒有菲林……

黃 很前衛。

古　從觀念上來看是真有實驗意義的。「大影會」除了放映活動外，它的電影製作也頗重要，因為它令年輕人覺得他們也可以拍電影。電影製作是大型工業，幾乎是壟斷性的，香港的國語片主要由兩大電影公司製作，後來的粵語電影，邵氏公司便打敗了其他對手。早期「長鳳新」（長城、鳳凰、新聯三間電影公司合稱）的左翼電影可以跟商業電影作旗鼓相當的較量，但到了「文革」時期，左翼電影便開始式微，包括粵語電影。

因為《周報》在影評版介紹各種新電影理論，還有一個由外國人發起的電影放映團體 Studio One 第一映室成立，那時是一九六〇年代初，我唸大學一年級的時候，他們經常在大會堂劇院放映電影，差不多每個月兩次，放映很多歐陸、日本的影片。那些是新浪潮、意大利新寫實主義的電影，現在來說已經是經典了。那些影片有部份曾經公映，有些則沒有，例如小津安二郎的電影，我第一齣看的小津電影就是在 Studio One 看的，還有黑澤明、溝口健二的電影，我也是在 Studio One 看的。Studio One 放映的電影對香港知識界在觀念和經驗上的衝擊很大，因為我們以前看到的電影主要是荷里活電影和本地的國語片。當卡叔主編《周報》電影版時，我們看到這些歐陸、日本的優秀電影便反映到電影版上。為了配合推介這些電影，《周報》電影版便以深入淺出的方式介紹一些新派的電影理論，或者在影評中融入這些觀念，《大學生活》也有稍為深入的文章。我們這些影癡、影評人的座談內容也在《大學生活》發表，因為《大學生活》可以容納較長

林年同

筆名林國威。就讀新亞書院期間在《大學生活》、《中國學生周報》等刊物發表文章。一九七二年遠赴意大利修讀西洋藝術史，一九七七年返港後在香港浸會學院任教。一九七九年與友人創辦《八方文藝叢刊》，任編輯委員。一九八三年籌辦香港中國電影學會，積極推動中國電影之欣賞及研究，著作包括《鏡遊》、《中國電影美學》、《林年同論文集》等。一九九〇年在港病逝。

的篇幅。《大學生活》的電影活動後來發展成「大影會」（「大學生活電影會」），「大影會」在「創建」有更大的活動場地、更大的發展，特別是自主電影攝製方面，在那裡比較活躍。一般來說，週末除了有關於電影的活動，還有民歌聚唱、新詩朗誦等活動，過年過節，例如紀念五四和除夕，則有一些綜合晚會之類的活動。

盧 這些活動是誰搞的？

古 好像是楊頌良？

黃 楊頌良主要是活動組，康樂活動，例如茶座、文化性一點的、燒烤、「嘆世界」的活動就是他搞的。

古 除夕那些活動呢？

黃 也是他搞，但我們有些幹事幫忙，當時《周報》的通訊部還未完全解體，有時也會幫忙。

古 當時已經解體了，但一些舊人，例如張文祥等人還是會回來幫忙，那時應該在多實街已經兩年了。

黃 其實阿包（包錯石）對搞活動是有很多想法的，又要人彈結他，又要人唱民歌。

古 當時有很多一九五〇年代以後的通俗革命歌曲、民歌，我們都唱的，但修改了其中部份歌詞。

後排左起：石琪、黃子程、舒明、汪海珊、羅卡、古兆申，前排從完整人物左起：陸離、林悅恆、小思、關永圻，攝於2014年。

黃 是，《南泥灣》、《我的祖國》……

古 有大量經過一九五〇年代以後音樂家整理的民歌，意識形態不那麼強的，我們也唱。

盧 當時包錯石自己……

古 他也作曲。

盧 他作了曲，然後配上詩詞……

古 有些詞是新撰寫的，胡菊人也寫了一些。另外也有一些關於政治社會問題的座談會，每星期都有。

盧 當時已經是「文革」顛峰的時候，你們這些座談會討論的問題……

古 有時也很尖銳的……

盧 那不是跟「友聯」背道而馳嗎？

古 不一定，因為那時還沒有發生保釣運動，大的左傾潮流還沒出現。較左傾的主要人物其實是從外國回來的，包錯石是其中之一，還有一位是從德國回來的，這人只出現過一、兩次，可能回德國了，他的思想也是比較左的。因為「文革」對歐洲的學生運動有很大影響，歐洲有很多毛派，一九七一年我經過法國、德國和意大利，在書店看到很多「紅書仔」。

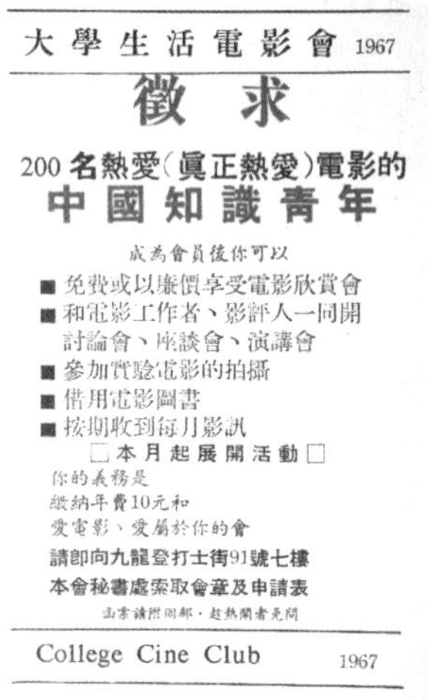

1967 年，「大影會」招收「真正熱愛電影的中國知識青年」會員。

黃 古仔，能不能這樣說：當歐洲留學生的左傾浪潮還沒有在香港發生大影響時，包錯石就在那段日子出現，一群對當時大陸的政治思想有一些看法的知識份子，在阿包的衝擊下有很多新的看法，他們叫新左派，其實源自一篇文章的題目：〈從匪情到國情〉。8

古 那題目的意思是，不應把幾億人民當做「匪」。

黃 這是令戴天和胡菊人無言以對的，覺得這個觀點很有意思，你怎能把所有中國同胞當做「匪」呢？

古 然後還把整個中國大陸當做「匪區」。

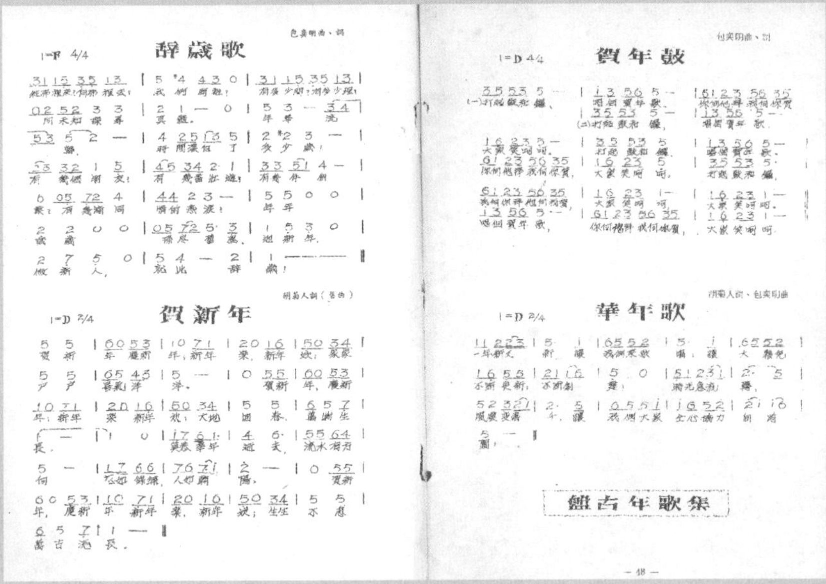

「盤古年歌集」，包奕明、胡菊人寫詞。（1968 年《盤古》11 期）

包錯石，攝於2013年。

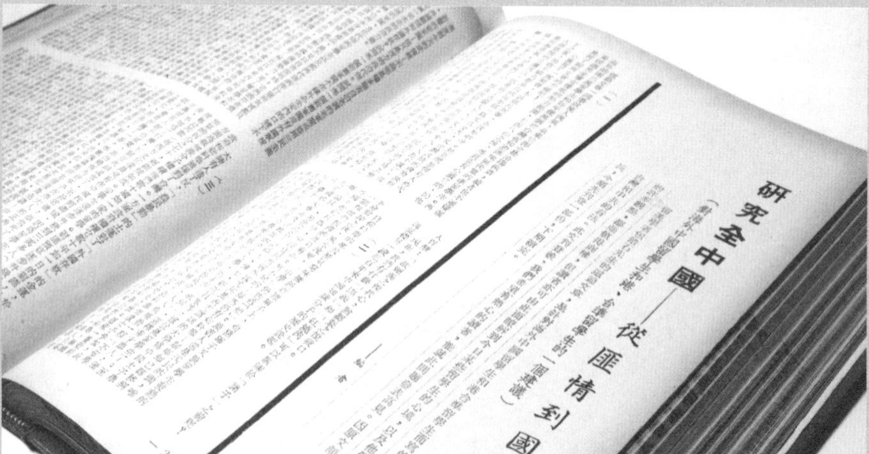

包錯石〈研究全中國 —— 從匪情到國情〉。（1967 年《盤古》第 8 及第 9 期）

黃 為甚麼研究中國是研究「匪情」呢？該是研究「國情」，不是「匪情」。你可以不贊成這個政權，但不能把它稱作「匪」、「匪區」、「匪情」。

古 如果有這樣先入為主的觀念，你的研究就帶有偏見了。他主要是提出這意見。

黃 其中感受最深的要算是老戴了，他覺得這是對的，怎能用「匪情」形容大陸的情況呢？他因此特別欣賞阿包。阿包是很細緻地，或者我們可以用「滲透」這個詞，慢慢、逐步令一群有基本態度、基本原則、這麼多年來在「友聯」、美國新聞處工作的朋友突然有另一種眼光看事物。

古 我覺得不適宜用「滲透」這個詞，因為第一，阿包背後沒有政治組織；第二，他的動機很單純，那純粹是他自己對政治的觀察和他個人生命的經歷，從而對中國問題的反省，這在當時來說是相當反潮流的。

黃 我這「滲透」的意思純粹是物理學名詞，不是政治上的含意。

古 這容易導致誤解嘛。他的出發點比較單純，純粹是文人式、知識份子式的、個人的一種觀察，這也是我們《盤古》同人、《周報》的人和參與這些活動的人能接受他的原因，因為這是他作為一個「人」而提出自己不同的觀點。

黃 對，這是很可以證明的，因為後來他的夢幻破滅以後，他整個人完全垮掉，他背後一點支持也沒有，單槍匹馬。

古 到了最後，他心境是很悲涼的，雖然他的使命感很強，這是後話了。他是林悅恆在「台大」（國立台灣大學）的同學，他們同是殷海光的弟子，引進阿包思想的其實是林悅恆，《盤古》是第一份發表他的文章的雜誌。他的魅力不只吸引了戴天，主要是吸引了胡菊人和文樓。戴天倒是很冷靜的人，對任何事情都有保留，當然他也同意阿包某些觀點，胡菊人則較激情，文樓便更是感性。當時《盤古》內部比較受影響的、跟阿包較談得來的是林悅恆，早期是胡菊人、文樓，後來是阿波……

黃 你呢？你說著說著，好像自己不在其中、從上面俯視一樣，哈哈！

古 其實我不是很受阿包的影響。

黃 我覺得你也……

古 阿包來《盤古》時，我還是右派，最抗拒他的政治言論，但我跟他的交情不錯，作為個人的私交不錯，但在政治觀點上，他影響我不太大，對他的看法跟我個人的背景、整個心路歷程有關。

黃 阿波受影響比較多……

古 我的左傾完全是因為保釣運動。

盧 所以你們從不同方向接收到他的訊息，我則是感性的接收。我看著他彈結他，唱宋詞唐詩，是他自己作的曲，聽他講自己在台灣獄中所受的苦楚，叫我看他那些被「穿手指」的戰績……我作為典型的香港學生，從沒接觸過這樣的人物，的確是有開竅的感覺。

古 也是震懾吧！吳平對阿包簡直是著迷了，他的一篇散文可以呈現出來。[9] 寫得稍為隱晦，沒點明，但熟悉的朋友一看就知道他是寫阿包。

盧 幾年前阿包曾經打電話約我見面，那時他已經全心投入買古董。

古 這要說一些後話。一九九〇年代，我辭了《漢聲》的工作，轉到香港中華文化促進中心任職。那時我辦了幾個展覽，其中一個是道家文化展覽，那本來

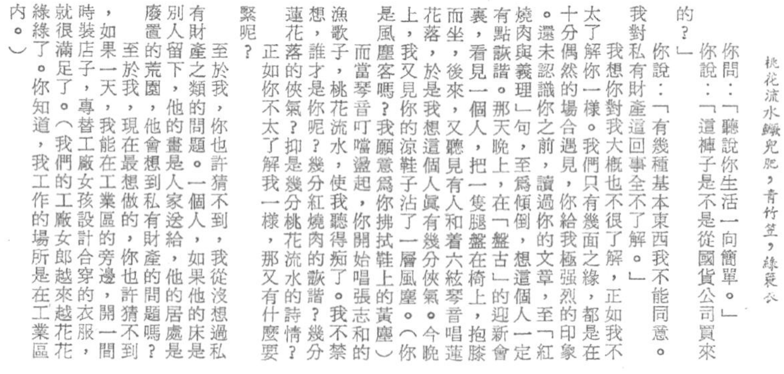
四人專欄

阿蒙

言志

桃花流水鱖魚肥，青竹笠，綠蓑衣

你問：「聽說你生活一向簡單。」

你說：「這褲子是不是從國貨公司買來的？」

你說：「有幾種基本東西我不能同意。我對私有財產這回事全不了解。」

我想你對我大概也不很了解，正如我不太了解你一樣。我們只有幾面之緣，都是在十分偶然的場合遇見，你給我極强烈的印象。還未認識你之前，讀過你的文章，至「紅燒肉與義理」句，至爲傾倒，想這個人一定有點詼諧。那天晚上，在「盤古」的迎新會裏，看見一個人，把一隻腿盤在椅上，抱膝而坐，後來，又聽見有人和着六絃琴音唱蓮花落，於是我想這個人眞有幾分俠氣。今晚上，我又見你的涼鞋子沾了一層風塵。（你是風塵客嗎？我願意爲你拂拭鞋上的黃塵）

而當琴音叮噹盪起，你開始唱張志和的漁歌子，桃花流水，使我聽得痴了。我不禁想，誰才是你呢？幾分紅燒肉的詼諧？幾分蓮花落的俠氣？抑是幾分桃花流水的詩情？

正如你不太了解我一樣，那又有什麼要緊呢？

至於我，你也許猜不到，我從沒想過私有財產之類的問題。一個人，如果他的床是別人留下，他的畫是人家送給，他的居處是廢置的荒園，他會想到私有財產的問題嗎？

至於我，現在最想做的，你也許猜不到，如果一天，我能在工業區的旁邊，開一間時裝店子，專替工廠女孩設計合穿的衣服，就很滿足了。（我們的工廠女郎越來越花花綠綠了。你知道，我工作的場所是在工業區內。）

阿蒙（吳平）〈言志〉。（1968年《中國學生周報》第839期）

是阿波搞的，後來任務轉了給我。當時得到青松觀的道教人士贊助，他們借出了很多道教的法器和文物，我撰寫了展覽文字，找了很多跟道教有關的圖片，以比較宏觀的角度來做。當時阿包來看展覽，看過以後主動找我，跟我談了兩小時。

他看見我很高興，說我仍然保持昔日的樸素，仍然在做這方面的工作。他來找我，其實主要說一件事。十多年來，他在鴨寮街之類的地攤買了很多他認為是珍貴的文物古董，想捐到內地，想通過一個正式機構做這事，他想通過「中心」（香港中華文化促進中心）處理。我跟他在電話聊了幾次，他的情緒激動，而且身體真的很差，我推薦他去看一位中醫，他去了一、兩次，但我想他後來沒繼續去了。你知道他說話很激動，一說便至少說一小時。當時他說想辦這事，我跟他說，「中心」當然可以幫他把這批東西送給內地，但當時我想說服他，這一批東西……當時已是一九九〇年代初，他可能已經對內地的情況很「隔」，我到過內地多次，看過很多內地的博物館，內地的文物多得很，隨便在街上踼到的也是文物，他們沒資源好好保護。阿包的想法是，中國的珍貴文物應該讓所有老百姓看到，所以他想把文物獻給地方博物館。我覺得這是很主觀、很脫離現實的思維，因為往往是一些小地方有很多文物出土，卻沒資源去保護，很多重要文物給偷運出口，高價賣給別人。這些情況他是完全不知道的，而且他收集的東西主要是近代的，在鴨寮街上可買來的、近現代一百年左右的文物，最遠也是明清一些不太重要的畫作，但不多，較珍貴的反而是一些中國古今交接時代的日常用品、中西合璧的那類東西。我沒有實際到他的家看過，但依他的描述，我覺得這類東西較多。我勸他，與其把這些文物交給內地，不如捐贈給香港，因為那些東西既然能在本地購得，本身便反映了這個社會、這個環境。我想說服他，也把內地博物館的情況告訴了他，每次通電話，說的都是這些。後來可能他身體太差了，沒有再跟我通電話，又或者不同意我的觀點。

盧 先說回「創建」吧，阿包好像是院長？

古 院長應該是林悅恆，阿包好像是教務長，我也不知道，其實沒甚麼正式的職稱。那時我還很年輕，屬小輩，他們叫我幫戴天開「詩作坊」，我便跟著戴天一起搞。黃子程住在那裏，應該比我清楚，可以補充一下？《周報》的活動部相較，你覺得有甚麼分別？

黃　人數不及《周報》，參加者的年紀明顯比《周報》的參加者大，有些已經在社會工作，有些教書，即使仍然在唸書的也已經唸大學。

古　有些則是職業青年，「創建」最大的貢獻是令一些正在工作的人回過頭來關心文化。

黃　其實是一種生活，「創建」最大的特色是生活化，不計較要學到甚麼，跟現在的補習、增值很不一樣。那時也根本沒有這回事，不是現在的「增值觀」，而是認識朋友，跟朋友聊天，其中有很多不同的人往來，我在那裏也認識了很多朋友，例如金炳興、梁寶珠，他們都是很特別的人。

古　梁寶珠本來好像是學畫畫的？

黃　是的，學畫畫，後來又跑去聽電影課，不知有沒有到「詩作坊」聽你的課？

古　梁寶珠沒有。金炳興來給我們講過英、美現代詩。

黃　有些人是很熱心的，像李國威，很少不到，因為這是他生活的一部份。有些則來兩、三星期，然後便不知所終，一段時間之後又出現。

古　像過客一樣。

黃　我們也不會追查為甚麼這些人不見了一段日子。

盧　你們沒記錄的嗎？

古　因為理念上反建制，所以在制度上……

黃　很寬鬆的……

古　因為「創建」不牟利，反建制、非正規形式，所以在結構上很鬆散，課程的設計也很鬆散。有一點我覺得是比較重要的，我想這也是創辦人其中一種的想法，希望香港的青年一代不論在職還是在學，都不要只為謀生、消費而生活，雖然那時的情況還沒有現在嚴重，應該在工作、上學以外關切一些東西，例如文化，一些非立竿見影、非功利的東西。這目的我覺得是達到的，那怕只是少數，但因為資源和實力問題，它能影響的人很少，但這些受影響的人後來在文化界、娛樂界都有一定建樹。例如電影界的吳宇森，他早期的電影活動就是在「創建」開始的。電視界的卡叔和受他影響的一班朋友，後來都進入了電視媒介工作。在美術界也有，例如戴海鷹，他當時不是導師，是文樓的學生，他當時雖然已經在廣州美術學院畢業，但他對西方藝術新觀念、新走向的認識，則是透過參加「創建」的繪畫活動得到的。我記得文樓是很賞識戴海鷹的，在《盤古》登過他的版畫。後來戴海鷹為了儲錢到法國而畫了一些行貨畫，現在他在法國的華人畫家裏，已是畫藝比較成熟和有自己思維的畫家。他在當年或者今天也不只關心繪畫，而是對整個中國文化、中國的國情，他都是很關切的。他偶然回港，我們談起的也不是美術、繪畫，而是廣義的文化問題。

黃 我覺得當時「創建」對本港青年，特別是職業青年一種很大的影響是，提供了一些很有文化意義的工餘活動，這種意義既是廣義的文化意義，也是狹義具體的文化意義。

黃 「創建」是有影響力的，但不大，原因是它在數量上影響不了很多人。

古 這就是資源問題了。

黃 每班的出席者有時只有五、六人，但他們一點也不介懷，古仔也好、戴天也好，他們只預備輕鬆地吹吹牛皮，沒有甚麼課程大綱要完成。大家都是吹吹牛皮，吃吃東西、喝喝茶之類，下課後一起便到大排檔吃魚蛋粉，那生活……

古 一種文化生活吧！

黃 很舒適的，沒有壓迫感或要增值之類的想法。有時忽然人多起來，金炳興突然帶兩個人來，氣氛便熱鬧起來了。有時下雨人便少了，但也自得其樂，只有六、七人，甚至只有五、六人，兩位講者，兩名學生，二人對二人，一起去吃魚蛋粉，也很有興頭的。

古 各組的學員又互相交流，例如美術組的學員下課後跟我們一起去吃魚蛋粉、聊天，這樣的情況常有。雖然「創建」影響的人數和社會人口不成正比，但不少學員後來也在這方面發展，例如鍾玲玲、李國威在新聞界、報界成了專業人士。

黃 關懷遠、關夢南也是。「創建」維持了多久？

古 在多實街兩年，後來便搬到譚公道。

黃 珠江戲院附近。搬到那裏時已經有些不同了，有些班在那裏已經沒有再開，只保留了幾種。

古 搬到那裏續辦，主要是「創建」的校友提倡……

黃 那時該叫「後創建」才對。

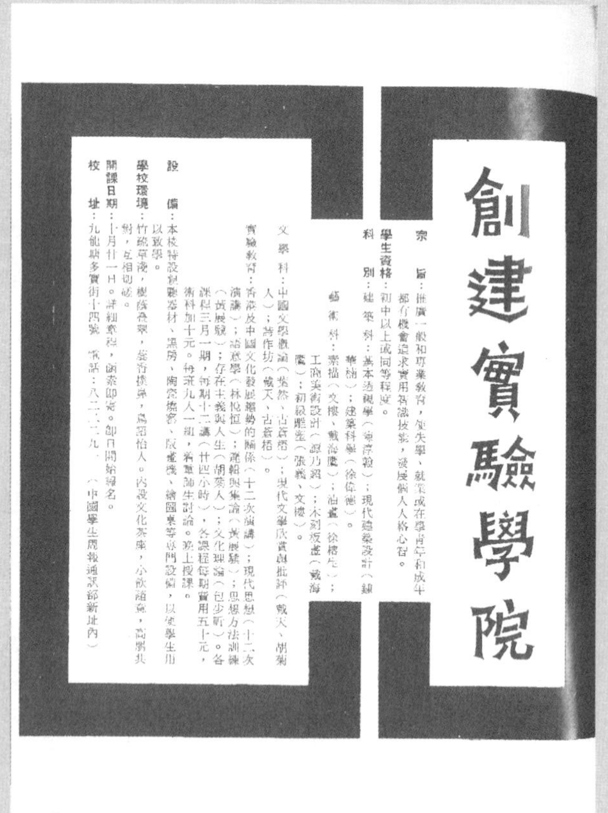

創建實驗學院招生，學院宗旨：「推廣一般和專業教育，使失學、就業或在學青年和成年都有機會追求實用知識技能，發展個人人格心智。」

古 胡菊人也很支持的，早期也曾到那裏演講，後來他們自己成立了組織，自己運作，請人來演講、搞活動。

黃 後來便主要由畢業生搞了，那時我已經是導師，不是前輩當導師了。我在文藝班當導師，講魯迅，講五四作家，他的弟弟古兆手則當總幹事。

古 是古兆手，不是古兆奉，即是我的大弟弟。他在多實街時是在文樓的美術班的，他是學畫畫的……

黃 他那時還是學生？

古 是學生，他跟何一鳴一起參加活動。其實「後創建」的主力是美術班的人。

黃 還有一些文藝和歷史班的人。文科的科目增加，但雕塑之類則沒有再辦了。

古 但最初在譚公道發起辦「後創建」的是美術班的人。我記得我弟弟搞過寫生隊，組織一些寫生活動。寫生隊維持了一段時期，甚至維持到「後創建」結束以後。

黃 「詩作坊」好像也沒有了？

古 不，還有。

黃 你在？

古 我在，李國威、關夢南都曾主持過。

黃 學生開始成了主持者，我便主持文藝講座之類。

盧 這樣維持多久了？

古 有好幾年，甚至《盤古》有一段時間沒有社址，很多時候便借他們那裏開會，一些關於當時政治形勢的座談會也是在那裏開的。

黃 還有在那裏煮飯。

古 是一種公社式的生活，但不是大陸那種，是波希米亞式的。其實在《盤古》早期社址，在戴天、胡菊人、陸離、黃維波所住的愛華居，一些熟朋友和雜誌同人、朋友常常在那裡出入、活動、過夜，譚公道的「後創建」也經常有很多好友去活動，這樣的日子有好幾年。

盧 那即是說「後創建」維持的時間比「創建」更長了？

古 是的。

黃 時間長卻不等於活動多，後期是美術組的角色最重要，因為他們的友誼最好，那很倚靠友誼維繫和生活在一起。

古 因為後期大部份導師已經沒參與。

黃 租金是大家湊的？

古 租金也是大家湊的，像《盤古》那種經營的方式和運作，沒有真正開辦課程，沒有像以往那種一系列的課程。

黃 因為有些朋友畢業以後有自己的工作，我記得我們畢業後教書便開始搞《教與學》，美術的則……

古 其實我們也同時在搞《盤古》嘛！我主要搞《盤古》，後來又搞《文學與美術》。

盧 《教與學》是較後期的事了？

黃 是啊！在我們教書、教中學以後。

古 差不多是《盤古》快要停刊的時候，黃維波那時搞《學生哥》、《新一代》。

盧 那是再晚一點的事了。

古 是的，已經是一九七〇年代後期了。

附：包奕明（包錯石）資料

（關永圻搜集提供及撰寫）

包奕明，筆名包錯石。祖籍四川，一九四九年大陸解放後隨家人赴台灣，在台灣上中學，後升讀台灣大學法學院，並經常到哲學系旁聽殷海光的課，一九五〇年代與李敖、王尚義合稱「台大」三大才子。

包奕明大學時期已思想左傾，與李敖、王尚義、陳鼓應、翁松燃等辦讀書會，畢業後因串連組黨（編者按：另一說是包奕明在服兵役時曾拉攏一些軍人，但並沒有組黨），被國民黨政府抓進監牢，拘留了兩個多月，靠他父親關係把他弄出來，出獄後去了美國留學，進入哥倫比亞大學修讀碩士課程。包奕明的父親叫包華國，國民黨CC派的大黨工。

一九六〇年代尾包奕明輾轉來了香港，他在香港的行蹤有點神秘，不願公開露面，但在文化圈中很有名氣。從一九六八年開始，他在香港一份知識份子同人刊物《盤古》發表了幾篇氣勢磅礴的文章，如〈從匪情到國情〉、由胡菊人執筆，胡菊人、林悅恆、包奕明合意的〈海外中國人的回歸與中國生活方式的重建、創建與實建〉、〈海外中國人的分裂、回歸與反獨〉等，是當時知識份子回歸運動的發起人，號召重建中國人身份，認同中國是必須走社會主義的道路，頗引起一定迴響。在接著幾年，包奕明試圖組織一群大學生領袖和活躍份子辦一份叫《生活》的雜誌，但不成功。他還幕後策動一九七〇年代初期對香港大學生及知識份子影響深遠的反越戰、中文運動、保釣運動等。另外，他也以筆名在《新晚報》發表一系列介紹西方新左派思潮的文章。

相信因為中國大陸的文化大革命結束，包奕明思想上受到衝擊，一九七〇年代中期封筆，擺脫知識份子圈子，做古董生意至今。

包奕明在港與曹仲蘭結婚，育有一女。曹仲蘭已在年前逝世。

二〇〇九年七月七日

七律

詠莊子

廿年傀儡心孔孟前，一朝虛懷老莊間。

象怯心求賢聖林，行猶素素狂彷。

鳳凰不出干甚事，雞鴨有味應多餐。

曲肱隨意讀紅樓，红癡情癡俱難堪。

遣懷

跌坐小窗觀天行，雲波翻漾我心。

此志不復循洋蹤，誰人能共隱居村林。

自然有幸得一席，民安無緣悲斯人。

數盡聖賢不可師，願得知友今此生。

五律 自由

自由若夜訓

送李鴻先生行

坐困春風此情同，回首繁華一夢空。

前境堪從鍊獄後，會猶待洋蹤難。

家國十年但途遠，奈我一室意[illegible]。

自由豈為君企，俄尔長天一歸鴻。

炳

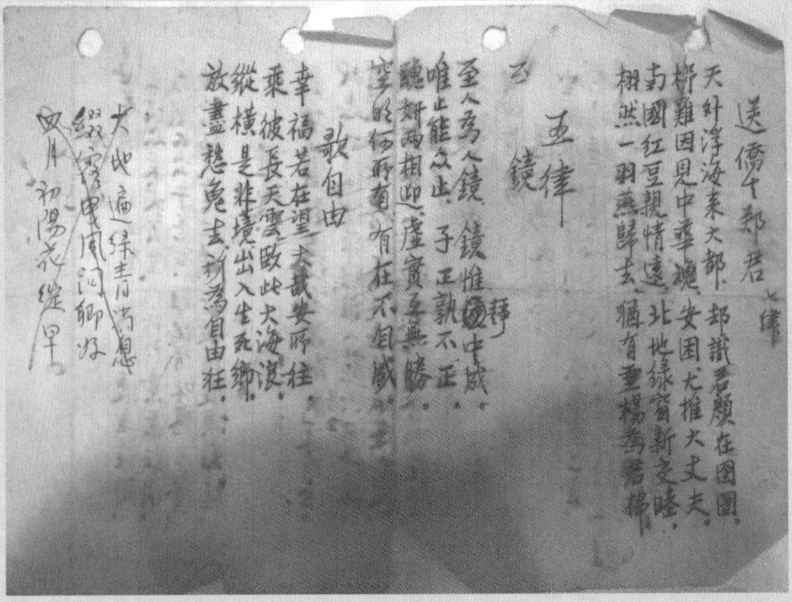

送僑〻鄭君 七律

天外浮海來大都，都識君顏在國圖。

橋難因見中華魂，安困尤推大丈夫。

南國紅豆親情遠，北地綠窗新交睦。

翻然一羽燕歸去，猶有重楊為君拂。

五律

鏡

至人為人鏡，鏡惟靜中成。

唯止能定止，子正孰不正。

聽妍兩相迎，虛實孚無勝。

空的何所有，有在不自成。

歌自由

幸福若在望，天哉要所往。

乘彼長天雲，臥此大海浪。

縱橫是非境，出入生死鄉。

放盡慧覺去，翻為自由狂。

大地遍綠青消息

綴窗風訊卿好

四月初陽花綻早

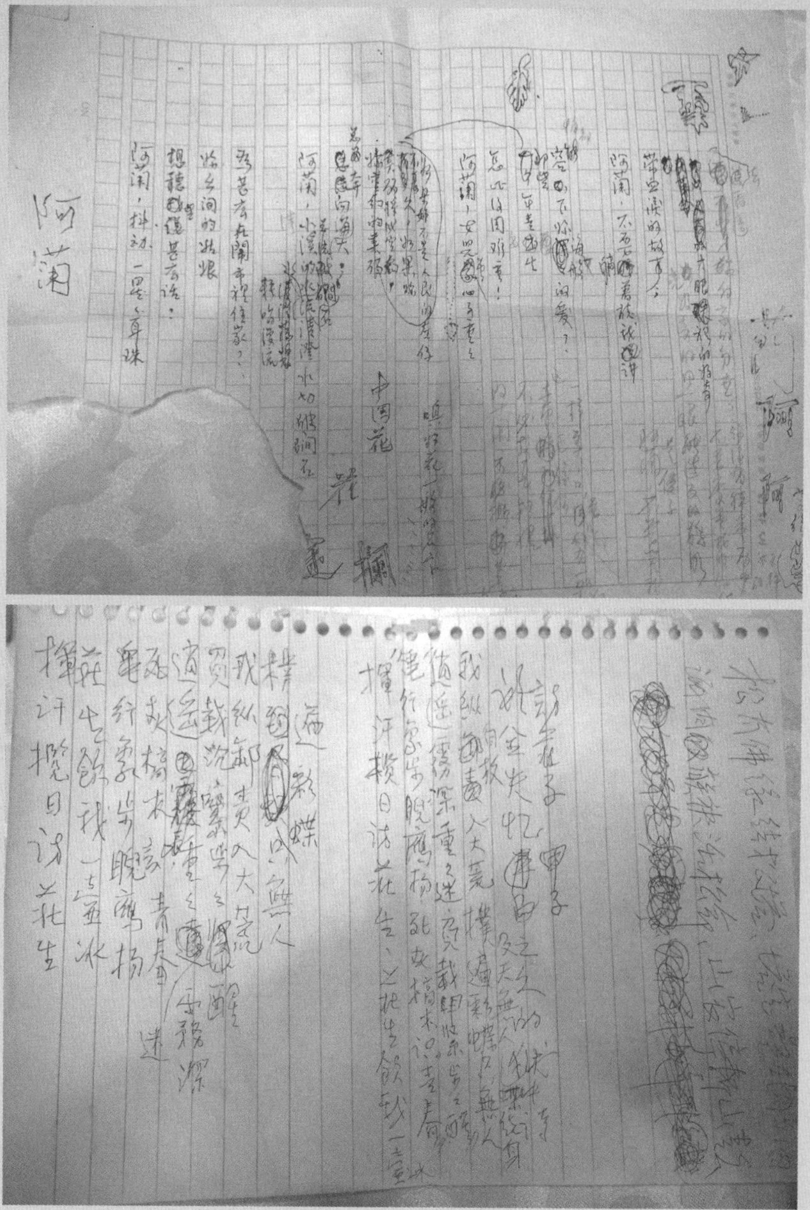

包錯石手跡。

注釋

1 據《中國學生周報》出版資料欄，該報自一九五五年五月二十七日第一四九期，至一九六四年五月一日第六一五期，登記地址為香港九龍彌敦道六六六號五樓。一九六四年五月八日第六一六期至一九六八年九月十三日第八四三期，報社社址為九龍登打士街九十一號翠園大樓七樓第四號。

2 據《中國學生周報》出版資料欄，胡菊人擔任督印人時間是一九六〇年七月一日第四一五期，至一九六三年十一月十五日第五九一期。按：一九六三年三月一日第五五四期起，出版資料中的「督印人」改稱「社長」。《周報》的督印人、社長和總編輯，有時由同一人擔任，有時並不，從版面資料無法得知，下同不贅。

3 據《中國學生周報》出版資料欄，繼胡菊人接任督印人的是戚鈞傑（一九六三年十一月二十二日第五九二期，至一九六四年五月一日第六一五期），隨後始由陳特（署名陳常則）接任督印人（一九六四年五月八日第六一六期，至一九六六年三月十一日第七一二期）。然而陳特曾在訪問中表示，他在一九六三年加入《周報》擔任社長，一九六五年七月離開赴美讀書，出版資料所記與實際情況有所出入。

4 據《中國學生周報》出版資料欄，該報「編輯部地址」一欄自一九六六年六月十日第七二五期起新增，地址為九龍九龍塘多實街十四號，至一九六七年五月十二日第七七三期開始改為九龍新蒲崗四美街二十三號利森工業大廈九樓，直至一九七四年七月二十日第一一二八期停刊。又，九龍塘多實街十四號同時為該報一九六八年九月二十日第八四四期至一九六九年十一月七日第九〇三期社址，第九〇三期後，該報只列編輯部地址，不具社址。

5 陸離於二〇〇五年七月二十九日憶述，活動能令讀者對《周報》產生歸屬感，活動部結束，報社的大廳也頓時靜了下來，雖然實際數字不可能知道，但肯定活動部結束對《周報》的讀者人數和銷數有所影響。

6 戴天、胡菊人、陸離一九六〇年代合租太子道二三〇號愛華大廈六C，並將此處命名為「愛華居」。

7 《死結》（一九六九），石琪執導，吳宇森編劇、剪接，吳宇森、曹仲蘭主演，片長十六分鐘。

8 包錯石：〈研究全中國——從匪情到國情（對海外中國留學生和港、台準留學生的一個建議）〉，《盤古》，一九六七年十月三十一日，第八期，頁二四—二八，三三；續篇刊於一九六七年十二月二十日，第九期，頁三二—三七。

9 阿蒙：〈言志〉，《中國學生周報》，一九六八年八月十六日，第八三九期。吳平二〇〇九年補充：此篇所寫的是初見包錯石的印象，及後認識較深，看法已有轉變。

陳炳藻

（一九四六——）

筆名胡沙遠、過氣企檯、夏里颸、丙早等。

原籍廣東，一九五〇年由廣州來港，葛量洪師範學院畢業後任教官立小學，一九六四年入讀香港中文大學中文系，同年小説作品〈潮的旋律〉獲《中國學生周報》第十四屆徵文青年組第三名，此後創作量日增，作品分別在《中國學生周報》、《盤古》、芷蘭文社出版的《芷蘭》季刊等刊物發表。一九六八年離港赴美留學後，創作量逐漸減少，後轉為從事學術工作，現於美國定居。著有《投影》、《就那麼一點黯紅》、《西方文論視野下的中國小説研究》等。

日期｜二〇〇二年九月二十八日

地點｜
香港中文大學

訪問者｜
盧瑋鑾、熊志琴

陳—陳炳藻　盧—盧瑋鑾　熊—熊志琴

熊　我們從陳教授的創作說起？陳教授是甚麼時候開始創作的？

陳　除了學校的作文，我應該在初中二年級時開始寫作的。我從初中一年級開始看《周報》（《中國學生周報》），初二開始寫作，第一篇寫的是笑話，寄到《周報》，看看是不是能刊登吧，結果刊登了，有點稿費，很短的一篇。

熊　當時大約十四、五歲？

陳　初中二大概是十二至十三歲吧。那時初中二年級有普通話課，老師要求同學先後說話。初學普通話時，覺得某些普通話的發音跟廣東話接近，很有趣。記得當時是說「頭髮」，結果讀成「土化」，引得哄堂大笑。當時覺得這笑話不錯嘛！於是寫下來，結果獲得刊登。

熊　那麼甚麼時候開始認真創作？

陳　在〈穗華〉版發表的第一篇作品應該是〈潮的旋律〉，[1]是比賽得獎作品。那是很有趣的經驗。初中開始我便看《周報》，到一九六四年，我已經入讀「中大」（香港中文大學）中文系，那時應該是一年級，留意到《周報》有徵文比賽。有一天我

中華民國五十四年六月十一日　中國學生周報　（第六七三期）　第六版　穗華

第十四屆徵文青年組 第三名

嘈吵聲漸漸遠去，漸漸弱，忽然四下變得如此沉寂。

還剩兩本默書簿了，這一本真好，寫得很清潔，居然一個錯字也沒有，是誰的？唔，李小玲，昨天剛來的新生，圓臉、大眼睛，拖着一雙辮子那個。

七點鐘了，志成大概來了吧。我進洗手間塗上一點點淡紫色的口紅，出來執拾一下檯面的簿冊。畢竟換了冬季時間，下樓的時候，我順手揿亮了梯燈，校門外蒼茫的暮色，在薄霧下顯得更孤寂。

「莫老師。再見。」

那聲音多軟、多嬌嫩，又是那麼孤伶伶的。

我回頭，是那個拖着辮子的李小玲，她長得那末嬌小，站在校門轉角的石墩旁，我居然不曾看見她。

「李小玲，怎麼還未回家？」

「是的，莫老師，我在等候爸爸。」

「爸爸不知道你六點半放學嗎？已經七點鐘了，他說不來！」

「爸爸未下班，下了班，他會駕車來接我的。爸爸的寫字間在中環，他說渡海小輪使他感快也不能。」

我還想再問，但志成的車已到了，他按響那討厭的喇叭催促我。

關車門的時候，我望一下小玲，她那大眼睛在黯淡的路燈下閃着。她那麼懂事，一個九歲的小女孩。

[illegible]了，我不反

姓名：陳炳藻
學校：新亞書院
年齡：二十四歲

姿勢太幼稚；不知爲甚麼，我總覺得他未算長成，雖然他比我大三年，雖然他是維持治安的警務督察。

「露芷，今天晚上肯不肯出來一趟？」他側着頭問我。

「好的，但我要先知道去那裏。」

「百樂門，神奇的魔術表演。」他高興地說。

「我希望不要太晚，媽會擔心得睡不着。」我說着，心裏想着媽媽，她又要孤單地留在家裏了。

「我們跟伯母一起去，讓她老人家散散心。」

「媽不會去的，回頭上我家吃飯吧！吃過飯，跟媽談一會再去不遲。」

我不喜歡志成叫媽媽做老人家，就是叫媽做伯母，也使我感到很特別，雖然這是他應有的禮貌。媽並不很老，她不過四十二歲，歲月不曾在她的容顏上留下甚麼的刻劃。可是，我知道媽很寂寞，因爲她太愛她的工作了。即使工作能排除心底的寂寞，人總不免需要空餘的時間吧！

媽媽經營的服裝店是相當有名的，十多年來的努力，總算站穩了，我佩服媽媽的毅力，佩服她的精明與能幹。我奇怪爸爸當年怎麼會離開她！爸爸是在我出生後兩年走的，因爲他要到外國深造，然後他一直沒有回來。媽媽知道他在那邊跟一個外國女人結了婚，知道再不能把那變了的心復原，因此在離婚書上填上了名字。

我沒有見媽哭泣過，她在我面前連眉也不會皺過；但是，我畢竟已長大了，媽笑臉後的嘆息，漸漸在我腦海盤旋。當我稍爲懂事的時候，我告訴媽說我多麼恨爸，因爲他太不負責任，太自私了。但是媽只是笑笑，叫我長大後再下結論。如今我長大了，反而沒有了結論。

不知車子甚麼時候停下，到我醒覺的時候，我發現志成迷惘地望着我，哈，我想到那裏去了？我的思想在離開現實遊蕩？

媽正在看電視等我，柔淡的燈色，使我有安詳舒適的感受。家，可愛的家，可惜好像欠點甚麼。

媽媽很贊成我跟志成交朋友，因爲志成人好，有禮貌，有份好的職業，還有一張好看的臉。

志成是我理想的對象嗎？一想到這上面，我的思潮便立刻改變方向，我不應該想的，我要陪伴媽媽多幾年。

漸漸地，天色提早入黑了，每天放學的時候，遠處的天邊，已出現了閃爍的小星，霧也加重，涼意更濃。

志成有時值夜班，不能來接我時我便改乘巴士。有時，李小玲比我走得晚些，偶然也會比我早。我漸漸開始注意她，那是因爲她在功課上有不很平均的發展，譬如國語科，她差不多是全班最好的，英文和算術科，卻又出奇地劣，再看社會科學和自然科，平均都在八十分以上，她的歌不但唱得好，而且彈得好琴，她喜歡聽故事，聽一切新奇的事物，我相信她媽媽一定很愛她，因爲她那麼聽話，那麼整潔，又很逗人愛。不知她爸爸有沒有注意到她功課上的不平衡，我應該提醒他，以免弄壞小玲的基礎。

可是，我一直未碰見過她的爸爸，他一定很忙，不好要求他來學校談話的。

這個世界的人，大都終日營營役役，忙這忙那，幾曾真正地休息過。就看媽媽吧，白天已夠她忙的，回家後還爲我燒飯；請個傭人吧，她說總不如自己燒的好，洗衣有洗衣機，洗不爽的，拿到店舖去；乾淨利落。托辭罷了，但是，我能說穿她的心意嗎？可憐的媽媽。

然後，我終於看見小玲的爸爸了。

那天，像往常一樣，我在校門等候志成來接我。

霧相當重，涼涼的，雖然披上羊毛衣，還是不自覺地抖了一下。

小玲一直在追問我「金河王」的結局，我一直在賣關子，因爲我要把這些留到故事訓練的課時再講。這時有一聲輕巧的口哨；小玲沒住問話，對我行個禮便走了。

那是一輛很漂亮的房車，大概是藍色的吧，天色實在太黑了，使我沒法看清車內的人。小玲一上車，車立刻開走了，那麼匆忙，那末急遽，我連想也未想到跟他談一談小玲的功課。

志成的時間漸漸失去彈性，這不能怪他，警務的工作是繁忙的，而且，我不能自以爲有充份權利要他來接我，朋友之交，需要的是互助和諒解，而不是互相利用。

不過，等候的確令人心煩，尤其在這蕭瑟的路旁，冷落的行人，使時間分外難過，幸而前面有一個警崗，可減去一些不必要的恐慌。

每次稍遲，志成總向我道歉，[illegible]內疚，那誠懇的心意，常使我覺得不好意思，不好意思使他趕來接我，但是他一定要。

憑良心說，我也喜歡志成，有時，我會悄悄的問自己，是否對他也有愛意？然而我沒法定下結論。我已經二十歲了，二十歲談戀愛，該可以了吧，媽也以爲我和志成在戀愛了，可是我爲什麼沒有這種感覺呢？志成是否愛我，那是無須考慮的問題，我總覺得愛情不是件簡單的事，雖然在這夢中，我曾觸摸過那模糊的影像，畢竟太飄忽了。在現實生活中，人必須接觸很多事物，處理很多繁瑣的工作，談愛，結婚、生子，不過是許多許多事情中的一兩件而已，因此我把這些看得很平淡，至於以後是否會有不同的觀點，就更不用多費心思去想它。（下期續）

小啟：因篇幅關係，本期先發表青年組第三名的作品「潮的旋律」，第二名的作品「在窗門外」則改在六七六期發表。

——編者——

陳炳藻〈潮的旋律〉。（1965 年《中國學生周報》第日第 673—675 期）

正在彌敦道等巴士，腦海想起徵文比賽這件事，巴士到來時便想到題材了！那時看到一位女教師模樣的，和一個小孩從巴士上走下來，不像母女，倒似是老師帶著學生去圖書館或旅行般，突然靈感來到便有題材了！我一直也想寫一些與教學有關的文章，自己又正在教書，那時我在唸大學一年級，又在一間官立小學下午校教書。當時家境頗窮，四兄弟一個房間，房間只有這裏三分之二大小，弟妹都已經睡了，自己做妥功課、改畢作業，便開始寫這篇小說。好像寫了兩星期，沒有想過會否得獎，只是抱著嘗試的心態，結果僥倖得獎。這便是我第一篇在〈穗華〉版發表的作品。

熊　那時候一面讀書，一面教書？

陳　是的，我中學畢業後在葛量洪師範進修，然後在小學教書，一九六四年「中大」成立後入讀「中大」。對於寫作我一直很有興趣，那次得獎是很大的鼓勵，以前好像還寫過一、兩首新詩，都在《周報》發表。

盧　都是用「陳炳藻」這名字嗎？

陳　可能不是的。那時很害羞，怕用真名，但已經忘記用甚麼名字發表了，當時年紀太小，那篇笑話用甚麼名字發表也忘了。

熊　也不是用真名？

陳　也不是真名，怕同學見到不好意思。我教書已經很多年了，但以前沒有人可以想像我從事教學工作，因為我很害羞，沉默寡言的，後來才改變……如果說真正嚴肅構思的作品，〈潮的旋律〉可算是第一篇。一九六八年我離開香港去美國，一九六八年之前的作品，都在《周報》版發表。當時只有一個園地，很可憐呢！

熊　那時候為甚麼會對《周報》特別有興趣？

陳　小學六年級以前不知道有《周報》，我家是從廣州來港的，我在廣州讀完四年級才來，一九五〇……

盧　即廣州剛剛「解放」不久？

陳　是的，因為父親過去背景的關係，我們就住在元朗的鄉下地方，現在回想童年覺得有許多陰影。因為從城市來到鄉村這樣荒僻的地方，感覺很不習慣，不過很快也適應了。當時沒有聽過《周報》，直到中學，高年級同學請我們訂閱，那時才知道有這份雜誌，一看便很喜歡，逢星期五都在等《周報》出版，訂閱的同學都手執一份，所有版面都看。後來也知道有《青年樂園》，但總對《周報》有所偏愛，而且自己寫作不多，不想四處投稿。

熊 〈潮的旋律〉得了獎，可記得有甚麼獎品或獎座？

陳 好像得到港幣一百五十元。當時有一件趣事，得獎名單公佈後，有一篇得獎作品名為〈梁大貴〉，刊登出來後被指是抄襲的，[2] 編輯吳平便擔心起來，因為他們從不知道我是誰的啊！幾經辛苦找到我，來信約我見面傾談，說最好也帶一些作品來，但我真的是沒有作品了，結果帶了兩篇……那時莫可非先生是我們一年級的中文老師，我只有兩篇作文帶去。談過後，我想他也不太放心，怕我也是抄襲的，不知道是否這樣的原因，所以先刊登我的作品，然後才刊登其他人的。這件事我印象頗深刻。[3]

熊 我們知道《周報》辦過很多活動，通訊員、興趣小組等等，您有參加嗎？

陳 應該沒有，記得只參加過一次活動，就是參觀片場。在活動中認識許多在《周報》的作者，那是第一次見面，如綠騎士、羅卡、石琪，不是文藝版的也有好幾位。那時我當教師，星期六是「長短週」，所以星期六下午的「新亞」（新亞書院）課程都非選不可，不像現在的老師那麼幸福，有甚麼 mixed mode 混合制，可以在晚上上課，那時我只是偷偷地讀書，偷偷地上課。

熊 也沒有時間參與編務了？

陳 絕對沒有時間。

熊 除了剛才提及的吳平先生，還有沒有其他編輯或負責人跟您聯絡過，您對他們有甚麼印象呢？

陳 沒有，編輯只見過吳平先生一面，但也不熟絡。後來我們創辦《盤古》，認識戴天先生、胡菊人先生、陸離小姐，那時他們一起住在太子道，[4] 我們常在那裏開會。又認識了林悅恆先生、文樓先生。當時「中大」同屆的有岑逸飛、黃維波、李天命，我們一群都是《盤古》的成員。

盧 可否談談當時創辦《盤古》的過程？當時的工作重點是甚麼？

陳 當時想辦一本綜合雜誌，但後來變得偏重社會觀察和評論，因為主要是胡菊人先生在這方面是很活躍。我們多次開會，決定以綜合雜誌形式出版，但結果出來，社會評論多於文學。寫小說的只有我，戴天先生寫詩，黃維波、胡菊人都是寫社評的。我參與開會的時間較少，因為我要讀書，又要教書。《盤古》何時結束我也不太清楚，因為後來我已經離開了香港。《周報》何時結束，我不清楚，也不想知道，因為想到《周報》結束，心裏就好像少了一個親人，不願意想起。

當時的觀察是，我們一群人對文學都是很「純情」的，沒有世俗財物等引誘而從事文學創作和討論。當時最不懂說話的應該是我了，聚會好像舌戰群儒般，我只在聽而已，他們的言論、思想對我有很大的啟發。對我來說是這樣，若當時年輕人在場的話，都會感到那些人都是值得追隨學習的對象。

《盤古》的版面範疇比《周報》更加集中，《盤古》沒照顧到一些年輕讀者，例如《周報》〈種籽〉、〈新苗〉的讀者可能不會看《盤古》。因為《盤古》對他們來說，在程度與思想深度上有困難，但對大專生和已經在社會工作的知識份子而言，《盤古》會是一本值得懷念的雜誌。

熊 《周報》曾經接受美金的資助，因此被認為與「美援文化」有關係，但從投稿者或讀者的角度來看，可會覺得《周報》有政治性？

陳 我想因人而異吧。對我來說，一點都不覺有影響，一則家裏不許談政治，二則社會上結交的朋友也沒有談政治的。當然，若當時與胡菊人先生他們多點聚會或者會受到感染，但我與他接觸的機會不多。我是很中立的，如果說「美援文化」對《周報》有甚麼壞的影響，我不覺得，也沒有引起我對左右兩方面的戒心。我專注地從事文藝工作，作品題材只是暴露社會的不公平，但每一篇都不涉及政治，我的小說沒有談政治的思想。

現在回想，我對「美援文化」一點印象都沒有。好像是一九八八年，黃維樑教授主辦香港文學會議，[5] 我回來演講，當時與我同一小組的有盧因先生，也是當時才認識的。他原來是《周報》的前輩，當時大家住在同一間宿舍，很談得來。他的文章談「美援文化」、「綠色文化」（指「綠背文化」），他宣讀完畢後，我幼稚的對他說，我好像沒有聽過「美援文化」、「綠色文化」呢！我當時用普通話問，盧先生不懂普通話，當時梁錫華教授也說他沒聽過。後來，盧因先生給我解釋何謂

「美援文化」，但之前沒有甚麼印象。

熊 剛才提到家裏不許談政治，陳教授可否談談家庭背景？

陳 沒問題。我們是一九五〇年由廣州來到香港的，父親是國民黨時代的政客。他走遍大江南北，他的顯赫時代在我成長時候已經過去，所以我感覺不到甚麼。不過家裏是不談政治的，每次說起便不許談。但父親常常看報紙，剪下許多政治新聞，貼在簿上，我們常趁他下樓便偷看，知道那些都是與政治有關的新聞。

父親很鼓勵我寫作，他自己差不多每天都寫一首詩，寫律詩絕詩。我們住在村屋，不太隔聲，我們在下層做功課時就聽到他在上層唸詩。他又很關心我們的作文，我們的作文、週記，他都會看。那時不知道他為甚麼會看，現在回想可能是他怕我們亂說話！他必定看，文句方面也有提意見，這令我對中文產生興趣。

熊 一九六〇年代與《周報》同時出現的還有《青年樂園》，您當時有沒有看這份雜誌呢？

陳 有的，但不是每星期都看。以前也想過比較兩份雜

1988年12月5—8日香港文學國際研討會，左起：柯振中、盧因、陳炳藻、盧瑋鑾。（盧瑋鑾提供）

誌，我覺得《青年樂園》比較……我看過《青年樂園》的文藝版後便想，我還是投到〈穗華〉了。

熊 當時覺得《青年樂園》有政治性嗎？

陳 有的，我覺得《青年樂園》的政治性頗濃厚。忘了是哪一版，它必然談到……那時候稱為「左傾」。他們的左傾思想很明顯，我們家裏不許談左傾，所以《青年樂園》就是買了也不敢帶回家看。還有就是日本製的東西也不敢帶回家。有一次，同學送我一個很漂亮的月曆，是日本製的，帶回家後，給父親罵了一整天，以後便知道不可帶日本製的東西回家。上一代的思想，長大了當然明白，但以前不明白。

熊 現在回看一九六〇年代「左右對壘」的情況很尖銳，當時身在其中，是否感受到這種社會氣氛？

陳 當時作為知識青年，在成長與讀大學的過程中，感受到殖民地主義的壓力所帶來的窒息感，比中國人對中國人的壓力還要大。特別在香港，左傾或右傾的衝突沒有令我想哭，但殖民地的壓力、殖民地的教育政策，一星期卻會想好幾次，至於中國大陸政府對香港青年的壓力，至少我當時感覺並不重。直到一九六七年天星碼頭事件，遊行的時候，才感覺左翼份子的政治思想已深入香港。當時引起了不便，甚至悲劇，自己不得不反思，但一九六七年前的感覺則較薄弱。

熊 陳教授《投影》裏的作品都是在《周報》刊載過的，有幾篇寫到殖民地的教育制度的看法，〈狗種〉一篇則寫到對警察的一點意見，[6] 可否多談一下當時的想法？

陳 小時候，小六、初中以至高中都不覺得殖民地思想對我們有多大的侵蝕，入大學後，甚至出來教書後，才覺得教育上很多方面都是跟著別人走，〈膿〉反映的、談的便是教育問題。[7] 當時我教小學，一星期教三十八節，要批改很多作業。香港政府常請英國教育專家來，後來又有白皮書等等。他們只來香港三、四天便寫一份教育政策出來，教師便要跟著做。三、四天知道的會有多少？先在這裏做一、兩年事再寫也不遲啊！這情況不只一次，已經好幾次了，我們跟從這些改革很辛苦，所以很反感。當時社會貪污普遍，警察橫行、收黑錢等，報紙多有報導。不幸地，我有一位青梅竹馬的朋友不知何故要坐牢，他回到元朗也不敢見我，後來他才說被抓去坐牢，是因為警察收黑錢但他沒錢，於是被冤枉而坐牢。我與他傾談後便寫成〈狗種〉。〈狗種〉的篇幅原是很長的，其中說到監獄裏對待同胞、印度人、外籍人士的不同，用小說形式來寫。吳平沒發表後半部份，問我可否暫時不發表最後那部份，先將結局改一下，然後發表。我說不要緊，所以最後發表的應該大概是原稿的三分二。

當時作為知識青年，看到社會上很多事情都感到不平，可能是因為我當時已經在大學讀書，思想較成熟，已經進入社會，不是中學生了，漸漸有所反思，所以在作品反映了一些社會現實，如〈籬邊的音樂〉寫白俄在港的生活，[8] 一般也反映了現實，或是社會的不公平吧，甚至是人生的困境。

盧　剛才提到吳平干預作品的發表情況，修改的是你還是他？原來的部份有沒有放在單行本發表？

陳　是我自己修改的，他提議後面部份暫時不發表，或者將來在其他情況下發表，提議我結尾處作點修改。其實修改很簡單，後面幾段稍為改寫一下，已經是新面目。我想他也許有點顧慮吧，我便說好啊，然後便修改了，餘下的部份後來也沒有收在單行本裏，現在已經不知道哪裏去了。那篇小說應該是一九六七、一九六八年寫的，三十多年前了，搬家多次，應該沒有了，最後看到餘下部份已是十多年前的事。

熊　除〈狗種〉外，類似這樣需要修改才發表的情況有再發生嗎？

陳　沒有，幾乎所有文字都保留了。我不知道有干預作者的情況出現，當時可能是在某種處境下有所顧

陳炳藻〈膿〉。（1967 年《盤古》第 3 期）

狗種

文：陳炳藻

圖：方三

陳炳藻〈狗種〉。（1966 年《中國學生周報》第 713 期）

慮，我沒明白說出來，他也沒有明白說出來，只是提議我修改，我便接受了。

熊 陳教授結集的作品大多寫於一九六五至一九六八年，之後您便到美國讀書，當時的想法是怎樣的？

陳 剛才說英國殖民地政府思想對我開始產生壓力，在香港發展較侷限，當時大學畢業後，可以入「中大」讀研究院，另一個可以解除窒息感覺的方法，就是離港一段時間。我幼稚的看法是，既然在港被殖民地政府壓住，被外國人統治，不如就到外國人的國家，看看會否沒有這種感覺。這很自然不想到英國，於是決定到美國。事實上自己在香港不是沒有責任，對家人有責任，對父母有責任，但覺得如果要追求比較自由的心胸，希望對將來人生有怎樣的影響，我便應該走，於是選了美國，拿了獎學金便去。最初並不打算久留，因為在官立小學教書，可以留職去進修兩、三年，然後回港在教育界服務。唸一個教育課程，回港後當校長吧，希望努力改革教育制度。唸完以後又想繼續唸博士，於是便一直唸。

離港的心情，當時也受天星碼頭事件引起的暴動影響，那時好像突然從夢中醒來般，覺得受不了，非走不可，不知道對不對，但如果留下來，必然有幾年是痛苦掙扎的，也許不夠勇氣吧，所以便走，一走了之，就是這樣決定。

熊 赴美後的創作似乎愈來愈少了？

陳 是的，我中文學校出身，到那邊要用英文唸教育覺得很辛苦，而且跌斷了手，不能寫東西。初到那邊的時候，一九七〇年初也有寫些短文，寫「驛站之後」，[9] 寫一些留學的感覺，約一星期一篇，後來功課忙便不能寫了，跌斷了手便更不能寫。痊癒

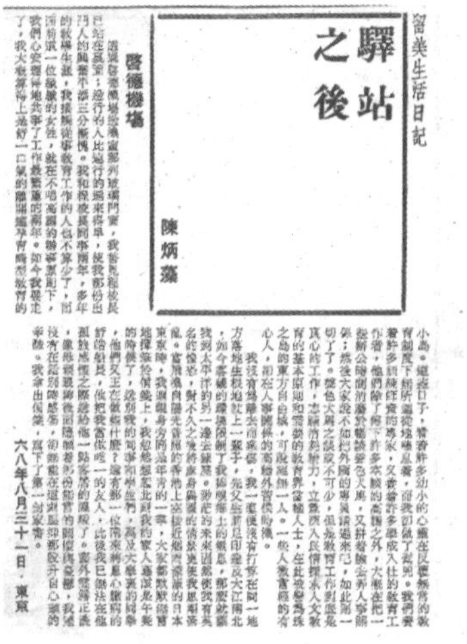
留美生活日記

驛站之後

陳炳藻

「留美生活日記 — 驛站之後」開篇。
（1970 年《中國學生周報》第 950 期）

後也寫了篇小說叫〈去夏在紐約〉，[10] 這有點模仿 Tennessee Williams（田納西·威廉斯）的題目，比較西化，像 *The last summer in New York* 般。這篇小說寄回來，吳平看到很高興，我記得他在刊登後寄給我看，看到標題旁寫著「陳炳藻傷手復元」，[11] 嚇了我一跳，很不好意思。我很感謝他一直勉勵我寫作，我跟他不是很相熟，但在文字上和他的編務上，他對我作品的看法給我有很大的鼓勵，持續的鼓勵。一九七〇年後，在美國的報紙也有發表點作品，但不是署名「陳炳藻」，當時寫短篇故事，筆名叫「胡沙遠」，是身在外地的意思。

熊 刊登在甚麼地方呢？

陳 應該是《紐約日報》或《華僑日報》，當時還沒有《世界日報》。

熊 用中文寫？

陳 用中文寫的。又寫過一、兩篇雜文，用筆名「過氣企檯」。我在美國讀書時，有兩年夏天在餐室做侍應生，美國唐人叫侍應生做「企檯」，我用「過氣企檯」發表了幾篇散文，有些是批評當時報紙的文句不通，有一篇是批評某大學的中文教授文字不通，也有一篇批評某社區發的公開信文句不通。這方面的文章數目很少，寫這些雜文是需要立即寫的，如果不寫，事件過去，氣平了便寫不來，大約幾百字，很快便完成。

熊 陳教授甚麼時候從美國回港？

陳 我一九六八年到美國，第一次真正回港工作是一九九六年。

熊 剛才說用「胡沙遠」和「過氣企檯」發表文章的時候主要是哪幾年？

陳 「胡沙遠」大約在一九七五至一九七六年用，當時我在紐約城市大學分校教書，看到一些現象所以寫下來。之後要寫博士論文，又要寫一些如胡菊人先生所說的功名文章，為了職級、工作崗位而寫的。其實也沒有功名與否，學校要求寫便寫了。到一九八五、一九八六年再寫作，幾乎是十五年後了。

熊 一九八五、一九八六年寫作署甚麼名字呢？

陳 用真名「陳炳藻」了。當時在各地也有投稿，像台灣的《聯合文學》、香港的《中報月刊》、大陸的《上海文學》、廣州的《作品》，都是小說創作。後來有台灣的出版家替我出版了《就那麼一點黯

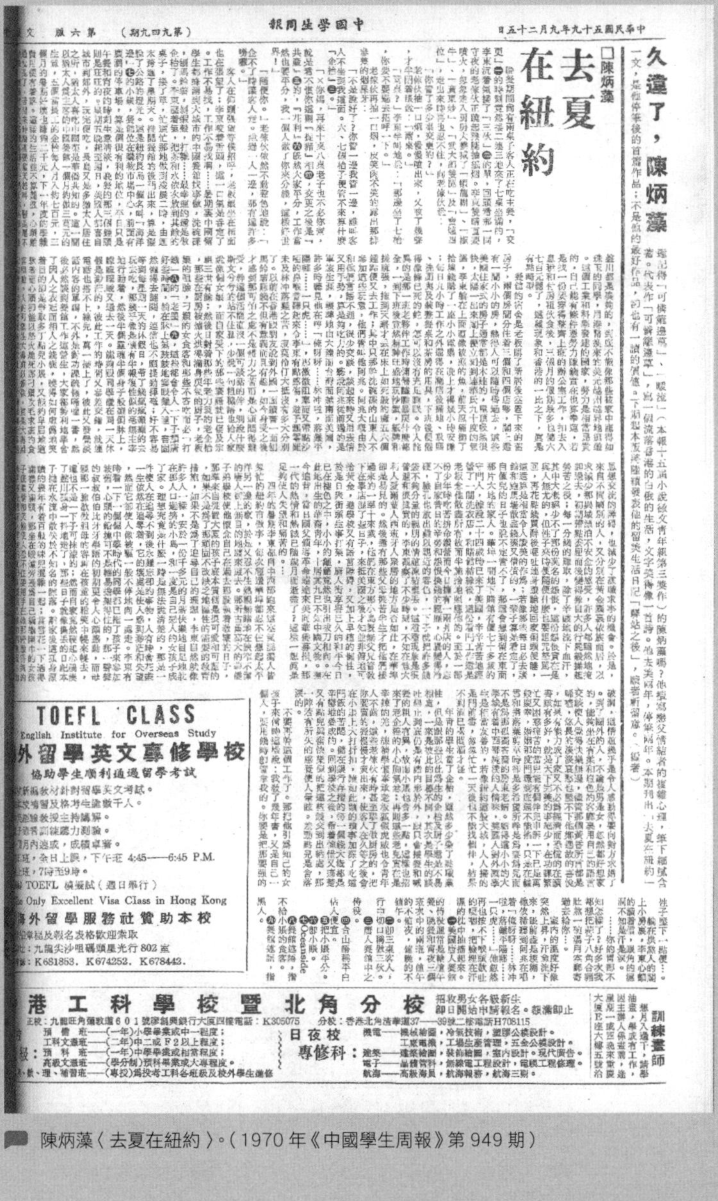
中華民國五十九年九月二十五日　中國學生周報　（第九四九期）　第六版

久違了，陳炳藻

去夏在紐約

□陳炳藻

TOEFL CLASS

English Institute for Overseas Study

海外留學英文專修學校

港工科學校暨北角分校

陳炳藻〈去夏在紐約〉。（1970 年《中國學生周報》第 949 期）

紅》，將《投影》的作品也都放了進去，新作共有大約六篇較長的小說。其中有些作品是一稿兩投的，不知道當時為甚麼有這樣的現象，在《聯合文學》、《中報月刊》、《上海文學》等都刊登過。剛才忘記了，在《周報》時期我也有過幾篇翻譯。〈穗華〉版好像是一個月有一次翻譯版，名為〈譯林〉，我當時用「夏里颸」作筆名。我有幾好篇翻譯，篇幅頗長，但都在五千字以內，中文的，刊登在〈譯林〉。〈譯林〉跟〈穗華〉是同一版的。我想你不知道那是我了，也許只有吳平知道，因為他好像是兼編〈譯林〉的。

盧　有時候也由陸離編。

陳　數量不多，只有四、五篇。我當時副修英文，教英文的幾位老師是耶魯大學畢業生，他們教散文與小說選讀，發下來的作品應該都是名著，我從中選了些自己喜歡的作品來譯，但現在已忘記了是哪些。大家比較認識的，像海明威〔Ernest Hemingway〕，我也翻譯過，卡夫卡〔Franz Kafka〕好像也有一篇……要查一查才知道了。[12]

熊　除了前面提過的翻譯和創作，陳教授有沒有寫詩與散文呢？

陳　唔，在《新亞生活》發表過，好像用「丙早」作筆名；在《大學生活》也發表過，有用「丙早」作筆

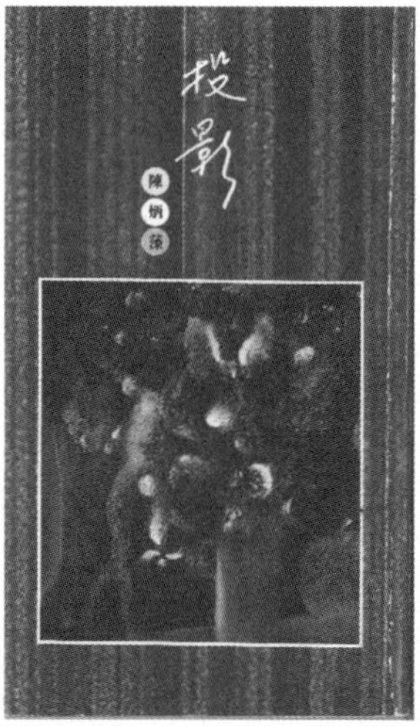

陳炳藻《投影》，1983 年香港山邊社出版。

陳炳藻《就那麼一點黯紅》，1987 年台北新地出版社出版。

名，也有用「陳炳藻」。還有，一九六〇年代文社風氣很盛行，黃維波、我、岑逸飛、牛仔，他是「聯合」（聯合書院）的……牛仔即是黃濟泓，筆名不曉得是甚麼了，我們組織了芷蘭文社，自資出版刊物，我在那裏也發表過一些小說，好像是《芷蘭》季刊，一季出版一次，因為缺錢嘛。

盧 《芷蘭》應該出版過很多期？

陳 不太多，後來欠錢太多了，印刷公司追債追得很厲害，我們便唯有決定結束。當時一群人裏面只有我一人工作賺錢，我在教書，其他人都仍然在讀大學，很難支持。

熊 在裏面用的筆名是？

陳 《芷蘭》應該是……「丙早」或「陳炳藻」，相信沒有在裏面翻譯過。在《盤古》也發表過，好像就是〈膿〉，這不是在《周報》發表的。相信也就是這麼多了。

熊 在《新亞生活》、《大學生活》、《盤古》、《芷蘭》季刊等發表作品都是赴美之前所寫的？

陳 是的，赴美後只在〈穗華〉版發表過一篇，就是〈去夏在紐約〉，還有那些「驛站之後」。

熊 那麼結集出版的只有《投影》和《就那麼一點黯紅》？

陳 是的，文學創作的就有這兩本，沒有收入集的只有一篇，在《聯合文學》或《上海文學》發表過的，那篇是〈那麼靜靜的一邊臉〉。[13] 那篇沒有收入集，因為是書出版後才寫的，之後應該沒有寫過小說了。

盧 有哪些同輩作者令您印象深刻？

陳 西西是不用說的了，我很喜歡讀她的小說。還有一位作品不多的女作家林琵琶，我看第一篇已經很喜歡，原來她與我同班的，但我在「新亞」，她在「崇基」（崇基書院）。她有一篇叫〈褪色的雲〉，我很欣賞。後來另一篇好像叫〈鬧鐘〉，寫一個常常哭的嬰孩，題目不太好，但處理手法與感情非常好。另外還有綠騎士。以前我也很喜歡看袁則難和鄭臻，他們常一起發表的，很特別，一篇文章兩人來寫。我還想過可能是一個人，但用兩個名字。我也愛看朱韻成的作品，但他寫得很少。江詩呂也是很少出現的。漪君也寫得很少，我只看到他在〈穗華〉版發表過兩篇，都很好的。也很欣賞一位在〈新苗〉版寫作的，與我同時在徵文比賽中得獎的，那是陳鈞潤。14

盧　香港在一九六〇年代是否給予了年輕文學愛好者很好的機會？

陳　很奇怪呢，那氣氛很自然的，不同人在不同地方從事文藝工作，然後不謀而合地蓬勃起來。如果要說影響，我想影響是由《周報》帶出來的，其中有幾位特別活躍的，例如胡菊人先生、陸離、羅卡等，在不同版面發揮影響，譬如陸離的文字很跳躍，很多人愛讀。當時還有亦舒也寫得很好。比較嚴肅的有胡菊人先生，說話、寫作都很有號召力。有這類比較活躍、比較外向性的人在社會上，讓年輕人看到、知道，這是很重要的事。一呼三應，三呼九應，我想那年代的文學蓬勃是互相促成的。

我們芷蘭文社較風雨文社遲出現，風雨文社好像是柯振中先生辦的。黃維波等組織「芷蘭」時，我們也表明要與「風雨」有所不同，我們這樣提到「風雨」，也即是「風雨」在我們的心中有所影響。如果其他人看到我們、提到「風雨」、「芷蘭」，然後再組織一些文社，這也是一點互相影響。當時尚未

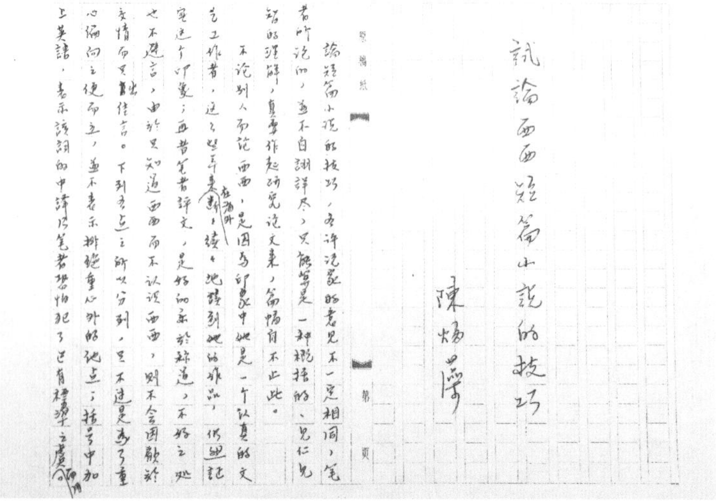

陳炳藻手跡。

正式出現政治動盪，但可能已經在醞釀，《青年樂園》也存在推動力的。另外就是，有些牽頭的人給我們作了榜樣，我雖然沒有參加《周報》的活動，但我知道他們做得很好，在青年中間辦了很多有鼓勵性的活動，對學生心靈的幫助很大。

盧　希望趁這機會請你談談，「芷蘭」是當時重要的文社，還有剛才提到風雨文社，可否談談當時年輕人組織文社的想法？

陳　我們當時要跟「風雨」不同，因為大家都是「新亞」的學生，一起選修倫理學，很多見面機會，我、李天命、黃維波、岑嘉駟（岑逸飛）等等。組織文社的動機是，《周報》未必能夠發表他們的哲學文章，於是便想到自己組織園地，要有水準的、較專業的、沒有期限性的，構想是一季出版一次，於是組織不同專業的同學，例如我讀文學，集中寫小說，李天命便屬於寫哲學倫理的，黃維波寫社會題材，岑嘉駟也是寫哲學的，後來也拉來古兆申，他是屬於文學的，多寫散文和詩，黃濟泓寫散文，但我忘記了他的筆名。我們相信由這些人組合成的芷蘭文社，應該與「風雨」及其他文社有所不同的。

當時說不定也有種驕傲感，想一炮打紅，因為「中大」剛成立不久，有代表性。我們要與《大學生活》、《新亞生活》不同，覺得這個構思很高尚，水準不壞，大家只談理想，不以生意眼來考慮。寫作題材都很嚴肅、反映社會，品味是針對大學生以上的對象，不是中學生，當然中學生能看懂也是好的，但我們主要是想在大學階層做點事。當時的構思是如此。

結果以季刊形式出版，出版過幾次，後來經濟與稿源方面都有困難。他們都很願意寫，但沒有時間，功課太忙。黃維波寫得很深，我對他說，我看不懂你的文章呢，我的程度也不太差，可否將文字寫得通俗化一點？我們是這樣討論問題的，我的小說也很願意別人給意見。我在《芷蘭》好像只有一篇小說，名為〈裏外流〉。

盧　《芷蘭》出版了多少期？

陳　我在裏面只寫過一篇小說。《芷蘭》應該是在大學二年級時籌辦的，我四年級便離開了，四年級結束前《芷蘭》便已經停辦，最多十期左右。因為最後需要付的錢是我付的，所以我知道，哈哈！那天晚上，黃濟泓打電話來說，蕭先生說要付錢了，我說好的，那上來吧。於是我準備了支票。好像從那一天開始便沒法繼續下去，因為我離開香港便沒有工作收入，沒法支持出版費，其他人也只是做兼職工作，沒法繼續。與《風雨》相比，《風雨》比較純文學，以中學程度的學生為對象，我們是以大學生為對象，也自覺有一種文人的驕傲感，要提高水準，超越中學生階段。

每次出版後我們都有檢討會，當然說自己好嘛，鼓勵自己，《盤古》也是這樣的。出版後胡菊人先生開會，問大家有甚麼意見，回應都很正面。我們自己開會，也說《芷蘭》很受外界歡迎，黃維波、李天命的文章都有人談論。好像第一期出版已經有小說刊登，但我沒有時間寫，加上我那時也在《周報》寫，很長時間才完成一篇。

盧　我今天才知道你參加過《盤古》，你參加了多久？

陳　是的。它第三期出版後我便離開了，忘記了是第幾期刊登了我〈膿〉這篇小說。出版三期也只得我一篇小說，其他內容都較重社會性。戴天有詩，文樓有版畫，梁寶耳談音樂，我覺得他的文章很有特色，也夾雜粗言穢語的。

盧　包錯石在《盤古》的時候你在裏面嗎？

陳　開始時，包錯石不是基本成員，應該是我離港以後，他才加入。對，他的文章政治性很強。我們也有不嚴肅的時候，記得有一次《盤古》開會後，大家到外面吃飯，然後回去大本營喝酒，突然有人提議到公園散步，好像是李天命提議的。那天晚上，我們突然年輕了許多，在公園裏盪鞦韆，大叫大笑，兩、三點也沒有警察干預。那個晚上很特別，印象很深，有點月色。出來社會工作許久，好像沒有一晚這般奔放。在那裏與陸離見面多了，以往在「新亞」上課時聽老師提起她，但是在那裏才認識的。

當時我的生活很緊張，七點半往農圃道上課，直到十二點半，下午一點半便要教書，一點要當值時，便要乘的士。我很崇拜徐訏先生，但他上課就不願意下課，我上他的課要坐近門口的座位，當他轉身寫黑板我便失蹤，因為已經十二點半了，我非失蹤不可。

盧　他說話的節奏很慢的呢！

陳　是的，還有他不太留意人，只看著某一方說話，我想有時他也不知道我何時失蹤的。我也沒辦法，我知道他習慣如此，但能夠上他的課是很高興的，因為我小學便讀他的書，想不到在大學能上他的課，中文系同學都爭著選他的課。

黃維波知道「芷蘭」的事比我多，因為當時我們找他當社長，他是最沒有負擔而又願意做事的人，當時大概李天命是分身不暇的，所以波仔當社長。我對黃維波也有感恩的心態，因為那時候有一門課是謝幼偉先生教的，好像是屬於倫理學的，逢星期一下午上課，但我不能上課，因為要教書。這是必修課，我很擔心，黃維波便說替我應到吧。謝先生上課一定點名，但他點名時不看人，我告假一小時上了一課，知道他是這樣。以前「新亞」課室中間有兩條大柱，黃維波在左邊應到，又到右邊替我應到，所以黃維波是我的恩人呢！

注釋

1 陳炳藻〈潮的旋律〉於《中國學生周報》分三期刊出，上篇刊於一九六五年六月十一日第六七三期，中篇刊於一九六五年六月十八日第六七四期，下篇刊於一九六五年六月二十五日第六七五期。此作後收入《投影》，香港：山邊社，一九八三年，頁一二三—一四六。

2 一九六五年五月二十八日第六七一期《中國學生周報》刊登徵文比賽青年組第一名作品〈梁大貴〉，作者署名黃柳芳。一九六五年六月四日第六七二期該報即刊登〈重要啟事〉，聲明「上期本版刊出本屆青年組徵文第一名作品『梁大貴』後，即獲多位讀者來函揭發該文係抄襲本港作家舒巷城先生所著小說『鯉魚門的霧』，現經查明屬實，除依例登報取銷該作者獲獎資格，並向原作者、讀者致歉。又第一名空缺依例由第二名補上，其他名次均按序遞升一級。」

3 陳補：「因為吳平先生不認識我，所以，在第一名被發現是抄襲後，便把我的提前發表（因為我原本為第四名，在第一名被取消後，西西的第二名改為第一，朱韻成的第三改為第二，而我的改為第三），把朱韻成的第二押後。由於這跟普通的邏輯有異，加上吳平的約見，所以我才有這樣的推想，也許是我那時多心了。」「這件事，是我的推想，先登了我的，好讓別人看到，若是抄襲時可及早揭穿。」

4 戴天、胡菊人、陸離一九六〇年代合租太子道二三〇號愛華大廈六C，並將此處命名為「愛華居」。

5 指「香港文學國際研討會」，由香港中文大學及香港三聯書店合辦，研討會舉行日期為一九八八年十二月五日至八日。

6 陳炳藻：〈狗種〉，《中國學生周報》，一九六六年三月十八日，第七一三期。此作後收入《投影》，香港：山邊社，一九八三年，頁二七—三七。

7 陳炳藻：〈膿〉，《盤古》，一九六七年五月二十二日，第三期，頁三九。此作後收入《投影》，香港：山邊社，一九八三年，頁一五—二五。

8 陳炳藻：〈籬邊的音樂〉，《中國學生周報》，一九六五年九月二十四日，第六八八期。此作後收入《投影》，香港：山邊社，一九八三年，頁四七—六〇。

9 「留美生活日記——驛站之後」屬《中國學生周報》專欄，第一篇〈啟德機場〉刊於一九七〇年十月二日第九五〇期，後因作者手傷關係，一九七一年四月九日第九七七期以後專欄暫停，至一九七一年十一月十九日一〇〇九期始復刊登。

10 陳炳藻：〈去夏在紐約〉，《中國學生周報》，一九七〇年九月二十五日，第九四九期。此作後收入《投影》，香港：山邊社，一九八三年，頁六一—七一。

11 「陳炳藻傷手復元，『驛站之後』恢復刊登」的編者話，附於一九七一年十一月十九日《中國學生周報》第一〇〇九期「驛站之後」專欄側，受訪者在訪問中提及的編按位置和時序，恐為誤記。

12 據香港中文大學圖書館館藏資料，《中國學生周報．譯林》未見署名「夏里颸」之作品，署名「夏里斯」之翻譯則有兩篇，包括（一）Harriette L. Simpson 作、夏里斯譯：〈玫瑰何價〉，一九六六年四月一日，第七一五期；（二）Alan Paton 作、夏里斯譯：〈新生者之死〉，一九六七年六月九日，第七七七期。另：署名「陳炳藻」翻譯的作品有 Luigi Pirandello 作、陳炳藻譯：〈禍〉，一九六五年十月一日，第六八九期。

又，據香港中文大學圖書館館藏資料，《中聲》載有署名「夏里颸」之〈洗夢〉，刊於一九六七年一月二十日，第四期，頁三。《中聲》另有署名「丙早」的海明威翻譯作品，（一）海明威著、丙早譯：〈貓在雨中〉，一九六七年一月二十日，第四期，頁三；（二）海明威著、丙早譯：〈煙靄〉，一九六八年九月十九日，（該期缺期數）頁六。

13 陳炳藻：〈那麼靜靜的一邊臉〉，《聯合文學》，一九八六年十二月一日，第二六期（第三卷第二期），頁四八—六二。

14 陳鈞潤：〈我的一天〉，《中國學生周報》，一九六五年五月二十八日，第六七一期。此作當時獲《中國學生周報》學生組徵文第一名。

金炳興

（一九三七——）

筆名田君、失車、落馬客等。

原籍江蘇吳縣，汕頭出生，幼年已來港生活，淪陷時期一度逃難到內地，一九四六年再次來港。中學時期開始投稿到《星島日報．學生園地》，後赴台升學，回港後與友人合組香港現代文學美術協會，一九六三年與崑南、李英豪等創辦《好望角》，同時在《中國學生周報》、《大學生活》等刊物撰寫影評，並曾參與《中國學生周報》電影版編輯工作。一九六〇年代任職《明報》新聞翻譯，其後加入國泰電影公司擔任副導演，一九六九年遠赴意大利，旁聽電影課程與觀影，一九七一年回港後加入美國新聞處擔任《今日世界》編輯，後轉職電視台及電影工作。一九九〇年移居加拿大，現於多倫多定居。曾執導電影作品《我為你狂》，著有電影評論集《丈八燈臺看電影》。

日期｜二〇〇二年十月二十五日

地點｜加拿大多倫多金宅

訪問者｜盧瑋鑾、熊志琴

金—金炳興　梁—梁寶珠〔金炳興太太〕　盧—盧瑋鑾　熊—熊志琴

〔按：訪問正式開始前，金炳興提到曾為《好望角》出版而撰寫短文，訪問順此話題開始。〕

熊　剛才金先先提到那些刊登在《星島日報》的資料是甚麼時候的？

金　有的，等會拿給你……《好望角》出版了多少期呢？大概有十多期吧。我有一部合訂本，是羅維明給我的，我本來是有的，但自從到了國外，搬家便都丟掉了。《好望角》的社址其實就是我家，《好望角》負責編務的其實只有三人：崑南、李英豪和我。我還有一本現代文學協會〔香港現代文學美術協會〕的小冊子，那本小冊子很好的，記錄了所有會員，有許多會員的照片。

金炳興與《好望角》。

熊 這協會是甚麼時候成立的？

金 在《好望角》出版之前，大概是一九六三年，協會成立之前，還有一本《新思潮》，再之前崑南又編了一本詩刊……

盧 是《詩朵》嗎？

金 對了，就是這本。如果我記憶沒錯的話，協會是在《新思潮》出版之後成立的，然後我們就和那些畫家走在一起了。那些畫家覺得自己畫了些畫沒人知道，那不如出版一本刊物〔指《好望角》〕，我們負責文藝這邊，他們負責美術那邊。我們可以介紹他們的畫，也可以介紹一些外國的畫。我們和台灣的關係很不錯，例如陳映真的〈哦！蘇姍娜〉也是在我們那兒首次發表的。[1]

熊 創刊號就有這篇作品。

金 對了對了，那時我們跟「創世紀」〔創世紀詩社〕的人挺熟稔的，英豪和他們時有聯絡，商禽、洛夫、瘂弦……還有張默。我想協會成立比《好望角》出版早一點吧，因為那是大家一起湊錢做的，如果沒有協會，哪裏有錢出版？

熊 協會也是會員一起湊錢、同人性質嗎？

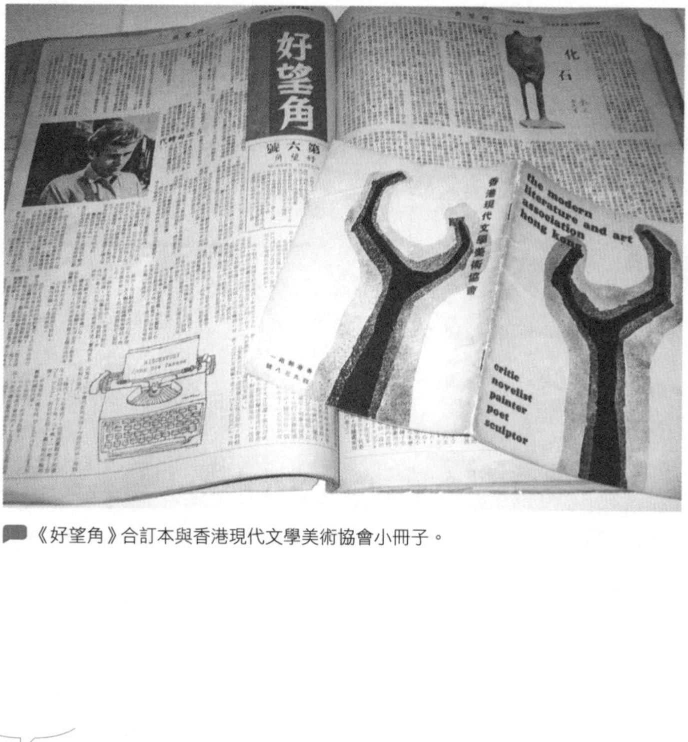

《好望角》合訂本與香港現代文學美術協會小冊子。

金　是，同人性質的，那時就是給這些事情煩得要死。我們合資出版刊物已經很多次，但總沒一次是長久的。一起湊錢，負責財政的那個最辛苦。因為會員不會自動交費，出版卻要準時，印刷廠的費用總不能賒太久，太久他們便不許你拿新印的刊物。那時還好，還可以賒數，一九六〇年代沒那麼 money-minded〔金錢掛帥〕，現在我想是不行的了。

熊　協會會員大約有多少呢？

金　十多人吧，我現在憑記憶數一下，文學那方面除了我們三人，還有盧因、戴天、羅卡、林燕妮、江靜枝，江靜枝後來去了學聲樂，另外還有黃健成。還有幾個……其中一個懂西班牙文的，但我卻忘了他的名字（金補：吳炳銓）；忘記了蔡炎培是不是會員呢？畫家方面便多了，張義、文樓、莊喆、劉國松……那些畫家都是，香港方面有現居溫哥華的林鎮輝。2

盧　王無邪呢？

金　他當然是了。他兩方面都可以的，可真厲害，既可以寫詩，又可以畫畫。還有韓志動……差不多十多二十人。還有兩位較年長的，就是

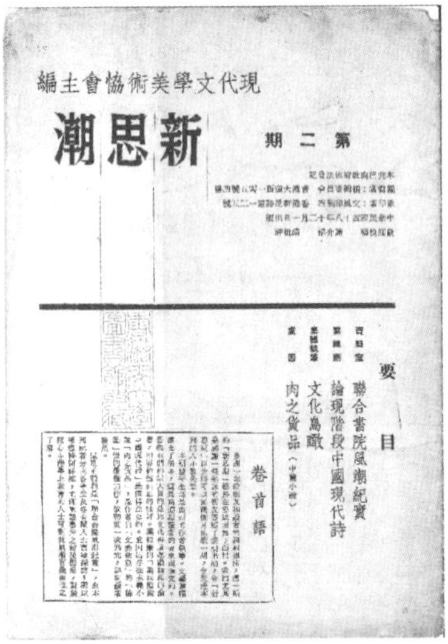

現代文學美術協會主編及出版《新思潮》。

1955 年《詩朵》創刊號。

中華民國五十二年三月一日 好望角 (星期五)

哦！蘇珊娜

·陳映真·

陳映真：〈哦！蘇姍娜〉。（1963 年《好望角》創刊號）

呂壽琨，另一個是鄺耀鼎？

梁 鄺耀鼎和呂壽琨同期的。

金 我記起了，應該不是鄺耀鼎，是尤紹曾。我找到小冊子後寄給你們吧，反正給了你們可能更有用，我私人倒沒甚麼特別原因需要留下這些東西。我想起誰還有那小冊子了，韓志勳！說得難聽點，我們這班人 fade out〔淡出〕後，那些剩下的東西，家人未必珍惜。

熊 是因為不知道那意義吧。剛才說這個協會在《新思潮》之後、《好望角》之前成立，那即是一九五九至一九六三年間？第一期的《新思潮》在一九五九年五月出版，然後……

金 《新思潮》也不是出了很多期，大約只有三期。這些刊物不斷結束，結束後又出一本新的，我們總是很努力地做。

熊 結束是因為經濟問題嗎？

金 有時候不因為經濟，《好望角》的結束其實跟經濟不是太大關係，而是煩人！其實是大家湊錢，但常常要去「求」會員交會費，實在是一件很煩人的事。後來搞火鳥電影會也一樣，但「火鳥」的好處是可以在看電影時抓那些不交會費的人，不交會費就不讓他入場嘛。可是寫東西和畫畫的沒有特別聚會，他們也覺得麻煩，感覺好像我在討債似的。這些事要自動自發的嘛，不然追會費那人也覺得沒意思，又不是為了自己！就因為麻煩，所以後來就不搞了。

熊 很多時候都為了這些原因結束？

金 也不是說……當然銷路又不很好，但這不要緊。大家都知道是賠本的，最主要是大家都有工作，每個月省下一點，湊錢做一件大家喜歡做的事，就是這樣。有時也會有些不快的情況，比方說，為甚麼這期不介紹我、用了他的畫卻不用我的畫等等。英豪又有自己的 judgment〔判斷〕，好像說先介紹誰後介紹誰等等，所以便有些爭執。我這方面較好，因為我是寫影評的，沒有人和我爭，想寫甚麼都可以，但像英豪那樣寫畫評便很不容易了。當時的畫家現在於香港已經是大師了，譬如張義、文樓、王無邪、韓志勳、金嘉倫等都已經成名。其實介紹誰先誰後沒甚麼關係吧，現在他們在香港現代美術界都已經是前輩，有很多學生了。

所以不是因為經濟問題，不是大家沒錢出版，而是麻煩，很麻煩。我家雖然是社址，但不能作編輯的地方，所以編務多在崑南的家處理。崑南當時有一女一子，岑綺華和岑朗天，那時他們還小，崑南有時需要照顧他們。我們三個人搞這些東西既不能謀生……結果常常弄得他們夫婦吵架，我和英豪在場，幫不了忙又感到很沒趣。事實上搞這些刊物只是興趣，的確不能用來謀生，幸好我和英豪那時還未結婚，崑南結了婚，他的責任便較多。崑南那時在移民局工作，負責替人弄身份證，我的身份證是他替我過膠的，哈哈……現在的身份證當然就沒分別了。

熊 當時編輯就只有你們三人？

金 實際工作包括跑印刷廠、校對、把雜誌送到報攤的，都是我們，沒所謂甚麼發行，書局也是我們一家一家上門把書拿去的。

熊 稿源方面……

金 稿源方面，除了我們三個，台灣方面的支持很大。台灣的聯絡……最早是在《文藝新潮》時候開始認識的，即是馬朗先生搞《文藝新潮》時，他首先和台灣方面有聯絡，崑南又為《文藝新潮》寫稿，間接便……英豪那時寫很多評論的，出版了《批評的視覺》，[3]「文星」那本，介紹、評論台灣的詩。

熊 是你們幾位直接跟台灣聯絡的？

金 是的，那時我已經從台灣回來了。我和台灣《創世紀》雜誌方面不太熟，因為他們在台南那邊。他們很多是軍人，例如張默以前是從軍的，是軍中作家。我當時在台北，跟《現代文學》的人也不算相熟，戴天也是回港以後才認識。但我認識葉維廉，因為葉維廉是從香港過去的，他和無邪、崑南都很熟，我跟他們是在《星島日報．學生園地》寫稿時認識的。那時的《星島日報．學生園地》很不錯，除了提供了發表機會外，還舉辦一些遠足、旅行，我在這些活動裏認識了很多人，包括西西、蔡炎培，也是在那兒認識的。

熊 金先生記得那時《星島日報．學生園地》的編輯是哪位嗎？

金 是位男士，姓伍的。那時候還有一群人寫詩很有名，有一個叫「野馬」的黎錦輝，一個叫「海綿」的袁漢強，他在《文藝新潮》有發表詩，那時他住在筲箕灣西灣河。《星島日報．學生園地》有很多事的，論戰甚麼……崑南很喜歡無名氏的作品，有些人說他過份讚揚無名氏；那時又有些人寫詩，有的主張有格式，有的反對，有的又自創格式，甚麼蝴蝶體呀、蜻蜓體呀……真的很多事。那時有個叫胡振海的又跟崑南吵，你寫一篇我寫一篇的，挺熱鬧。

熊　那時金先生投稿到《星島日報．學生園地》，多是寫詩？

金　是的，都是寫詩，後來有寫散文，從台灣回來那一陣子便在《星島日報》寫點散文，我有些筆名你們不知道吧！

熊　記得用過甚麼筆名嗎？

金　哈！那時的事我不想提了，不是說少作不敢讓你們看，那時我的平均水準也不算太差，但過去了的就過去了吧……那時有一個筆名，叫做「落馬客」。

熊　為甚麼用這個筆名呢？

金　那時不是很得意，好像從馬上掉了下來似的，我用這個筆名寫了六、七篇。[4]

其實我寫的東西不少，寫得最多那陣子是在《天天日報》寫。我在那兒參加論戰，關於電影藝術的。我贊成電影藝術，但那些人卻認為是商業，例如司徒子美，我們常常吵的。有些人幫著吵，例如李縱橫，即李天命也寫了一篇，盧因沒怎樣吵，寫馬經的簡而清也有文章發表。那裏有一版是專讓人這樣寫東西的，就像廣場一樣。

熊　在《天天日報》也用筆名嗎？

金　不，那時我用本名。

熊　那時是一九六○年代？

金　是的，應該是《好望角》結束以後。

文學方面，崑南比較積極，後來英豪轉變了。英豪是很聰明的人，學甚麼都很快，差不多甚麼東西他

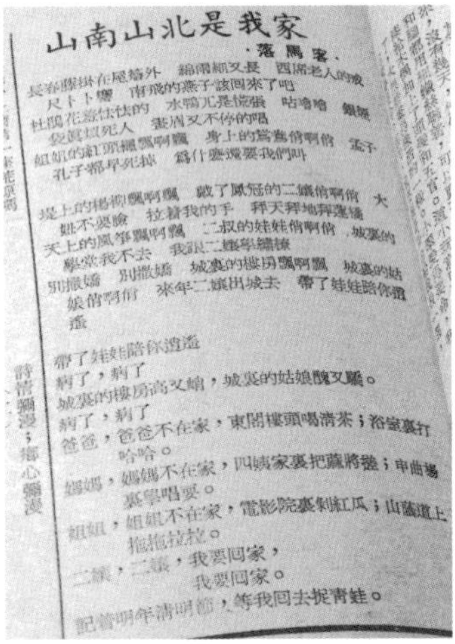
山南山北是我家
．落馬客．
帶了娃娃陪你逍遙
病了，病了
城裏的樓房高又峭，城裏的姑娘醜又驕。
病了，病了
爸爸，爸爸不在家，東閣樓頭喝清茶；浴室裏打哈哈。
媽媽，媽媽不在家，四姨家裏把麻將搓；申曲場裏學唱耍。
姐姐，姐姐不在家，電影院裏剝紅瓜；山蔭道上拖拖拉拉。
二嫂，二嫂，我要回家，
我要回家。
記着明年清明節，等我回去捉青蛙。

落馬客〈山南山北是我家〉。（1963年《中國學生周報》第580期）

都寫過，你看他寫花鳥、種花養鳥，我不知道他後來為甚麼捨棄文學。你知道那時有一個美國的批評派別，叫新批評，他可說是很早把新批評介紹到香港的人。他的書提及很多，例如 Tate〔Allen Tate，泰特〕和 Ransom〔John Crowe Ransom，蘭遜〕，都是他首先介紹的。後來他的興趣轉變了，多年後再遇到他已經沒再談起這些。就像我們這些寫影評的人，也不是許多在多年後仍然堅持寫影評的，也有轉到其他興趣的，人各有志。我移民後，他曾寫過一篇文章——雖然不是針對我，但叫做〈老子不移民〉……後來我們少了接觸，朋友只有在一起合作做某些事情時，聚會才多，我們辦刊物時就每天都見面，即使不是做事也一起散步、飲奶茶、吃東西，但沒辦刊物後就少了凝聚力。

熊 剛才金先生提到一些刊物，例如《好望角》、《新思潮》、《文藝新潮》。一九五〇、一九六〇年代有很多只維持了很短時間的刊物……

金 對啊，例如《軌跡》。有一個人不知道你有沒有聽過，叫方榮焯〔方蘆荻〕，寫詩的，後來當了記者。還有很多，例如草川等……那時文社的活動可真活躍，我們因為自己有協會，所以沒參加其他文社。

熊 除了《好望角》，金先生還實際參加了哪些刊物的編務？

金 香港沒有，台灣則有，我和羅卡是《劇場》雜誌的「掛名」海外編輯。《劇場》雜誌是邱剛建、黃華成他們搞的，還有徐訏的兒子，當海軍的。那時我保存了這套雜誌，後來交給了現在已經逝世的林年同，之後的下落不知道了。很多東西都散失了，也斯家中也有我的書，還沒有跟他追回來呢。

盧 打岔一句，關於香港和台灣方面現代主義的傳承，劉以鬯先生曾寫過一篇文章，說很多人以為是台灣影響香港，但其實香港也影響台灣，[5] 這種說法你有何意見？

金 這種說法我認為是有理由的，為甚麼呢？因為馬朗的《文藝新潮》很早就出版，紀弦的詩也在那裏發表的。[6] 台灣詩壇分幾個流派，一邊是「藍星」〔藍星詩社〕，覃子豪、余光中、羅門那些；另一邊就是瘂弦、洛夫、商禽他們的「創世紀」；還有就是紀弦那邊，林泠、黃河生等，共三組人。《文藝新潮》和「創世紀」接觸較密切，「藍星」那邊則

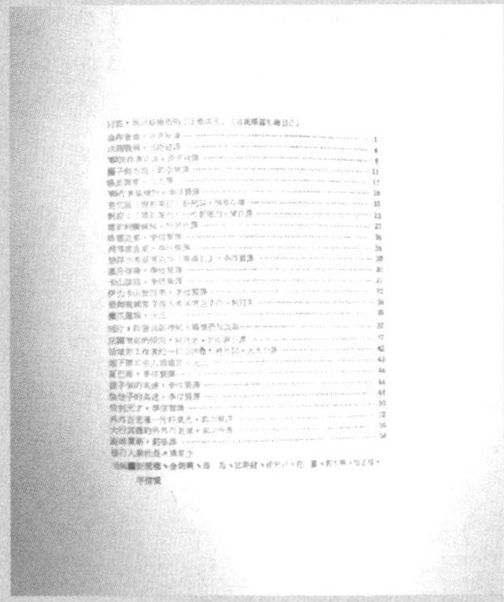

台灣《劇場》第 9 期封面及目錄，編輯包括劉耀權、金炳興、西西、邱剛健等。

台灣《劇場》第 7/8 期封面。

較少聯絡。我個人的理解是，那時的詩主要受英國浪漫主義：濟慈〔John Keats〕、雪萊〔Percy Bysshe Shelley〕、拜倫〔George Gordon Byron〕等影響，後來大群人一起轉到現代主義，這主要是受《文藝新潮》影響。那時我們也讀其他的詩，例如力匡的十四行詩，但我們沒走那條路，覺得他豆腐乾式，但他也有影響力。當時貝娜苔，即楊際光等人也寫得很好，都是《文藝新潮》的人。李維陵的小說也寫得很好，李維陵現在也住在加拿大，有一個時期盧因想來訪問他，但聯絡不上。

熊 剛才金先生談到台灣詩壇有幾個主流……

金 對啊，「藍星」那時和「創世紀」有些論爭、筆戰。我也在《藍星》〔《藍星詩頁》〕發表詩，是周夢蝶推薦的，筆名忘記了（金補：失車），不是用「金炳興」的。我不認識《藍星》的人，我是在武昌街的書攤認識周夢蝶的，常常和他一起去吃牛肉麵、聊天。周夢蝶的人很好，對佛教很投入，經營書攤很瀟灑，喜歡開檔便開檔，不開便不開，跑去跟他聊天的比買書的多。當時我在「台大」〔國立台灣大學〕唸書，常常到那兒跟他聊天，覺得也挺合得來的。那時《藍星詩頁》就像香港的《風格》〔《風格詩頁》〕的形式。

熊 那時金先生到台灣唸書，作為一個寫詩的年輕人，有沒有特別心儀哪一邊？希望投稿到哪兒？

金 我倒也沒有甚麼特別喜好，其實我的作品很少。我興趣太多，自己唸工科，卻常常去哲學會聽殷海光他們演講，還有那個說莊子的……後來辦《盤古》的包錯石，那時他在哲學會演講，我也聽，他演講很特別，演講前會拿起結他唱歌的。

盧 剛才說的是陳鼓應？

金 是的，陳鼓應。那時《文星》剛剛出版，介紹了很多新知識，例如是哲學方面的，每期都有一個封面人物。我也聽過李敖說西門慶、潘金蓮，他是很會演講的人，從口袋裏掏出皮尺來說明武大郎有多高；也聽過胡適、趙元任；那時又喜歡看電影，花了不少時間。雖然我唸書成績不是很好，但台灣經驗對我來說是很好的，我因為興趣廣，認識了很多東西，也影響了我今日的發展。

熊 那時為甚麼會到台灣唸書？

金 很簡單，因為由香港到台灣很划算，二十塊美金在台灣已經很足夠，僑生在那兒有很多優待，例如學費只需交三分之一、宿費又有折扣，很多事情也有優待。因為台灣那時和大陸針鋒相對，所以鼓勵僑生到台灣。那時十元美金大約是四百多台幣，如果家裏寄來二十塊美金已經能有很好的生活，到餐廳吃飯可以加蛋、加菜。

熊　從台灣回來後就開始在《周報》《中國學生周報》寫影評、發表詩作嗎？

金　那不算主要工作，我回來後在「港大」（香港大學）唸了一個青年領袖課程，然後在Save the Children Fund（香港救助兒童會）當warden（舍監），要在hostel（宿舍）住的，幹了兩年。然後在《明報》當news translator（新聞翻譯），很辛苦，因為只有兩個人，當時司馬長風是國際版的編輯。

熊　記得具體年份嗎？

金　應該是一九六五至一九六六年左右吧。我離開《明報》時，查良鏞問我是不是因為薪金少。其實那時人手很少，國際版只有三個人，其中一個是胡鑾周，即胡棣周的弟弟。胡鑾周跟我兩人翻譯全版電訊，工作很辛苦，哪像現在有十多人搞電訊？那時如果其中一人休息，那還得幫忙選新聞，很辛苦，常常回家洗澡後便已經聽到雞啼。這樣的生活，也不是薪金問題了，還有另外的原因，那時我太熱衷電影，希望拍電影，於是便辭職。

我離開時查良鏞送了我很多戲橋，後來我全部轉送了「浸會」（香港浸會大學）電影系的吳昊，因為吳昊喜歡收集那些舊東西。查良鏞曾經在「長城」（長城影片公司）工作嘛，所以他有那些戲橋。我另外還有些舊東西的，來加拿大的時候送給了楊國

還書

錢玲和三聯都給了我盧因的正確電話，使我和闊別三十多年的老朋友會面。我有個心願，把向他借的端木蕻良兩本名著：《科爾沁旗草原》和《大地的海》，能夠物歸原主。像開明或文化生活出版社印的書，現已成珍品，實在不該據爲己有。但我不知道會不會聯絡上他，所以這次沒帶來，保證返多倫多後一定按址寄還。盧因照例響起爽朗的笑聲，還請我到他家參觀一批新藏書，我也向他推薦端木的《大時代》，這實在是寫得很出色的中篇小說，台灣已有翻本。

自己也有不少書，去歐洲時分散在朋友家，像小克（張景熊）跟我說，他的二房東可惡極了，把他的書都丟去垃圾站，他追垃圾車也無法追回。書，像別的東西，本來都是身外物，故友唐文標參透這個道理，看完書例必寄送朋友，現在書架上Lautremont等法國詩人詩集，都是他生前所賜。盧因說，他準備燒書，知道他是違心話，書何必燒，不要大可送人。

盧因說，現在寫香港文學史的人，很少提及李維陵的小說和貝娜苔（楊際光）的詩，他們作品都登在馬朗（馬博良）主編的《文藝新潮》上。我建議他去Kitchener訪李先生，寫篇紮紮實實的香港五十年代文藝論，讓年青一代知道事實眞相。

點點劃劃

金炳興

金炳興〈還書〉。（2002年10月25日加東版《明報》）

雄，共有八箱，關於香港的史料、Studio One 的場刊等等都給了他，他說甚麼都要嘛，只要跟香港有關都要。其實很可惜，我移民時很多東西都丟了，比方說《號外》吧，《號外》第一期我也有。陳冠中那時辦《號外》叫我們幫忙寫稿，所以《號外》未出版，我已經知道會出版。後來我到加拿大，不可能帶那麼多東西來，四處找人要卻無人接收，丟掉很可惜，已經送了很多給別人，特別是雜誌，我一直保存了許多，現在餘下的只有《文藝新潮》。我很珍惜這套書，因為影響我的興趣很深。馬朗先生也曾經為《創世紀》雜誌編了一個特刊，拿了我的一些詩在那期發表。[7]

熊　剛才說到金先生一九六五至一九六六年在《明報》，後來轉到國泰電影公司？

金　是，當副導演，在千多二千人中只有我和林年同考上，不過我覺得是有人事關係影響的。我們認識孫家雯，孫家雯在「國泰」任高職，他知道我們對電影很狂熱，評分也寬鬆一點。考入去的名義是副導演，不是場記。場記是一定要學的，副導演甚麼都得做，範圍很廣，像電視台的 PA（Production Assistant，製作助理），場記的工作也做，但名義不是場記。那是名稱上的問題，不過無所謂吧。當時石琪和小克（張景熊）在美術部工作，小克現在在哪裏呢？他生活很瀟灑，我頗佩服他。

我在「國泰」幹了一年便去了歐洲。真正曾經在意大利唸電影的是孫家雯、白景瑞，然後就是劉芳剛，之後是朱家欣，他是朱旭華的兒子，現在搞動畫公司，再來就是我。他們都能考上，但我到意大利時卻遇上了學生運動，我是一九六九年過去的，去意大利電影實驗中心，學生都坐在一起應考，我到那邊才開始學意大利文，所以當時我用英文作答，他們英文卻……結果大家搭不上。那年只有拉丁美洲的人考上，沒有亞洲人考上。那兒學費很便宜，還提供膳食。我在那邊當了一段時間旁聽生，蠻辛苦的，在天主教學生宿舍做事，沒薪金，但管食宿，這已經不錯了，只需要做些簡單工作，傳菜、聽電話、收拾房間之類。因為宿舍夏天會租給一些北歐來旅遊的學生，我們就負責收拾房間，一些香港、阿拉伯和較貧苦的意大利學生就在那邊工作，換取食宿。雖然我沒考上，但在那裏看了很

1956 年《文藝新潮》創刊號。

多電影，例如 Antonioni（Michelangelo Antonioni，安東尼奧尼）、Fellini（Federico Fellini，費里尼）、Visconti（Luchino Visconti，維斯康蒂）的，全套都看了，不僅是 features（故事片），就是那些短片、documentary（紀錄片）都看了，看電影的經驗實在很好。我在那邊留了兩年多，眼界廣了，幾乎不想回港。

熊 兩年多之後就回來了？

金 是，太太來催，不能不回嘛，但回來前還是去了巴黎和倫敦。雖然我沒能成功修讀電影，但希望回來後可以在「國泰」做事，不幸的是，回來後「國泰」已經結束了。陸運濤在台灣空難中逝世，業務交予楊曼怡，楊曼怡接手便撐不住了，新馬那邊的董事無意繼續經營，他們的興趣不及陸運濤，看著虧本便不想搞下去，但陸運濤有的是錢，而且為的是興趣，虧本也不介意。

熊 那回來後……

金 回來後不能幹電影便到電視台吧，唯一出路就是上「五台山」（香港多家電視台、電台都位於廣播道，該處俗稱「五台山」，此處意指電視台）。但上「五台山」前我進了「美新處」（美國新聞處），在「美新處」工作了四年。

熊 當時怎樣加入「美新處」的？

金 也是人事關係吧！我現在發覺如果沒人事關係，光靠本事是不行的，當然沒本事也不行，進去了做不來也會讓人瞧不起，最終也給解僱，但要有機會便先得有人事。當時我加入「美新處」是梁濃剛幫忙，他告訴我《今日世界》有空缺。「美新處」分幾個部門，張同和梁濃剛是新聞部，李如桐和董橋、戴天，還有……我加入時溫健騮來了沒有呢？好像還沒有，溫健騮後來從美國回來，留了位置給他的，他逝世後就是岑嘉駟（岑逸飛）。你看，全都有人事關係的。

熊 幾個部門是……

金 新聞、書籍、雜誌。雜誌是《今日世界》，我便在雜誌部。戴天、董橋、溫健騮、岑嘉駟他們負責書籍。梁濃剛，後來接替張同負責新聞。我那時的上司是後來《讀者文摘》中文版的賴獻庭。

《今日世界》其實是統戰雜誌吧，美國文化想藉此影響大陸，後來便不是這樣了，改為出版一些簡體字印的書，當時中美關係已經好轉了，Nixon〔Richard Nixon，尼克遜〕訪問了大陸，就是這樣吧，之前是有些統戰作用的。

我在《今日世界》幹了四年，之後才轉去「無綫」〔電視廣播有限公司〕工作。當時我也寫東西，劉以鬯讓我在《快報》寫專欄，最初叫「外放錄」，但我覺得名字不好，後來改了新名字「感覺邊緣」。那時很多人寫的，西西和也斯也在《快報》寫稿，劉先生辦副刊辦得很不錯，他給很多機會年輕人發揮，他在《香港時報．淺水灣》當編輯時也給了崑南、無邪、盧因、李英豪等很多機會寫東西。他很信任年輕人，有些人實在不知道是不是真能寫的嘛，得寫過才知道，白白給予了機會，如果對方交不了稿，他便很慘。那時要送稿，每天交稿都是很匆忙的，我太太知道，我甚至試過直接把稿送去字房！劉先生這方面很好，一般編輯不會不先過目稿件的，我不是說不讓編輯過目，我當然願意讓編輯過目，但有時實在趕不及，再不拿稿去，明天的專欄便要變成空白了，那唯有把其他人的稿填進去。但劉以鬯不一定要看過我們的稿才放行，他這方面很大量，如果非先過目不可便糟了。

熊 這專欄寫了多久？

金 也寫了一、兩年左右，但我不喜歡劉先生的劃位，因為他挖空了我的專欄方框，中間放了別人的文章，弄得別人在看我的稿時也要把那人的都一併看，很少這樣的啊！但我沒抗議，他對年輕人已經很好了。

盧 可以補充一下在意大利拍電影的經驗嗎？

金 其實也沒有在那邊拍過甚麼電影，只是當過「臨

1952年《今日世界》第2期。

記」，替有名的導演當過臨時演員！

熊 在鏡頭前出現？

金 把太太也拉去了，但結果沒有在電影出現，給剪掉了。但 Bertolucci〔Bernardo Bertolucci，貝托魯奇〕那齣 *The Conformist*〔《同流者》〕我有出鏡，在中餐館那個長頭髮、走出走入的人就是我。當臨時演員的待遇也不錯，他們很公平的，我太太也賺了他們的錢，我也是，哈哈！羅卡後來也去了，他認識 Fellini 的攝影師，他便介紹我們認識 Fellini。啊！Fellini 可真是大導演，花的錢真是，還沒喊 camera〔開始拍攝〕，整條街就全打了燈，香港這麼省電，導演沒喊 cut〔停〕便把燈關了，省電嘛！但 Fellini 真是……不過把我和梁寶珠的化妝變成「花面貓」，後來剪去了，那齣是《羅馬》〔*Roma*〕。我們看《羅馬》時想找自己出來啊！臨時演員也沒關係，在大導演的作品裏出鏡嘛！

後來 Bertolucci 經香港到大陸拍《末代皇帝》〔*The Last Emperor*〕，我們香港有幾位電影人接待他。我也跟他談過，我的意大利語已完全退步，沒對象談嘛，但他還能聽懂一些。他原意是不錯的，說《末

金炳興（中）與古兆申（左）、蔡繼光（右）坐船到塔門旅行，攝於 1970 年代初。（古兆申提供）

代皇帝》需要工作人員，我們可以參加甚麼工作，但我那時已經在電視台，有工作在身，如果真有機會也很令人頭痛，是放棄電視台工作還是怎樣呢？他只是拍一齣電影，拍完便走，我要再找工作便麻煩了。他年輕時也寫詩的，是詩人，我問他還有沒有寫詩，他說已經很少寫了。他現在的電影水準不太穩定，有時好有時壞，我還是喜歡他早期的作品，好像是 *The Conformist* 便不錯，兩個女孩子在跳 tango〔探戈〕那一段，那電影的鏡頭、故事也不錯，改編自 Alberto Moravia〔莫拉維亞〕小說的。

熊 金先生在「國泰」這些大機構工作過，也到過意大利，這些經驗有沒有影響您日後寫影評的方向？

金 有！當然有！如果不清楚電影的實際工作便很難寫。以前在《周報》寫影評……有一段時間我對作者論〔Auteur Theory〕很著迷，這最早是從新潮派杜魯福〔François Truffaut〕、巴辛〔André Bazin〕那些開始的嘛，有一個美國人 Andrew Sarris〔薩里斯〕在 *Film Culture*〔《電影文化》〕介紹，我們也看這本《電影文化》，後來出版《電影筆記》〔*Cahiers Du Cinema*〕的英文版，我們也看。那時我很受這些理論影響，認為電影的作者是導演，但後來有些人說，有些導演不是那麼有影響力，影片拍完會給剪片的剪去，就是 Orson Wells〔奧遜·威爾斯〕這些大導演也給 Hollywood〔荷里活〕的製片剪他的片。換句話說，不是每個導演都能在作品中顯示個人風格、性格的，當然有些可以，就像希治閣〔Alfred Joseph Hitchcock〕那樣。

後來我加入電影工作便明白一些實際掣肘，好像導演經常跟演員、製片有爭執，電影是 team work〔團

金炳興《文八燈臺看電影》。

隊工作」，一齣好的電影是很多人的貢獻，在香港當導演，很多時間不是花在思考和創作上，而是花在人際關係上，例如常常要請大明星不要遲到、不要早退、接到通告早點回來化妝等等。好像我第一次拍電影，我認為那場戲需要裸露，但演員以為我要拍色情電影，弄得……但我不是騙她的呀！我早就把劇本給她看，她認為可以拍才簽約的呀！我不能解決，只好著製片來跟她談，結果有些場面要用替身……現在看來，那些場面算甚麼呢，現在的電影，有些甚至是「大銀幕小電影」。她看過電影也應該知道呀！我不是拍這些的嘛！那齣《我為你狂》結果弄得很不愉快，[8] 方小姐（方逸華）又要我改結局，後來第二部沒有拍了，最初簽約是簽了兩部的，結果我也沒要他們怎樣賠本，我的電影很 low budget（低成本）的嘛。

當導演要顧及的事情很多，又例如我希望女主角在電影中穿皮褸，希望買一件真的，但製片認為買一件二、三百塊的便可以，但在銀幕上很容易看穿的嘛！我說這道具對這電影很重要，應該買好一點的，就是不買也可以借，拍完退回給人家，那些店也說可以退，不弄髒就可以……你想想，導演連這些事也要處理，這些應該是製片、副導演弄妥的，但他們辦不來，副導演也沒甚麼力量，我的製片又是新來的，從外面找來幫忙，他簽支票有上限。導演應該考慮怎樣運用鏡頭、這場戲該怎樣拍、演員應怎樣運用演技、怎樣帶動演員等等，導演應該考

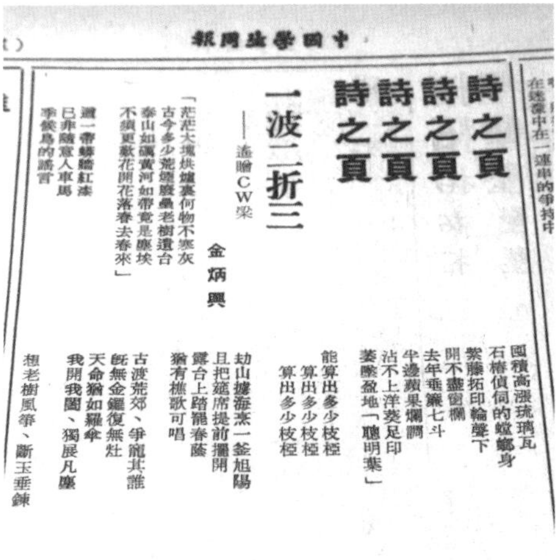
中國學生周報

詩之頁 詩之頁 詩之頁 詩之頁

一波二折三
——遙贈CW梁
金炳興

「茫茫大塊烘爐裏何物不寒灰
古今多少荒煙廢壘老樹遺台
泰山如礪黃河如帶竟是塵埃
不須更歎花開花落春去春來」

讀一帶蘇贈紅漆
已非隨意人車馬
季候鳥的謊言

國積高漲琉璃瓦
石椿偵伺的螳螂身
紫藤拓印輪聲下
開不盡窗欄
去年垂簾七斗
牛邊蘋果爛調
沾不上洋葵足印
萎墜盈地「聰明葉」
能算出多少枝椏
算出多少枝椏
算出多少枝椏

劫山據海烹一釜旭陽
且把筵席提前攤開
露台上踏罷春藤
猶有樵歌可唱
古渡荒郊、爭寵其誰
既無金鑼復無灶
天命猶如羅傘
我開我闔、獨展凡塵
想老樹風箏、斷玉垂鍊

金炳興的〈一波二折三——遙贈 CW 梁〉。（1966 年《中國學生周報》第 733 期）

慮的是這些，但偏偏要顧及一些瑣碎的事。有時工作人員和製片有意見……太麻煩了。這些實際經驗讓你對電影有新的理解，你知道如果改劇本，編劇會不高興，我在「無綫」編劇，導演改我的劇本我也不高興。

熊 可否請金先生談談在《周報．詩之頁》發表的詩作？

金 〈詩之頁〉發表的不多，主要是蔡炎培約的稿，也只是發表了三、四首，署名「金炳興」的。[9]

熊 金先生是不是也有在《周報》幫忙編輯？

金 是的，在電影版，陸離不幹了嘛，差不多是尾聲時候了。只編過電影版，一星期一次，有時也找吳昊幫忙，大約編了十多期。

熊 嗯，是接著陸離的？

金 是，她可能知道《周報》快要結束，意興闌珊吧。

熊 金先在在一九七〇年代的文學創作似乎漸少，反而集中了在電影方面工作，是這樣嗎？

金 對呀。電視台的工作很忙，書也少看了。如果那時在寫作上有甚麼表現，也是以往讀過的東西消化後的結果，創作便更少了。那時我的工作是改劇本，例如長篇連續劇《家變》，每天要播，要趕著開

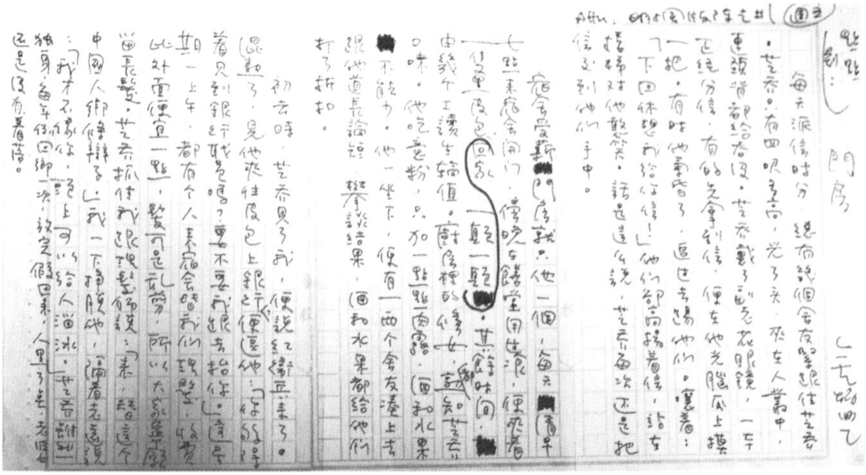

金炳興專欄手跡。

會，根本沒時間寫作或者看書，只是不斷工作。

熊 所以沒時間創作了？

金 嗯，我覺得寫詩只是屬於年輕人的，十多二十多歲時最有詩興。所以我很佩服崑南、蔡炎培，到今天還堅持著，而且作品也有一定水準，一方面是他們的經驗，另方面就是他們的堅持、熱情執著，不然就像我現在這樣。有時我也寫幾行，但已經不復當年，那時是自動自發。來了加拿大後，《明報》在一九九三年五月二十八日出版海外版〔加東版〕，我一直在那裏寫專欄，不曾脫稿，差不多十年了。現在我寫的東西，天南地北甚麼都有，我的興趣太廣，到今天仍然是這樣，而且我對人生也有一些新的感覺和看法。

熊 很多人都認為《周報》的電影版很有代表性……

金 如果說《周報》的電影版，有幾個人值得一讚。《周報》〔電影版〕是羅卡編的，他應該一讚，他很主動發掘一些作者。羅卡也是現代文學美術協會的，作者好像石琪、李浩昌筆名「舒明」、陳任那時叫「綬筠」、戴天叫「田戈」、梁濃剛、林年同、譚家明都是他約回來的，他給了大家很多機會。

1988年文友聚會，前排坐者左起：林年同、石琪、陸離、金炳興；後排站立者左起：小思、黃繼持、陳輝揚、鍾玲、何國道、古兆申、施叔青、黃俊東、戴天、杜漸。（盧瑋鑾提供）

粵語片的再評價

石琪

金炳興、石琪、西西、羅卡、陳任、芝子等，於 1965 年《中國學生周報・電影圈》同版登場。

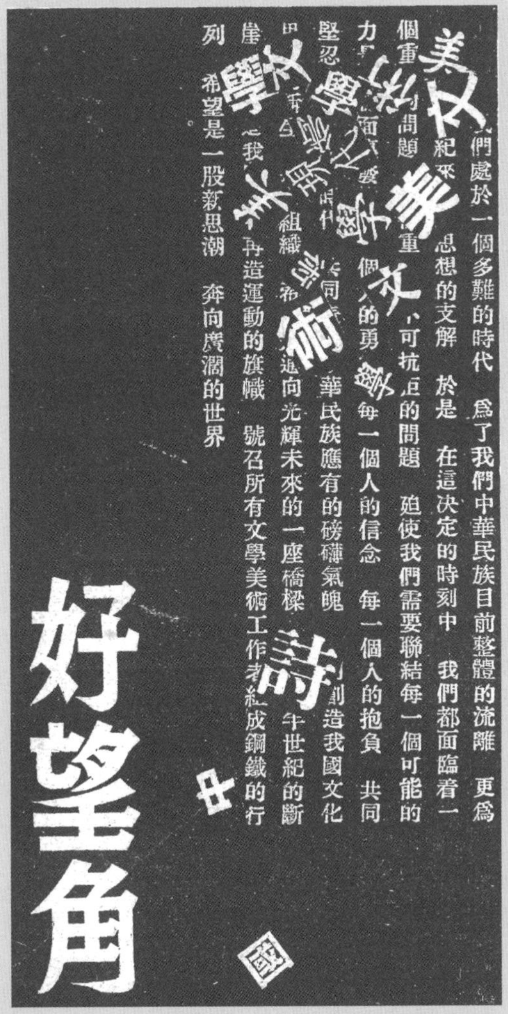

1963年《好望角》創刊號。

還有值得一提的是，那時香港有 Studio One 第一映室。因為電影不能憑空說話的嘛，台灣辦《劇場》初期，他們看不到甚麼作品，邱剛健因為到過夏威夷讀書，所以看到不少外國電影，但在台灣本土的人則看不到西方作品，像魯稚子之流，用日本資料寫了些影評，有不少錯誤。那時台灣還沒有電影資料館，只能靠文字資料來介紹電影，但我們香港有 Studio One，新潮派的電影我們一、兩年後便可以看到，像杜魯福《四百擊》〔*Les Quatre Cents Coups*〕、高達〔Jean-Luc Godard〕《斷了氣》〔*À Bout de Souffle*〕那些，我們很早就可看到，看過才寫的影評是不同的嘛。

梁　法國文化協會也讓我們看到很多電影。

金　對呀，所以我們在《周報》所寫的電影，都是看過才寫，台灣那邊有些人因為看不到那些電影，說的資料便錯了。這是《周報》一個成功的地方，有 Studio One 的配合，有羅卡積極地約稿、組織座談會，年終時又搞「十大選舉」之類，所以電影版便很蓬勃。

〔休息後續談《好望角》的取名原因〕

金　有一次我在旺角看到「好望角餐廳」，覺得很有趣，南非有一處地方叫好望角的嘛，覺得不錯，不過有些宗教界人士也用了這個名字，但也沒關係吧！《人民日報》也有專欄叫「好望角」。總之「好望角」中英文的意思都不錯，有一個比較向前、希望的意思，辦這些刊物常常都是結束的，那時希望這次會有一點成功吧。

熊　金先生記得總共出了多少期嗎？

金　初出版的那種八開度大約有十期，後來像《讀者文摘》那種大小的，出版了大概三、四期吧。

熊　總數是十五期以內？

金　是的，好像也維持了幾個月。

熊　我們常在《好望角》的角落看到一段這樣的文字：「我們正處於一個多難的時代，為了我們中華民族目前整體的流離……」。

金　是的，是〈創刊詞〉吧？

熊　《好望角》裏沒寫是〈創刊詞〉，但我們在很多期裏也可以看到這段文字。

金　當時是有這樣的理想。

熊　是出自誰的手筆？

金 我想是崑南的手筆，是他寫的。

注釋

1 陳映真：〈哦！蘇姍娜〉，《好望角》，一九六三年三月一日，第一期。

2 香港現代文學美術協會所錄會員包括：李英豪、葉維廉、岑崑南、金炳興、林鎮輝、呂壽琨、尤紹曾、王無邪、張義、金嘉倫、吳璞輝、祁慕潔、文樓、盧因、林燕妮、江靜枝、劉耀權、莊喆、劉國松、吳炳銓、韓志勳、戴天、黃志清、葉子雲、張樹生、江從新、潘士釗、郭文基、許雪碧、丁智。黃健成及蔡炎培的名字沒有在小冊子上出現。

3 李英豪：《批評的視覺》，台北：文星書店，一九六六年。

4 《星島日報．學生園地》中署名「落馬客」作品例如：（一）〈抽刀斷水水更流〉，一九六二年十二月三十一日；（二）〈棘人二題：堤岸、水族〉，一九六三年一月十五日；（三）〈迴旋路〉，一九六三年十月七日。

5 劉以鬯：〈三十年來香港與台灣在文學上的相互聯繫〉，《星島晚報．大會堂》，上篇刊於一九八四年八月二十二日，下篇刊於一九八四年八月二十九日。

6 《文藝新潮》所刊紀弦的翻譯及創作包括：（一）〈阿保里奈爾詩選（米拉堡橋、病了的秋、白雪、狩獵的角笛、被殺死了的鴿子與噴泉）〉，一九五六年八月一日，第一卷第四期，頁八－九；（二）〈紀弦近作三首（煤氣燈下、C弦、陰影．悲劇．噩夢）〉，一九五六年十一月二十五日，第一卷第七期，頁三四；（三）〈存在主義（外一帖）（存在主義、ETC）〉，一九五七年二月二十五日，第一卷第九期，頁二一－二三；（四）〈美學二章（阿富羅底之死、SEN ALLER）〉，一九五七年一月十日，第二卷第二期，頁二九。

7 馬朗為《創世紀》所編特刊為「創刊三十周年紀念號」，其中收有金炳興詩作〈單人戰場〉、〈雨夜〉、〈追蹤〉、〈致歌手〉、〈中秋維園夜〉，見《創世紀》，一九八四年十月六日，第六五期，頁九十—九二。

8 電影《我為你狂》，金炳興導演，曾淑娟、陳麗華、金炳興編劇，主要演員包括艾迪、蔣麗萍、金燕玲等，邵氏兄弟（香港）有限公司出品，一九八四年首映。

9 《中國學生周報．詩之頁》署名金炳興的詩作例如有〈一波二折三——遙贈CW梁〉，刊於一九六六年八月五日第七三三期，另有詩作〈山南山北是我家〉，署名「落馬客」，刊於一九六三年八月三十日第五八〇期。

本冊相關報刊資料

以下各條按筆劃序，凡沒有於報刊名稱後以括號交代出版地者，均為香港出版。所錄資料均盡量以所能及見的報刊為據，凡缺實物可資印證者，則列出資料來源，以供參考。

1 **《70年代》**

《70年代》雙周刊於一九七〇年一月一日創刊，創辦人及編輯包括陳清偉、吳仲賢、黃國輝、莫昭如、傅魯炳等，約於一九七二年停刊，同人轉而參與不同刊物工作，例如傅魯炳參與製作《青年工人》、《女權》等，黃仁逵、陳強主編《青年先鋒》等。至一九七〇年代中後期，《70年代》一度復刊，不定期出版四期後正式結束，總出版期數約二十多期，停刊日期不詳。（參〈《70年代雙週刊》話風流　70'S紅與黑〉（《蘋果日報》，二〇〇七年十一月二十七日），及黃靜〈每有「70人」離去——傅魯炳和同行者的故事〉（載香港獨立媒體：http://www.inmediahk.net/）。）

2 **《人人文學》**

一九五二年五月二十日創刊，至一九五四年八月一日停刊，共出版三十六期。黃思騁、齊桓、力匡、徐速等曾先後主編，主要作者包括黃思騁、齊桓、力匡、桑簡流、林以亮、梁文星等。

3 **《人生》**

一九五一年一月十六日創刊，督印人王道（王貫之），一九七一年六月第四〇一期刊出王道逝世專輯，該期改由王道妻子沈醒園任督印人，並於〈編後語〉表明將繼續出刊，惟香港各大學圖書館均不見其後期數。

4 **《八方文藝叢刊》**

一九七九年九月創刊，一九八一年九月出版第四輯後休刊，至一九八七年四月出版第五輯，最後於一九九〇年十一月停刊，共出版十二輯。總編輯黃繼持，執行編輯古蒼梧，編委包括戴天、鄭臻、林年同、金炳興、梁濃剛、文樓、盧瑋鑾、鍾玲等。

5 **《工人周報》**

一九七〇年五月創刊，至一九七三年十一月三十日停刊，共出版一八四期，版權頁只列出由「工人周報編輯委員會」編輯。

6 **香港《大公報》**

一九三八年八月十三日創刊，至今仍繼續出版。

7 **《工商日報》**

一九二五年七月八日創刊，一九四一年十二月二十五日起停刊，至一九四六年二月五日復刊，最後出版一九八四年十一月三十日報紙後停刊。

8 **《大學生活》**

一九五五年四月創刊，至一九七一年七月停刊，共出版二七三期。《大學生活》編輯委員會主編，主要作者包括岳心、秋貞理、燕歸來、古梅、徐速、黃崖、力匡、思果、余玉書、胡菊人、李素、戴天、董作賓、左舜生等。

9 **《今日世界》**

前身為美國新聞處出版的《今日美國》，一九四九年十月創刊，至一九五二年二月停刊。《今日世界》半月刊由今日世界社出版，一九五二年三月創刊，一九七三年五月改為月刊，至一九八〇年十二月停刊，共出版五九八期。

10 **《中國學生周報》**

一九五二年七月二十五日創刊，至一九七四年七月二十日停刊，共出版一一二八期。余德寬、奚會暲、古梅、陳日青、黎永振、楊啟明、孫述宇、李金曄、胡菊人、戚鈞傑、陳特、林悅恒、高偉覺等先後擔任督印人，余英時、黃崖、盛紫娟、羅卡、吳平、陸離等曾任編輯。

11 **《中報月刊》**

一九八〇年二月創刊，至一九八七年四月停刊，共出版八十七期。董事長傅朝樞，首任主編胡菊人。

12 **《中報週刊》**

一九六七年九月十五日創刊，以報紙形式出版，至一九七〇年十月九日停刊，共出版一五八期。督印人李金曄。

13 **《天天日報》**

一九六〇年十一月一日創刊，至二〇〇〇年九月七日停刊。

14 **《文化焦點》**

一九八九年一月六日出版試刊號，二月十七日正式創刊，同年三月三十一日出版第四期後停刊，共出版五期。總編輯為古蒼梧，編輯則包括陳輝揚、魏月娟、夏婕，特約編輯馮偉才，助理編輯翁秀珊。

15 **《文林》**

全名《文林月刊》，一九七二年十二月創刊，至一九七四年二月停刊，共出版十五期。總編輯林以亮（後因健康問題改任顧問，總編輯職務改由丘子僑代理），執行編輯包括陸離、吳平、梁秉鈞等，美術編輯章乃超。

16 **《文星》（台灣）**

一九五七年十一月五日創刊，至一九六五年十二月，《文星》雜誌第九十八期遭台灣警備總司令部查封。一九八六年九月復刊，出版第九十九期，至一九八八年六月停刊，共出版一二〇期。

17 **《文美》**

參《文學與美術》條。

18 **香港《文匯報》**

一九四八年九月九日創刊，至今仍繼續出版。

19 **《文壇》**

一九四一年七月創刊，於曲江出版十二期後停刊，抗戰期間停刊，一九四五年於廣州復刊，一九五〇年起轉到香港出版，至一九七四年一月出版第三四六期後停刊。創辦人李金髮、盧森，首兩期由李金髮主編，其後均由盧森主理。主要作者包括黃思騁、金濤、黃崖、秋貞理、盧柏棠、梓人、溫乃堅、碧原、李若川、莫若英、韋陀、朱韻成、盧森等。（參許定銘：〈盧森和他的《文壇》〉，《城市文藝》，二〇〇八年八月十五日，第三卷第七期，總第三十一期，頁三十一—三十四。）

20 **《文學與美術》**

一九七六年二月創刊，由文樓、古蒼梧、黃繼持、溫健騮等創辦，一九七七年一月出版第六期後改為月刊，同時改名為《文美》。《文美》第一期於四月一日出版，至一九七八年三月十日停刊，《文美》共出版十二期。二刊均由文學與美術社出版。

21 **《文藝》**

參《華僑文藝》條。

22 **《文藝新潮》**

一九五六年二月創刊，至一九五九年停刊，共出版十五期，馬朗主編。主要作者包括崑南、貝娜苔、李維陵、東方儀、葉維廉、盧因等。

23 **《民主評論》**

一九四九年六月創刊，至一九六六年九月出版第十七卷第九期後停刊。督印人金煉成。民主評論社出版。

24 **《年青人周報》**

一九七一至一九七二年間創刊，至一九九六年停刊，三個月後復刊，一九九七年再度停刊。（參（一）潘麗瓊：〈東主有事《年青人周報》暫停〉，《明報》，一九九六年八月二十五日。（二）呂流：〈《年青人周報》稍休復出　香港文化刊物環境雜草叢生〉，《明報》，一九九六年十月三日。）

25 **《好望角》**

一九六三年三月創刊，香港中文大學圖書館館藏止於一九六三年十二月第十三期，編輯人員包括金炳興、岑崑南、李英豪等。崑南、李英豪主編，主要作者包括李英豪、葉維廉、馬覺、金炳興、王無邪等。

26
《自由中國》（台灣）

一九四九年十一月二十日於台北創刊，發行人胡適，主要編輯雷震、殷海光，一九六〇年九月四日隨雷震被捕停刊。

27
《百姓》

一九八一年六月創刊，至一九九三年三月停刊，共出版二八四期，百姓文化事業有限公司出版。一九九三年四月起改名為《百姓新聞週刊》，由百姓出版有限公司出版，期數另起。一九九三年十一月恢復為半月刊，期數續前週刊，一九九四年六月出版第四十四期後停刊。創辦人胡菊人、陸鏗，總編輯胡菊人，社長陸鏗。

28
《阡陌》

阡陌文社同人刊物，一九六〇年創刊，以油印方式出版至第十二期，第十三期改為鉛印，停刊日期及總出版期數不詳。（參羊城：〈閒話「阡陌」〉，吳萱人編：《香港文社史集初編（1961-1980）》，香港：採集組合，二〇〇一年，頁六十八—七十二。）

29
《快報》

一九六三年三月一日創刊，出版至一九九五年十二月十六日停刊，一九九六年十月二十八日復刊，至一九九八年三月十六日再度停刊。

30《兒童樂園》
一九五三年一月十六日創刊，至一九九四年十二月十六日停刊，共出版一〇〇六期。閻起白、戚鈞傑、張浚華等先後擔任社長，畫家包括羅冠樵、吳喜生、郭禮明、李成法、李子倫、陳子沖等。

31《明報》
一九五九年五月二十日創刊，至今仍繼續出版。

32《明報月刊》
一九六六年一月創刊，至今仍繼續出版，胡菊人、董橋、古蒼梧等曾先後擔任總編輯。

33《知識分子》
一九六八年三月創刊，一九七二年中停刊（香港中文大學館藏止於一九七二年三月第八十一期，該期未附停刊聲明），總出版期數不詳。創辦人繆雨（原名繆維群，另有筆名田雪、劉仕達、戴之葆等），兼編、寫、業務，後聘請劉耀權任總編輯，陳頂昌任兼職助理。（參羅卡：〈《知識分子》廣納青年健筆〉，專集組編（吳萱人主責）：《香港七十年代青年刊物：回顧專集》，香港：策劃組合，一九九八年，頁八十八—八十九。）

34《青年知識》
一九五九年一月創刊，藍真、陳建、梁明先後擔任督印人，青年知識編輯部主編，主要作者包括夏易、俞遠、葉林豐、蒙田、雙翼、容穎等，香港大學圖書館館藏至一九七六年六月（一九七〇年二月至一九七六年一月未見館藏），該期未附停刊聲明，總出版期數不詳。

35 **《青年樂園》**

一九五六年四月創刊，至一九六七年十一月停刊，共出版六〇七期。初期由汪澄任社長兼總編輯，編輯包括黃穗華、陳樂群、洪新（熊敬儀）、陳序臻，洪新兼任經理。約於一九五八年，李廣明接任社長，陳序臻改任總編輯，後兼任督印人，何劍齊、吳子柏、傅華彪、李石等先後加入編輯部。一九六七年十一月二十二日，《青年樂園》遭香港政府查封，迫令停刊。一九六八年六月，《青年樂園》由周刊改為《學生叢書》出版，約半月一期，仍由陳序臻主編，至一九七一年底停刊，共出版八十七期。（參許禮平：〈記《青年樂園》周刊〉，《蘋果日報》，二〇一四年三月十六日。）

36 **《芷蘭》**

芷蘭文社刊物，一九六五年五月一日創刊，原名為《芷蘭文集》，後改名為《芷蘭》季刊，共出版三期。（參雁影：〈淡淡的芷蘭與我〉，吳萱人編：《香港文社史集初編（1961-1980）》，香港：採集組合，二〇〇一年，頁二〇三—二〇五。）

37 **《南國電影》**

一九五七年十二月創刊，香港大學圖書館及香港電影資料館館藏止於一九八四年六月第三一五期，該期未附停刊聲明。作者包括劉以鬯、南宮博、龍驤、司明、何夢華、李輝英、易金、董千里、傑克、潘柳黛、沙千夢、蕭銅、黃思騁、亦舒、何森、陳韻文等。

38 **《信報》**

一九七三年七月三日創刊，至今仍繼續出版。

39 **《星島日報》**

一九三八年八月一日創刊，至今仍繼續出版。

40 **《英文虎報》**(*The Standard*)

香港英文報章，由《星島日報》創辦人胡文虎創辦，一九四九年三月一日創刊，二〇〇七年九月十日起改為免費報章，至今仍繼續出版。

41 **《風格詩頁》**

一九六六年十一月創刊，一九六七年一月出版第二期，戴天及溫健騮主編。一九六七年三月，《盤古》創刊，戴天提議《風格詩頁》由第三期起移到《盤古》，作為該刊一部分，至一九六八年六月《盤古》第十四期開始取消《風格詩頁》，但《盤古》仍保留若干文學篇幅。（參古蒼梧：〈《盤古詩頁》簡介〉，《詩雙月刊》一九九二年十月一日，第四卷第二期，總第二十期，頁三十四。）

42 **《香港青年周報》**

一九六七年一月十一日創刊，由岑崑南、盧昭靈創辦，至一九七六年停刊，停刊日期及總出版期數不詳。（創刊日期參一九六六年十二月三十日第七五四期《中國學生周刊》廣告，停刊日期參崑南：〈「活化石」的呼吸——《香港青年周報》及《新週刊》〉，專集組編（吳萱人主責）：《香港七十年代青年刊物：回顧專集》，香港：策劃組合，一九九八年，頁一〇六－一〇七。又，綜合香港大學圖書館及香港中文大學圖書館所藏，最早一期為一九六七年二月二十二日第七期，最後一期為一九七五年十二月三十一日第四六九期。）

43 **《香港時報》**

前稱《國民日報》，一九三九年七月創刊，一九四九年八月四日正式改名為《香港時報》，至一九九三年二月十七日停刊。

44 《**香港商報**》

一九五二年十月十一日創刊，至今仍繼續出版。

45 《**香港經濟日報**》

一九八八年一月二十六日創刊，至今仍繼續出版。

46 《**香港影畫**》

一九六六年一月創刊，香港大學圖書館及香港電影資料館館藏止於一九八〇年八月第一七六期，該期未附停刊聲明。朱旭華主編，作者包括陸離、西西、亦舒、羅卡、石琪、金炳興、陳韻文、梁濃剛等。

47 《**祖國**》

《祖國》周刊於一九五三年一月創刊，至一九六四年三月，周刊共出版五八五期。一九六四年四月起改為月刊，至一九七二年十二月停刊，共出版一〇五期。周刊及月刊合共出版六九〇期，《中華月報》於一九七三年四月續此期號出版第六九一期，至一九七五年十二月出版第七二三期後停刊，《中華月報》共出版三十三期。主編署祖國周刊編輯委員會，主要作者包括齊桓、王敬羲、秋貞理、燕歸來、宣建人、李素、徐亮之等。

48 《**探索者**》

一九七一年十一月二十一日創刊，第二期於一九七二年一月二十七日出版，第三期出版日期不詳，共出版三期。創刊號主編江楓，編委包括羅卡、張少石、林年同、阮兆輝、鄭宇煌、徐家因，設計邱雅兒、伍傑偉，編輯文詩哲、謝克濤。第二期主編江楓、羅卡、韓國權，編委包括林年同、孫家雯、雲燕、阮兆輝、鄭宇煌、崔綺云、邱雅兒、梅維寧、周國紹、文詩哲、謝克濤。第三期未見編輯及工作人員名單。

49 **《教與學》**

一九七五年八月出版試刊號，至一九七九年四月出版第十七期後停刊。教與學雙月刊編輯委員會編輯。

50 **《現代文學》（台灣）**

一九六〇年三月創刊，至一九七三年九月停刊，共出版五十一期。一九七七年七月復刊，期號另起，至一九八四年五月再次停刊，復刊後共出版二十二期。

51 **《現代學術季刊》**

一九五六年十一月創刊，至一九六〇年十一月停刊。督印人及編輯陳伯莊。（參 Kan Lai-bing, Chu Grace H.L.: *Serials of Hong Kong : 1841-1979*, Hong Kong: University Library System, The Chinese University of Hong Kong, 1981, p78.）

52 **《創世紀》（台灣）**

一九五四年十月創刊，由瘂弦、張默、洛夫等創辦，至今仍繼續出版。

53 **《博益月刊》**

一九八七年九月創刊，至一九八九年八月停刊，共出版二十三期。香港博益出版集團有限公司出版，黃子程、李國威先後擔任編輯。

54 **《筆匯》（台灣）**

一九五七年三月十六日創刊，至一九五八年十月一日，發行人任卓宣。一九五九年五月四日出版革新號，月刊改為半月刊，發行人仍為任卓宣，主編尉天驄，至一九六一年十一月二十日停刊，前後共出版六十一期。

55 **《華僑日報》**

一九二五年六月五日創刊，至一九九五年一月十二日停刊。

56 **《華僑文藝》**

一九六二年六月一日創刊，一九六三年七月改名為《文藝》，至一九六五年一月停刊。社長韋陀（即黃國仁），主編丁平，總出版期數不詳。（停刊日期參鄭樹森、黃繼持、盧瑋鑾編：《香港新文學年表（1950-1969）》，香港：天地圖書有限公司，二〇〇〇年，頁二二六。）

57 **《華僑報》（澳門）**

一九三七年十一月二十日創刊，至今仍繼續出版。

58 **《開卷》**

一九七八年十一月創刊，至一九八〇年十二月停刊，杜漸主編，共出版二十四期。

59 **《新一代》**

（圖書館館藏有多份名稱相同或相似刊物，以下謹列所見相關資料。）

《新一代雙周刊》於一九七六年一月創刊，督印人Anthony Iu，至一九八〇年七月十二日出版第一一八期，該期封面啟事表明「改辦一份具有專業水準的刊物——《新一代青年生活雜誌》」，並於封底廣告預告八月十五日創刊，唯香港各大學圖書館均未見《新一代青年生活雜誌》館藏。

一九八六年九月二十六日，另有《香港新一代雙周刊》出版試刊號，同年十月十日出版創刊號，出版者為學生時代文化事業有限公司（後改為香港新一代文化協會），至一九八九年五月十五日出版第五十二期後停刊。同年十月，香港新一代文化協會出版《新一代》，後改為《新一代會訊》，至今仍繼續出版。按：據《新一代會訊》及《香港新一代文化協會四十周年紀念特刊》，該會前身為一九七四年創刊之《學生時代》雜誌社，至一九八六年改名為香港新一代文化協會，出版《新一代雙周刊》（據《新一代會訊》）或《香港新一代》雙周刊（據《香港新一代文化協會四十周年紀念特刊》）。（參（一）〈香港新一代文化協會簡介〉，《新一代會訊》一九九八年一——九月，第一期，封面裏。（二）〈歷史回顧〉，《香港新一代文化協會四十周年紀念特刊》，頁四十八，載香港新一代文化協會網頁：http://www.newgen.org.hk。）

60 **《新生晚報》**

一九四五年十二月二十二日創刊，至一九七六年一月停刊。

61 **《新亞生活》**

一九五八年五月創刊，香港中文大學新亞書院出版，至今仍繼續出版。

62 **《新思潮》**

一九五九年五月創刊，香港中文大學圖書館館藏止於一九六〇年第三期，停刊日期及總出版期數不詳。由現代文學美術協會出版及主編，主要作者包括崑南、王無邪、李英豪、葉維廉、盧因等。

63 **《新晚報》**

一九五〇年十月五日創刊，至一九九七年七月二十六日停刊。

64 **《號外》**

全名《號外城市雜誌》，於一九七六年九月創刊，至今仍繼續出版。鄧小宇、陳冠中、胡君毅等創辦。

65 **《詩朵》**

一九五五年八月創刊，由崑南、王無邪、盧因、蔡炎培、葉維廉等自資出版，共出版三期，停刊日期不詳。

66 **《銀河》**

一九五八年三月創刊，香港電影資料館館藏止於一九九四年第四〇三期，該期未附停刊聲明。督印人常友石，友聯書報發行，一九六〇年代初由李國鈞接手經營。

67 **《劇場》（台灣）**

邱剛健、莊靈等創辦，一九六五年一月創刊，至一九六八年一月停刊，共出版九期。

68 **《盤古》**

一九六七年三月創刊，至一九七八年七月停刊，共出版一一七期。編輯包括古蒼梧、戴天、岑逸飛等。

69 **《學生周報》（新馬）**

一九五六年七月二十七日創刊，香港大學圖書館館藏止於一九六〇年七月八日第二〇七期，停刊日期及總出版期數不詳。

70 **《學生哥》**

一九七三年三月創刊，香港大學圖書館館藏止於一九七五年一月十六日總第四十六期，該期未附停刊聲明。

71 **《澳門日報》（澳門）**

一九五八年八月十五日創刊，至今仍繼續出版。

72 **《蕉風》（新馬）**

一九五五年十一月十日於新加坡創刊，主編方天（張海威），編輯委員有申青（余德寬）、李汝琳（李宏）、馬摩西（馬俊武）、陳振亞、常夫、曾鐵忱及范經等。一九五七年遷移至吉隆坡出版，至一九九九年出版第四八八期後停刊。二〇〇二年十二月十四日，由南方學院馬華文學館復刊。

73 **《聯合文學》（台灣）**

一九八四年十一月創刊，至今仍繼續出版。

74 **《藍星詩頁》（台灣）**

一九五八年十二月十日創刊，夏菁、覃子豪、余光中、羅門、蓉子、王憲陽等曾分別主編，藍星詩社發行，至一九六五年六月出版第六十三期後停刊。藍星詩社另曾出版《藍星週刊》、《藍星詩選》、《藍星詩頁》、《藍星季刊》等。（參台灣國家圖書館「文學紀行——百年來台灣文學雜誌特展」網頁 http://memory.ncl.edu.tw/tm_new/subject/literature/index2.htm）

75 **《麗的呼聲日報》**

一九五二年七月創刊，至一九六〇年二月停刊。（參 Kan Lai-bing, Chu Grace H.L.: *Newspapers of Hong Kong : 1841-1979*, Hong Kong: University Library System, The Chinese University of Hong Kong, 1981, p91.）

76 **《讀者文摘》中文版**

一九六五年三月創刊，至今仍繼續出版。

後記

這後記本來準備在《香港文化眾聲道》全部完成最後一冊出版時才寫，可是，十多年來糾纏在心的忐忑，使我無法再等，還是先寫一下，向讀者作一小交代。

想要做香港文化人訪談，在一九九〇年代中葉，早在我心中醞釀。只因八十年代做過香港的中國現代文化人訪談的經驗，使我深深感受做五、六十年代在香港活動的文化人訪談更有迫切性。可是人手資源都成問題，拖延了一段日子，我才想到申請公費。但因我一貫不懂手續，終沒成功。等到二〇〇二年我退休前，得到熱心人士的幫助（見鳴謝名單），我竟大膽展開了訪談工程。說「大膽」，其實是估計錯誤，並不知道工程浩大及所需時間與人力。

退休後，利用所得有限資源，聘得熊志琴幫忙，按最初設定的訪談者名單，開始工作。由於邊做邊研究，衍生出更多需要訪問的人。我為求「全」的毛病，不想放棄難得機會，如此就把名單不斷擴大，令工作量大增。加上我要求一切資料必須核實，熊志琴在把訪談變成文字稿的過程中，要不斷往圖書館蒐集受訪者提及的文獻資料，這工序十分費時。就這樣，拖了幾年，資源用盡，我不知如何完成工作。熊志琴在外邊找到工作，但她對我說：「老師，這事一定要做下去。我雖離開，但我會一直幫忙完成它。」就這樣，多年來，她在公務繁忙外，仍努力認真處理一切訪談資料，慢慢也成了她部份的研究專業。

做好文字稿，還得送給受訪者修訂及授權出版。這一程序更吃力，有人看了初稿，要一改再改，他們每一改，我們又再做一番核訂功夫。有人看了初稿發現自己受訪時講得不好，決定不授權。有人還來不及授權就去世了，家屬說不知如何處理，不敢授權。有些授權書要等兩三年才簽回……這種種困難情況，我從未估計過。正因意外阻滯，第一冊要等到二〇一四年才面世。

說到出版，我更對三聯書店（香港）有限公司的李安，深感抱歉。一本書擺進出版計劃中，一拖幾年出不來，真令她為難。加上我們要加插的註釋、照片、書影、截圖眾多，安放位置又要與對談版面配合，也添了執行編輯的許多麻煩。正因這樣，校對方面，負擔也沉重。

對諸位肯接受訪問的受訪者，無私提供個人資料、寶貴文獻、照片，令《香港文化眾聲道》內容充實，為香港文化發展史留下豐富一頁，我誠心感謝。對未能及見該書出版而逝的受訪者，我愧無以對，成一無法補償的憾事。對遲遲未見成書的已受訪者，拖延得似毫不合理，我萬分致歉。

一套書前後拖延了十五年，還未出齊，恐怕是出版史少見。只盼我精神體力能支持下去，在有生之年能完成使命。更求各受訪者原諒我們因孤軍力弱，工作如此遲緩。

幸好近十年，口述、訪談紀錄，已蔚成風氣，只要大家在不同行業、崗位上繼續認真做，足可讓香港歷史不會有太多的遺忘。

盧瑋鑾

二〇一七年一月十六日

人名索引

二劃

三劃

四劃

六劃

五劃

七劃

八劃

十劃

九劃

十一劃

十二劃

十三劃

十六劃

十四劃

十五劃

二十劃

二十一劃

二十二劃

十七劃

十八劃

十九劃

A—Z

鳴謝

（按漢語拼音排序）

陳明潔女士
高澤祥先生
黃潘明珠女士
劉尚儉先生
羅炳良教授
銘源基金
王宏志教授
葉壁光女士及葉謀彰先生夫人慈善基金
香港中文大學大學圖書館系統

三聯書店
http://jointpublishing.com

JPBooks.Plus
http://jpbooks.plus

責任編輯　三聯編輯部
書籍設計　S.T

書名　香港文化眾聲道——第二冊
編著　盧瑋鑾、熊志琴
出版　三聯書店（香港）有限公司
香港北角英皇道四九九號北角工業大廈二十樓
Joint Publishing (H.K.) Co., Ltd.
20/F., North Point Industrial Building,
499 King's Road, North Point, Hong Kong
香港發行　香港聯合書刊物流有限公司
香港新界大埔汀麗路三十六號三字樓
印刷　美雅印刷製本有限公司
香港九龍觀塘榮業街六號四樓A室
版次　二零一七年一月香港第一版第一次印刷
規格　十六開（170mm × 230mm）四三二面
國際書號　ISBN 978-962-04-3012-1